금강계만다라

『眞實攝經』과 『五部心觀』으로 완역한 金剛界曼荼羅

금강계만다라

비로영우스님 엮음

하남출판사

머리말

근간에 들어 밀교에 대한 관심들이 높아지고 많은 책들이 쏟아져 나와 일반대중들도 밀교를 쉽게 접할 수 있게 되었고, 또 많은 이들이 밀교에 관심을 가지고 연구하고 수행하는 것으로 알고 있다.

그러나 현실적으로는 안타깝게도 밀교는 누구나 수행할 수 있도록 쉽고도 체계적으로 가르침이 전해져 내려오고 있지 않은 실정이다. 특히 밀교를 제대로 인식하고 있지 못한 우리나라에서는 더욱더 그럴 수밖에 없다.

밀교는 불교이며 수승한 수행법이다. 기본적으로 우리가 알고 있는 불교와 다를 바 없으며, 단지 수행하는 방법에 있어서 수인을 결하고 다라니를 외움으로써 삼매를 얻는다는 것이 일반적인 불교와는 다르다.

불교는 크게 현교(顯教)와 밀교(密教) 두 가지로 나뉘는데, 이때 밀교는 사실 현교를 포함하는 말이다. 불교의 기본적인 계율과 서원 연기법 등의 대외적인 가르침과 많은 사람들에게 포괄적인 가르침을 설한 것이 현교라면, 이러한 가르침을 통해 불교의 진수를 이해하고 자신의 본래의 면목을 깨닫게 된 이들을 위하여 보다 쉽고 빠르며 수승한 수행방법을 체계적으로 설한 것이 밀교이다.

현재 티벳과 일본 등지에서 하는 불교 수행이 밀교이며, 그곳에서는 밀교를 수행하기 위해서 기본적으로 현교의 경전과 수행법들을 10년 정도 공부한 뒤 밀교에 입문하는 것으로 알고 있다.

밀교의 가르침은 끝없이 많다. 그러나 그 가르침들의 유형은 크게 두 가지로 나눌 수 있는데, 하나는 이법(理法)의 태장계만다라 수행법이며, 하나는 지법(智法)의 금강계만다라 수행법이다.

이법(理法)은 현교로 치면 교종(教宗)이며, 지법(智法)은 현교로 말하자면 선종(禪宗)이다.

『대비로차나성불신변가지경』 계통의 경전들이 이법(理法)을 대표하는 경전이라면 『금강유가정경』 계통은 지법을 대표하는 경전이다. 그 가운데서 금강유가정경 계통 수행법의 총체적이며 전반적인 수행과정을 일목요연하게 설한 경전이 『오부심관(五部心觀)』인데 안타깝게도 아직 한국에는 소개되지 못하여 필자가 책으로 출간하게 되었다.

이 책은 『신라밀교』(하남출판사刊)와 함께 묶여야 할 한 권의 책이며, 신라밀교를 읽고 난 연후에 읽어야 이해의 순서도 맞다. 밀교 수행의 기본적인 가르침과 지켜야 할 것들과 수행에 앞서 수행자가 갖추어야 할 사항 등과 수행 중 마장이 생기는 원인 등을 상세히 설명해 놓았기에 필히 신라밀교를 먼저 읽고 이 책을 읽기를 당부드린다.

금강유가정경의 내용을 상세한 수행방법과 수행과정 등을 구체적으로 설해 놓은 경전이 『현증삼매대교왕경』이다. 이 책은 현증삼매대교왕경의 내용과 함께 오부심관을 엮어 놓았다.

이 책의 부족한 점들은 다음 기회를 빌어 보완할 것을 기약하며, 많은 밀교 수행자들의 길잡이가 되었으면 하는 바램이다.

- 비로영우

금강계만다라

목차

제3장 금강지金剛智 **법만다라**法曼多羅

제5장 사인, 일인 만다라四印, 一印曼茶羅

제6장 일인회만다라一印會曼茶羅

제1부

구회 만다라
九會 曼荼羅

여기서 기술되는 전반적인 내용은 밀교부(密教部) 경전 중 『진실섭경(眞實攝經)』[1]에 의존하였다. 그리고 삼매도(三昧圖)[2]와 수인(手印), 그리고 정확한 진언(眞言)은 『오부심관(五部心觀)』[3]의 것을 인용하였다.

『진실섭경』의 내용을 살펴보면 다음과 같이 전개되는 것을 알 수 있다.

먼저 『진실섭경』은 크게 나누어 「의궤분(儀軌分)」과 「교리분(教理分)」으로 구성되어 있다. 이 가운데 의궤분은 금강계만다라(金剛界曼荼羅)의 세계를 체득하기 위한 관상법(觀想法)과 실수법(實修法)[4]을 보인 것으로 극히 중요한 부분이며, 본 경의 핵심을 이루고 있다.

「의궤분(儀軌分)」[5]은 크게 나누어 '금강계품(金剛界品)', '항삼세품(降三世品)', '편조복품(遍調伏品)', '일체의성취품(一切義成就品)'의 4품으로 구성되어 있다.

---

1) 중국 송나라 때 시호(施護) 삼장스님께서 한역한 『일체여래진실섭대승현증삼매대교왕경』을 가리킨다.

2) 뒤의 『오부심관』에서 나오는 불보살들의 삼매를 그림으로 그려놓은 도상(圖像)을 의미한다.

3) 『오상성신관(五相成身觀)』이라고도 하며 밀교(密教)에서 『금강계법(金剛界法)』에 의하여 5상(相)의 차례를 지나 범부의 몸 그대로 본존(本尊)의 몸이 되는 방법이다.

4) 실제 수행법을 일컫는 말.

5) 한 가지 수행의 순서와 절차를 일목요연하게 묶어놓은 것.

금강계품의 주존(主尊)은 금강살타(金剛薩埵)이고, 항삼세품의 주존은 대전륜왕보살(大轉輪王菩薩)이며, 편조복품의 주존은 관자재보살(觀自在菩薩)[6]이고, 일체의성취품의 주존은 허공장보살(虛空藏菩薩)이다. 이들 4품은 불(佛), 금(金), 연(蓮), 보(寶)의 4부에 갈마부(羯磨部)를 더한 5부로 구성되어 있다.

또한 각 품을 전체적으로 조망하면 전체를 종합한 대만다라(大曼荼羅)와 여래의 진수(眞髓)는 대비(大悲)를 발현(發顯)하는 데 있다고 하며, 그것을 상징적으로 보인 삼매야만다라(三昧耶曼荼羅), 대지(大智)에 의하여 열리는 여래의 세계를 상징한 미세지(微細智) 만다라(曼荼羅)인 법만다라(法曼荼羅), 불세계(佛世界) 실현은 대비(大悲)와 대지(大智)에 감추어진 공양(供養)에 있다고 하며, 그것을 보인 사업(事業)—갈마만다라(羯磨曼荼羅)로 구성되어 있고, 통칭 대(大), 삼(三), 법(法), 갈(羯)의 4종 만다라를 중심으로 하며, 이 4종의 만다라를 통합하는 사인만다라와 나아가 이것을 한 존(尊)으로 종합한 일인만다라(一人曼荼羅)의 6종 만다라를 하나의 체계로 설하고 있다. 그리고 항삼세품(降三世品)에서는 4종의 교칙만다라(敎勅曼荼羅)를 설하며, 의궤분(儀軌分) 가운데에는 28종의 만다라가 각도를 달리하여 설해지고 있다. 그러나 지금까지 설한 것 가운데 가장 중요하고 근본적인 것은 '금강계품(金剛界品)' 가운데 금강계대만다라(金剛界大曼荼羅)이다. 그러면 이제 금강계대만다라장의 대략적인 구성을 살펴보겠다.

'금강계품'은 금강(金剛)이라고 하는 대지의 본질적 성격을 보인 장으로 『진실섭경(眞實攝經)』의 주요 부분을 이루고 있다. 그 가운데 금강계대만다라는 현도금강계만다라(現圖金剛界曼荼羅)의 기본적 구

6) 관세음보살의 다른 이름.

조를 이루고 있다. 삼십칠존을 언급하고 있는 '금강계품'에서는 오상성신관(五相成身觀)과 삼십칠존의 출생이 설해진다. 이 경에서 설하는 오상성신관은 진리의 실현을 위하여 일체의성취보살(一切義成就菩薩)의 질문에 대하여 대비로차나여래(大毘盧遮那如來)가께서 대답을 한 것인데, 수행자 스스로 여래성(如來性)을 깨닫고 불신(佛身)을 성취하는 수도법(修道法)을 설한 것이다. 따라서 구체적인 관상법(觀想法)인 37존의 유가법(瑜伽法)이 제시된다.

먼저 금강계만다라 37존을 관상하는데, 그 중심이 되는 비로차나(毘盧遮那), 아축(阿閦), 보생(寶生), 무량수(無量壽), 불공성취(不空成就)의 다섯 존은 오부(五部), 또는 오지(五智)를 나타낸 것이다. 오불(五佛)과 오부(五部)는 우주와 자기가 상응하여 깊은 종교의 진리를 체득한다는 것을 나타낸다. 『진실섭경(眞實攝經)』에서는 유가관법(瑜伽觀法)이 주체로 되어 사상과 의례가 관법의 배경이 되고 있다.

다음으로 만다라(曼茶羅)를 건립하는 법이 설해지고, 입단관정(入壇灌頂)의 작법(作法)을 설한다. 그리고 만다라의 세계를 체득한 자는 실지를 성취할 수 있다고 하여 다섯 종류의 인지(印智)를 나타내고 있다.

다음으로 만다라의 세계를 체득하기 위한 4종인(印)의 실천법을 설한다. 그것은 먼저 존상의 전체상을 파악해 가는 대인(大印), 두 손을 금강박(金剛縛)으로 하고 월륜(月輪)을 근간으로 하여 여러 가지 인(印)을 결하는 삼매야인(三昧耶印), 제존월륜(諸尊月輪)을 근간으로 하여 여러 가지 인을 결(結)하는 삼매야인, 제존(諸尊)의 진실어(眞實語)를 지송해서 진실세계를 증득하는 법인(法印), 제존의 활동을 자신의 것으로 하기 위하여 두 손을 금강권(金剛拳)으로 해서 여러 가지 인을 결하고 제존의 행동에 접근해 가는 갈마인(羯磨印)이다. 이것이 대(大), 삼(三), 법(法), 갈(羯)의 4종인이다. 다음에 해인(解印) 등의 작법을 설하고 있다.

이상은 '금강계품'의 만다라 장에서부터 '일체의성취품'의 각 장에 이르기까지 동일한 양상으로 전개되는 내용이다. 여기에서 혼동하지 말아야 할 것은, 각 품에는 만다라의 성격을 전체, 대비(大悲), 대지(大智), 공양실천의 입장에서 나타낸 4종만다라와 유가의 실수법(實修法)으로서 4종인이 있다는 것이다.

그 다음 '항삼세품(降三世品)'의 기본 정신은 세존의 가르침에 상반되는 자아심(自我心)을 항복시키는 데 금강분노(金剛忿怒)의 활동을 보여서 금강계의 세계를 증득하도록 설한다. 여기서는 대자재천(大自在天)을 비롯한 오류제천(五類諸天)으로서 근본 번뇌와 그로부터 파생되는 다양한 번뇌의 움직임을 상징적으로 나타냈다. 곧 대자재천과 오류제천을 항복시켜 만다라에 편입시키는 것을 설하는데, 이것은 바로 근본 번뇌의 주체인 인간 존재가 한 생각 돌려서 법신대일(法身大日)의 세계에 다시 태어나는 것을 상징적으로 묘사한 것이다.

'항삼세품'도 앞의 '금강계품'과 마찬가지로 분노의 대만다라(大曼茶羅)와 그것을 통합하는 사인(四印)과 일인만다라(一印曼茶羅)의 6종 만다라 장으로 구성되어 있다.

다음에 4종의 교칙(敎勅)만다라가 보이는데 그것은 항복된 대자재천과 오류제천이 만다라의 주요 존(尊)으로 편입되고 각 존은 대일여래(大日如來)를 중심으로 해서 전개되는 금강계만다라(金剛界曼茶羅)이다.

그 다음 '편조복품(遍調伏品)'은 세계의 청정한 본성을 체득하도록 하기 위해 연화부(蓮華部)의 조복활동을 나타낸다. 또한 일체 번뇌를 조절하고 인간 생활의 근본 번뇌를 위대한 종교적 생명으로 고양시켜 가는 것을 다양한 각도에서 표현하고 있다.

마지막 '일체의성취품(一切義成就品)'에서는 '항삼세품'의 근본 번뇌 항복과 만다라의 재생, '편조복품'의 번뇌를 조절하는 것과 청정 세계의 개시, 그리고 대생명의 소생은 당연히 인간 본성을 드러내어 보여 가는 것임을 설한다. 여기서 풍부한 인간 본성의 입장에서부터 금강계만다라(金剛界曼荼羅)를 보며, 앞의 품과 마찬가지로 대, 삼, 법, 갈, 사, 일의 6종 만다라(曼荼羅)를 설한다.

이상과 같이 '금강계품'은 금강계의 전체적이고, 보편적인 특성을 나타내었고, '항삼세품'은 번뇌의 항복과 재생의 입장을 설하였다. 그리고 '편조복품'은 일체의 정화와 대생명의 부여를, '일체의성취품'은 보주(寶珠)와도 같은 인격이 현시되어 가는 입장을 설한 것이다. 그러므로 각 품은 서로서로 연관을 가지는 동시에 각 품에 보이는 대, 삼, 법, 갈, 사, 일의 6종 만다라의 관계도 각각 관련을 지니고 있는 것이다. 따라서 각 품에 나타난 만다라관상의 진언문이나 각 만다라의 세계를 증득해서 얻은 실지성취의 관상, 인계, 진언 등은 모두 상호 관련성을 가지고 있다.

그래서 수행자가 이 유가(瑜伽, yoga) 가운데의 대의를 잘 통달하면 편조불(遍照佛)과 같게 되리라고 『십팔회지귀(十八會指歸)』에 설하고 있다. 즉 부처의 경지에 이르게 하기 위해 제시된 하나의 방편으로 전개되는 것이다. 이러한 방편을 설하는 금강정경계 경궤(經軌)의 내용을 검토하면 『대일경(大日經)』이 대비(大悲)의 방면을 주로 역설하는 데 반해, 『금강정경(金剛頂經)』은 주로 대지(大智)의 방면을 강조하고 있는 것을 알 수 있다. 일체를 포용하고 일체를 낳고, 일체를 키우는 대일여래의 묘용(妙用)을 강조한 『대일경』에 대하여 『금강정경』은 대지의 진실과 오지오세계(五智五世界)를 전개하고 있다는 데 그 특징이 있다.

또한 『금강정경』은 존상(尊像), 진언(眞言), 인(印) 등이 보이는 것은 『대일경』과 같지만 유가(瑜伽)에 역점을 두기 때문에 유가 탄뜨라라고 불리는 것이다. 이러한 사실로 미루어 『대일경』이 진리의 본체 실상적인 이론을 주로 설한다면 『금강정경』은 그 진리를 나타낼 수 있는 수행 실증론적인 지혜를 주로 설하고 있음을 알 수 있다. 다시 말하면 우리들의 내부에 갖추어져 있는 진리 그 자체를 규명하기 위한 이론적인 이해를 위하여 설한 것이 『대일경』이라면 『금강정경』은 그 이론적 이해에서 한 걸음 나아가 체험에 의한 진리의 체득을 위한 수행방법을 설한 것이다. 이러한 점에서 보통 『대일경』을 반야실상(般若實相)의 모만다라(母曼荼羅), 『금강정경』을 방편실증(方便實證)의 부만다라(父曼荼羅)라고 하기도 한다.

제2부

진실섭경眞實攝經과
구회九會의 금강계만다라金剛界曼茶羅

『진실섭경』은 현존하는 만다라 가운데에서도 가장 중요하게 취급되는 9회 금강계만다라의 소의경전이 된다.

『진실섭경』에서 설하는 오상성신관(五相成身觀)이 이 경의 중요한 관법이라면 이 관법을 펼친 것이 바로 금강계만다라이다.

『진실섭경』에서는 오상성신관의 성취 단계를 아홉 단계로 나누는데, 이것이 9회의 만다라(曼荼羅)로 표현된다. 이 9회 만다라 중 가장 근본이 되는 것이 갈마회(羯磨會)로서 삼십칠존만다라는 갈마회의 기본 형태이다. 그 내용은 대일여래(大日如來)의 지혜의 세계를 금강에 비유하여 상징화한 것으로 삼십칠존을 중심으로 펼쳐진다. 그러나 금강계만다라의 중심을 이루는 삼십칠존은 한 번만이 아니라 무한히 반복된다. 그 일면을 금강계의 9회 만다라에서 볼 수 있다. 9회라는 명칭이 보여주듯이 근본회(根本會) 이후 8회에 걸친 변화를 보여준다. 왜냐하면 금강계만다라는 유식(唯識)적 유가행(瑜伽行 - 오상성신)으로 실현되는 궁극적 성불의 경계인 금강계를 표상하는 모습으로 유가 실천적 성격을 띤 것이기에, 대만다라(大曼荼羅) 이외에 다시 많은 만다라를 설하고 있다. 왜냐하면 유가 실천은 본래 여러 가지 수증 단계의 시설을 필요로 하는 것이기 때문이다.

현도금강계만다라(現圖金剛界曼荼羅)를 보면 전체가 아홉 개의 사각형으로 구분되어 있음을 다음에 열거하는 만다라의 도상을 통해

보면 알 수 있을 것이다. 중국으로부터 일본에 전해진 금강계만다라는 주로 천태종에서 사용되는 81존 만다라를 제외하면 거의 모든 경우가 아홉 개의 회로 이루어진 구회 만다라이다. 여기에서 만다라의 명칭에 '회(會)'라는 말이 들어간 것은 범어 Maṇḍala에는 단을 만들어 불제자를 모이게 하는 의미가 있기 때문에 회가 사용되었을 것이라고 하며, 모든 불보살의 중생구제의 모임이기 때문에 회라고 일컫는다. 그리고 9회란 아홉 가지 종류의 만다라를 한 그림에 집합한 만다라라는 뜻이 있다. 이것은 아홉 개의 서로 다른 만다라가 연결된 것이다.

9회의 조직과 명칭은 전거(典據)가 되는 의궤에 따라 다른데 일본에서는 『비장기(秘藏記)』, 『종예전(宗叡傳)』, 『십팔회지귀(十八會指歸)』, 『진실섭경(眞實攝經)』의 넷 가운데 주로 『종예전』의 명칭을 사용한다. 이들의 명칭을 보면 다음과 같다.

會	秘藏記	宗叡傳	十八會指歸	眞實攝經
1	成身會	成身會 根本會	金剛界大曼荼羅	金剛界大曼荼羅
2	三昧耶會	三昧耶會	陀羅尼曼荼羅	金剛秘密金剛曼荼羅
3	微細會 羯磨會	微細會	微細金剛曼荼羅	金剛微妙法曼荼羅
4	供養會	供養會	供養羯磨曼荼羅	金剛事業羯磨曼荼羅
5	四印會 五智會)	四印會	四印曼荼羅	金剛悉地四印曼荼羅
6	一印會	一印會	一人曼荼羅	最上薩埵一印曼荼羅
7	理趣會 金剛薩埵會 普賢會	理趣會	없음	없음
8	降三世會	降三世會	降三世大曼荼羅	三界最勝大曼荼羅
9	三昧耶會 羯磨會	降三世三昧耶會	降三世秘密曼荼羅	金剛三昧秘密三昧耶印曼荼羅

위의 명칭에서 이취회를 제외한 8회는 『진실섭경』에 설명되어져 있다. 이취회는 『이취경(理趣經)』에 기초를 둔 것으로 『진실섭경』에는 직접 설명되어 있지 않으나, 『금강정경』과 『이취경』은 내용상 가깝기 때문에 이취회가 놓여졌을 것이라고 한다.

9회의 금강계만다라의 근거(根據)가 되는 『진실섭경』의 「의궤분」은 금강계만다라의 세계를 체득하기 위한 관상법과 실수법(實修法)으로 되어 있으며, '금강계품', '항삼세품', '편조복품', '일체의성취품'의 네 품으로 구성되어 있다. 『진실섭경』의 한역본 가운데 현재의 현도금강계구회만다라(現圖金剛界九會曼茶羅)의 각 회와 관련 있는 품을 연결지어 보면 아래와 같다.

이 4품에 대해서 『금강수명다라니경법(金剛壽命多羅尼經法)』에서는, '이른바 금강계륜(金剛界輪), 항삼세교령륜(降三世教令輪), 편조복법륜(遍照伏法輪), 일체의성취(一切義成就)의 이와 같은 4륜은 비로차나심(毘盧遮那心)으로부터 나왔다고 되어 있고. 낱낱의 윤(輪)에는 모두 삼십칠성자(三十七聖者)가 있으며, 낱낱의 진언과 낱낱의 삼매와 낱낱의 계인(契印)과 위의궤(威儀軌)를 지닌다'고 하므로 『진실섭경』의 4대품으로 이루어지는 9회 만다라 전반에 삼십칠존이 구현되어 있음을 짐작할 수 있다. 즉 9회 만다라로 펼쳐졌다는 것은 삼십칠존이 중심이 되어 아홉 번의 변신을 한 것이다. 성신회가 삼십칠존의 존형을 묘사한 대만다라(大曼茶羅)라면, 제2회인 삼매야회(三昧耶會)는 금강계삼십칠존을 금강저(金剛杵)라든가 윤보(輪寶)와 연화(蓮華) 등의 삼매야형으로 묘사한 삼매야만다라(三昧耶曼茶羅)이다. 제3회인 미세회(微細會)는 금강저(金剛杵) 가운데에 삼십칠존의 존형이 묘사되어 있다. 금강과 같이 파괴할 수 없는 대일여래의 미세한 지혜를 나타내려고 한 것이기 때문에 법만다라(法曼茶羅)라고 말해진다. 그리고 제4회의 공양회는 제존(諸尊)에 대한 비밀한 공양, 즉 갈마(羯磨)를 나타낸 갈마만다라라 할 수 있다. 이 네 종류의 만다라가 금강계의 제 1, 2, 3, 4회 만다라에 구현되어 있다.

성신회(成身會)를 비롯한 9회의 만다라는 각각의 회가 별도로 독립된 만다라의 구조를 지니면서, 전체적으로도 하나의 흐름을 지니고 있는 체계를 형성하고 있다. 그 체계는 불보살이 중심이 되어 몇 번이나 모습을 바꾸어 등장한다고 하는 것이다. 즉 성신회의 삼십칠존이 주역이 되어, 계속 그 다양한 활동성을 보인다고 할 수 있다. 그것은 9회 만다라의 근본이 중앙 성신회이며, 다른 8회가 성신회를 기본으로 하고 있기 때문이다. 이것은 배역이 바뀌어 연극배우가 옷을 갈아입고 나오는 것에 비교할 수 있다. 마치 희로애락이 교차된 드라마의 세계와 같다. 여기에서 금강계구회만다라에 걸쳐서 시종일관 삼십칠존이 철저히 구현됨을 알 수 있다. 그러나 삼십칠존의 구현은 9회만으로 마감되지는 않는다.

『삼십칠존심요(三十七尊心要)』에 '지금 건립하는 이 금강계삼십칠존 대만다라와 현겁천불(賢劫千佛)과 외금강부(外金剛部)의 이십천(二十天) 및 사십천(四十天) 등을 근본으로 하여 무량의 만다라(曼茶羅)를 전전하여 생하게 한다'고 설하는 것처럼 『진실섭경(眞實攝經)』의 이 삼십칠존만다라(曼茶羅)를 근본으로 하여 다시 무한한 만다라가 전개된다. 이것은 성신회의 근본인 중앙 비로차나여래로부터 폭발적으로 펼쳐지는 만다라의 상(像)이라고 할 수 있다. 여기에서 가장 중앙에 있는 회가 가장 중요시되는 회로서 성신회(成身會), 갈마회(羯磨會), 또는 근본회(根本會)라고 하며, 이 회는 현도만다라(現圖曼茶羅)의 도상에서 보는 것처럼 금강계 삼십칠존이 중심이 되어 있다. 그리고 다른 8회 가운데 위 부분의 5, 6 ,7회의 3회를 제외한 2, 3, 4, 8, 9회의 5회가 이 성신회와 같이 삼십칠존을 기본으로 하는 변화형임을 한눈으로 쉽게 알 수 있다.

아홉 등분으로 나눠어진 위와 같은 9회 만다라 각 회의 명칭과 그 존 수 및 위치는 다음과 같다.

사인회 13존 ⑤	일인회 1존 ④	이취회 17존 ③
공양회 73존 ⑥	갈마회 1061존 ⑨	항삼세갈마회 77존 ②
미세회 73존 ⑦	삼매야회 73 ⑧	항삼세삼매야회 73 ①

이렇게 9회로 나눈 의미에서 금강계만다라는 대일여래의 지혜 방면의 표현으로서 중생의 보리심과 불지(佛智)의 실상을 보인 것을 목적으로 하기 때문에 옛부터 9회의 차제에 있어서 상전(上轉)과 하전(下轉)의 양면으로 해석된다. 위의 9회 만다라에서 표기되어 있는 1부터 차례대로 9까지의 방향은 상전문을 나타내고, 9부터 차례대로 1까지의 방향은 하전문을 나타낸다. 이것은 종과향인(從果向因)과 종인향과(從因向果)의 두 가지 방향을 보여주고 있다. 전자의 입장은 중앙 성신회에서 항삼세삼매야회에 이르는 차제이고, 후자의 입장은 반대로 항삼세삼매야회에서 성신회에 이르는 차제이다.

먼저 상전문 종인향과의 면은 다음과 같다.

수행자가 보리심을 일으켜 탐, 진, 치를 항복받고, 번뇌를 끊어서 성도(成道)의 장애를 없애는 것이 항삼세갈마회와 항삼세삼매야회의

2회이다. 여기에서 탐진치와 번뇌장과 소지장을 끊으면, 그 다음은 온갖 욕심과 갈애가 모두 보리심의 덕을 갖춘다는 번뇌 즉 보리의 뜻이 이취회이다. 그 다음의 일인회에서는 오상성신관(五相成身觀)에 의해서 중생 자신이 원만한 과덕을 갖춘 불신(佛身)임을 보인다. 그리고 사불(四佛)의 가지에 의해서 사지인(四智印)을 연 상(像)이 사인회이고, 계속하여 공양의 사업을 보인 것이 공양회, 선정의 상을 보인 것이 미세회, 각 존의 삼매야형으로 나타낸 것이 삼매야회이며, 상전문의 마지막으로 불신을 원만히 하여 존형을 드러내는 성신회가 있다. 각 회의 내용을 보면 이것이 중생으로부터 불의 경지를 점차 성취하는 과정임을 알 수 있다.

역으로 종과향인의 하전문이란 불신을 원만히 한 불이 중생교화를 위해서 그 지혜를 점차 발휘하는 것으로 항삼세회와 항삼세삼매야회에 이르러서는 교화하기 어려운 대상을 조복(調伏)시키는 것으로까지 전개되어 일체 중생을 구제하게 되는 것을 나타낸 것이다.

제3부

불설일체여래진실섭대승현증삼매대교왕경
佛說一切如來眞實攝大乘現證三昧大敎王經

《금강계대만다라광대의궤분金剛界大曼茶羅廣大儀軌分》

한때 세존 대비로차나여래(大毘盧遮那如來)께서는 일체 여래(一切如來)가 금강(金剛)으로써 가지(加持)[7]하는 갖가지 가장 수승한 삼매야지(三昧耶地)를 갖추고 일체 여래의 수승한 보배갓(寶冠)인 삼계법왕(三界法王) 최상의 관정(灌頂)을 받고, 일체 여래의 일체지지(一切智智)와 대상응주(大相應主)를 획득하여 능히 일체 여래의 일체지인평등(一切智印平等)한 증상(增上)의 갖가지 사업을 지어서 모두 능히 원만히 하고 널리 모든 유정계(有情界)의 일체 원하는 것이 남지 않도록 하신다.

항상 삼세(三世)에 거주하는 일체의 몸(身 - 수인)과 말(口 - 진언)과 마음(心 - 삼매)의 금강대자비자(金剛大慈悲者)는 일체 여래를 위하여 권청하고 찬탄하며 색구경천(色究竟天)[8] 왕궁(王宮)에 있는 넓고 큰 마니보전(摩尼寶殿)[9]에 있었다. 그곳은 갖가지로 장식한 구슬과 영락(瓔珞)[10]과 영과 탁과 비단 천이 사이사이에 드리워져 있고, 가벼운

7) 범어로는 adhi-ṣṭhāna로서 가(加)는 가피(加被), 증가(增加), 지(持)는 임지(任持), 섭지(攝持)의 뜻으로 해석된다. 즉 가(加)는 제불의 대비의 힘이 수행자에게 가해지는 것이고, 지(持)는 수행자의 신심에 부처가 감응하는 것을 말한다. 호념(護念), 가호(加護) 등의 번역도 같은 뜻이다.

8) 범어로 Akaniṣṭa이다. 색(色)은 만법, 구경(究竟)은 최상이라는 뜻으로, 풀이하면 만법의 가장 수승한 장소이다. 삼계 가운데에서 색계 십팔천의 최정상에 있는 하늘인 색구경천은 대일여래가 금강살타에게 『금강정경』을 설하신 장소를 말한다.

9) 대보주전(大寶珠殿), 여의보주(如意寶珠)로 만든 궁전이다.

10) 머리, 목, 가슴, 그리고 드물게는 손이나 다리 등에 거는 주옥(珠玉)과 꽃 등을 꿰어

바람이 불면 흔들려서 아름다운 소리를 내며, 반달 모양 등으로 장엄한 곳인데 구십구 구지(俱胝)11)의 큰 보살 대중과 함께 하셨었다. 이른바 금강수보살마하살(金剛手菩薩摩訶薩)12), 관자재보살마하살(觀自在菩薩摩訶薩), 허공장보살마하살(虛空藏菩薩摩訶薩), 묘길상보살마하살(妙吉祥菩薩摩訶薩), 기평등심전법륜보살마하살(起平等心轉法輪菩薩摩訶薩), 허공고보살마하살(虛空庫菩薩摩訶薩), 최제마력보살마하살(催諸魔力菩薩摩訶薩)과 같은 보살마하살들을 상수(上首)로 한다.

다시 항하강의 모래처럼 많은 수의 여래와 함께 그 하늘에 시현하셨는데, 염부제(閻浮提)13)에 가득한 것이 마치 참깨 속에 기름이 가득히 찬 것과 같다. 그 무량한 수의 여래 몸은 낱낱의 몸으로부터 모두 한량없고 셀 수도 없는 불국토를 나타내고, 낱낱의 불국토에 다시 돌아와 이 비밀한 법문을 설한다.

이때에 세존 대비로차나여래(大毘盧遮那如來)께서는 일체 여래가 서로 섭입(涉入)하는 까닭에 평등하게 일체 허공의 몸, 말, 마음의 금강에 잘 머무르신다. 일체 여래가 가이없는 까닭에 일체 금강계의 지혜를 깨닫는 대사(大士)14)가 되어 일체진허공계(一切盡虛空界)의 극히

만든 장신구, 영락(纓珞) 또는 영락(瓔絡)이라고도 쓴다.

11) 범어로 koṭi이다. 셀 수 없는 무수한 수(數). 인도에서 쓰던 수의 단위로 일천만에 해당한다고 하며, 또는 억이라고도 번역한다.

12) 지금강(智金剛)이나 집금강(執金剛)을 가리킨다. 『대일경』 '주심품'에는 허공유보집금강(虛空遊步執金剛) 등의 열여덟 집금강이 나오고 끝에 열아홉 번째로 금강수비밀주(金剛手秘密主)가 등장한다. 앞의 열여덟 집금강은 각각 별도의 덕성을 나타내며, 금강수비밀주는 총체적인 덕성을 나타낸다. 금강수는 이들 가운데에서 중요한 존격으로 대일여래의 인위(因位)인 금강살타로서 만다라에서도 중요한 위치에 있다.

13) 범어로는 Jambu-dvīpa이다. 수미산 남쪽에 인간이 살고 있는 대륙, 사대주의 하나로서 수미산을 중심으로 인간 세계를 동서남북으로 나눈 가운데 남쪽에 있는 대륙이다. 원래는 인도를 가리키는 말이었는데 후에는 우리들이 살고 있는 인간 세계를 뜻하게 되었다.

미세한 티끌과도 같은 양의 금강으로 가지에 의하여 출생한 지장(智藏)을 개발하고 대금강지의 대관정보(大灌頂寶)를 시설하신다. 일체 허공계가 다하도록 두루 진여지(眞如智)를 펼치며 정등각(正等覺)을 현성(現成)하신다. 일체 여래 자신의 성품이 청정하기에 곧 일체법의 자성(自性)이 청정하다. 일체 여래의 공(空)하지 않은 사업과 뛰어난 소작으로 말미암아 두루 일체 허공에 모두 갖가지 색을 드러내신다. 두루 다하여 남김 없도록 모든 유정계에서 선(善)을 일으키고 일체의 뛰어난 행으로 조복(調伏)하신다. 널리 일체의 같을 바 없고 위없는 갖가지 사업을 지으시고, 이로부터 일체의 현성(賢聖－십육대보살)을 출생하신다. 이른바 일체여래대보리견고대사(一切如來大菩提堅固大士)[15], 일체여래구소삼매(一切如來鉤召三昧)[16], 일체여래애락지자재(一切如來愛樂智自在)[17], 일체여래선소작(一切如來善所作)[18], 일체여래대관정보(一切如來大灌頂寶)[19], 일체여래일륜광명(一切如來日輪光明)[20], 일체여래대마니보당(一切如來大摩尼寶幢)[21], 일체여래대소(一切如來大笑)[22], 일체여래청정법(一切如來淸淨法)[23], 일체여래대지

---

14) 범어로는 mahāsattva이다. 개사(開士)라고도 하며 마하살(摩訶薩)이라 음역한다. 부처님과 보살의 통칭으로도 사용되나 흔히는 대보살의 의미로 쓰인다.

15) 금강살타를 가리킨다. 이하 '일체여래선소작'까지는 아축여래계의 보리심류(菩提心類)의 네 보살이다.

16) 금강왕보살을 가리킨다.

17) 금강욕보살을 가리킨다.

18) 금강선재보살을 가리킨다.

19) 금강보보살을 가리킨다. 이하 '일체여래대소'까지는 보생여래의 복덕취류의 네 보살이다.

20) 금강광보살을 가리킨다.

21) 금강당보살을 가리킨다.

22) 금강소보살을 가리킨다.

23) 금강법보살을 가리킨다. 이하 '일체여래비밀어'까지는 무량수계의 지혜문류(智慧門類)의 네 보살이다.

혜(一切如來大智慧)[24], 일체여래대륜(一切如來大輪)[25], 일체여래비밀어(一切如來秘密語)[26], 일체여래불공종종사업(一切如來不空種種事業)[27], 일체여래대정진묘견고개(一切如來大精進妙堅固鎧)[28], 일체여래편지호금강약차(一切如來偏持護金剛藥叉)[29], 일체여래신어심금강박지인(一切如來身語心金剛縛智印)[30]이다. 이들 모든 현성들을 총섭하여 게송으로 송한다.

금강살타보현존(金剛薩埵普賢尊)[31]과
묘불공왕(妙不空王)인 금강왕(金剛王)[32]과
마라(摩羅)[33] 곧 금강애(金剛愛)[34]와
금강선재(金剛善哉)인 극희왕(極喜王)[35]이네.

성허공장(聖虛空藏)의 금강보(金剛寶)[36]와
대묘광(大妙光)인 금강광(金剛光)[37]과

---

24) 금강리보살을 가르킨다.
25) 금강인보살을 가리킨다.
26) 금강어보살을 가리킨다.
27) 금강업보살을 가리킨다. 이하 '일체여래신어심금강박지인'까지는 불공성취계의 대정진류(大精進類)의 네 보살이다.
28) 금강호보살을 가리킨다.
29) 금강아보살을 가리킨다.
30) 금강권보살을 가리킨다.
31) 금강수, 즉 금강살타를 가리킨다.
32) 금강왕보살을 가리킨다.
33) 마라보살을 가리킨다.
34) 금강애보살을 가리킨다.
35) 금강희보살을 가리킨다.
36) 금강보보살을 가리킨다.
37) 금강광보살을 가리킨다.

묘보당(妙寶幢)은 곧 금강당(金剛幢)[38]이며,
대희소(大喜笑)의 금강소(金剛笑)[39]이네.

능관자재(能官自在)의 금강법(金剛法)[40]과
묘길상지(妙吉祥智)의 금강리(金剛利)[41]와
제만다라(諸曼茶羅)의 금강인(金剛因)[42]과
무언(無言)인 즉 금강어(金剛語)[43]이네.

종종사업(種種事業)의 금강업(金剛業)[44]과
정진갑주(精進甲冑)의 금강호(金剛護)[45]와
맹악탄담(猛惡呑啗)의 금강아(金剛牙)[46]와
견고집지(堅固執持)의 금강권(金剛拳)[47]이네.

이들의 표치(標幟)[48]는 금강(金剛)[49], 구(鉤)[50], 전(箭)[51], 희(喜)[52]와

---

38) 금강당보살을 가리킨다.
39) 금강소보살을 가리킨다.
40) 금강법보살을 가리킨다.
41) 금강리보살을 가리킨다.
42) 금강인보살을 가리킨다.
43) 금강어보살을 가리킨다.
44) 금강업보살, 또는 금강갈마보살을 가리킨다.
45) 금강호보살을 가리킨다.
46) 금강아보살을 가리킨다.
47) 금강권을 가리킨다.
48) 삼매야형(三昧耶形)을 말한다. 이하에서 십육대보살의 삼매야형이 등장한다.
49) 오고저(五股杵)로서 금강살타의 삼매야형이다.
50) 금강왕보살의 삼매야형이다.
51) 금강애보살의 삼매야형이다.
52) 서장역(西藏譯)에서는 궁(弓)이라 한다. 금강희보살을 나타낸다.

보(寶)[53], 일(日)[54], 당번(幢幡)[55], 및 대소(大笑)[56]와 연화(蓮華)[57], 검(劍)[58], 및 묘륜(妙輪)[59], 어(語)[60]와 갈마[61], 갑주(甲胄)[62], 포(怖)[63], 견지(堅持)[64]이네.

무시무종(無始無終)[65]과 상적정(常寂靜)[66]과
포악분노(暴惡忿怒)[67]와 대안인(大安忍)[68]과
야차(藥叉)[69]와 나찰선무외(羅刹善無畏)[70]와
위세맹악(威勢猛惡)[71]과 대부성(大富盛)[72]이네.

---

53) 여의주로서 금강보보살의 삼매야형이다.
54) 일륜형(日輪形)으로서 금강광보살의 삼매야형이다.
55) 깃발을 말하며, 금강당보살의 삼매야형이다.
56) 금강소보살을 가리키며, 삼매야형은 삼고저를 치아 모양으로 만들고 웃는 모습을 나타낸다.
57) 금강법보살의 삼매야형이다.
58) 금강리보살의 삼매야형이다.
59) 금강인보살의 삼매야형으로 윤(輪)이다. 윤은 원래 고대 인도에서 사용하던 무기의 일종으로 바퀴 모양의 바깥 둘레에 날카로운 칼 등이 박혀 있는 것이다. 이것을 굴리면 적군을 무찌르고 다시 원래의 위치로 돌아온다고 한다. 이것은 외도와의 논쟁에서 삿된 견해를 꺾는 것에 비유된다.
60) 금강어보살을 가리키며, 그 삼매야형은 연꽃 위에 혀의 모양을 두는 것이다.
61) 금강업보살을 가리키며, 삼매야형은 삼고저 두 개를 십자로 놓은 것처럼 보이는 갈마저(羯磨杵)이다.
62) 금강호보살의 삼매야형으로 갑옷이다.
63) 금강아보살을 가리키며, 그 삼매야형은 연꽃 위에 무서운 어금니를 올려놓은 것이다.
64) 금강권보살을 가리키며, 그 삼매야형은 연꽃 위에 두 주먹을 놓은 것이다.
65) 중앙비로차나여래를 가리킨다. 불생불멸의 다른 표현이다.
66) 아축여래를 가리킨다.
67) 보생여래를 가리킨다.
68) 무량수여래를 가리킨다.
69) 불공성취여래를 가리킨다. 이상 오불(五佛)이다.
70) 금강파라밀보살(金剛波羅蜜菩薩)을 가리킨다.
71) 보파라밀보살(寶波羅蜜菩薩)을 가리킨다.
72) 법파라밀보살(法波羅蜜菩薩)을 가리킨다.

오마천주(鄔摩天主) 및 세주(世主)[73]이네
견고(堅固)[74]와 승근대적묵(勝根大寂默)[75]과
호세(護世)[76]와 공거(空居)[77]와 지거(地居)[78]와
삼세(三世)[79] 및 저 삼계(三界)[80] 등이네

대종(大種)[81]인 선작(善作)[82]과 중생익(衆生益)[83]과
일체설박종조(一切設縛宗祖)[84] 등과
생사(生死)[85]와 열반(涅槃)[86]과 상여시(常如是)[87]와
정소유전(正所流轉)[88]과 대부대(大復大)[89]이네

---

73) 갈마파라밀보살(羯磨波羅蜜菩薩)을 가리킨다. 오마천주와 세주는 탐, 진, 치의 삼독을 나타내며, 갈마파라밀이 삼독을 없애는 활동으로서 오마천주와 세주를 발로 밟는 모습으로 표현된다. 이상 네 파라밀보살이다.
74) 견고한 보리심이란 뜻이다. 금강희희보살(金剛嬉戱菩薩)을 가리킨다.
75) 금강만보살(金剛鬘菩薩)을 가리킨다.
76) 금강가보살(金剛歌菩薩)이다.
77) 금강무보살(金剛舞菩薩)이다.
78) 금강향보살(金剛香菩薩)이다.
79) 금강화보살(金剛華菩薩)이다.
80) 금강등보살(金剛燈菩薩)이다.
81) 금강도향보살(金剛塗香菩薩)이다. 이상 팔 공양보살(供養菩薩)이다.
82) 금강구보살(金剛鉤菩薩)이다.
83) 금강색보살(金剛索菩薩)이다.
84) 금강쇄보살(金剛鎖菩薩)이다.
85) 금강령보살(金剛鈴菩薩)이다.
86) 미륵보살(彌勒菩薩)을 가리킨다. 자씨(慈氏 - Maitreya)보살이라고도 하며, 밀호(密號)가 신속금강(迅速金剛)으로 삼매야형은 군지(軍持)이다. 이하에서 현겁(現劫)십육존을 열거한다.
87) 불공견보살(不空見菩薩 - Amoghadarśana)이다. 밀호가 금강계에서는 보견금강(寶見金剛), 태장계(胎藏界)에서는 보관금강(寶觀金剛)으로 종자는 aḥ, ka이다. 삼매야형은 연상광안(蓮上光眼), 일고안(一鈷眼)이다. 일고안이란 독고저(獨鈷杵)의 양측에 눈이 있는 것을 말한다.

각성청정(覺性淸淨)[90]과 대승법(大乘法)[91]과
삼유(三有)[92] 가운데와 상이익(常利益)[93]과
저 항삼세(降三世)[94]와 적정생(寂靜生)[95]과
적정생주(寂靜生主)[96]와 능조복(能調伏)[97]이네.

---

88) 제일체악취보살(除一切惡趣菩薩)이다. 멸악취보살(滅惡趣菩薩:제악취(除惡趣), 사악도(捨惡道), 파악취(破惡趣 - Sarvāpāyajaha)라고도 하며, 밀호는 금강계에서는 보구(普救), 지만금강(智滿金剛)이며, 태장계에서는 제장금강(除障金剛)이다. 종자는 dhbaṃ dhvaṃ, bhā이며, 삼매야형은 범협(梵篋), 수지(樹枝), 삼고저(三鈷杵)이다.

89) 큰 것 가운데 다시 큰 것이라는 뜻으로 향상보살(香象菩薩 - 중향수衆香手, Gandhahastin)이다. 향상보살은 남방의 네 존격 가운데 하나이다. 밀호가 대력(大力), 호계금강(護戒金剛)이며, 종자는 gaḥ, 삼매야형은 연화와 발우이다.

90) 제우암보살(除憂闇菩薩 - 제우명除憂冥, Sarvaśokatamo-ni-rghātana)이다. 밀호가 금강계에서는 정지(淨智), 해탈금강(解脫金剛)이며, 태장계에서는 대사금강(大赦金剛)이다. 종자는 금강계에서 aṃ, āṃ, huṃ이고, 태장계에서는 daṃ, ka이며, 삼매야형은 무수지(無憂樹枝)이다. 이상에서 자씨보살, 불공견보살, 멸악취보살, 제우암보살은 동방의 네 존격이다.

91) 대용맹보살(大勇猛菩薩)이다. 대정진보살(大精進菩薩 - 용맹勇猛, Śauraya)이라고도 하며, 밀호가 불퇴금강(不退金剛)이며, 종자는 vi, 삼매야형은 독고극(獨鈷戟), 대정진장극(大精進鏘戟)이다.

92) 허공장보살(虛空藏菩薩 - Gaganagañja)이다. 밀호가 부귀(富貴), 원만금강(圓滿金剛)이며, 삼매야형은 보주(寶珠)이다.

93) 지당보살(智幢菩薩 - Jñnaketu)이다. 밀호가 지만(智滿), 법만금강(法滿金剛)이며, 종자는 trāṃ, 삼매야형은 당번(幢幡)이다. 이상은 남방의 네 존격이다.

94) 무량광보살(無量光菩薩 - Amitaprabha)이다. 별칭이 감로광(甘露光 - Amṛta-p)이며, 밀호는 대명(大明), 이염금강(離染金剛)이다. 종자는 a, ah, dhvaṃ이고, 삼매야형은 연화(蓮華), 연상광명(蓮上光明), 광염(光焰)이다.

95) 월광보살(月光菩薩 - Candraprabha)이다. 밀호가 금강계에서 청량(淸凉), 적열금강(適悅金剛)이며, 태장계에서 위덕금강(威德金剛)이다. 종자는 ca, caṃ이고 삼매야형은 금강계에서는 반월(半月) 또는 당(幢), 태장계에서는 청련화 위의 반월이다.

96) 현호보살(賢護菩薩 - Bhasrapāla)이다. 밀호가 교호(巧護), 이구금강(離垢金剛)이며, 종자는 pra, pr이고, 삼매야형은 현병(賢甁)이다.

97) 망명보살(網明菩薩 - Jālinīprabha)이다. 밀호가 금강계에서는 방편금강(方便金剛)이며, 태장계에서는 색상금강(色相金剛)이다. 종자는 jaṃ이고 삼매야형은 금강계에서는 나망(羅網)이고, 태장계에서는 구(鉤), 견색(羂索)이다. 이상 서방의 네 존격이다.

견고주재(堅固主宰)[98]와 묘승지(妙勝地)[99]와
대지(大智)[100]와 파라밀다법(波羅蜜多法)[101]과
일체보살해탈문(一切菩薩解脫門)[102]과
일체여래제승행(一切如來諸勝行)[103]이네

정각선리제불심(正覺善利諸佛心)[104]과
일체보리무유상(一切菩提無有上)[105]과
비로차나최승존(毘盧遮那最勝尊)[106]과
자연총지(自然摠持)[107]와 제정념(諸正念)[108]이네.

마하살타대지인(摩何薩埵大智印)[109]과

---

98) 금강장보살(金剛藏菩薩 - Vajragarbha)이다. 밀호가 지교(持敎), 입험금강(立驗金剛)이며, 종자는 va, sa(공양회)이고, 삼매야형은 독고저, 정자독고저(井字獨鈷杵)이다.

99) 무진의보살(無盡意菩薩, 無盡慧 - Akṣayamati)이다. 밀호가 보의(寶意), 무진금강(無盡金剛)이며, 종자는 jña, 삼매야형은 범협(梵篋)이다.

100) 보현보살(普賢菩薩 - Samantabhadra)이다. 밀호가 보섭(普攝), 진여(眞如), 여의금강(如意金剛), 종자는 hūṃ, ah, aṃ, ka이고, 삼매야형은 검(劍), 연화상검(蓮華上劍)이다. 이상에서 변적보살(辯積菩薩, 智積, Pratibhāna-kūṭa)이 빠졌다. 변적보살은 밀호가 교변금강(巧辯金剛)이며, 종자는 raṃ, vi이고, 삼매야형은 화운(華雲), 오색운(五色雲)이다.

101) 이하에 보이는 것은 모든 보살의 총구(總句)이다. 모든 보살은 바라밀다의 법문을 행하므로 처음에 닦아야 할 법문을 든 것이다.

102) 제개장보살(除蓋障菩薩)이다.

103) 지장보살을 가리킨다.

104) 묘법당보살(妙法幢菩薩)을 가리킨다.

105) 제불정(諸佛頂)을 나타낸 것이다.

106) 일자정륜(一字頂輪)을 가리킨다.

107) 중지(中智)의 덕을 찬탄한 것이다. 법이상주(法爾常住)로서 변하지 않으므로 자연총지라 한다.

108) 백산개불정(白傘蓋佛頂)이다.

109) 화취불정(火聚佛頂)을 가리킨다. 금강살타의 다른 이름이다.

삼마지(三摩地)[110]와 생불사업(生佛事業)[111]과
성취일체제불신(成就一切諸佛身)[112]과
각오중생상이익(覺悟衆生常利益)[113]이네

저 대근본(大根本)[114]과 대흑(大黑)[115]과
대탐염(大貪染)[116]과 대락(大樂)[117]이며,
모든 대방편(大方便)[118]과 대승상(大勝上)[119]과
일체승궁(一切勝宮)[120]과 대자재(大自在)[121]이네

이때 구덕(具德)[122] 대보리심(大菩提心)의 보현대보살(普賢大菩薩)은 일체 여래심(一切如來心)[123]에 머무른다. 이때에 일체 여래는 이 불국토에 가득 차게 시현하시는 것이 마치 참깨 속에 기름이 가득한 것같이 모두 구름처럼 모여들어 일체의성보살(一切義成菩薩)[124]이 보

---

110) 고불정(高佛頂)이다. 삼마지의 위력을 가리킨 것이다.
111) 승불정(勝佛頂)이다.
112) 온갖 집금강신(執金剛神) 등을 밝힌 것이다.
113) 법신 비로차나여래가 이상과 같은 신체를 나타내어 묘한 법음을 설하고, 중생을 깨닫게 하며 언제나 이익을 주는 것을 말한다.
114) 중앙 부동명왕(不動明王)이다.
115) 북방 금강야차(金剛夜叉)이다.
116) 동방 항삼세명왕(降三世明王)이다.
117) 남방 군다리명왕(軍茶利明王)이다.
118) 서방 대위덕명왕(大威德明王)이다.
119) 마두명왕(馬頭明王) 등의 모든 명왕을 든 것이다. 이상 각 명왕의 명칭에 대(大)자가 붙은 것은 대공삼매(大空三昧)를 뜻한다.
120) 온갖 천궁(天宮)을 가리킨다.
121) 지(地), 수(水), 화(火), 풍(風)의 모든 윤왕(輪王)을 이름하여 자재라 한다.
122) 범어로는 bhagvān이다. 보통 세존(世尊)이라 한역된다. 사마(四魔)를 부수는 덕(德)을 가졌다는 뜻이다.
123) 비로차나불심(毘盧遮那佛心)을 말한다.

리도장(菩提道場)[125]에 앉아 있는 그곳에서 곧 수용신(受用身)[126]을 시현해서 다음과 같이 보살에게 선언하신다.

"선남자여, 너는 어찌하여 일체 여래의 진실을 깨닫지 않고서 온갖 난행(難行)을 행하는가? 그러고서 어떻게 아누뜨라삼먁삼보디를 성취하리라고 생각하는가? 그러므로 너는 지금 여기에서 마땅히 용감한 뜻을 일으켜야 한다. 해야 할 바를 이루기 위한 까닭이니라."

그때 일체의성보살마하살(一切義成菩薩摩何薩)은 일체 여래에게 경각되어 아사파나까삼마디[127]로부터 일어나 일체 여래에게 정례(頂禮)[128]하고 나서 다음과 같이 아뢴다.

"세존이시여, 원컨대 저에게 가르쳐 주소서. 어떻게 행하여야 하며 어떤 것이 진실한 지인(智印)입니까?"

이때에 모든 여래는 이구동음으로 그 보살을 향하여 다 함께 다음과 같이 말씀하신다.

"대사여, 너는 마땅히 자심의 삼마지를 관찰해야 한다. 이와 같이

---

124) 범어로는 Sarvārthasiddhi이다. 석가모니의 정각 이전을 말한다.

125) 범어로는 bodhi-maṇda이다. 부처님께서 보리를 성취하신 도량. 마갈타국 니련선하(尼連禪河)가에 있는 보리수 아래의 금강좌(金剛座)이다. 석존께서 여기에서 성도하셨으므로 그곳을 보리도량이라 한다.

126) 절대의 자성경계로부터 상대의 세계에 현현하는 불(佛)을 말한다.

127) 범어로 āsphānaka-samādhi이다. 무식신삼매(無識身三昧), 무식신정(無識身定), 무동정(無動定)이라고도 하는 삼매의 일종, 『금강정대교왕경』 1권과 『수호국계경』 9권에는 석존께서 6년 고행 뒤에 이 삼마지에 들어가시지만, 침공체적(沈空滯寂)하시어 최후의 깨달음이 열리지 않자 거기에서 비밀불(秘密佛)의 경각계시를 받고, 밀교의 일념을 견지하는 유상관인 오상성신관과 옴자관을 수행하시어 비로소 깨달음을 완성하셨다고 한다. 외도와 소승, 대승불교에서도 이 삼마지를 수행하지만, 밀교에서는 입식과 출식에 아자, 밤자 등을 관하여 수식관을 행하고, 심신을 안정하게 해서 이 정에 들어가 마음의 산란을 없애고 적멸무상의 경지에 든다. 아자관과 오상성신관 등을 수행하기 전에도 이 정에 든다.

128) 신체의 다섯 부분을 땅에 대고 이마를 상대자의 발에 대는 예법. 고대 인도에서 절하는 법으로 오체투지(五體投地), 접족례(接足禮), 두면례(頭面禮)라고도 한다.

행하는 것이 진실이니라."

여기서부터는 부처님의 삼매를 상세한 그림과 보리심의 표치(標幟)인 자세한 수인법과 다라니를 수행자가 이해하기 쉽게 나타내었다. 이것을 이름하여 『오부심관』이라고 한다.

앞으로 전개되는 『오부심관』은 밀교 최고의 경전인 『불설일체여래진실섭대승현증삼매대교왕경』을 토대로 설명한 것이며, 자세한 그림과 해설은 「오부심관의 연구」(八田幸雄 著)를 참조하였다.

제4부

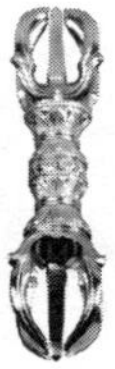

오부심관
五部心觀

제1장 금강계대만다라金剛界大曼茶羅

1. 비로차나(毘盧遮那, vairocanaḥ)

이 그림은 비로차나여래(毘盧遮那如來)의 삼매도(三昧圖)이다. 즉 보리심의 표현이 모습으로 현현되어 중생의 눈에 비친 형상인 것이다. 여기서는 이 여래의 삼매도를 수행자 스스로가 여래의 보리심에 물들어서 자신이 마치 여래인 것처럼 관상(觀想)해야 하며 그림 속의 주인공이 자신이라고 생각하고 삼매에 빠져야 한다.

존상(尊像)의 모습을 자세히 풀이하자면 다음과 같다.

존상은 머리 위에 오불(五佛)의 보관(寶冠)을 쓰고, 지권인(持拳印)을 결(結)하여 사자좌(獅子座)의 연꽃 좌대(座臺) 위에 앉아 있다.

비로차나불(毘盧遮那佛)은 아축(阿閦), 보생(寶生), 무량수(無量壽), 불공성취(不空成就) 네 분의 덕(德)을 한 몸에 갖추고 있다. 그것은 대원경지(大圓鏡智), 평등성지(平等性智), 묘관찰지(妙觀察智), 성소작지(成所作智)의 지혜를 나타내며, 사지(四智)의 근원이 되는 법계체성지(法界體性智)인 오지(五智)를 나타낸다. 법계체성지(法界體性智)는 금강계(金剛界)의 근본 지혜이다.

지권인(持拳印)은 왼손으로 주먹을 쥐어 두지(집게손가락)를 세우고, 오른손으로 왼손 두지를 잡아 주먹을 권 형태를 한다. 다음은 오른손 엄지 끝이 왼손 두지 끝과 맞닿게 하여 마치 오지(五智)의 관(冠)을 씌운 것처럼 한다.

지권인은 중생의 견실한 보리심이 위를 향해 나아가는 것을 여래의 지혜가 받아내고 거듭 대지(大智)의 세계로 받아들여 중생과 하나가 되려는 여래의 서원(誓願)을 나타낸 것이다.

사자좌(獅子座) 위의 연꽃 좌대는 사자가 백수의 왕으로 고난(苦難)과 박해(迫害), 그리고 유혹으로부터 의연히 확고부동의 마음을 지켜 나가는 것을 나타낸다. 연꽃은 진흙탕 속에서도 더러워지지 않고 승화시켜 아름다운 꽃을 피우는 데 비유하여, 어떠한 환경 속에서도 오염되지 않는 청정한 삶을 영위하여 창조적 생명이 흐르는 것을 나타낸다.

bhagavāṃ vairocana

세존 비로차나(毘盧遮那)

경전에는 다음과 같이 적혀 있다[129]

「마땅히 자성성취의 대명(大明)[130]으로써 마음이 가는 대로 대명을 염송하라. oṃ citta-prativedhaṃ karomi(옴 찌따 쁘라띠붸담 가로미). 이때에 보살은 모든 여래께 아뢴다. "세존여래께서 저에게 가르침을 주신 대로 제가 자심(自心)을 보니 정월륜상(淨月輪相)입니다." 모든 여래께서 말씀하신다. "선남자여, 마음의 자성광명은 마치 이와 같아서 두루 수행함에 따라서 만들어지고 완성되는 것이 마치 흰옷을 물들이기 쉬운 것과 같다."」고 되어 있고, 위의 다라니를 의역하면, '나는 불타의 마음과 하나가 되기를 원한다'가 된다.

아래 그림은 수행자의 마음이 여래의 보리심에 물들고 그 마음을 수인과 불구(佛具)로 표현한 것이다. 그것을 표치인(標幟印)이라 하며 그림과 같은 모양이다.

cihna-mudrā(삼매야형)

표치인(標幟印)은 제존(諸尊)의 본질적인 성격을 기물(器物) 등의 상징을 가지고 단적으로 나타낸 것이다. 표치인은 연화좌(蓮花座) 위에 있는 삼각의 불을 묘사하고, 삼각의 불을 금강저(金剛杵)로 감싸고 있다. 연꽃은 청정한 덕(德)을 나타내며, 또 인도신화(印度神話)에 나와 있는 천지창조의 신(神)인 범천(梵天)의 상징이기도 한다. 그러므로 연

129) 도상에는 진언만 범어로 표기되어 있다. 나머지 설명은 경전의 문구를 그대로 인용하고 있다. 뒤에 계속 나오게 되는 '2. 아축'부터 '141. 금강살타'까지의 모든 설명은 여기에 준한다.

130) 다라니를 뜻하는 말이다.

꽃은 불타의 창조적인 생명을 표시한다.

삼각의 불은 태장만다라(胎藏曼荼羅)의 편지원(遍知院)으로도 보이지만 그것은 비로차나여래(毘盧遮那如來)의 편조(遍照)의 지덕(知德)을 역설한 것으로 번뇌(煩惱)를 불태우는 오지(五智)의 움직임을 나타낸 것이다.

지혜의 불을 금강저로 에워싼 것은 여래의 지혜가 움직일 때 자신의 행동은 견실한 움직임이 되어 주체성을 확립하는 것을 나타내는 데, 이것은 나약한 자신을 극복하고 번뇌를 소멸시켜 가는 것을 나타내는 것이다.

bodhāgrī nāma mahā-mudrā(각승대인覺勝大印)

지권인(智拳印)이라고도 하는 이 수인은 중생의 정진력(精進力)이 여래의 대지혜인 불성에 인입(引入)하고 여래의 지수화풍의 사륜(四輪)이 수행자의 정진력을 감싸안은 모양이다. 즉 중생이 여래께 공양함으로 인해 지혜을 얻고 지혜의 힘으로 계율을 지니며, 계율의 힘에 의해 방편을 얻고 정진력을 얻어 여래의 깨달음으로 인입(引入)되는 것을 나타낸다.

『시호역(施護譯)』에는 최각승(最覺

勝), 『불공역(不空譯)』에는 각승(覺勝), 『약출경(略出經)』에는 보리최상계(菩提最上契), 『약역(略譯)』에는 지권인(智拳印)이라 되어 있다. 그러나 이것은 비로차나 여래의 갈마인(羯磨印)으로 지권인(持拳印)과 각승인(覺勝印)으로 알려져 있다.

각승인의 공덕에 관해서는 buddha-bodhī-pradāyikā—『시호역(施護譯)』에는 성불보리(成佛菩提), 『약출경(略出經)』에는 능수여불보리(能授與佛菩提)라 되어 있고, 이 인(印)을 결하면 보리심이 일어나 견실한 지혜가 갖추어지고 빠르게 정각(正覺)을 얻을 수 있다고 한다.

karma-mudrā(갈마인羯磨印)

여기에 나와 있는 인(印)은 갈마인(羯磨印)의 모인(母印)이며, 제존(諸尊)의 갈마인을 나타내 보인 것이다. 이 인은 먼저 두 손을 합쳐 금강박(金剛縛)으로 견고히 하고 다시 양 손을 분리시켜 권(拳)의 형태로 한다.

이 권인(拳印)을 원칙으로 하여 여러 가지 수인(手印)을 결인한다. 예를 들면 비로차나의 지권인(持拳印)은 왼손을 권(拳)으로 하여 두지(頭指)를 세우고 오른손 권은 왼손의 두지를 잡는다. 이때 왼손 두지 끝과 오른손 대지(大指, 엄지손가락) 끝이 맞닿아 있어야 한다. 그 모양은 오지(五智)의 관(冠)을 씌우는 것처럼 한다.

이것은 중생의 견실한 보리심이 위를 향하여 나아가는 것을 여래의 지혜가 받아내고 거듭 대지(大智)의 세계로 받아들여 중생과 여래가 하나가 되는 것이다. 이와 같이 갈마인은 제존의 이상(理想)이 되는 실천활동을 수인(手印)이라는 상징을 통해서 이해하고 체득하려는 것이다.

vajarāñjali-samaya-mudrā(금강합장삼매야인 金剛合掌三昧耶印)

열 개의 손가락을 교차한 금강합장(金剛合掌)은 삼매야인(三昧耶印)을 결할 때 먼저 행하는 인으로, 이렇게 합장한 손가락을 구부려 열 손가락으로 깍지를 낀 것을 금강박인(金剛縛印)이라고 한다.

금강박인은 모든 삼매야인을 연결하는 근본이 되는 수인이다. 그러므로 삼매야인(三昧耶印)의 모인(母印)이라고도 한다.

금강박인은 백정원만(白淨圓滿)한 보리심을 나타낸 것(月輪)이기 때문에 이 박인(縛印)을 근본으로 해서 여러 가지 삼매야인을 결하는 것은, 백정원만한 보리심의 움직임을 수인을 통해서 감응되어 얻게 하려는 것이다.

금강합장(金剛合掌)으로 금강박(金剛縛)을 결(結)하는 것은 행자가 지극한 마음으로 합장하여 경건한 마음이 된 다음, 백정원만하고 청정한 보리심을 갖추어지게 하기 위해서이다.

이때 행자는 제존의 이상적인 마음을 나타낸 여러 가지 삼매야인(三昧耶印)을 결하여 제존의 깊은 마음에 이끌려 제존과 일체가 되는 것이다.

2. 아축(阿閦, Akṣobhya)

이 그림은 아축여래(阿閦如來)의 삼매도이다. 즉 보리심의 표현이 모습으로 현현되어 중생의 눈에 비친 형상인 것이다. 여기서는 이 여래의 삼매도를 수행자 스스로가 여래의 보리심에 물들어서 자신이 마치 여래인 것처럼 관상해야 하며, 그림 속의 주인공이 자신이라고 생각하고 삼매에 빠져야 한다. 이후부터 나오는 불보살의 삼매도는 위의 설명과 같으므로 생략하기로 한다.

존상의 모습을 자세히 풀이하면 다음과 같다.

존상은 청색 코끼리 위의 연화대에 앉아 있고, 왼손은 주먹을 쥐어 가사(袈裟)의 끝을 잡고, 오른손은 촉지인(觸地印)을 지어 대지(大地)를 가리킨다.

아축(阿閦)은 오지(五智)의 지혜 중 대원경지(大圓鏡智)를 나타내고 이것은 맑은 거울이 있는 그대로의 만물을 비춰내는 것과 같이 모든 번뇌를 제거하여 청정무구한 진실의 세계를 열어나가는 것이다.

촉지인은 경발지신인(驚發地神印)이라고도 한다. 이것은 석가모니께서 성도(成道)하시려 할 때, 온갖 마(魔)들이 박해와 유혹으로 방해함에도 석가모니께서는 의연하게 한 손으로 대지(大地)를 가리키고 보리심을 펼쳐나가 모든 마(魔)들을 항복받고 성도하셨는데, 이때 나타내신 수인이 촉지인(觸地印)이다.

이때 마는 마음의 갈등과 여러 가지 미혹을 나타내고 대지는 의연히 자기를 지탱하는 보리심을 나타낸다. 촉지인(觸地印)[131]은 자신의 속마음의 청정한 보리심을 발(發)하게 한다.

코끼리 좌대(座臺)는 코끼리가 유순하면서도 위력이 있기 때문에 부처님의 덕(德)을 상징하기 위해 나타내어졌다. 코끼리는 보현보살이 타고 다니는 것으로 견실한 지혜(智慧)를 상징하고, 청색은 모든 번뇌를 극복해 나아가는 강력한 움직임을 나타낸다.

---

131) 항마촉지인(降魔觸地印)이라고도 한다.

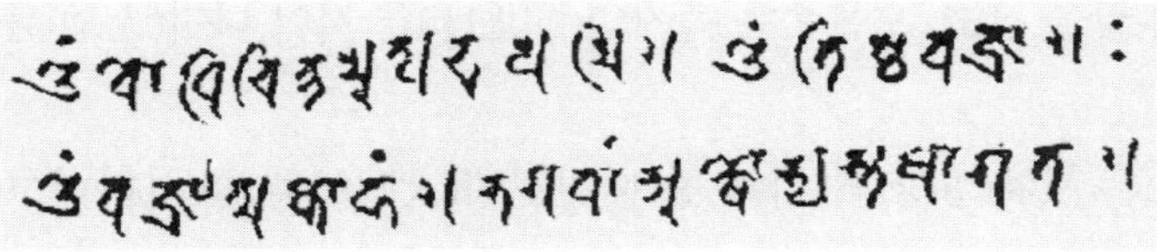

경전에는 다음과 같이 적혀 있다.

「이때에 일체 여래께서는 자성광명으로 심지를 풍성하게 하시기 위하여 그 보살에게 다시 대명(大明)을 송하셨다.

"oṃ bodhi-cittam utpādayāmī 옴 보디 찌땀 우뜨빠다야미
옴 나는 보리심을 일으킨다."

다시 여래께서 말씀하시길, "이것이 바로 자성성취의 대명이니 대보리심을 일어나게 하리라." 이때에 저 보살은 모든 여래의 가르침으로 보리심을 발하고 나서 다시 모든 여래께 아뢴다. "세존여래시여, 그와 같은 정월륜상(淨月輪像)이 있습니다. 저도 또한 이와 같이 자심의 정월륜상을 봅니다." 모든여래께서 말씀하셨다. "일체 여래심은 보현심(普賢心)을 따라 생겨난다. 균등하고 견고하여 잘 행한 바와 같다. 일체 여래가 스스로의 보현심에서 견고한 성소작인(成所作印)을 출생하시니 마땅히 자심의 정월륜 가운데에서 금강의 모습을 사유하라. 이 대명을 송하라.

oṃ tiṣṭha vajra 옴 띠스타 봐즈라
옴 나타나라 금강이여!"

이때에 그 보살은 모든 여래께 아뢴다. "세존여래시여, 제가 이미 정월륜 가운데에서 묘한 금강의 모습을 봅니다." 모든 여래께서 말씀하신다. "너는 이 일체 여래의 대보현심을 진실한 금강으로 견고히 하기 위하여 이 대명을 송하라.

oṃ vajrātmako'haṃ 옴 봐즈라뜨마꼬 함
옴 나는 금강의 자성(自性)이다 함!"
※ bhagavān akṣobhya-tathāgata 세존 아축여래

이때에 편일체허공계(遍一切虛空界)가 일체 여래의 몸, 말, 마음의 대금강계와 서로 섭입(涉入)한다. 일체 여래의 가지력으로써 살타금강(薩陀金剛) 가운데로 섞여 들어간다. 이때에 모든 여래께서는 이에 구덕 일체의성대보살을 비밀명호인 금강계[132]라 부르고, 곧 금강대관정법(金剛大灌頂法)[133]으로 관정(灌頂)한다.

이때에 금강계대보살은 모든 여래께 아뢴다. "세존여래시여, 저는 일체 여래의 몸이 곧 나의 몸임을 봅니다."」

앞에 나왔던 진언들은 차례대로 『금강계법(金剛界法)』의 오상성신

---

132) vajra-dhātu의 번역. vajra는 대일여래의 지혜로서 다이아몬드처럼 단단한 것을 의미하며, dhātu는 계(界), 체(體), 신(身), 차별 등의 뜻이 있다.

133) 범어로는 abhiṣiñca이다. 밀교의 법을 전하기 위해 관정을 받는 자의 머리와 이마 위에 물을 붓는 의례이다. 고대 인도에서 국왕이 즉위식을 거행할 때 사대해(四大海)의 물을 길어와 사해(四海)의 지배자가 됨을 나타내는 의식에서 시작된 것이 대승불교에 들어와서 부처의 위(位)를 이어받는 의미로 바뀌었다. 밀교에서 불종(佛種)을 단절하지 않고 영원히 계승하는 의식으로 이 관정의식은 이마(頂)에 물을 흘리는(灌) 것인데, 부처의 오지(五智)를 상징하는 다섯 병의 지혜의 물을 붓는 것은 여래의 지혜를 모두 이어받는다는 것을 상징한다. 즉 불의 법수를 제자의 이마에 전함으로 해서 불위를 계승하는 의례이다. 관정을 받기 전에 삼매야계(三昧耶戒)를 받는다.

관(五相成身觀)에 전해진 수보리심(修菩提心), 성금강심(成金剛心), 증금강신(證金剛身)의 진언이다.

◎ cihna-mudrā(표치인標幟印 삼매야형三昧耶形)

연꽃 위의 보주(寶珠)를 금강저(金剛杵)가 에워싸고 있다. 이것은 청정한 마음이 있을 때 보리심이 나타나고 이곳에서 용맹한 지혜가 발하는 것을 나타낸다.

◎ nāma mahā-mudrā(*bhūmi-sparśā-mudrā)(촉지대인觸地大印)

이 인(印)의 공덕(功德)에 관해서는 '견고의무동(堅固意無動)을 획득한다'고 설명되어져 있다.

◎ vajra-bandha traṭ

이것은 '금강박이여, 번뇌를 부숴 버리소서'라는 의미가 있다.

※ vajra-bandha-mudrā 금강박인(金剛縛印)

박인(縛印)은 월륜(月輪)의 원만하고 청정한 보리심을 나타내는 것으로 이 박인을 근원으로 여러 가지 삼매야인(三昧耶印)을 결인(結印)한다. 이것은 보리심을 근원으로 여러 가지 덕(德)이 나타남을 나타낸 것이다.

3. **보생**(寶生, Ratna-saṃbhava)

존상은 말 위의 연꽃 좌대에 앉아 왼손은 주먹을 쥐어 가사(袈裟)의 끝을 잡고, 오른손은 여원인(與願印 varada- mudrā)을 나타내며 가슴에는 '卍'가 그려져 있다.

보생여래(寶生如來)는 오지(五智) 중의 평등성지(平等性智)를 나타낸다. 이것은 여래와 중생의 본질적인 평등한 세계를 열어 가는 지혜이다.

행자(行者)가 불타(佛陀)의 마음을 체득하는 일은 무수 무량한 보배를 얻어 풍요로운 인간이 되는 것과 같다.

오른손의 여원인은 영원불멸의 인격이라는 보배를 전해주는 것을 그리고 가슴의 '卍'은 무한의 대생명(大生命)이 활동하는 것을 나타낸다. 태장만다라편지원(胎藏曼茶羅遍知院)의 삼각의 지화(智火) 가운데에도 '卍'이 그려져 있다. 이것은 비로차나불의 지혜가 무한히 넓게 퍼지고, 만물에 창조적인 생명이 부여되는 것을 나타낸다.

말(馬)은 용맹한 지혜의 활동으로 조속히 부처의 지혜를 체득하는 것을 나타낸다. 이것은 보생여래(寶生如來)의 지혜가 중생을 위해 빠르게 움직인다는 것을 표현한 것이다.

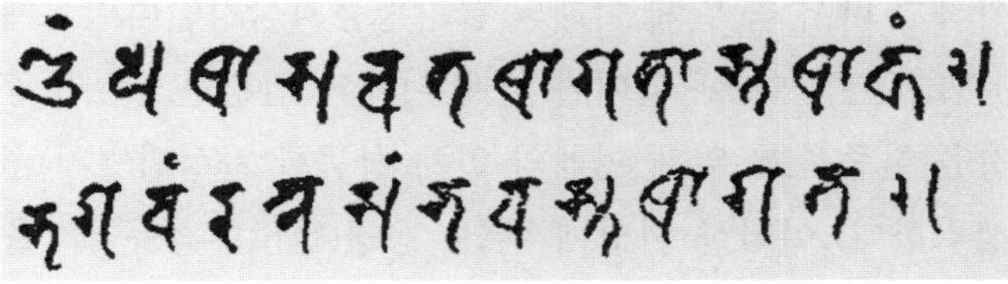

경전에는 다음과 같이 적혀 있다.

「모든 여래께서는 말씀하셨다. "대사여, 살타금강(薩陀金剛)은 모든 상(想)을 구족한다. 이치에 맞게 마땅히 모든 부처의 영상(映像)을 관하라. 마땅히 이와 같은 자성성취의 진언으로 마음가는 대로 대명을 송하라.

oṃ yathā sarva-tathāgatās tathā 'haṃ(『섭진실경(攝眞實經)』)
옴 야타살봐 따타가따스 다타 함
옴 일체 여래가 중심이 되어 있는 것처럼 아(我) 또한 그와 같이 되게 할지어다[134].”」

「이때에 모든 여래께서 이와 같이 설하시고 나자 저 금강계대보살은 일체 여래신(一切如來身)이 곧 자신의 몸이 되어 정각(正覺)을 이루려고 한다. 일체 여래를 향하여 두루 정례하고 나서 이렇게 아뢴다. “오직 바라옵건대 세존 일체 여래시여, 저를 가지하소서. 제가 정등정각(正等正覺)을 현성한 것으로 하여금 일체의 행위를 견고케 하소서.”

이때에 모든 여래께서는 곧 금강계여래살타금강 가운데로 들어오시고, 구덕 금강계대보살은 찰나 사이에 일체 여래의 평등지(平等智)인 정각을 현성하고 나서 곧 일체 여래의 금강평등최상지인비밀삼매(金剛平等最上智印秘密三昧)에 들어가 일체 여래의 법평등지(法平等智)인 자성청정을 현증하고, 일체 여래의 일체 평등한 자성광명지(自性光明智)를 성취한다. 이러한 까닭에 여래, 응공(應供), 정등정각을 이루어 채운다.

다시 모든 여래께서는 곧 일체여래살타금강 가운데로부터 나오셔서 허공장대마니보를 지니고 관정하신다. 관자재법지(觀自在法智)로부터 일체 여래의 갖가지 사업을 발생하시어 잘 안립하시고 나서 모두 수미산(須彌山) 꼭대기 금강마니보봉누각(金剛摩尼寶峯樓閣)으로 온다.

다시 금강계여래(金剛界如來)[135]께서는 일체 여래에 가지(加持)되

134) 의역하면 ‘나의 모든 행동은 일체 여래(一切如來)의 움직임과 똑같이 수승한 것으로 되길 원한다’고 해석할 수도 있다.

135) 일체의성취보살의 오지(五智)를 원만히 성취하였으므로 금강계여래라 한다. 곧 비로차나의 다른 이름이다.

시고 나서 일체 여래의 사자좌(獅子座)에서 모든 방향을 따라 이치에 맞게 잘 머무르신다. 이때에 아축여래(阿閦如來)[136]와 보생여래(寶生如來)[137], 관자재왕여래(觀自在王如來)[138], 불공성취여래(不空成就如

136) 범어로는 Akṣobhya-tathāgata이다. 제존(諸尊)의 근본인 사방사불(四方四佛) 가운데 동방의 여래이다. 한문의 우리말 표기법으로 읽는다면 아축여래라 해야 하지만 불교에서는 오음(吳音)을 택하고 있으므로 아축여래라 발음하며, 부동(不動), 무동(無動), 무노불(無怒佛), 무진에(無瞋恚)라 번역한다. 아축불국(Abhirata)에서 현재까지 설법을 하고 계시는 부처님이시다. 밀호는 부동금강(不動金剛), 포외금강(怖畏金剛)이다. 종자는 훔(huṃ)이다. 초기부터 숭배되었던 부처로서 『아축불국경』 제2권에 과거에 동방의 천 불찰(佛刹)을 넘어서 아비라제국(阿比羅提國) 세계가 있고, 대목여래(大目如來)께서 육도무극(六度無極)의 행을 설법하실 때, 한 비구가 발원하여 지금으로부터 극무상도심(極無上道心)을 일으켜 진애를 끊고 음욕을 잘라내어 정진하겠다고 선언하고 수행한 뒤에 거기에서 성불하여 현재에도 설법하고 있다고 한다. 이 세계를 선쾌(善快) 또는 묘희국(妙喜國)이라고도 한다. 밀교에서는 오지여래(五智如來) 중 사방사불의 하나로서, 금강계만다라 성신회(成身會)에 삼십칠존(三十七尊) 오해탈륜(五解脫輪)이 있는데 그 중 동방 월륜의 주존으로 있다. 왼손은 주먹을 쥐고 오른손은 범협(梵篋)을 들고 있으며 황금색이다. 혹은 오른손은 다섯 손가락이 땅을 가리키는 촉지인(觸地印)이며 왼손은 옷깃을 잡고 있는 파마인(破魔印), 즉 항마촉지인(降魔觸地印)을 하고 있다. 이 부처님은 비로차나여래의 대원경지(大圓鏡智)와 본래 갖추어진 견고한 보리심의 덕을 나타낸다. 인도의 후기 밀교에서는 대일여래를 대신하여 오불(五佛) 가운데의 중존(中尊)으로 되기도 하였다.

137) 범어로는 Ratna-Saṃbhava이다. 금강계오불의 하나로 금강계만다라의 남방의 월륜을 나타낸다. 여원인(與願印)을 결(結)하고 있다. 이 인(印)은 중생의 원을 듣고, 보배를 나게 하고 그 보(寶)를 베푸는 인이다. 이 부처님은 마니보복덕취공덕(摩尼寶福德聚功德)으로써 능히 일체 중생의 소원을 원만하게 성취시키고 삼계법왕의 관정을 수여하여 행자로 하여금 평등하게 하므로 밀호를 평등금강(平等金剛)이라 한다. 삼매야형은 보배구슬이며, 종자는 ja, trāh이다. 그 형상은 성신회에서는 온몸이 황금색이고 왼손은 주먹을 쥐어 배꼽 아래에 두고, 오른손은 밖을 향해 펴고 있는데, 무명지와 소지는 약간 구부리고 나머지 세 손가락은 펴서 시원인(施願印)을 결하고 있으며 연화좌 위에 결가부좌하고 있다.

138) 아미타의 덕칭(德稱)이다. 범어로는 Amitābha-buddha(무량광불無量光佛), 또는 Amitāyus-buddha(무량수불無量壽佛)이다. 서방정토 극락세계의 교주로서 한량없는 광명의 부처님이며 한량없는 생명의 부처님이다. 아미타불은 한량없는 광명을 지니고 중생의 번뇌의 어둠을 밝히는 한편 한량없는 생명을 지녔기에 생멸이 없는 부처님이란 뜻이다. 또는 관자재왕불(觀自在王佛), 무량청정불(無量淸淨佛), 무량불(無量佛), 감로불(甘露佛), 진십방무애광여래(盡十方無碍光如來)라고도 한다. 무량수의궤(無量壽儀軌)에서 무량수여래는 비원(悲願)을 버리지 않고 무량의 광명으로 행자의 자취를 비추고 업장중죄를 모두 소멸시킨다고 설한다.

來)[139]의 모든 여래께서는 세존 석가모니여래께서 일체 여래께서 가지하시는 몸을 이루고, 일체 평등에 잘 통달한 까닭에 일체 방향을 향하여 두루 관찰하고 그 사방의 방향에 따라 앉는다.

그리고 오래지 않아 세존 대비로차나여래께서는 일체 여래의 보현심(普賢心)[140]을 깨달으시고, 일체 여래의 허공에서 생[141]하는 대마니보최상관정(大摩尼寶最上灌頂)을 받으시고, 일체여래관자재[142]의 법의 최상파라밀다(最上波羅蜜多)를 획득하시고, 일체 여래의 갖가지 사업[143]의 공허하지 않고 걸림없는 가르침 가운데에서 하실 바를 원만히 하시고 바라시는 것을 원만히 하신다.」

※ bhagavāṃ ratna-saṃbhava-tathāgata 바가범보생여래(婆伽梵寶生如來

『대일경소(大日經疏)』 제4에서는 '이 부처는 대일여래의 방편지(方便智)이며 중생계가 다함이 없으므로 방편 또한 다함이 없으며, 그러므로 무량수라 한다'고 하였다. 제존의 근본인 사불(四佛)의 하나로서 금강계만다라의 서방의 월륜에 머문다. 『금강정경』에 의한 아미타불은 일체 여래의 근본불로서 대일여래 오지(五智)의 묘관찰지(妙觀察智)가 나타난 것이라 하여 지적활동이 강조된다.

139) 범어로는 Amoghasiddhi이다. 음역으로는 아목가실지라 표기한다. 사방사불의 하나로서 금강계만다라의 북방의 월륜에 주한다. 이 부처는 대일여래의 성소작지(成所作智)와 사업성취의 덕을 나타낸다. 여래의 무한한 활동과 공덕을 나타내는 부처이다. 일체의 번뇌를 단절하고 사업을 원만성취해서 헛됨이 없기 때문에 불공성취여래라고 하며, 시무외인(施無畏印)을 맺고 있다. 시무외인은 설법을 통하여 중생이 가지고 있는 두려움을 제거하도록 하는 것과 깨달음을 향해서 정진하게 하는 활동적인 성격을 타나낸다. 대일여래의 성격 중 실천적인 면을 담당한다. 종자는 aḥ(열반의 뜻), sa이며, 삼매야형은 십자로 된 갈마저(羯磨杵)이다. 이 부처님 앞에는 금강업, 오른쪽은 금강호, 왼쪽은 금강아, 뒤쪽은 금강권 등 네 보살을 둔다. 태장만다라의 천고뢰음불(天鼓雷音佛)과 동체이며, 또 석가불과 동체로 한다.

140) 동방 금강계륜(金剛界輪)이다.

141) 남방 보륜(寶輪)이다.

142) 서방 법륜(法輪)이다.

143) 북방 갈마륜(羯磨輪)이다.

◎ cihna-mudrā(표치인 標幟印)

연꽃 위의 보주(寶珠)를 금강보주(金剛寶珠)가 에워싸고 있다. 청정한 마음이 있을 때 보리심이 나타나고, 이것을 금강보(金剛寶)라고 한다. 영원의 인격을 뜻하는 보배를 발(發)하여 나아가는 것을 의미한다.

◎ *vara[dā]-pradānodgatā nāma-mudrā

최상의 서원(誓願)을 생(生)하게 하는 대인(大印)이다.

◎ 갈마(羯磨)의 총인(總印)

양손을 금강박(金剛縛)하고, 손바닥을 벌려 대지(大指)와 소지(小指)의 양끝을 서로 맞대면 갈마저 형상이 된다. 이것을 배에 대고 자신이 갈마(羯磨)의 주체라고 관하면 제존의 활동실천의 덕(德)이 자신의 몸에 갖추어진다고 한다.

4. 무량광(無量光, Amitābha)

존상은 공작 위의 연꽃 좌대에 앉아 있고, 두 손은 정인(定印)을 결하여 배꼽 아래에 놓는다. 무량광(無量光)은 오지(五智) 중의 묘관찰지(妙觀察智)의 지혜(智慧)를 나타낸다. 이 지혜는 모든 것을 청정하게 하고 세계의 진실을 나타내 보인다. 그러므로 묘관찰지(妙觀察智)는 청정한 세계를 열게 하는 것으로 연화지(蓮花智)와 진실의 세계에 전입(轉入)시키므로 전법륜지(轉法輪智)라고도 불려진다.

정인(定印)은 평정(平靜)한 마음, 선정(禪定)의 마음을 나타내어 일체의 번뇌(煩惱)가 멸진한 마음을 가리키는 것이다.

공작은 독사(毒蛇)를 먹는 동물로 모든 번뇌의 해로운 독을 다 먹어치우고 모든 것을 청정하게 하는 강력한 서원을 나타낸 것이다.

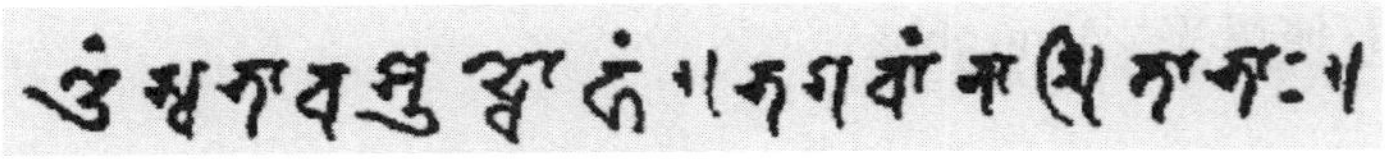

oṃ svabhāva śuddho 'haṃ 옴 스바바봐 슛도 함

옴 나는 자성청정(自性淸淨)이 된다!

이 진언은『섭진실경(攝眞實經)』에 나오고『불설일체여래진실섭대승현증삼매대교왕경』등의 다른 경에는 나와 있지 않다.

※ bhagavān amitābhaḥ 세존무량광(世尊無量光)

◎ 광염(光焰)

본래 이 위치에는 아래(표치인)에 나오는 보주(寶珠)와 연화저(蓮花杵)의 표치인(標幟印)을 그려야 한다.

◎ samādhyagrā mahā-mudrā(승삼마지인 勝三摩地印)[144]

마음이 선정(禪定)에 있으면 청정한 본성(本性)이 나타나는 것을 의미한다.

◎ cihna-mudrā(표치인 標幟印)

연꽃 위의 보주(寶珠)를 금강연화저(金剛蓮花杵)가 에워싸고 있다. 이것은 선정에 있을 때 청정무구한 세계가 체험되어 지는 것을 나타낸다. 그리고 또 청정한 지혜는 보다 깊은 보리심(菩提心)을 개현(開顯)시켜 가는 것을 나타낸다.

144) 『원성사본(園城寺本)』은 조금 미흡하지만 samādhi mahā-mudrā(삼마지대인 三摩地大印)으로 읽고 있다.

5. 불공성취(不空成就, Amogha-siddhi)

존상은 가루라(garuda) 위의 연꽃 좌대에 앉아 왼손은 주먹을 쥐어 가사 끝을 잡고 오른손은 손바닥을 펴들고 시무외인(施無畏印 varada-mudrā)을 나타내고 있다. 불공성취는 오지(五智) 가운데 성소작지(成所作智)의 지혜를 나타낸다. 시무외인은 만물을 정화하는 금강(金剛)에 비유한 것으로 견고한 자신의 확립을 뜻한다. 왼손 주먹은 견실한 보리심을 일으키게 하고, 오른손의 시무외인(施無畏印)은 여러 사람에게 보리심을 일으키게 하여 자신감과 용기를 주어 박해(迫害)와 운명(運命)을 극복하게 하는 힘을 전한다.

가루라는 독사(毒蛇)를 먹는 새이기에 온갖 장애와 싸워 이겨나가는 것을 나타냄과 동시에 화염(火焰)의 상징이기 때문에 맹화(猛火)와 같이 용맹정진(勇猛精進)하는 적극적 삶의 방식을 강조하고 있는 것이다.

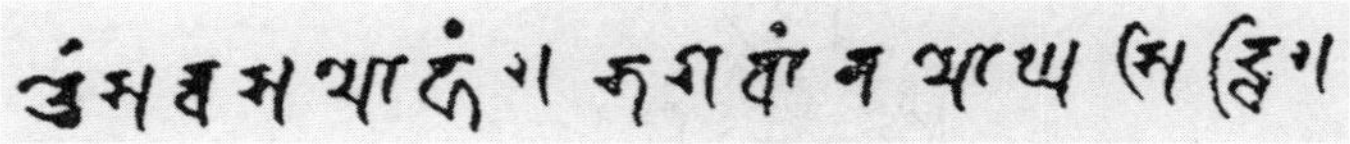

oṃ sarva samo 'haṃ 옴 살바 사모 함
옴 나는 일체의 것과 동일하게 된다 함!

이 진언은 『섭진실경(攝眞實經)』에만 나오고 『불설일체여래진실섭대승현증삼매대교왕경』 등의 다른 경에는 나오지 않는다.

※ bhagavāṃ amogha-siddhi 세존불공성취(世尊不空成就)

cihna-mudrā(표치인 標幟印)

연꽃 위의 보주를 금강갈마저(金剛羯磨杵)가 에워싸고 있다. 청정한 마음에서 나오는 보리심이 밖으로 향하면 금강의 사업이 생명에 찬 창조적인 세계를 건설해 나아가는 것을 나타내고, 안으로 향하면 금강사업(金剛事業)이 모든 사람을 청정한 인격으로 나아가게 하는 것을 나타낸다.

◎ abhaya *prabha nāma mahā-mudrā(시무외대인 施無畏大印)

핀 연꽃 받침 위에 오른손의 시무외인을 나타냈다.

◎ 그림 없음

대보리심(mahā-bodhi-citta)의 움직임을 나타낸다.

6. 금강살타(金剛薩陀, Vajra-satva)

존상은 오불(五佛)의 관(冠)을 머리에 쓰고 목걸이로 목을 장식하며, 존상의 좌우로 후광(後光)이 세 줄기의 광선으로 방사되어 사방으로 퍼져나가고 있다. 이 후광은 '21. 금강권(金剛拳)'보살까지 나타나 있다.

왼손은 금강권을 쥐어 대퇴부 위에 놓고, 오른손은 금강권으로 독고금강저(獨鈷金剛杵)를 쥐어 가슴 앞(심장 위치)에 두었다. 몸은 오른쪽을 향하여 한 마리의 코끼리 위에 있는 연꽃 좌대에 반가부좌하여 앉아 있다.

경전에 의하면 세존은 수승한 구도자, 즉 대사(大士)를 가르쳐 보현보살(普賢菩薩)의 마음이 되게 하므로 대승(大乘)의 가르침의 진수를 나타내었다. 행자는 금강살타(金剛薩陀)와 같이 견실하고 용맹스러운 지혜의 주체가 되어 나가는 것이다. 인간은 이러한 세존(世尊)의 수승한 서원(誓願)에 감응하여 세존의 마음을 체득하고 실천할 때 대보리심을 체득하게 된다.

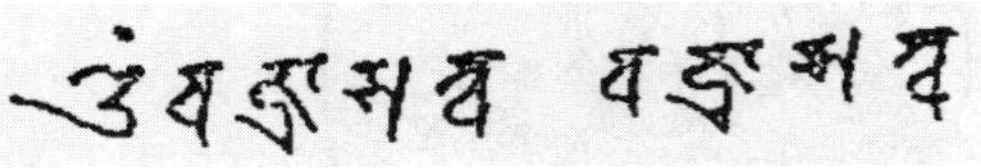

경전에는 다음과 같이 적혀 있다.

「일체 여래께서는[145] 자신을 가지하시기 위해, 곧 일체 여래의 보현대보살삼매에서 출생한 살타가지의 금강삼마지에 들어가시니, 이를 일체 여래의 대승현증삼매(大乘現證三昧)라 이름한다. 바로 일체 여래심이다. 이 대명을 스스로의 마음으로부터 내어 송한다.

145) 이하 십육대보살 가운데 먼저 금강살타의 출생을 밝힌다. 금강살타란 말은 범어 vajra-sattva를 번역한 것이다. vajra가 금강이란 말로 의역되어 이것이 합쳐져서 금강살타가 된 것이다. 금강은 원래 제석천이 가지고 있는 금강저라는 무기를 가리키는 말인데, 이 무기는 어떠한 것도 당해낼 수 있는 최강의 무기이다. 그래서 이 금강이란 말은 절대성을 상징하는 데 사용되고 있다. 밀교에서는 주로 번뇌의 마(魔)를 항복 받는다는 뜻으로 사용되고 있다. 살타는 유정(有情), 또는 중생이란 뜻으로 미혹한 모든 존재를 의미하는 말이다. 그러므로 금강살타라고 했을 때 이것은 진리 그 자체인 대일여래와 중생을 포함하는 존재임과 동시에 대일여래와 중생을 연결하는 접점에 있는 존재라고 할 수 있다. 금강살타는 오고저를 쥔 오른손을 가슴에 대고 금강령을 쥔 왼손을 가부좌한 발 위에 놓고 있다. 이 보살은 중생들 자신이 청정한 보리심을 가지고 있다는 것을 일깨워 준다. 이 보살의 범명(梵名)은 번역해서 집금강(執金剛), 금강수(金剛手), 지금강(指金剛), 진여금강(眞如金剛) 등이다. 이 보살은 십육대보살의 수존(首尊)이며, 동방 아축불의 사친근(四親近) 보살의 상수(上首)가 되고, 동방에 위치한다.

oṃ vajra-sattva 옴 봐즈라 사뜨봐

옴 금강살타여!

※ vajra-sattva 금강살타

일체 여래심으로부터 나오자마자 바로 곧 저 구덕 보현대보살은 수많은 월륜이 되어 한꺼번에 출현하고, 널리 일체 유정의 대보리심을 깨끗하게 하고 나서 일체 여래의 둘레에 머무른다. 이 모든 월륜으로부터 일체 여래의 지금강(智金剛)을 내고 곧 세존 대비로차나여래심(大毘盧遮那如來心)으로 들어간다. 일체 여래에 가지된 바이므로 합하여서 한 몸이 되어 다섯 봉우리에 광명의 화환이 되어 허공계가 다하도록 가득 찬다. 이 가운데서 일체 여래의 몸과 말과 뜻의 금강으로 이루어진 금강저(金剛杵)[146]의 모습이 출현한다. 이 모습은 일체 여래심으로부터 나오고 나서 부처님의 손바닥 안에 머무른다. 그런 다음에 다시 금강저로부터 금강의 모습으로 갖가지 뛰어난 색상을 갖춘 깨끗하고 묘한 광명을 나타내어 널리 일체 세계를 비춘다. 다시 금강광명의 문으로부터 일체 세계의 극히 작은 티끌처럼 수많은 양과 비슷한 수의 여래의 모습을 출현하여 법계에 가득하게 서로 섭입한다. 일체의 모든 허공계가 다하도록 널리 일체 세계에 구름 바다처럼 두루하다. 일체

146) 중앙부에 손잡이가 있고, 양 끝에 날카로운 칼이 있는 무기의 형태, '발절라', '부일라'라고도 음사하며, 또는 금강지저(金剛智杵), 견혜저(堅慧杵)라고도 한다. 원래『리그베다』의 신(神)인 인드라, 즉 제석천의 무기인 천둥이었는데, 어느덧 금강석(金剛石)의 의미로도 쓰이게 되었다. 밀교에서는 부처의 지혜가 견고함과 번뇌를 깨부수는 두 가지 상징으로 해석하며, 여러 불보살이 지니는 물건으로써 법을 전하는 관정(灌頂)이나 수행의 법구(法具)로 쓰인다. 재료는 금, 은, 동, 철의 금속이나 여러 가지 목재, 인골, 수정 등으로 만들어지며, 일반적으로 금동제가 많다. 종류는 고(枯)의 숫자로 표시해서 일, 이, 삼, 오, 구 고(鈷)가 경전에 등장하는데, 보통 독고, 삼고, 오고가 자주 사용된다.

여래의 평등지(平等智)와 신통(神通)을 구족하고, 일체 여래의 대보리심[147]을 발생하며, 보현의 갖가지 뛰어난 행을 이룬다. 일체 여래를 받들어 섬기며, 보리도량에 와서 모든 마군들을 굴복시키고, 일체 여래의 평등하고 위없는 대보리의 과를 증득하고 정법륜(正法輪)을 굴린다. 널리 남김없이 모든 유정계가 다하도록 크게 일체를 구제하여 이익되게 하고 즐겁게 하며, 일체 여래의 삼매와 지(智)와 신통의 최상의 실지(悉地)[148]를 성취한다. 일체 여래의 신통유희(神通遊戱)의 보현성(普賢性)을 나타내 보이며, 금강살타의 삼마지가 뛰어나게 견고한 까닭에 합하여 한 몸이 된다. 보현대보살의 몸을 생하고 세존 대비로자나여래심(大毘盧遮那如來心)에 잘 머무르며 이 게송을 읊는다.

위대하도다, 청정한 나는 보현이라.
견고한 살타(薩埵)로서 자연적으로 행한다.
저 견고한 본래의 무신(無身)으로 말미암아
금강살타의 몸을 출현한다.

이때에 보현대보살신은 세존의 심장으로부터 내려와 일체 여래 앞의 월륜에 이치대로 머무르며 다시 가르침을 청한다.

---

147) 일체 여래의 대보리심은 오대원(五大願)을 발하는 것이다.

148) 범어로는 siddhi이다. 성취(成就), 또는 묘성취(妙成就)라는 뜻으로 범어와 한자를 섞어서 성취실지(成就悉地), 실지성취(悉地成就)라고도 한다. 밀교에서 진언(眞言) 등을 송함으로써 성취하게 되는 묘과(妙果)를 말한다. 『대일경소』 제15권에는 정각(正覺)에 도달한 자리를 무상실지(無上悉地)라 하고, 여기에 도달하기까지의 신(信), 입지(入地), 오통(五通), 이승(二乘), 성불의 다섯 가지 실지가 있다고 설하고 있다. 또 『존승의궤(尊勝儀軌)』 하권에서는 세간의 장수나 복덕 등을 얻는 것을 유상실지(有相悉地), 출세간의 과덕(果德)을 완성하는 것을 무상실지(無上悉地)라 한다.

그러자 세존께서는 곧 일체 여래의 지삼매(智三昧)의 금강삼마지에 드시어 일체 여래의 계(戒), 정(定), 혜(慧), 해탈(解脫), 해탈지견(解脫知見)을 수용하시며, 큰 지혜 방편의 대정진력으로 큰 지혜의 삼매를 일으키시고 묘한 법륜을 굴리시어 널리 일체의 다함 없는 모든 유정계를 구제하시고 이익케 하시며, 일체주재(一切主宰)[149]로써 널리 기쁨과 즐거움을 획득하게 하신다. 그리고 일체 여래의 평등지(平等智)와 신통과 가장 높은 대승의 현증삼매의 수승한 실지 등을 얻게 하신다. 곧 일체 여래께서는 금강저를 성취하심으로써 일체 여래의 대전륜왕인 일체 불신(佛身)의 보배관과 비단을 관정받는 자인 보현대보살의 두 손에 수여하신다. 그런 다음에 일체 여래께서는 곧 금강수라는 명칭을 주시고, 금강수관정법으로써 관정하신다.

이에 금강수보살마하살은 고거상(高擧相)을 나타내고 오른손은 저 금강저를 휘두르며 자심(自心) 사이에 두고 용감히 나아가는 모습을 하며, 이 게송을 읊는다.

이것은 일체 대각존(一切大覺尊)께서
성취하신 더 이상 위가 없는 금강저이다.
나의 손바닥에 수여하시니
금강 중에서도 금강에 머무는 모습이다.」

149) 일체 중생을 자재로이 구호하는 주체라는 뜻이다.

vajra-satvasya-cihna-mudrā

(금강살타의 표치인 金剛薩咤 標幟印)

연꽃 위의 삼고금강저(三鈷金剛杵)를 나타낸다. 금강살타의 진수는 무한의 보리를 구해 나가는 견고한 마음에 있다. 이것을 금강저(金剛杵)로 나타냈다. 삼고금강저는 보현심(普賢心)의 이상적인 기물이다.

hṛdvajra nāma mahā-mudrā(심금강대인 心金剛大印)

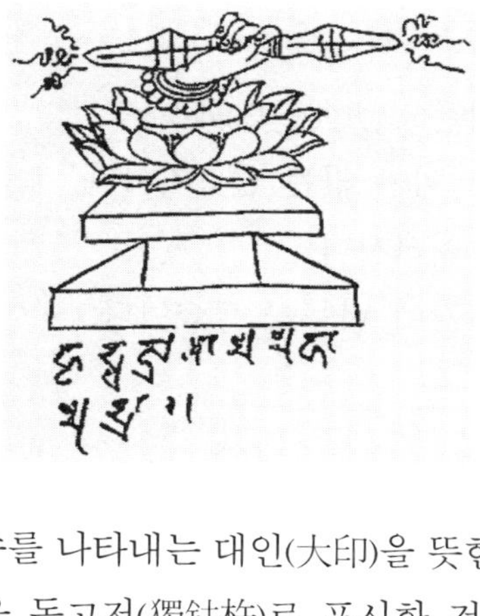

금강(金剛)의 진수를 나타내는 대인(大印)을 뜻한다. 번뇌를 극복하는 강력한 보리심을 독고저(獨鈷杵)로 표시한 것이다.

vajra-satvasya-mahā-mudrā(금강살타대인 金剛薩陀大印)

양 손을 금강박인(金剛縛印)으로 하여 대지(大指), 두지(頭指), 소지(小指)를 펴서 삼고금강저의 형을 이룬 것이다. 이 인(印)은 이하 십육보살(十六菩薩) 수인(手印)의 기본이 되는 『오부심관』의 인(印)이다. 『오부심관』에서 금강살타의 삼고금강저가 십육보살의 기초가 되어 전개되는 것은 모두 금강살타의 서원(誓願)이 근본이 됨을 의미한다.

7. 금강왕(金剛王)

일체 여래의 구소삼매(鉤召三昧 sarva-tathāgat'ākarṣaṇa-samaya)의 움직임을 나타낸다.

존상은 오불의 관(冠)을 쓰고 앞의 금강살타와 같은 모양을 하고 있으나 오른손에 구(鉤)를 가지고 있는 것이 다르다. 구는 구소(鉤召)[150]의 덕(德)을 나타내는 것이다. 경전에 의하면 세존은 불공왕대보살(佛空王大菩薩)의 마음이 되고 일체 여래의 구소의 움직임을 나타낸 것이 금강왕(金剛王)이라고 설명하고 있다. 수행자가 세존(世尊)의 구

150) 각주 152를 참조.

소의 서원에 감응하여 그 마음과 하나가 될 때 모든 이타구제(利他救濟)를 행하는 구소의 덕이 자신의 몸에 갖추어지게 된다.

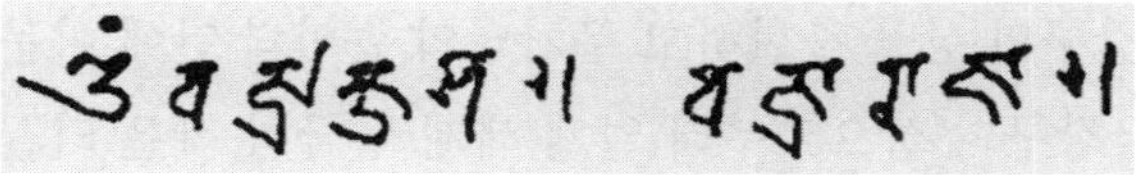

경전에는 다음과 같이 적혀 있다.

「세존께서는 불공왕대보살삼매(不空王大菩薩三昧)에서 출생한 살타가지(薩陀加持)라는 금강삼마지에 들어가신다[151]. 이것을 일체 여래의 구소삼매(鉤召三昧)라 이름한다. 곧 일체 여래심이다. 이 대명을 자심으로부터 내어 송한다.

oṃ vajrāṅkuśa 옴 바즈랑꾸샤

금강구여!

※ vajra-rāja 금강왕

---

151) 이하에서 금강왕보살의 출생을 설한다. 금강왕은 범어로 vajrarāja이며, 금강계 삼십칠존 가운데 십육보살의 한 분이며, 동방 아축여래 사친근(四親近)의 한 분으로 남방에 주한다. 금강왕은 갈고리를 가지고 있다. 자신이 보리심을 갖추고 있다는 것을 깨달은 중생을 갈고리를 가지고 불도로 이끈다. 밀호는 자재금강(自在金剛), 자성금강(自性金剛), 또는 집구금강(執鉤金剛)이다. 종자는 jaḥ인데 삼매야회에서는 sa, sva이다. 여래 사섭(四攝 : 사섭보살을 뜻함. 여래를 중심에 두고 네 방향에서 굳건히 지키는 것을 뜻함)의 덕을 나타내는 보살이기 때문에 불공(不空), 묘각(妙覺), 최상금강왕(最上金剛王), 금강구(金剛鉤)의 명칭으로 그 덕이 찬탄된다. 성신회 상은 두 손으로 금강권을 만들고 팔을 교차시켜서 가슴에 안고 있다. 삼매야형은 쌍금강구(雙金剛鉤)이다. 이 보살은 금강살타의 다른 이름으로도 사용된다. 금강왕보살은 금강불공왕(金剛不空王)으로서 발심의 안심입명(安心立命)과 자재의 덕과 중생을 감싸안는 덕과 일체를 끌어들이는 구소(鉤召)의 덕이 있는 보살이다. 이름을 왕이라 한 것은 세간의 국왕은 모든 것에 자재하며, 일체를 귀복시켜 조복하기 때문에 왕이라 하듯이 이 보살도 여래의 사섭의 덕이 있기 때문에 금강불공왕보살이라고 한다.

일체 여래심으로부터 내자마자 곧 저 이와 같은 구덕 금강수보살은 이에 일체 여래의 대금강구(大金剛鉤)를 이루고, 출현하고 나서 곧 세존 대비로차나여래심(大毘盧遮那如來心)으로 들어가 합하여 한 몸이 된다. 이로부터 대금강구의 상을 출현하고 부처님의 손바닥 안에 머문다. 그런 다음에 저 금강구의 상으로부터 일체 세계의 극히 작은 티끌과도 같이 수많은 양의 여래의 모습을 출현하고, 일체 여래를 소청(召請)하는 등의 사업을 한다. 일체 세계에서 모든 부처의 신통유희 등을 시설하고 나서 저 불공왕성(不空王性)은 금강살타의 삼마지에서 아주 견고한 까닭에 합하여 한 몸이 되어 불공왕대보살신(不空王大菩薩身)을 출생하고, 세존 대비로차나여래심에 머무르며 이 게송을 읊는다.

위대하도다. 나는 불공왕(不空王)이로다.
금강에서 출생한 금강구(金剛鉤)이다.
두루 일체의 부처를 관찰하고
평등하게 모든 구소(鉤召)[152]를 성취한다.

이때에 불공왕대보살신은 세존의 심장으로부터 내려와 일체 여래의 오른쪽 월륜 가운데에서 이치에 맞게 머무르며 다시 가르침을 청한다. 다시 세존께서는 곧 일체여래청소삼매(一切如來請召三昧)라는 금강삼마지에 들어가시어 이 일체여래청소삼매로써 두루 다함 없는 모

152) 범어로는 ākarṣaṇa이다. 경애(敬愛)하는 모든 것을 내 것으로 만드는 법. 밀교의 4종 수법(修法), 또는 5종 수법, 6종 수법의 하나. 섭소(攝召), 청소(請召), 초소(招召)라고도 한다. 이 법은 경애법의 부속법이다. 이 법을 닦으면 사람이든 물질이든 마음대로 희망하는 것을 얻게 된다. 스스로 희망하는 경지에 들어가는 것을 원하는 수법이다. 예를 들면 삼악도에 빠진 중생을 사람이나 천상의 경계에 태어나게 하며, 미혹한 자에게 보리를 얻게 한다.

든 유정계를 널리 구소하시어 이익되게 하시며, 모두 적열(適悅)과 쾌락을 획득하게 하신다. 그리고 일체 여래의 집회(集會)가 가지하는 최상의 실지를 얻게 하신다. 그런 다음에 이 대금강구를 불공왕대보살의 두 손에 수여하신다.

이때에 금강구보살마하살은 곧 수여받은 대금강구로써 널리 일체 여래를 구소하며 이 게송을 읊는다.

이것은 일체 대각존의
가장 뛰어난 위없는 금강지(金剛智)이다.
모든 부처가 사업을 성취시키신 바
최상의 실지를 모두 능히 구소한다.」

◎ vajrāṅakuśa-cihna-mudrā(금강구의 표치인 金剛鉤 標幟印)

금강저(金剛杵)에 구(鉤)를 나타낸 것이다. 경전의 '금강구이기립(金

剛鉤而起立)'에 따른 것이다.

vajrāṅakuśa-mahā mudrā(금강구대인 金剛鉤大印)

연꽃 좌대 위의 주먹이 구(鉤)를 쥐고 있다. 시호 스님이 번역하신 경전에는 '이수복여지구상(二手復如持鉤相)'이라 되어 있으나, 여기서는 불공 스님의 '안주지구세(安住持鉤勢)'라 번역한 것에 따른 것이다. 이 수인의 공덕은 '찰나집회제여래(刹那集會諸如來)'라고 설명되어 있다.

sarva-karma-mahā-mudrā(일체구소대인 一切鉤召大印)

이 수인(手印)은 금강박(金剛縛)에서 대지(大指), 두지(頭指), 소지(小指)를 편 금강살타(金剛薩陀)의 인(印)에서 두 두지를 구부려 구(鉤)의 형상을 하고, 금강구저(金剛鉤杵)의 형상을 관(觀)한다.

경에서 이 수인의 공덕은 '능소일체불(能召一切佛)'이라고 되어 있다.

8. 금강애(金剛愛)

수염지(隨染智 Sarva-tathāgatānurāgaṇa-jñāna)의 움직임을 나타낸다.

존상이 손에 활과 화살을 든 것을 제외하고 금강살타와 같은 모습을 나타내고 있다. 화살은 애염의 상징이다.

경전에 의하면 세존은 마라보살(摩羅菩薩 māra)의 마음이 되어 애락을 가지고 물들어 가는 움직임을 나타낸다.

그것을 '금강애염(金剛愛染 vajra-rāga)'이라 설명하고 있다. 수행자가 애염의 마음을 받아들일 때, 여래의 수염지[애(愛)의 교화(敎化)]의 덕(德)이 갖추어진다고 한다.

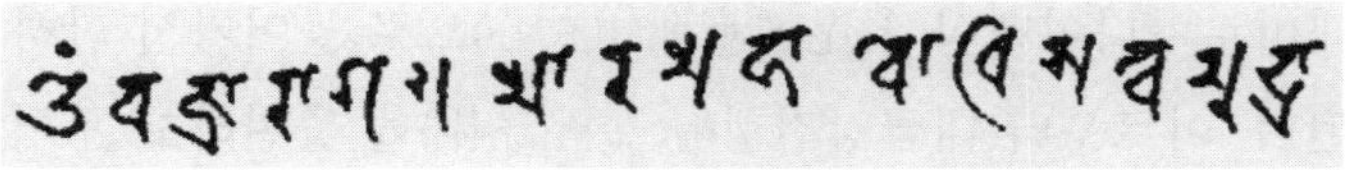

경전에는 다음과 같이 적혀 있다.

「세존께서는 마라[153]대보살(摩羅大菩薩)의 삼매에서 출생한 살타 가지의 금강삼마지에 들어가신다[154]. 이것을 일체 여래의 수애락삼매(隨愛樂三昧)라 이름한다. 곧 일체 여래심이다. 이 대명을 자심(自心)으로부터 내어 송한다.

oṃ vajra-rāga 옴 봐즈라 라가

옴 금강애여!

※ māra-mahā-bodhi-satva-mudrā 마라 대보살인

일체 여래심으로부터 나오자마자 곧 이와 같은 구덕지금강자(具德指金剛者)[155]는 일체 여래의 화기장(華器仗)[156]을 이루어 출현하고 나

---

153) 수도에 장애가 되는 것. 범어 māra의 음역. 장애(障碍), 살자(殺者), 탈명(奪命)이라 번역하며 악마라고도 한다. 몸과 마음을 요란케 하여 선법을 방해하고 좋은 일을 깨뜨려 수행을 방해하는 마군(魔軍)은 바로 마의 군졸들이다. 마라보살은 이러한 무리들을 항복받는 자이다.

154) 이하에서 금강애보살의 출생을 밝힌다. 금강애보살은 범어로는 Vajrarāga-bodhisattva이며, 금강계 삼십칠존 가운데 동방 아축여래의 사친근의 한 분으로 동방 월륜 가운데 아축여래의 왼쪽, 즉 남쪽에 주하는 보살이다. 금강애(金剛愛)는 양 손에 활과 화살을 가지고 있다. 활과 사랑의 화살을 가지고 중생을 도망치지 못하게 하여 불도에 매진하도록 한 다음 보리심을 육성시킨다. 밀호는 이락금강(離樂金剛), 이애금강(離愛金剛)이며 종자는 hoḥ인데, 생사불이자타환희(生死不二自他歡喜)를 상징한다. 삼매야회에서는 kha이다. 삼매야형은 위아래로 하나의 고(鈷)를 교차시킨 쌍립삼고저(雙立三鈷杵)이다.

155) 『교왕경(敎王經)』에는 파가범금강수(婆伽梵金剛手)라 하였다.

156) 여러 부처의 대염지(大染智)를 표치하는 것.

서 곧 세존 대비로차나여래심(大毘盧遮那如來心)으로 들어가서 합하여 한 몸이 된다. 이로부터 대금강전상(大金剛箭相)을 출현하고 부처님의 손바닥 안에 머문다. 그런 다음에 저 금강전상으로부터 일체 세계의 극히 미세한 티끌과도 같이 많은 여래의 모습을 내어서 일체 여래의 좋아하는 데에 따라서 사업 등을 지으며, 모든 부처의 신통유희로써 일체 세계에 널리 시여하고 나서 저 마라성(摩羅性)은 금강살타삼마지에서 아주 견고한 까닭에 합하여 한 몸이 되고 마라대보살신(摩羅大菩薩身)을 출생한다. 세존 대비로차나여래심(大毘盧遮那如來心)에 머무르며 이 게송을 읊는다.

위대하도다. 나의 본래의 자성은 청정하며
일체의 염(染)[157]에 따라 자연히 생하도다.
본래 청정하여 모든 염을 떠났으므로
이런 까닭에 염으로써 조복한다.

그리고 마라대보살신은 세존의 심장으로부터 내려와 일체 여래의 왼쪽 월륜 가운데에서 이치에 맞게 머무르며 다시 가르침을 청한다.

이때에 세존께서는 곧 일체 여래의 수애락(隨愛樂)이라는 금강삼마지에 들어 일체 여래의 최복금강삼매(摧伏金剛三昧)에서 널리 다함없는 모든 유정계를 애락케하고 모두 적열과 쾌락을 획득하게 하신다. 그리고 일체 여래의 마라의 사업인 최상 실지(悉地)의 수승한 과를 얻어서 곧 금강전(金剛箭)을 마라대보살의 두 손바닥 안에 수여한다.

---

157) 금강살타의 대보리성이다. 여래에 봉사하고 중생에 봉사하는 것은 바로 여래에 애염(愛染)하고 중생에 애염하는 것으로, 이것은 본연의 청정에 머무는 것이다.

그리고 모든 여래께서는 곧 금강궁(金剛弓)이라는 명칭을 주고, 금강궁관정법으로 관정하신다. 이때에 금강궁보살마하살은 저 금강전으로 일체 여래를 향하여 마라의 사업[158]을 행하고 이 게송을 읊는다.

이것은 일체 대각존의
염지(染智)로 청정하여 더러움이 없도다.
저 염법을 눌러서 청정케 하니
이러한 까닭에 언제나 모든 안락을 베푼다.」

● vajra-dhanu-mahā-cihna-mudrā(금강궁대표치인 金剛弓大標幟印)

활과 화살을 나타낸다. 이것은 경전의 '상응여사법(相應如射法)'에 의하면, 공덕은 '금강전인묘애고(金剛箭印妙愛故) 금강권속당능성(金剛眷屬當能成)'이라 설명한다.

---

158) 마라보살의 애염방편의 교화.

sarva-māra-bodhani nāma mahā-mudrā

모든 마(魔)를 물리치는 화살이라는 이름이 붙은 대인(大印)이다. 화살은 애염(愛染)의 상징이다.

sarva-dhanu nāma mahā-mudrā
(일체궁一切弓이라 불리는 대인大印)

수인은 금강살타(金剛薩陀)에서 금강왕(金剛王)으로, 다음 금강애(金剛愛)로 전개된다.

9. 금강희(金剛喜)

대환희(大歡喜 mahā-tuṣṭi)의 움직임을 나타낸다.

존상은 수인을 제외하고 금강살타와 같다. 수인은 금강박(金剛縛)하여 두 대지(大指), 두지(頭指), 소지(小指)를 펴고 두지(頭指)를 합하여 둥글게 한다.

경전에 따르면 세존은 환희왕보살(歡喜王菩薩 pramodya-rāja)의 마음이 되어 무상(無上)의 환희심을 나타내고, 금강희보살(金剛喜菩薩 vajra-sādhu)이 된다고 한다.

만약 수행자가 금강희의 마음과 일체가 될 때 일체 여래의 대삼매

(大三昧)가 되어 무상(無上)의 안락세계(安樂世界)를 체득할 수 있게 된다.

이 금강희보살은 앞의 살타(薩埵), 왕(王), 애(愛)의 제존(諸尊)이 나타낸 덕(德)을 이어받아 완성해 간다. 결국 보리심을 가지고 진실의 세계를 개척하고, 애(愛)의 교화에 따라 인도되고 다 함께 영원히 멸하지 않는 무상(無上)의 환희(歡喜)를 체득해 나가는 것을 나타내는 것이다. 그 까닭으로 이 네 보살은 '살타가지금강삼마지(薩埵加持金剛三磨地, satvādhiṣṭhāna-vajraṃ nāma samādhiṃ samāpadyedaṃ)'의 움직임을 강조한 것이다.

살타(薩埵 satva)는 유정(有情 sattva)이라는 인간 존재 일반과는 구별되는 말로서 그것은 보리를 구하고 번뇌를 극복해 나가는 위대한 인격자를 의미한다. 가지금강(加持金剛)은 이와 같은 인격자를 육성하는 것을 말한다.

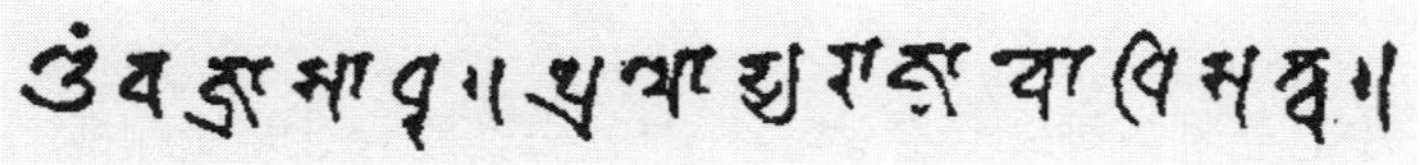

경전에는 다음과 같이 적혀 있다.

「세존께서는 환희왕대보살의 삼매에서 출생한 살타가지의 금강삼마지에 들어가시니, 이것을 일체 여래의 극희삼매(極喜三昧)라 이름한다[159]. 곧 일체 여래심이다. 이 대명을 자심으로부터 내어 송한다.

159) 이하에서 금강희보살의 출생을 밝힌다. 범어로는 Vajrasādhu-bodhisattva이다. 금강계 만다라 십육대보살의 하나이다. 아축불의 사친근 가운데 하나로 동방에 위치한다.

oṃ vajra-sādhu 옴 봐즈라 사두
옴 금강희여!
※ pramodya-rāja-bodhi-satva 환희왕 보살

일체 여래심으로부터 나오자마자 바로 그때 이와 같은 구덕 지금강자는 금강선재상(金剛善哉相)을 이루고 곧 세존 대비로차나여래심에 들어가 합하여 한 몸이 된다. 이로부터 금강희상(金剛喜像)을 출현하고 부처님의 손바닥 안에 머문다. 그런 다음에 저 금강희상으로부터 일체 세계의 극히 미세한 티끌과도 같이 많은 여래상을 내고 널리 일체의 선재(善哉) 등의 사업을 행하고, 일체 여래의 신통유희로써 일체 세계에 널리 시여하고 나서, 저 극희왕성(極喜王性)은 금강살타삼마지에서 아주 견고한 까닭에 합하여 한 몸이 된다. 극희왕대보살신(極喜王大菩薩身)을 출생하고 세존 대비로차나여래심에 머무르며 이 게송을 읊는다.

위대하도다. 나는 대선재로서
바로 일체의 뛰어난 지혜이다.
만약 분별을 끊을 수 있는 자는
구경(究竟)의 대환희를 일으킬 수 있으리라.

그리고는 극희왕대보살신은 세존의 심장으로부터 내려와 일체 여

별칭은 금강선재보살(金剛善哉菩薩)이며, 밀호는 찬탄(讚嘆), 안락(安樂), 선재금강(善哉金剛)이다. 종자는 saḥ로서 불생불멸하며 상주견고한 열반의 이치를 상징한다. 삼매야회에서는 종자가 dhu이다. 삼매야형은 두 주먹을 나란히 탄지(彈指)하는 모습이다.

래의 뒤쪽 월륜에 이치에 맞게 머무르며 다시 가르침을 청한다.

이때에 세존께서는 곧 일체 여래의 등희금강삼마지(等喜金剛三摩地)에 들어 일체 여래의 무상극희지삼매(無上極喜智三昧)에서 널리 다하여 남김없도록 모든 유정계 일체를 평등하게 이익케 하고 환희케 하며 널리 적열과 쾌락을 획득하게 하신다. 그리고 일체 여래의 무상희미(無上喜味)의 뛰어난 실지의 과를 얻게 하신다. 그리고 곧 금강희상을 극희왕대보살의 두 손에 수여하신다. 이때에 모든 여래께서는 곧 금강희라는 명칭을 주고 금강희관정법으로써 관정하신다.

그리고 금강희보살마하살은 곧 수여받은 금강희상으로써 일체 여래를 향하여 금강선재의 환희의 상을 만들고 이 게송을 읊는다.

이것은 일체 대각존께서
굴리시는 일체의 선재상(善哉相)이라.
일체의 희금강을 잘 지으시어
금강의 묘희(妙喜)를 증장케 하신다.

이것은 대보리심과 일체 여래의 구소삼매와 일체 여래의 수염지와 대환희로서 일체여래대삼매의 대사(大士)이다.」

◎ vajra-sādhu-cihna-mudrā(금강희표치인 金剛喜標幟印)

연꽃 좌대 위의 십자독고저(十字獨鈷杵)를 나타낸다. 저(杵)의 끝은 뾰족하며 화염(火焰)을 방출하고 있다.

경전에는 '수작권선재상(二手作拳善哉相)'이라 되어 있다. 엄밀히

말한다면 권(拳)을 그려야만 한다.

'현도만다라(現圖曼荼羅)'의 삼매야회(三昧耶會)는 권인(拳印)으로 되어 있다. 그러나『오부심관』에는 보리심의 번뇌최파(煩惱摧破)의 움직임을 표면에 나타내기 때문에 독고십자(獨鈷十字) 갈마(karma)로 실천적인 면을 강조하고 있는 것이다.

karma-mudrā(갈마인 羯磨印)

경전에는 '선재상주어심(善哉相住於心)'이라 되어 있고, 두 손을 금강권으로 하여 가슴 앞에 놓아 탄지(彈指)의 형을 해서 큰 기쁨을 나타내었다.

vajra-tuṣṭi-mahā-mudrā(금강희대인 金剛喜大印)

인은 삼고 금강저를 근원으로 두지(頭指)를 구부려 둥글게 하여 금강희저(金剛喜杵)의 형태를 취하고 있다.

경에는 '선재탄지상(善哉彈指相)'이라 되어 있고, 『금강계법』에는 금강박인(金剛縛印)을 근원으로 탄지의 형을 취하지만, 『오부심관』에는 금강저(金剛杵)의 변형된 형태를 나타내는 것으로 이것은 살타(薩埵)-왕(王)-애(愛)-희(喜)의 인으로 전변되어 가는 모양을 의미한다.

공덕에 관(觀)해서 경은 '제불함찬선재어(諸佛咸讚善哉語)'라 설명하고, 금강의 세계를 체득한 무상(無上)의 즐거움을 맛볼 수 있다고 한다.

10. 금강보(金剛寶)

대관정(大灌頂 Mahā'bhiṣeka)의 움직임을 나타낸다.

존상은 머리에 오불의 관(冠)을 쓰고 왼손은 주먹을 쥐어 허벅지 위에 놓고, 오른손은 대지(大指)를 두지(頭指)와 중지(中指)에 합하여 소당간(小幢竿)160)을 쥐어 가슴 앞에 들고 있다. 소당간(小幢竿) 위에는 보배 구슬이 있어 광염을 방출하고 있다. 『원성사본(園城寺本)』에는 코끼리 좌대로 되어 있는데 그것은 잘못된 것이고 마좌(馬座)에 앉아 있다.

---

160) 절에 가면 당간지주라는 것이 있는데, 큰 행사가 있을 때 여기에 큰 불화를 걸어둔다. 여기에서는 그림에서처럼 깃발이나 불화를 거는 작은 당간지주를 의미한다.

경전에 의하면 세존은 허공장보살(虛空藏菩薩, Ākāśa- garbha)의 마음이 되어 관정(灌頂, abhiṣeka)하는 것을 나타내 보이고 금강보(金剛寶, vajra ratna)가 되었다.

만약 수행자가 이 금강보의 마음과 일체가 되면, 그때 여래의 대관정(大灌頂)이 얻어진다. 이것은 예지(叡智)에 의하여 새로운 창조적 세계에 태어나는 것을 말한다.

경전에는 다음과 같이 적혀 있다.

「세존께서는 허공장대보살삼매에서 출생한 보가지(寶加持)의 금강삼마지에 들어가신다[161]. 이것을 일체여래관정삼매(一切如來灌頂三昧)라 이름한다. 곧 일체 여래심이다. 자심으로부터 내어 이 대명을 송한다.

---

161) 이하에서 금강보보살의 출생을 밝힌다. 금강보는 범어로는 Vajraratna이며, 걸림 없는 보시파라밀을 완성시킨다는 남방 보생여래의 전방(前方), 즉 북쪽에 머무는 보살이다. 금강보는 중생의 마음 속에 숨겨져 있는 본래의 보를 발견하여 보배의 성품을 육성시켜 인격이 완성될 수 있도록 도와준다. 수행의 선업인 만행을 닦아 불도 수행자에게 만행의 공덕을 보이면서 걸림이 없는 보시파라밀을 행하게 하되, 그 하고자 함을 뜻대로 한다하여 여의금강(如意金剛)이라 하며, 두터운 복업을 짓게 하니 그 크기가 마치 허공과 같다 하여 허공장(虛空藏)이라고도 한다. 이외에 밀호는 대보금강(大寶金剛), 고장금강(庫藏金剛), 후장금강(後藏金剛)이 있으며, 종자는 oṃ으로 공양의 뜻이다. 삼매야회에서는 tbaṃ이며, 삼매야형은 광염(光焰)이 있는 보배구슬이다.

oṃ vajra-ratna 옴 봐즈라 라뜨나

옴 금강보여!

※ kha-garbha-mudrā 허공장인(虛空藏印)

일체 여래심으로부터 나오자마자 일체 허공의 평등성지(平等性智)에 잘 통달하고 금강살타의 삼마지는 극히 견고한 까닭에 합하여 한 몸이 된다[162]. 곧 저와 같은 구덕 지금강자는 일체의 광명을 이루고 출현하자, 저 광명은 두루 일체 세계를 비추고 일체 허공계를 이룬다.

그리고 일체 여래께서는 가지한 바의 일체 허공계에서 세존 대비로차나여래심(大毘盧遮那如來心)에 섞여 들어가 뛰어나게 두루 수행하기 위하여 금강살타의 삼마지의 태장(胎藏)으로 이루어진 일체 허공계 가운데에 대금강보상(大金剛寶像)[163] 등을 출현하여 일체 세계에 두루 가득하게 하며, 부처님의 손바닥 안에 머문다.

그런 다음 저 금강보상의 가운데에서부터 일체 세계의 극히 미세한 티끌처럼 많은 여래상을 내어서 일체 여래의 관정 등을 하고, 일체 여래의 신통과 유희로써 일체 세계에 널리 시여하니, 저 일체허공계성(一切虛空界性)이 출생한다. 금강살타의 삼마지에서 아주 견고한 까닭에 합하여 한 몸이 되어 허공장대보살신(虛空藏大菩薩身)을 출생하고, 세존 대비로차나여래심(大毘盧遮那如來心)에 머무르면서 이 게송을 읊는다.

162) 평등성지(平等性智)와 삼마지의 묘행(妙行)에 의하여 무애일체(無碍一體)인 바가범 지금강을 이룬 것이다.

163) 여의보주(如意寶珠)를 말한다. 불심(佛心)을 상징한 것이다.

위대하도다. 나는 이 묘하게 관정(灌頂)하는
금강대보(金剛大寶)로써 위없이 뛰어나다.
저 모든 부처의 집착 없음으로
말미암는 까닭에 삼계의 주인이라 이름한다.

그리고 허공장대보살은 세존의 심장으로부터 내려와 일체 여래의 앞쪽 월륜에 이치에 맞게 머무르며 다시 가르침을 청한다.

이때에 세존께서는 곧 일체 여래의 대마니보금강삼마지(大摩尼寶金剛三摩地)에 들어가시어 일체 여래의 원만의요삼매(圓滿意樂三昧)에서 널리 다하여 남김 없도록 유정계 모두를 행복하게 하신다. 그리고 일체의 적열(適悅)과 쾌락을 획득케 하며, 일체 여래께서 성취하신 승의(勝義)의 최상의 실지를 얻게 하신다. 곧 금강마니보(金剛摩尼寶) 및 금강보륜(金剛寶輪)과 금강보아(金剛寶牙)의 관정을 허공장대보살의 두 손 가운데에 수여하신다.

그리고 모든 여래께서는 곧 금강장(金剛藏)[164)]이라 이름하고 금강장의 관정법으로 관정하신다. 다시 금강장대보살은 저 금강마니보로써 자신의 관정처에 안립하고 이 게송을 읊는다.

---

164) 범어로는 Vajra-garbha이며 금강태(金剛胎)라고도 한다. 현겁 십육존의 한 보살이며 금강계만다라 미세회, 공양회 등 외원방단(外院方壇) 북방 사존(四尊) 가운데 제3위에 위치하는 보살이다. 밀호는 지교금강(持敎金剛), 입험금강(立驗金剛)이며, 종자는 Va, 삼매야형은 네 개의 독고저(獨鈷杵)로 정자(井字) 모양을 하고 있다. 이는 사지(四智)에 만지(萬智)를 포섭하고 있음을 상징하는 것이다. 대원경지, 묘관찰지, 평등성지, 성소작지의 네 가지 지혜 속에 온갖 지혜가 갈무리되어 있다는 뜻이다. 형상에 있어서는 청백색의 몸을 드러내놓고 왼손은 주먹, 오른손에는 청련화(靑蓮華)를 쥐고 있으며, 꽃 위에 독고저를 올려놓고 있다.

이것은 일체 대각존께서
일체 유정계를 관정하심이다.
나의 손 안에 수여하시니
이것은 보배 가운데의 보배상을 안립함이다.」

cihna-mudrā(표치인 標幟印)

연꽃 위에 장식되어진 간(竿)이 있고, 그 위에 보배 구슬이 있다. 보배 구슬은 허공장보살(虛空藏菩薩)의 상징이고 허공장은 '공(空)'의 마음이다. 이것은 사람들에게 숨겨진 아름다운 본성(本性)을 보주(寶珠)로 나타낸 것이다.

인간의 청정한 본성이 나타남은 인간 형성의 기초가 되고 인격을 창조하는 원동력이 되는 것이다. 그 청정한 본성을 금강보(金剛寶)와 보생(寶生)이라 부르고, 자유스러운 창조적 생명이기 때문에 여의보주(如意寶珠)라고도 불려지는 것이다.

karma-mudrā(갈마인 羯磨印)

오른손의 대지(大指), 중지(中指), 두지(頭指)의 세 손가락이 잡고 있는 보주(寶珠)가 실려 있는 간(竿)을 나타낸다. 이것은 존상의 오른손의 형태와 동일하다.

ākāśagarbhasya-vajra-ratna-mudrā(허공장의 금강보인)

두 손을 금강박(金剛縛)하여 대지(大指), 두지(頭指), 소지(小指)를 펴 삼고금강저 형태를 취하고 있다. 이 인(印)만을 볼 때는 앞의 금강살타(金剛薩陀) 무리[165]의 기본인과 동일하나 금강보(허공장)의 무리[166]는

특히 두지를 굽혀 보주(寶珠)의 형태를 하고 금강보주인(金剛寶珠印)을 기초로 하여 다음의 광(光), 당(幢), 소(笑)의 인(印)을 전개해 나간다.

165) 금강왕, 금강애, 금강희를 뜻함.
166) 금강광, 금강당, 금강소를 뜻함.

11. 금강광(金剛光)

심광륜(尋光輪 vyāma-prabhā-maṇḍalam)의 움직임을 나타낸다.

존상은 마좌(馬座)에 앉아 머리에 오불(五佛)의 관(冠)을 쓰고 왼손은 주먹을 쥐어 허벅지 위에 올려놓았다. 오른손은 두지(頭指)를 대지(大指)의 첫 마디에 꼬집듯이 붙이고 다른 손가락은 떨어지게 펴, 보리심이 빛나는 것처럼 해서 오른쪽 젖가슴 앞쪽에 놓는다.

경전에 의하면 '세존은 대위광대보살(大威光大菩薩)의 마음이 되어 일체 여래의 광명의 움직임을 생성하여 표현하고, 금강광(金剛光)이 된다'고 한다.

수행자가 금강광의 마음과 일체가 될 때 광륜(光輪)의 주체가 되어서 일체의 무지(無知)의 어두움을 부수는 것이 가능하다.

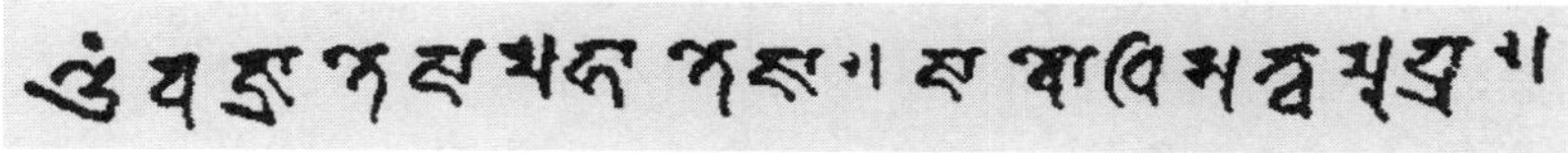

경전에는 다음과 같이 적혀 있다.

「세존께서는 대위광대보살의 삼매에서 출생한 보가지의 금강삼마지에 들어가신다. 이것을 일체 여래의 광명삼매라 이름하니 곧 일체 여래심이다. 이 대명을 자심으로부터 내어 송한다.

oṃ vajra-teja 옴 봐즈라 떼자

옴 금강광이여!

※ mahā-teja-bodhi-satva-mudrā 대광보살인(大光菩薩印)

일체 여래심으로부터 나오자마자 이와 같은 구덕 지금강자는 숱한 일륜(日輪)을 이루고, 출현하고 나서 곧 세존 대비로차나여래심(大毘盧遮那如來心)에 들어가 합하여 한 몸이 된다. 이로부터 금강일륜(金剛日輪)의 상을 출현하고 부처님의 손바닥 안에 머문다. 그런 다음에 저 금강일륜의 상으로부터 일체 세계의 극히 미세한 티끌처럼 많은 여래상을 내어서 일체 세계에 널리 시여하신다. 저 대묘광성(大妙光性)은 금강살타삼마지에서 아주 견고한 까닭에 합하여 한 몸이 된다. 대위광대보살신(大威光大菩薩身)을 출생하고, 세존 대비로차나여래심에 머무르며 이 게송을 읊는다.

위대하도다. 비유할 바 없는 대위광(大威光)이여,
두루 일체의 유정계를 비추네.
세상을 구제하시는 일체의 대각존께서는
능히 일체를 깨끗이 하시는 청정자이시다.

이때에 무구(無垢)한 대위광대보살신은 세존의 심장으로부터 내려와 일체 여래의 오른쪽 월륜 가운데에 이치에 맞게 머무르며 다시 가르침을 청한다. 이때에 세존께서는 곧 일체 여래의 대광명륜(大光明輪)으로 가지한 금강삼마지에 드시어 일체 여래의 광명삼매로써 널리 다하여 남김 없도록 모든 유정계를 모두 비유할 바 없는 광명으로 비추고 일체의 적열과 쾌락을 얻게 하신다. 그리고 일체 여래의 자심광명인 최상의 실지를 얻게 하신다. 곧 금강일(金剛日)의 상(相)을 대위광대보살의 두 손 안에 수여하신다. 이때에 모든 여래께서는 곧 금강광이라는 명칭을 주시고 금강광의 관정법으로써 관정하신다. 이때에 금강광보살마하살은 곧 수여받은 금강일의 상으로 널리 일체 여래를 비추어 빛나게 하며 이 게송을 읊는다.

이것은 일체 대각존께서
능히 일체 무지의 어둠을 깨뜨리심이다.
티끌처럼 수많은 해의 빛 가운데에도
이 해의 빛은 참으로 뛰어나다.」

◎ cihna-mudrā(표치인 標幟印)

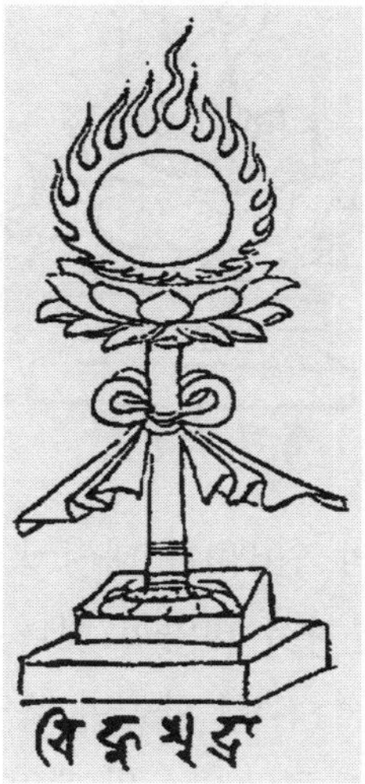

막대 위에 연꽃이 있고 그 위에 둥근 보배 구슬이 태양처럼 빛을 방출하는 상태를 그렸다. 경전에는 '일광륜인(日光輪印)'이라고도 되어 있다. 이것은 관정(灌頂)에 따라서 본성의 주옥(珠玉)이 나타나 청정한 마음이 될 때 세계는 빛의 중심에 있다는 것을 나타내고 있다.

◎ karma-mudrā(갈마인 羯磨印)

금강광 보살의 오른손의 인(印)을 나타낸다.

경전의 『시호역(施護譯)』은 '어심복시월륜형(於心腹示月輪形)'이라 되어 있고, 『삼십권본(三十卷本)』은 '어심시일형(於心示日形 sūrya-pradarśanam)'이라 되어 있다.

『금강계법(金剛界法)』의 인(印)은 대지(大指)와 두지(頭指)의 끝을 합하고 다른 손가락은 펼쳐서 태양이 빛나는 것처럼 하여, 이 인을 가슴에 가져다 놓고 행자(行者)의 마음이 태양인 것처럼 관상(觀想)한다.『오부심관』은 오른손으로만 마음의 태양이 빛나는 것을 나타내고 있다.

ratna-teja-mahā-mudrā(보광대인 寶光大印)

이 인은 앞의 금강보주인을 근원으로 중지, 무명지, 소지를 펼쳐 금강보(金剛寶)가 빛나는 상태를 나타내고 있다. 보광(寶光)의 인을 결하여 관상함에 따라 불광(佛光)이 얻어진다고 한다.

12. 금강당(金剛幢)

대리유정(大利有情, Mahā-satvārtha)의 움직임을 나타낸다.

존상은 오른손을 제외하고 앞의 존과 같다. 오른손은 작은 당간(幢竿)을 쥐고 가슴 앞에 두었다. 간(竿) 위에는 둥근 구슬이 있다. 경전에 의하면 세존은 보당대보살(寶幢大菩薩, ratna-ketu)의 마음이 되어 일체 여래의 의원(意願)을 원만하게 나타내 금강당(金剛幢)이라고 표현되어져 있다. 수행자가 금강당의 마음과 일체가 될 때 중생을 이익되게 하여 성업(聖業)을 이루어 나가는 것이 가능하게 된다.

금강당의 도상(圖像)은 보시(布施)의 보당(寶幢)을 높이 올려 사람들을 진리의 세계로 이끌고 다 함께 보리심이 되어 주옥(珠玉)을 나타내어 가는 움직임을 강조하고 있다.

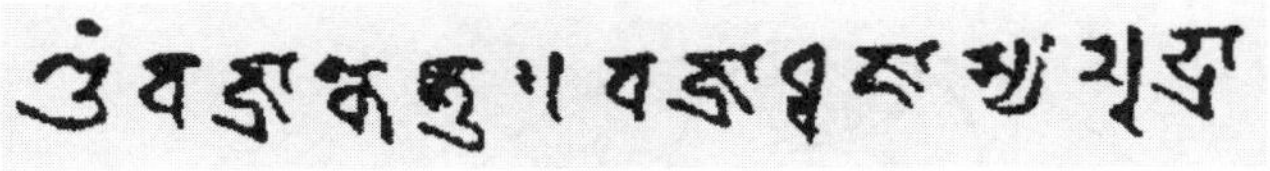

경전에는 다음과 같이 적혀 있다.

「세존께서는 보당대보살(寶幢大菩薩)의 삼매로부터 출생한 보가지(寶加持)의 금강삼마지에 드신다[167]. 이것을 일체 여래의 원만의요삼매라 이름한다. 곧 일체 여래심이다. 이 대명을 자심으로부터 내어 송한다.

oṃ vajra-ketu 옴 봐즈라 께뚜
옴 금강당이여!
※ vajra-dhvajasya-mudrā 금강당의 인

---

167) 이하에서 금강당보살의 출생을 밝힌다. 금강당은 범어로 Vajraketu이며, 금강계만다라 남방 월륜 중 보생여래의 좌측, 즉 서쪽에 머무는 보살이다. 금강당(金剛幢)은 오른손으로 장대(竿) 끝에 기를 단 당(幢)을 가지고 허공 가득히 나부끼는 모습을 보여서 이 당을 보는 자는 누구를 막론하고 그 복덕을 입고 부처님의 위신력을 입게 하는 보살이다. 왼손은 좌(座)에 대고 있으며, 무외심을 가지고 중생들에게 자애(慈愛)를 베푼다. 또한 중생을 위하여 몸을 던지는 지장보살과 동체로서 지장보살과 동일한 삼매인 보당삼매에 주하며, 자기의 얻은 바가 비록 티끌처럼 미세한 것일지라도 아낌없이 베풀어서 부족한 중생들에게는 원만하게 하며, 원이 있는 중생들에게는 그 원을 채워주는 보살이다. 밀호는 원만금강(圓滿金剛) 혹은 만원금강(滿願金剛)이며, 『백팔명찬(百八名贊)』에서는 금강당은 중생을 잘 이익되게 하고 환희하게 한다고 하며 대금강 등의 명칭으로 그 덕을 찬탄한다.

일체 여래심으로부터 나오자마자 곧 저 같은 구덕 지금강자는 저 갖가지로 교묘한 색상과 장엄한 당번(幢幡)을 이루어 출현하고 나서 곧 세존 대비로차나여래심(大毘盧遮那如來心)으로 들어가 합하여 한 몸이 된다. 이로부터 금강당(金剛幢)의 상(相)을 출현하고 부처님의 손바닥 안에 머문다. 그런 다음에 저 금강당의 상으로부터 일체 세계의 극히 미세한 티끌처럼 많은 여래상을 내어서 일체 여래의 묘보당(妙寶幢)을 건립한다. 일체불의 신통과 유희로써 일체 세계에 널리 시여하고 나서 저 대보당성(大寶幢性)은 금강살타삼마지에서 아주 견고한 까닭에 합하여 한 몸이 된다. 보당대보살(寶幢大菩薩)신을 출생하여 세존 대비로차나여래심(大毘盧遮那如來心)에 머무르며 이 게송을 읊는다.

위대하도다. 동등할 이 없는 대보당이여,
나는 일체의 뜻을 성취시키느니라.
만약 모든 원을 원만케 하고자 하려면
저 일체의 사업을 원만케 하라.

이때에 보당대보살신은 세존의 심장으로부터 내려와 일체 여래의 왼쪽 월륜 가운데에 이치답게 머무르며 다시 가르침을 청한다.

이때에 세존께서는 곧 일체 여래가 건립하고 가지(加持)한 금강삼마지에 드시어 일체 여래의 여의왕(如意王)인 대마니당 건립의 삼매로써 널리 다하여 남김 없도록 모든 유정계에서 모두 일체의 바라는 것을 원만케 하시고, 일체의 적열과 쾌락을 획득하게 하신다. 그리고 일체 여래의 광대한 행복인 가장 뛰어난 실지의 과를 얻게 하신다. 곧 금강당으로써 보당대보살의 두 손 안에 수여하신다. 이때에 모든 여래께서는 곧 금강희(金剛喜)라는 명칭을 주시고 금강희의 관정법으로써 관정하신다.

이때에 금강희보살마하살은 저 금강당으로써 일체 여래의 시파라밀다(施波羅蜜多)를 안립하고 이 게송을 읊는다.

이것은 일체 대각존께서
일체의 모든 바라는 바를 만족케 하심이다.
이 명칭은 여의대보당(如意大寶幢)이니
보시파라밀다의 법이다.」

cihna-mudrā(표치인標幟印)

연꽃 위에 당간을 세우고 그 위에 화염에 쌓인 보주를 나타낸다.

● karma-mudrā(갈마인 羯磨印)

연꽃 위에 갈마권을 나타낸다.

● cintāmaṇi-dhvaja-mahā-mudrā

(여의보주당번대인 如意寶珠幢幡大印)

이 인은 금강보저인(金剛寶杵印)을 근원으로 전개한 것으로 팔꿈치를 합쳐 세우고 당(幢)과 같이 한 것이다. 이것은 경의 '견무명지여당상(堅無名指如幢相)'에 의한 것이다.

13. 금강소(金剛笑)

금강대소(金剛大笑 Mahā-hāsa)의 움직임을 나타낸다.

존상은 오른손을 제외하고 앞의 존과 동일하다. 오른손은 가슴 앞에 소치(笑齒)의 기물을 쥐고 있다. 경전에 의하면 세존은 상환희근보살(常歡喜根菩薩 nitya-prīti-pramudi tendria)의 마음이 되어 일체 여래의 환희(歡喜)의 움직임을 나타내 금강소(金剛笑 vajra-hāsa)가 되었다.

수행자가 금강소의 마음과 일체가 될 때 금강의 대소(大笑) 즉 인간 본성의 진실에 눈뜨는 영원한 기쁨이 체득되어 나타난다.

금강희보살(金剛喜菩薩)은 앞의 보(寶), 광(光), 당(幢)의 덕(德)을 받아 계승, 발전시켜 보부(寶部)의 완성된 덕(德)을 나타낸다.

보(寶)는 공의 세계를 체득해 청정한 세계가 빛나고 그것이 진리의 보당(寶幢)이 되어 중생을 교화하고, 그것을 성취한 공의 구극(究極)인 금강의 체득을 기뻐하는 것을 나타낸다. 그 까닭으로, 사존(四尊)이 체험한 경지는 '출생보가지(出生寶加持), 금강삼마지(金剛三磨地)'라 불려지고 있다.

경전에는 다음과 같이 적혀 있다.

「세존께서는 상환희근대보살의 삼매로부터 출생한 보가지의 금강삼마지에 드신다[168]. 이것을 일체 여래의 환희삼매라 이름한다. 곧 일체 여래심이다. 이 대명을 자심으로부터 내어 송한다.

vajra-hāsa 봐즈라 하사

금강소

---

168) 이하에서 금강소보살의 출생을 밝힌다. 금강소는 범어로 Vajrahā이며, 금강계만다라 남방 월륜 가운데 보생여래의 뒤, 즉 남쪽에 머무는 보살이다. 허공소보살(虛空笑菩薩)이라는 별칭이 있다. 금강소(金剛笑)는 양 손으로 권을 결하고, 솟아오르는 기쁨으로 웃는 모습을 취하고 있다. 노력해서 법열(法悅)을 맛보고, 사람들에게 진리를 설할 수 있는 경지를 나타낸다. 중생들 각각에게서 둘도 없는 가치를 이끌어 내는 보생여래의 덕이 여기에서 완성된다. 밀호는 환희금강(歡喜金剛) 혹은 희열금강이며, 종자는 haḥ로써 웃는 소리를 상징한다. 삼매야형은 두 개의 삼고저 사이에 있는 이빨을 보이는 소저(笑杵)이다.

※ 『오부심관』에는 oṃ vajra-smita(옴 금강미소여!)라 되어 있다.
vajra-hāsasya-mudrā(금강소의 인)

일체 여래심으로부터 나오자마자 곧 이와 같은 구덕 지금강자는 일체 여래의 대소상을 이루어 출현하고 나서 곧 세존 대비로차나여래심(大毘盧遮那如來心)에 들어가 합하여 한 몸이 된다. 이로부터 금강소상(金剛笑像)을 출현하여 부처님의 손바닥 안에 머문다. 그런 다음에 저 금강소상으로부터 일체 세계의 극히 미세한 티끌처럼 많은 여래상을 내어서 일체 여래의 희유한 사업을 행한다. 일체 여래의 신통과 유희로써 일체 세계에 널리 시여하고 나서 저 환희성(歡喜性)은 금강살타의 삼마지에서 아주 견고한 까닭에 합하여 한 몸이 되어 상환희근대보살신(常歡喜根大菩薩身)을 출생하고 세존 대비로차나여래심에 머무르며 이 게송을 읊는다.

위대하도다. 나는 대희소(大喜笑)이다.
일체에서 최상이며 아주 희유하도다.
모든 부처와 중생의 이익을 안립하고자
묘등인(妙等引)에 언제나 머문다.

이때에 상환희근대보살신은 세존의 심장으로부터 내려와 일체 여래의 뒤쪽 월륜 가운데에 이치에 맞게 머무르며 다시 가르침을 청한다.

이때에 세존께서는 곧 일체 여래의 희유가지(希有加持)의 금강삼마지에 드시니, 일체 여래의 희유에서 출생한 삼매로써 널리 다하여 남김없도록 모든 유정계에서 모두 무상(無上)의 모든 근(根)을 원만케 하고, 일체의 적열과 쾌락을 획득케 하신다. 그리고 일체 여래의 제근청정(諸根淸淨)의 지(智)와 신통(神通)의 과(果) 등을 얻게 하신다. 곧 금강소상(金剛笑像)을 상환희근대보살의 두 손 안에 수여하신다. 이때에 모든 여래께서는 곧 금강희(金剛喜)라는 명칭을 주시며 금강희의 관정법으로써 관정하신다.

이때 금강희보살마하살은 저 금강소상으로써 일체 여래를 대환희하시게 하며 이 게송을 읊는다.

이것은 일체 대각존께서
희유하게 시현하시어 출생시키신 바이다.
대환희의 지혜로 훌륭하게 지으시니
저 다른 외도의 스승들은 알 수 없는 것이다.

이것[169]은 대관정(大灌頂)[170]과 심광륜(尋光輪)[171]과 대리유정(大利有情)[172]과 금강대소(金剛大笑)[173]로서 일체 여래의 관정대사이다.」

◎ cihna-karma-mudrā(표치갈마인 標幟羯磨印)

연꽃 위의 손에 금강소보살(金剛笑菩薩)이 가지고 있는 미소를 나타낸다.

---

169) 지금까지 남방 보부(寶部)의 네 보살의 명칭을 든 것이다.
170) 금강보보살을 가리킨다.
171) 금강광보살을 가리킨다.
172) 금강당보살을 가리킨다.
173) 금강소보살을 가리킨다.

이 미소형의 양측에 삼고금강저를 배치하였다. 경전에는 '제치행열금강소(諸齒行列金剛笑)', '횡면쌍발절라(横面双跋折羅) 중간화로치상(中間畵露齒像)'이라고 되어 있고, 이 표치인은 금강의 관정(灌頂), 즉 예지(叡智)의 개안(開眼)에 의한 주옥과 같이 청정한 본성을 나타낸다. 또한 이것은 영원한 재보(財寶)가 얻어진 기쁨을 나타낸다.

경전에 갈마인(羯磨印)은 두 손을 선전[174]시켜 입을 향해 놓는다고 되어 있다.

vajra-hāsa-mudrā(금강소인 金剛笑印)

금강보주인을 근본으로 대지(大指)를 펼친 형을 나타낸다. 이것은 금강보의 관정(灌頂)에 의하여 여의보주가 나타나 무한의 기쁨이 있어

174) 돌린다는 의미임.

대소(大笑)가 얻어지는 것을 나타낸 것이다.

경전에는 앞의 당보살(幢菩薩)의 삼매야인(三昧耶印)을 근원으로 '이소지상합(二小指相合) 즉이차인작(卽以此印作) 선전이복(旋轉而復) 안치어소처(安置於笑處)'라고 설명되어져 있고, 이것은 대소(大笑)의 기쁨을 나타내려고 한 것이다.

14. 금강법(金剛法)

금강대법성지(金剛大法性智 Vajra-dharmatā-jñānaṃ)의 움직임을 나타낸다.

존상은 오불의 관(冠)을 쓰고 왼손은 주먹을 쥐어 홍연화 줄기를 잡고 오른손의 주먹은 장(掌)으로 펴 밖을 향해 꽃이 핀 형태를 이루고 있다. 공작 위의 연꽃 좌대에 앉아 있는데 세 갈래의 광선이 세 방향으로 방출되고 있다.

경전에 의하면 세존은 관자재보살(觀自在菩薩 avalokite śvara)의 마음이 되어 일체 여래의 대법(大法)을 비춰 그 움직임을 나타내 모든 것을 청정하게 하는 금강법(金剛法)이 되었다.

수행자는 이 금강법의 마음과 일체가 될 때 금강의 대법성지(大法性智)를 얻을 수 있다.

이 금강법 보살은 뒤의 리(利), 인(因), 어(語)의 제존과 한 조가 되어 관상(觀想)의 내용을 깊게 해나가는 것이다. 그것은 청정한 마음이 열려 번뇌아견(煩惱我見)을 단절시키고, 창조적인 세계로의 전환을 이루어 진실어(語)가 생하는 방식을 가르쳐 준다.

법(法), 리(利), 인(因), 어(語)의 사존(四尊)이 동등하게 공작 좌대 위에 앉아 있는 것은 공작이 독사(毒蛇)를 먹는 것에 비유하여 법성지가 번뇌의 해독(害毒)과 싸워 항상 청정한 마음을 견고하게 해나가는 것을 나타낸다.

수행자가 청정한 마음이 있을 때 여래의 승지혜(勝智慧)를 자신의 것으로 하는 것이 가능하다. 또 연꽃은 진흙의 웅덩이 속에서 태어나도 오염되지 않고 청정한 덕(德)을 나타냄과 동시에 위대한 인격을 창조해 나가는 것을 나타낸다. 그러므로 금강법의 이상(理想)은 영원한 생명이 있는 무량수(無量壽), 무량광(無量光)과 통하는 것이라 할 수 있다.

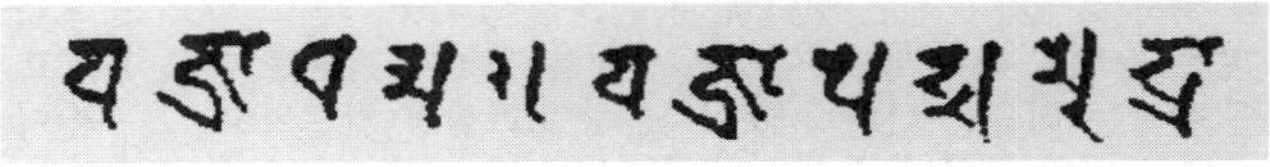

경전에는 다음과 같이 적혀 있다.

「세존께서는 관자재대보살삼매로부터 출생한 법가지의 금강삼마지에 드신다[175]. 이것을 일체 여래의 대법삼매라 이름한다. 곧 일체 여래심이다. 이 대명을 자심으로부터 내어 송한다.

vajra-dharma 금강법이여!

※ vajra-padma-mudrā 금강연화인(金剛蓮花印)

일체 여래심으로부터 나오자마자 곧 이와 같은 구덕 지금강자는 자성이 청정하여서 법평등지(法平等智)에 잘 통달한 까닭에 금강살타 삼마지 중에서 정법의 광명을 이루고 출현하고 나서 이 빛을 일체 세계에 두루 비추어 구분 없이 가득해지자 하나의 청정한 묘법계(妙法界)를 이룬다. 이로써 저 널리 다함 없는 광대한 법계는 이에 세존 대비로차나여래심(大毘盧遮那如來心)에 들어가 합하여 한 몸이 되고 두루 일체 허공계에 가득해진다. 이로부터 대금강련화(大金剛蓮華)의 모습을 출현하고 부처님의 손바닥 안에 머문다. 그런 다음에 저 금강련화의 모습으로부터 일체 세계의 극히 미세한 티끌처럼 많은 여래상을 내어 일체 여래의 삼마지와 지(智)와 신경통(神境通)을 시현한다. 일체 불(佛)의 신통과 유희로써 일체 세계에 널리 시여하고 나서 저

175) 이하에서 금강법보살의 출생을 밝힌다. 금강법은 범어로 Vajradharma이며, 서방 월륜 가운데 무량수여래의 전방에 머무는 보살로 밀호는 청정금강(淸淨金剛), 정법금강(正法金剛), 연화금강(蓮華金剛)이라 한다. 금강법(金剛法)의 삼매야형은 연꽃 위에 독고저(獨鈷杵)를 세운 것이거나 왼손에 아직 피지 않은 연꽃을 가지고 있으며, 오른손으로 그것을 펴는 자세를 하고 있다. 이것은 선정을 통하여 지혜를 확고히 하고, 그것을 중생에게 설하는 내용을 나타낸 것이다. 즉 보리심을 일으키고 그 수행이 쌓여서 복덕의 보배를 얻어 영원의 즐거움과 환희심에 잠기고 그 법열을 향수하며, 널리 중생들에게 시여하는 보살이다. 대비의 덕을 관장하기 때문에 금강법(金剛法), 선리(善利), 연화(蓮華), 묘정(妙淨), 관자재(觀自在) 등의 이름으로 그 덕이 찬탄된다. 관자재보살과 동체라는 설도 있다. 종자는 hriḥ인데 이것은 삼독의 번뇌가 바로 열반임을 나타낸다. 삼매야회에서는 종자가 ri이다.

관자재성(觀自在性)은 금강살타의 삼마지에서 아주 견고한 까닭에 합하여 한 몸이 되고, 관자재대보살신(觀自在大菩薩身)을 출생하고, 세존 대비로차나여래심에 머무르며 이 게송을 읊는다.

위대하도다. 나는 제일의(第一義)로서
본래 청정한 자연생(自然生)이다.
존재하는 모든 법은 뗏목의 비유와 같나니
이런 까닭에 청정하여야 얻을 수 있다.

이때에 관자재대보살신은 세존의 심장으로부터 내려와 일체 여래의 앞쪽 월륜 가운데에 이치에 맞게 머무르며 다시 가르침을 청한다.

이때에 세존께서는 곧 일체 여래의 삼마지지(三摩地智)의 금강삼마지에 드시어 일체 여래의 청정삼매로써 널리 다하여 남김 없도록 모든 유정계로 하여금 자타청정과 모든 이익을 이루게 하고, 일체의 적열과 쾌락을 얻게 하신다. 그리고 일체 여래의 법지(法智)와 신통(神通)의 과(果) 등을 얻게 하신다.곧 금강련화 및 정법전륜(正法轉輪)의 일체여래법신관정(一切如來法身灌頂)으로 관자재보살마하살의 두 손 안에 수여하신다. 또 모든 여래께서는 곧 금강안(金剛眼)이라는 명칭을 주시며, 금강안의 관정법으로써 관정하신다.

이때에 금강안보살마하살(金剛眼菩薩摩訶薩)은 저 금강련화가 묘하게 피어나는 까닭에 곧 탐욕이 청정해진다. 자성이 물들지 않았음을 잘 관찰한 까닭에 이에 두루 관찰하고 이 게송을 읊는다.

이것은 일체의 대각존께서

탐염(貪染)의 진리성을 각오(覺悟)하심이라.
지금 나의 손 안에 수여하시니
바로 법 가운데에서 법에 안립하심이다.」

cihna-mudrā(표치인 標幟印)

독고저(獨鈷杵)를 세운 선단(先端)에 연꽃이 있다. 이 연꽃은 아직 피지 않은 연꽃이다. 경전에는 '화발절라요유연화(畵跋折囉腰有蓮花)'라 되어 있다.

독고저(獨鈷杵)는 번뇌최파(摧破)의 지혜를 나타내고 피지 않은 연꽃은 차제에 청정한 마음이 열려 나가는 것을 나타낸다.

◎ karma-mudrā(갈마인 羯磨印)

연꽃 위의 주먹을 표시한다. 경전에 의하면 '이수개연(二手開蓮)'이라 되어 있고, 『불공역(不空譯)』에는 '좌연우개세(左蓮右開勢)'라 되어 있고, 『약출경』에는 '지우여구물두(止羽如拘勿頭) 이관우벽개지(以觀羽擘開之)'이라 되어 있다.

◎ vajra-padma-mudrā(금강연화인 金剛蓮花印)

연꽃 좌대 위에 금강연화저인(金剛蓮花杵印)을 나타낸다. 이것은 금강살타의 삼고금강저의 인을 근본으로 연꽃 가장자리 형태를 한 수인(手印)이다.

법(法), 리(利), 인(因), 어(語)보살의 인은 이 금강연화저의 인을 기초로 하여 피지 않은 연꽃이 다시 개화하여 발전하는 모양을 나타낸다.

15. 금강리(金剛利)

일체여래반야지(一切如來般若智Sarva-tathāgata-prajñā-jñāna)의 움직임을 나타낸다.

존상은 오불의 관(冠)을 쓰고 왼손은 허벅지 위에 올려놓고 오른손은 이검(利劍)을 쥔 채로, 공작 좌대 위의 연꽃에 반가부좌로 앉아 있다.

경전에 의하면 세존은 묘길상보살(妙吉祥菩薩 mañjuśrī)의 마음이 되고, 일체 여래의 대지혜의 움직임을 나타내, 금강예리보살(金剛鋭利菩薩 vajra-tīkṣṇa)이 되었다. 수행자가 이 금강예리의 마음과 일체가 될 때 일체여래반야지(一切如來般若智 sarva-tathāgata-prajñā-jñāna)를 얻는다고 말한다.

이 금강리(金剛利)는 앞의 금강법(金剛法)에 나타난 연꽃이 피는 움직임을 더욱더 적극적으로 밀고 나간다. 연꽃이 피는 것은 청정한 마음이 성숙되는 것이고, 그러기 위해서는 독고저(獨鈷杵)를 나타내 일체 번뇌를 부수는 것이 필요하다.

금강리는 문수(文殊)의 덕(德)과 반야진실지(般若眞實智)의 움직임을 나타낸 것으로 반야는 일체의 희론(戱論)을 단절한다.

『이취경』에서 문수는 '이자검휘석일체여래(以自劍揮析一切如來)'라고 설명하는데, 이것은 여래를 만나면 여래를 죽이고, 최후에는 세존불타(世尊佛陀)의 교설조차도 '공(空)'이 아니면 희론(戱論)이 된다는 의미이다. 이와 같이 일체 '공'의 입장을 철저하게 할 때 묘유(妙有)의 세계가 열리는 것이 가능하게 된다.

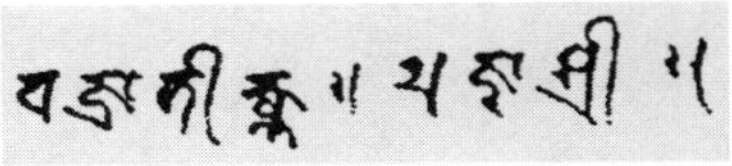

경전에는 다음과 같이 적혀 있다.

「세존께선 묘길상대보살의 삼매로부터 출생한 법가지의 금강삼마지에 드신다[176]. 이를 일체 여래의 대지혜삼매라 이름한다. 곧 일체

176) 이하에서 금강리보살의 출생을 밝힌다. 금강리는 범어로는 Vajratīkṣṇa이며, 금강계 만다라 서방 월륜 가운데 무량수여래의 우측에 머무는 보살이다. 금강리(金剛利)는

여래심이다. 자심으로부터 내어 이 대명을 송한다.

vajra-tīkṣṇa 봐즈라 띠끄스나
금강예리존이여!
※ mañjuśrī 문수(文殊)

일체 여래심으로부터 나오자마자 곧 이 같은 구덕지금강자(具德指金剛者)는 대혜검(大慧劍)을 이루고 출현하고 나서 곧 세존 대비로차나여래심(大毘盧遮那如來心)에 들어가 합하여 한 몸이 된다. 이로부터 금강검(金剛劍)의 상(相)을 출현하고 부처님의 손바닥 안에 머문다.

그런 다음 저 금강검의 상으로부터 일체 세계에 극히 미세한 티끌처럼 많은 여래상을 내어서 일체 여래의 대지혜를 일으키고 일체 부처의 신통과 유희로써 일체 세계에 널리 시여한다. 그리고 저 묘길상성(妙吉祥性)은 금강살타삼마지에서 아주 견고한 까닭에 합하여 한 몸이 되어 묘길상대보살신(妙吉祥大菩薩身)을 출생하고, 세존 대비로차나여래심(大毘盧遮那如來心)에 머무르며 이 게송을 읊는다.

삼매야형으로서 오른손에 검을 가지고 있으며, 왼손에 든 연화 위에는 경전이 있다. 오른손의 검은 중생의 일체 번뇌를 끊는다는 뜻이며, 왼손의 경전은 바른 도를 나타낸다는 의미를 가지고 있다. 밀호는 반야금강(般若金剛), 혹은 제죄금강(除罪金剛), 금강실리(金剛室利)라하고, 여래의 지덕을 관장하고 일체 중생의 고통을 끊어 없애는 것을 본서(本誓)로 한다. 이때문에 금강리(金剛利), 대장(大杖), 금강혜(金剛慧) 등의 이름으로 그 덕이 찬탄된다. 금강검보살(金剛劍菩薩)이라는 별칭도 있으며, 태장계만다라(胎藏界曼荼羅)의 지금강리보살(指金剛利菩薩), 문수사리보살(文殊師利菩薩)과 동체라고 설한다. 종자는 성신회에서는 대공법계(大空法界)의 지혜를 나타내는 dhaṃ이고, 삼매야회에서는 da이다.

위대하도다. 일체 대각존께서는
곧 나의 이름을 묘음성이라 하신다.
저 바른 지혜는 무색(無色)이므로
이 까닭에 음성으로 얻어야 한다.

그리고 묘길상대보살신(妙吉祥大菩薩身)은 세존의 심장으로부터 내려와 일체 여래의 오른쪽 월륜 가운데에 이치에 맞게 머무르며 다시 가르침을 청한다.

이때에 세존께서는 곧 일체 여래의 대지혜 금강삼마지에 드시고 일체 여래의 단결사삼매(斷結使三昧)로써 널리 다하여 남김 없도록 모든 유정계에서 모든 고통을 끊고 이익을 획득케 하신다. 또한 일체의 적열(適悅)과 쾌락을 얻게 하신다. 그리고 일체여래의 음성에 수순(隨順)하는 대혜(大慧) 원만의 가장 높은 실지(悉地)를 얻게 하신다. 곧 금강검을 묘길상대보살의 두 손 안에 수여하신다. 그리고 모든 여래는 곧 금강혜라는 이름을 주시며, 금강혜(金剛慧)의 관정법으로써 관정하신다. 그리고 다시 금강혜보살마하살은 곧 수여받은 저 금강검으로써 일체 여래를 향하여 휘작상(揮斫相)을 지으며 이 게송을 읊는다.

이것은 일체 대각존의 반야바라밀다의 이치이다.
일체의 뛰어난 원적(怨敵)일지라도 끊을 수 있으며,
모든 죄의 더러움을 멸하여 없앤다.」

khaḍga-cihna(검표식 劍標識)

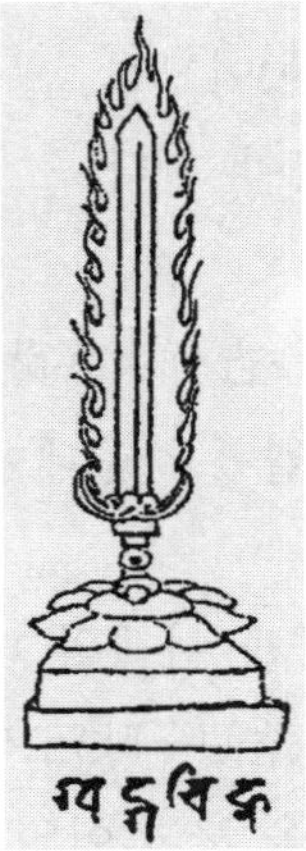

연꽃 위의 이검(利劍)에 화염(火焰)이 있다.

karma-mudrā(갈마인 羯磨印)

연꽃 위의 갈마권(羯磨拳)을 나타낸다. 『금강계법(金剛界法)』의 인(印)은 우수(右手)를 검(劍)의 형태를 하고, 좌수는 연꽃을 쥔 인을 나타내고 있다.

◎ vajra-kośa-mahā-mudrā(금강검대인 金剛劍大印)

이 인은 앞의 금강법저인(金剛法杵印)을 근원으로 중지(中指)를 펴 다 피지 않은 연꽃이 조금 피어 가는 형태를 하고 있다. 경전에는 '중지면상합시(中指面相合是) 위금강리검인(爲金剛利檢印)'이라 되어 있고, 앞의 인(印)의 두지를 펴고 그 끝을 조금 구부려 합친 모양이 이검(利劍)의 형태를 하고 있다.

이 인의 공덕은 '이검편지고즉(利劍遍持故卽) 능단제제번뇌(能斷除諸煩惱)'라 설명되어져 있다.

16. 금강인(金剛因)

일체여래전대륜지(一切如來轉大輪智 Mahā-cakra-pravartana-jñāna)의 움직임을 나타낸다.

존상은 오른손을 제외하고는 앞의 존과 동일하다. 오른손을 주먹을 쥐어 두지를 세우고 그 끝에 륜(輪)을 나타내어 가슴 앞에 두었다. 경전에 의하면 세존은 기평등심전법륜보살(起平等心轉法輪菩薩)의 마음이 되어 일체 여래의 대륜을 굴려 움직이는 것을 나타내 금강인(金剛因 vajra-hetu)이 되었다. 수행자는 금강인의 마음과 일체가 될 때, 일체 여래의 대륜(大輪)을 굴리는 지혜를 획득하여 드러낼 수 있다.

이 존은 보리의 마음을 발생하건 안 하건 간에 바로 진리의 세계에 굴려지는 움직임을 나타내는 것으로 앞의 문수(文殊) 지혜의 움직임은 희론(戲論)의 단절에서 비롯되며, 거기서 보리심은 발현한다. 이 보리심의 발현은 그대로 여래의 세계로의 빠른 전입(轉入)이 약속되어 있는 것을 나타낸다.

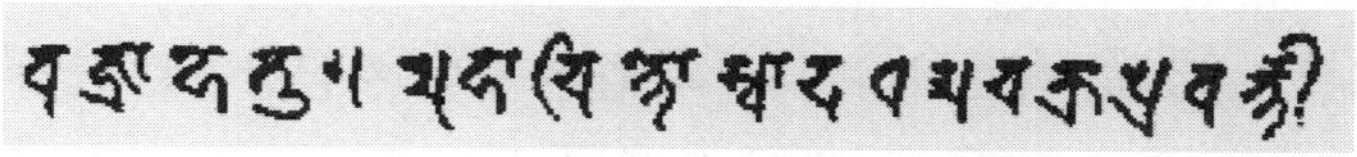

경전에는 다음과 같이 적혀 있다.

「세존께서는 다시 평등심을 일으키는 전법륜대보살삼매에서 출생한 법가지(法加持)의 금강삼마지에 들어가신다[177]. 이것을 일체 여래

---

177) 이하에서 금강인보살의 출생을 밝힌다. 금강인은 범어로는 Vajrahetu이며 서방 월륜 중 무량수여래의 좌측, 즉 북방에 머무는 보살이다. 밀호(密號)는 불퇴금강(不退金剛), 보리금강(菩提金剛), 최복금강(摧伏金剛)이다.
금강인(金剛因)은 삼매야형으로 오른손에 팔폭륜(八幅輪)을 가지고 위로 치켜세우며, 좌권은 무릎 위에 놓은 모습을 하고 있다. 지혜를 바탕으로 해서 법륜(法輪)을 굴리는 자세를 나타낸다. 이것은 선정과 지혜의 힘으로 스스로 깨달은 법신 비로차나불의 만다라 세계의 즐거움을 자신에게만 이익케 하는 것이 아니라 그것을 일체 중생에게 돌려 함께 이익케 하고자 법륜의 바퀴를 굴리는 것인데, 그 견실하기가 금강과 같으며, 그 설법하는 교화의 인(因)은 물러섬이 없는 전륜성왕의 천하평정하는 보륜과 같아서 중생심이 있는 곳이면 언제든지 법신과 중생이 둘이 아니라는 만다라세계의 법을 굴리는 보살이다. 금강리보살의 반야의 바른 지혜를 인(因)으로 해서 법계가 비로차나의 만다라 세계임을 열어 보이는 것이다. 여래 전법륜의 인덕을 관장하고 일체 중생의 악한 종자를 없애기 때문에 금강륜(金剛輪), 대이취(大理趣), 묘전륜(妙轉輪), 금강기(金剛起) 등의 이름으로 그 덕이 찬탄된다. 금강륜지금강보살(金剛輪指金剛菩薩), 미륵보살(彌勒菩薩)과 동체이며 종자는 인법이아(人法二我)가 공하다는 대공의 이치를 나타내는 maṃ이며, 삼매야회에서는 dhi이다.

의 대륜삼매라 이름한다. 곧 일체 여래심이다. 이 대명을 자심으로부터 내어 송한다.

vajra-hetu 봐즈라 헤뚜
금강인이여!
※ sahacittotpāda-dharma-cakra-pravartī
재발심전법륜보살(纔發心轉法輪菩薩)
기평등심전법륜(起平等心轉法輪)

일체 여래심으로부터 나오자마자 곧 저 같은 구덕 지금강자는 금강계대만다라(金剛界大曼茶羅)[178] 등 일체 여래의 만다라(曼茶羅)를 이루고 출현하고 나서 곧 세존 대비로차나여래심(大毘盧遮那如來心)에 들어가 합하여 한 몸이 된다. 이로부터 금강륜(金剛輪)[179]의 상을 출현시키고 부처님의 손바닥 안에 머문다. 그런 다음에 저 금강륜의 모습 가운데로부터 일체 세계에 극히 미세한 티끌처럼 많은 여래상을 낸다. 이에 평등심을 일으켜 묘한 법륜을 굴리는 등 일체 부처의 신통과 유희로써 일체 세계에 널리 시여하고 나서 저 기평등심전법륜성(起平等心轉法輪性)은 금강살타삼마지에서 아주 견고한 까닭에 합하여 한 몸이 되어 기평등심전법륜대보살신(起平等心轉法輪大菩薩身)을 출생하고, 세존 대비로차나여래심에 머무르며 이 게송을 읊는다.

---

178) 『최회금강정경』에 사대품(四大品)이 있고, 그 사대품의 처음인 금강계품에 육 만다라가 있다. 그 육 만다라의 처음을 금강계대만다라라 칭한다. 금강계대만다라 등이라고 할 때의 '등'은 다른 모든 만다라를 지칭한다.
179) 금강의 법륜, 진리를 상징하는 팔복의 법륜으로 삼매야형이다.

위대하도다. 금강으로 이루어진 륜(輪)이여,
나는 바로 금강최상법(金剛最上法)이라.
평등심을 일으키자마자
곧 무상의 묘한 법륜을 굴린다.

그리고 기평등심전법륜대보살신은 세존의 심장으로부터 내려와 일체 여래의 왼쪽 월륜 가운데에 이치에 맞게 머무르며 다시 가르침을 청한다.

이때에 세존께서는 곧 일체 여래의 대륜금강삼마지(大輪金剛三摩地)에 드시어 일체 여래의 대만다라삼매(大曼荼羅三昧)로써 널리 다하여 남김없도록 모든 유정계에서 모두가 불퇴전륜(不退轉輪)에 들어 이익을 획득하고 일체의 적열과 쾌락을 얻게 하신다. 그리고 일체 여래의 정법륜을 굴리는 가장 뛰어난 실지의 훌륭하고 묘한 상을 얻게 하신다. 곧 금강륜(金剛輪)으로써 기평등심전법륜대보살(起平等心轉法輪大菩薩)의 두 손바닥 안에 수여하신다. 이때에 모든 여래는 곧 금강장(金剛場)이라는 명칭을 주시고 금강장의 관정법으로써 관정하신다.

이때에 금강장보살마하살은 저 금강륜으로써 일체 여래의 불퇴전성(不退轉性)을 안립하고 이 게송을 읊는다.

이것은 일체 대각존이신
일체 제법의 청정자이다.
금강의 물러서지 않는 대륜(大輪)이므로
이것을 보리도장(菩提道場)이라 이름한다.」

◎ cihna-mudrā(표치인 標幟印)

연화좌 위에 대륜(大輪)이 있고 광염에 휩싸여 있다. 경전에는 '복화금강대화륜(復畵金剛大火輪)'이라 하며, 여기서 륜은 전법륜(轉法輪 dharma-cakra)을 의미하고 석존의 설법을 나타낸 것이지만 넓게 본다면 우리들의 좁은 시야를 크게 넓혀서 진리의 세계로 눈을 돌려 그 속으로 들어가는 것을 나타낸다.

◎ karma-mudrā(갈마인 羯磨印)

연꽃 위의 두지(頭指)를 편 오른손 주먹 위에 화염에 싸여 있는 륜을 나타낸다. 이것은 금강인 보살의 오른손의 형태를 나타낸 것이다. 권(拳)은 청정한 마음으로부터 일어난 보리심을 뜻한다. 두지를 세우고 있는 것은 보리심이 조금이라도 생하든 생하지 않든, 그것은 진리의 법륜(法輪)이 빛을 내어 순간의 깨달음의 세계에 들어가는 것을 나타낸다. 경전에는 '선전여화륜(旋轉如火輪)'이라 되어 있고, 그 공덕은 '편지금강륜인고(遍持金剛輪印故) 즉능륜피묘법륜(卽能輪彼妙法輪)'이라 설명한다.

● vajra-cakra-mahā-mudrā(금강륜대인 金剛輪大印)

앞의 금강리 보살의 인을 근원으로 무명지를 세우고 소지를 교차해서 륜(輪)과 같이 함과 동시에 드디어 연꽃이 피고 있는 것을 나타낸다. 경전에는 '즉차견이무명지(卽此堅二無名指) 급이소지교여륜(及二小指交如輪)'이라 되어 있고, 『오부심관』은 이 기술(記述)에 아주 닮아 있다.

17. 금강어(金剛語)

일체여래수전어륜희론지지(一切如來隨轉語輪戱論之智 sarva-tathā-gata-vāk-prapañca-vinivartana-jñāna)의 움직임을 나타낸다.

존상은 앞의 존과 같으나 보관에 오불(五佛)의 상(像)이 나타나 있지 않고, 오른손은 가슴 앞에서 연꽃 받침 위에 설인(舌印)을 들고 있다.

경전에 의하면 세존은 무언대보살(無言大菩薩 avāca-mahā-bodhi-satva)의 마음이 되어 일체 여래의 염송(念誦)(sarva-tathāgata-jāpa)의 움직임을 나타내 금강어(金剛語)가 되었다고 한다. 수행자가 이 금강어의 마음과 일체가 될 때 일체 여래의 수전어희론지(隨轉語戱論智), 즉 언어의 주관적 이해에 의거해 허구성을 간파하고 언어의 상징과 진실상을 간파할 수 있게 된다.

이 금강어 보살은 앞의 법(法), 리(利), 인(因)보살들의 덕을 받아 청정심을 개시(開示)하고 희론을 조파(照破)하며 전법륜(轉法輪)의 진실언어을 체득하여 모든 세계의 진실상을 관찰함과 동시에 진언을 가지고 타(他)를 교화하는 덕을 갖추고 있다.

그 까닭으로 이들 사존(四尊)은 '출생법가지금강삼마지(出生法加持金剛三磨地 dharmādhiṣṭhāna-vajraṃ-nāma-samādhiṃ samāpad yedaṃ)를 체득하였고, 존은 일체 세계의 진실상을 관찰할 목적으로 일체 여래의 대지혜를 나타내고 있다.

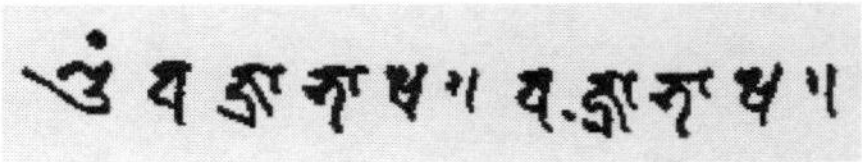

경전에는 다음과 같이 적혀 있다.

「세존께서는 다시 무언대보살삼매(無言大菩薩三昧)에서 출생한 법가지의 금강삼마지에 들어가신다. 곧 일체 여래심이다. 자심으로부터 내어 이 대명을 송한다.

oṃ vajra-bhāṣa 옴 봐즈라 하사

옴 금강어여!

※ vajra-bhāṣa 금강어(金剛語)

일체 여래심으로부터 나오자마자 곧 저 같은 구덕 금강수(金剛手)는 일체 여래의 법문자(法文字)를 이루어 출현하고 나서 곧 세존 대비로차나여래심(大毘盧遮那如來心)에 들어가 합하여 한 몸이 된다. 이로부터 금강념송(金剛念誦)의 모습을 출현하고 부처님의 손바닥 안에 머문다.

그런 다음에 저 금강염송(金剛念誦)[180]의 모습 가운데로부터 일체 세계에 극히 미세한 티끌처럼 많은 여래상을 낸다. 일체 여래의 법광명을 내뿜으며, 일체 여래의 신통과 유희로써 금강살타삼마지에서 아주 견고한 까닭에 합하여 한 몸이 되어 무언대보살신(無言大菩薩身)을 출생하며 세존 대비로차나여래심(大毘盧遮那如來心)에 머무르며 이 게송을 읊는다.

위대하도다. 자연의 대비밀이여,
나는 이 비밀어를 설한다.
이치에 맞게 바른 법문을 잘 설하는데
희론을 여읜 언어로 설하는 바이다.

이때에 무언대보살신은 세존의 심장으로부터 내려와 일체 여래의 뒤쪽 월륜 가운데에 이치에 맞게 머무르며 다시 가르침을 청한다.

다시 세존께서는 곧 일체 여래의 비밀어의 금강삼마지에 드시어 일체 여래의 어염송삼매(語念誦三昧)로써 널리 다하여 남김 없도록

---

180) 입을 다물고 묵묵히 경문을 염송하는 것. 네 가지 염송(念誦) 가운데 하나이다.『금강정유가중약출염송경』에 의하면 소리를 내는 음성염송, 입을 닫고 혀만 움직이는 금강염송, 정심에 머물러 진언의 문자를 관하는 삼마지염송, 진언의 자상(字相) 및 자의(字義)를 관하는 진실염송의 네 가지 염송이 있다.

모든 유정계에서 모두 어밀성취(語密成就) 및 일체의 적열과 쾌락을 획득케 하신다. 그리고 일체 여래의 어비밀성(語秘密性)의 최상실지를 얻게 하시고 곧 금강염송의 모습을 무언대보살의 두 손바닥 안에 수여하신다. 이때에 모든 여래는 곧 금강어(金剛語)라는 명칭을 주시고 금강어의 관정법으로써 관정하신다.

그리고 금강어보살마하살(金剛語菩薩摩訶薩)은 곧 금강염송의 모습으로써 일체 여래와 담론하고 이 게송을 읊는다.

이것은 일체 대각존께서
금강진염송이라 이름하신 것이다.
저 일체 부처 여래는
속히 진언을 성취하시는 분이시다.

이것은 금강대법성(金剛大法性)[181]과 지(智)[182]와 일체 여래의 전대륜지(轉大輪智)[183]와 일체 여래의 논륜(論輪)을 굴림에 따른 희론의 지혜[184]로서 일체 여래의 대지대사(大智大士)이다.」

◎ cihna-mudrā(표치인 標幟印)

연화대 위에 설상(舌相)을 나타낸 것으로, 이것은 경전에 '화설상구화염(畵舌相具火焰)'이라 되어 있다. 청정한 마음보다 진실어(眞實語)

181) 금강법보살을 가리킨다.
182) 금강리보살을 가리킨다.
183) 금강인보살을 가리킨다.
184) 금강어보살을 가리킨다.

가 말하여지고 또 청정한 마음에 의해서 말의 진실이 간파되어 지는 일을 표시한다.

karma-mudrā(갈마인 羯磨印)

연꽃 좌대 위의 금강권(金剛拳)을 표시한다. 경전에는 '이우금강종구산(二羽金剛從口散)'이라 되어 있고, 『금강계법』에는 양 손을 벌린

모양으로 나타내고 있다. 『오부심관』의 권은 입 앞에서 손을 벌려 앞의 이우금강(二羽金剛)의 모양을 표시한 것이라 추측된다.

● saṃdhābhāṣyasva-bodhanī-mahā-mudrā(방편교화方便敎化의 대인大印)

두 손을 금강박하고 앞의 금강인(金剛印)을 근원으로 대지(大指)를 열어 연화가 펴지는 모양을 나타낸다. 경전에는 금강법(金剛法)의 인(印)부터 '복차해피대지박(復次解彼大指縛) 연후전서종구기(然後展舒從口起)'라 되어 있고, 『금강계법』의 인은 두 손을 금강박하여 대지를 열고 두지(頭指)를 잡아 설(舌)의 형태로 하여 입 앞에서 흩어[散]지는 형상을 한다. 이것은 혀의 형태를 통해서 언어의 진실상을 관상(觀想)시키려고 한 것이지만, 『오부심관』은 금강법저(金剛法杵)의 전개에 따른 인으로, 법성(法性)을 개현시킴과 동시에 내면에서는 연꽃의 개화에 깨우쳐 보리심의 보다 완전한 발육을 원하고 있는 것이다.

18. 금강업(金剛業)

공양광대갈마의궤(供養廣大羯磨儀軌 pūjā-vidhi-vistara-karma)의 움직임을 나타낸다.

존상은 오불(五佛)을 그려 넣어야 하는 보관(寶冠)을 머리에 쓰고 왼손은 주먹을 쥐어 허벅지 위에 올려놓고 오른손은 갈마저(羯磨杵 - 삼고십자저)를 들고 가슴 앞에 두고 있다. 가루라(garuda, 金翅鳥) 위의 연꽃 좌대에 앉아 있다.

경전에 의하면 세존은 일체여래교업대보살(一切如來教業大菩薩)의 마음이 되어 일체 여래의 갈마(羯磨 - 여래의 교화와 자기 확립의 실천)를 나타내 금강업(金剛業)이 되었다고 나타나 있다.

수행자가 이 금강업의 마음과 일체가 될 때 일체 여래의 공양의 광대 갈마의궤, 즉 모든 여래의 원(願)을 가지고 사회에 봉사하는 성업이 실현될 것이다. 금강업 보살의 관상법(觀想法)은 존(尊)을 다음의 호(護)①, 아(牙)②, 권(拳)③으로 전개시켜 관상(觀想)의 내용을 깊게 해나간다. 그것들은 여래의 교화와 자기 확립의 실천이 운명과 박해(迫害) 간난(艱難)에 지지 않고❶, 번뇌를 극복하고 나면❷, 확고부동한 주체가 확립된다는❸ 것을 가르친다.

이들 사존(四尊)이 가루라라고 하는 화염(火焰)의 새를 타고 앉아 있는 것은 보통의 경우 해독을 다 먹어 치우고 열화(烈火)와 같은 기백으로 진실의 자기 확립을 기대한 것이라 본다.

삼고금강저(三鈷金剛杵)를 교차한 십자저(十字杵), 즉 갈마저는 모든 행동이 금강의 움직임이 되어 가는 것을 나타낸 것이다.

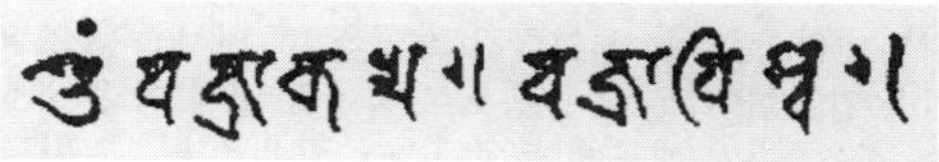

경전에는 다음과 같이 적혀 있다.

「세존께서는 일체 여래의 교업대보살삼매(巧業大菩薩三昧)에서 출생한 갈마가지(羯磨加持)의 금강삼마지에 들어가신다[185]. 이것을 일

185) 이하에서 금강업보살의 출생을 밝힌다. 금강업은 범어로 Vajrakarma이며, 정진바라밀을 성취한 북방 불공성취여래의 사친근의 한 분으로서 불공성취여래의 앞, 즉 남방에 주하는 보살이다. 금강업(金剛業)은 왼손에 금강권을 결한 다음 갈마령(羯磨鈴)을 가지고 있으며, 오른손은 갈마저를 가슴 있는 곳에 대고 있다. 여러 중생들에게 이익

체 여래의 갈마삼매(羯磨三昧)라 이름한다. 곧 일체 여래심이다. 자심으로부터 내어 이 대명을 송한다.

oṃ vajra-karma 옴 봐즈라 까르마

옴 금강업이여!

※ vajra-viśva 종종금강우(種種金剛又)와 교업금강(敎業金剛)

일체 여래심으로부터 나오자자마자 일체갈마평등지(一切羯磨平等智)로써 금강살타 삼마지에서 잘 통달한 까닭에 곧 이 같은 구덕 지금강자는 일체 여래의 갈마광명을 이루고 출현한다. 그리고 이 광명으로 일체 세계를 두루 비추고 섞여서 일체 여래의 대갈마계(大羯磨界)를 이룬다. 저 두루 다함 없는 일체 여래의 대갈마계에서 곧 세존 대비로차나여래심(大毘盧遮那如來心)에 들어가 합하여 한몸이 된다. 이로부터 대갈마금강(大羯磨金剛)[186]의 모습을 출생하여 두루 일체 허공계에 가득케 하고 부처님의 손바닥 안에 머문다.

을 주는 활동을 행하고 있음을 나타낸다. 밀호는 선교금강(善巧金剛), 변사금강(辨事金剛)이라 하고 여래의 사업의 덕을 관장한다. 일체 중생으로 하여금 일체 여래 제보살에 대한 공양사업을 성취시키는 존(尊)이기 때문에 불공(不空), 불변(不邊), 교령(敎令), 금강교업(金剛巧業) 등으로 그 덕이 찬탄된다. 바른 지혜의 관찰과 훌륭히 설하는 행위가 모두 남을 이롭게 하는 것으로 그 미묘한 가르침이 세간 생활상에서 낱낱의 실천수행으로 다른 이를 교화하는 사업을 성취한 보살이다. 이 보살은 허공고보살(虛空庫菩薩)과 동체이며, 종자는 모든 작업이 대공(大空)에 들어간다는 뜻을 상징하는 kaṃ이다. 삼매야회에서는 종자가 tvaṃ이다.

186) 범어로는 karmavajra이다. 갈마저(羯磨杵), 윤갈마(輪羯磨), 또는 갈마박일라(羯磨縛日羅)라고도 한다. 삼고금강저 두 개를 십자 모양으로 조합한 것이 보통이다. 여래의 작업을 표시한 윤보(輪寶)로서 수법(修法)에 사용한다. 갈마금강저는 반드시 금속을 가지고 만듦으로 갈마금강이라고도 한다. 끝의 세 갈래는 신(身), 구(口), 의(意) 삼업의 뜻이며, 십자의 결합에 의해서 중생과 부처 두 세계의 삼업이 명합한다는 뜻이 있다.

그런 다음에 저 대갈마금강의 모습으로부터 일체 세계에 극히 미세한 티끌처럼 많은 여래상을 내어서 널리 일체의 뛰어난 사업을 행한다. 일체 부처의 신통과 유희로써 일체 세계에 널리 시여하고 나서 저 일체 여래의 가없는 사업성(事業性)은 금강살타삼마지에서 아주 견고한 까닭에 합하여 한 몸이 된다. 일체 여래의 교업대보살신을 출생하고, 세존 대비로차나여래심(大毘盧遮那如來心)에 머무르며 이 게송을 읊는다.

위대하도다. 모든 부처의 묘한 불공(不空)이여
나는 일체의 사업이 많으나,
무공용(無功用)으로 마음에서 불사(佛事)를 짓는다.
이것은 곧 능히 금강업(金剛業)을 굴림이다.

그리고 일체 여래의 교업대보살신은 세존의 심장으로부터 내려와 일체 여래의 앞쪽 월륜 가운데에 이치에 맞게 머무르며 다시 가르침을 청한다.

다시 세존께서는 곧 일체 여래의 불공(不空)의 금강삼마지에 드시어 일체 여래께서 굴리시는 대공양의 무량하고 불공의 금강삼마지에 드시어 일체 여래께서 굴리시는 대공양의 무량하고 불공한 일체 사업의 광대의궤로써 널리 다하여 남김 없도록 유정계에서 일체의 사업성취를 얻게 하신다. 또한 일체의 적열과 쾌락을 얻게 하신다. 그리고 일체 여래의 금강사업성의 신경지통(神境智通)의 가장 뛰어난 실지의 수승한 과를 얻게 하신다. 곧 저 갈마금강저(羯磨金剛杵)로써 일체를 갈마전륜(羯磨轉輪)한 일체 여래의 금강갈마관정으로써 일체 여래의 금강교업대보살의 두 손에 수여하신다. 이때에 모든 여래는 곧 금강미습바라는 명칭을 주시고 금강미습바(金剛尾濕縛)187)의 관정법으로써 관정하신다. 다시 금강미습바보살마하살은 저 갈마금강저를 자심에 안립하고 나서 곧 일체 여래께서 주하시는 교업성(巧業性)을 안립하고 이 게송을 읊는다.

이것은 일체의 대각존께서
훌륭하게 최상의 묘한 교업(巧業)을 지으심이다.
지금 나의 손 안에 수여하시어
교업(巧業) 중의 교업을 안립하신다.」

cihna-mudrā(표치인 標幟印)

연꽃 좌대 위의 갈마 금강저를 나타낸다. 경전의 『시호역(施護譯)』은 '제처편화금강저(諸處遍畵金剛杵)', 『약출경(略出經)』에는 '차화갈마금강주편개유두면(次畵羯磨金剛周遍皆有頭面)'라고 되어 있다. 이들의 취지는 모든 것이 금강의 실천에 있음을 나타내려고 한 것이다.

---

187) 미습바미달로는 범어 viśvāmitra의 음사. 선인(仙人)이란 의미이다.

◎ karma-mudrā(갈마인 羯磨印)

이 인은 갈마권(羯磨拳)을 나타내는 것으로, 갈마권은 갈마인의 인모(印母)이기 때문에 이 권으로 모든 갈마(羯磨 - 금강의 실천)가 나타내어진다. 경전에는 '이금강무선복해(以金剛舞旋復解)'라고 하고, 『금강계법』의 인은 두 손을 금강권(金剛拳)하여 두 대지(大指)를 순차적으로 펴서 세 번 선전(旋轉)시켜 금강합장하고 그것을 정수리에 놓는다. 이 동작이 금강무(金剛舞)이고, 이것은 행자의 행동 모든 것이 금강교화(金剛敎化)의 움직임이고, 금강의 세계가 체득된 것의 즐거움을 나타내려고 한 것이다.

◎ vajra-karma-mahā-mudrā(금강갈마대인 金剛羯磨大印)

갈마 금강저를 나타낸다. 이것은 두 손을 외박(外縛)하여 장(掌)으로 펴고 두 소지(小指)를 교차시켜 오른쪽이 왼쪽을 누르고 있는 형태를

취하고 있다. 경전은 '소지대지면상합(小指大指面相合) 집회갈마금강인(集會羯磨金剛印)'이라 설명하고 있다. 이것은 두 손을 금강박하여 장으로 펴고 소지와 대지(大指)를 합쳐 위에서 보면 정도삼고저(丁度三鈷杵)가 교차하고 있는 것처럼 보이고 갈마금강저(羯磨金剛杵)와 유사한 모양이 된다. 다음에 표현되어지는 호(護), 아(牙), 권(拳)의 제존(諸尊)의 수인은 이 금강 갈마저의 수인을 근본으로 전개시켜 나간다.

19. 금강호(金剛護)

대정진견고갑주(大精進堅固甲冑 mahā-vīrya-dṛḍha-kavaca)의 움직임을 나타낸다.

존상은 금강업보살(金剛業菩薩)과 같지만 투구와 갑옷을 입어 방호(防護)하고 있다. 경전에 의하면 세존은 '극난적정진대보살(極難敵精進大菩薩)'의 마음이 되어 일체 여래의 선호(善護)의 움직임을 나타내고, 금강호(金剛護 vajra-rakṣa)가 되었다고 한다. 수행자가 금강호의 마음과 일체가 될 때 대정진갑주(大精進甲冑)를 얻는다고 한다. 갑주를 입는다는 것은 견고한 금강의 주체가 되는 것을 의미한다.

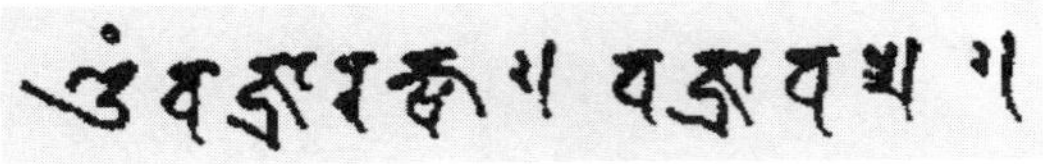

경전에는 다음과 같이 적혀 있다.

「세존께서는 다시 극난적정진대보살삼매에서 출생한 갈마가지의 금강삼마지에 들어가신다[188]. 이것을 일체 여래의 선호삼매라 이름한다. 곧 일체 여래심이다. 이 대명을 자심으로부터 내어 송한다.

oṃ vajra-rakṣa 옴 봐즈라 라끄샤

옴 금강호여!

※ vajra-varma 금강개(金剛鎧)

일체 여래심으로부터 나오자마자 곧 저 같은 구덕 금강수는 견고한 갑주를 이루고 출현하고 나서 곧 세존 대비로차나여래(大毘盧遮那如來)심에 들어가 합하여 한 몸이 된다. 이로부터 대금강갑주상(大金剛甲冑像)을 출현하고 부처님의 손 안에 머문다.

그런 다음에 저 금강갑주상으로부터 일체 세계에 극히 미세한 티끌

---

188) 이하에서 금강호보살의 출생을 밝힌다. 금강호는 범어로는 Vajrarakṣa이며, 불공성취여래 사친의 한 분으로 금강계만다라 북방 월륜(月輪) 가운데 불공성취여래의 오른쪽, 즉 서방에 주하는 보살이다. 금강호(金剛護)는 갑옷을 입고 손에는 갈마저(羯磨杵)를 가지고 있다. 이타를 행하기 위해서 정진한다는 의미에서, 그리고 수많은 장애를 타파하기 위해서 정진과 인욕의 갑옷을 입고 있는 모습으로 나타난다. 반야보살과 동체가 되어 두려움이 없이 뭇 마군을 항복시킬 뿐 아니라, 아주 견고한 모습을 보여서 일체의 번뇌마가 범접하지 못하게 한다. 별칭으로 금강우보살(金剛友菩薩)이라 하며, 밀호는 난적금강(難敵金剛) 또는 정진금강(精進金剛)이다. 금강견고의 삼매에 주하고 대자심을 획득하는 존이기 때문에 금강수호(金剛守護), 갑주(甲冑), 대무외(大無畏), 대견고(大堅固), 묘정진(妙精進), 대공(大空)에 들어간다는 뜻인 haṃ이며, 삼매야회에서는 tvaṃ이다. 삼매야형은 갑주(甲冑), 산개(傘蓋)이다.

처럼 많은 여래상을 내어서 일체 여래의 선호광대의궤(善護廣大儀軌)의 사업을 지으며 일체 부처의 신통과 유희로써 널리 시여하고 나서 저 극난적정진성(極難敵精進性)은 금강살타삼마지에서 아주 견고한 까닭에 합하여 한 몸이 되어 극난적정진대보살신(極難敵精進大菩薩身)을 출생하고 세존 대비로자나여래심(大毘盧遮那如來心)에 머무르며 이 게송을 읊는다.

위대하도다. 나는 정진개(精進鎧)로서
극히 견고한 나는 견고신(堅固身)이다.
견고한 성품으로 본래 무신(無身)이기에
금강신(金剛身)이며, 뛰어난 소작(所作)이다.

그리고 극난적정진대보살신은 세존의 심장으로부터 내려와 일체 여래의 오른쪽 월륜 가운데에 이치에 맞게 머무르며 다시 가르침을 청한다.

이때에 세존께서는 곧 일체 여래의 견고한 금강삼마지에 드시어 일체 여래의 정진바라밀다삼매로써 널리 다하여 남김 없도록 모든 유정계를 구제하시고 이익케 하시고, 모든 적열과 쾌락을 획득하게 하신다. 그리고 일체 여래의 묘금강신(妙金剛身)의 가장 뛰어난 실지의 수승한 과를 얻게 하신다. 곧 금강갑주를 극난적정진대보살의 두 손에 수여하신다. 이때에 모든 여래는 곧 금강자우(金剛慈友)라는 명칭을 주시고 금강자우의 관정법으로써 관정하신다. 그리고 금강자우 보살마하살은 곧 금강갑주로써 일체 여래께서 만드시는 뛰어난 피갑에 이 게송을 읊는다.

이것은 일체 대각존의 최상의 대자우갑주(大慈友甲冑)이다.
견고하게 정진하는 대호신(大護身)으로
이것은 바로 대자우라 이름한다.」

● cihna-mudrā(표치인 標幟印)

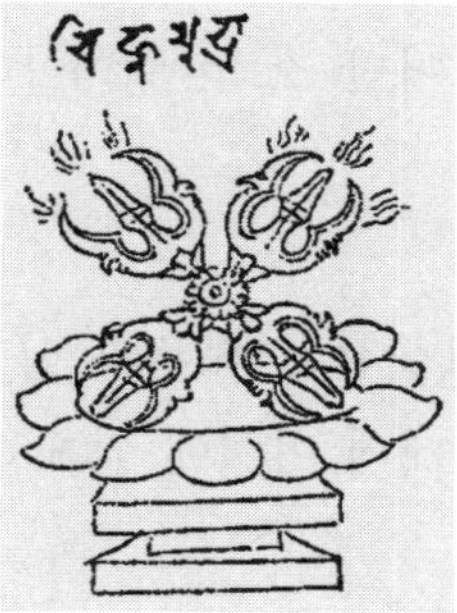

앞의 금강업의 표치인을 45도 기울인 것으로, 삼고 십자저(갈마저)를 나타낸다.

경전에는 '응면금강갑주상(應面金剛甲冑相)'이라 하여 갑주(甲冑)를 그린 것처럼 되어 있지만 『오부심관』에는 삼고십자저를 가지고 갑주의 견고함을 나타낸다.

◎ karma-mudrā(갈마인 羯磨印)

연꽃 위의 갈마권을 나타낸다. 경전에는 '소지갑주(小指甲胄)'라 되어 있고, 『금강계법(金剛界法)』에는 권(拳)을 좌우 가슴 위에서 서로 향하게 한 후 두지(頭指)를 갑주(甲胄)를 뒤집어 쓴 모양으로 나타내었다.

◎ duryodhana-vīrya-mahā-kavaca-mudrā
(난적정진대갑주인 難敵精進大甲胄印)

앞의 금강업의 금강 갈마저인(羯磨杵印)을 근본으로 해 두지를 서로 세워 붙이는데, 이것은 갑주에 의한 방호(防護)를 나타낸 것이다.

경전에는 금강업의 인(印)을 근본으로 '즉이차인견두지(卽以此印堅頭指) 복차전서어

심주(復次展舒於心住)'라고 설명하는데, 이것은 『오부심관(五部心觀)』의 인과 일치한다. 또 그 공덕을 '즉호금강소성신(卽護金剛所成身)'이라 설명하고 있다.

20. 금강아(金剛牙)

대방편(大方便, mahopāya)의 움직임을 나타내고 있다.

존상은 오불(五佛)의 관(冠)을 쓰고 왼손은 금강권(金剛拳)을 하여 허벅지 위에 올려놓고 오른손은 송곳니 모양의 기물을 쥐어 가슴 앞에 두고 가루라 위의 연꽃 좌대에 앉았다. 이 존부터 후에 표현되어지는 동물의 자리는 '43. 금강도향(金剛塗香)'을 제외하고 그 방향이 지금까지와 반대로 향하고 있다.

경전에 의하면 세존은 최제마대보살(摧諸魔大菩薩)의 마음이 되어 일체 여래의 방편(方便 - 교화를 위한 살해)의 실천을 나타내고 금강아

(金剛牙, vajra-yakṣa)가 되었다. 수행자가 이 금강아의 마음과 일체가 될 때 일체 여래의 대방편의 덕을 그 몸에 갖출 수 있게 된다.

여기서 부처의 덕(德)을 살해자인 야차로 하여금 나타낸 것은, 수행자가 금강의 도(道)를 이루기 위해서는 해독(害毒), 사악(邪惡), 유혹(誘惑) 등과의 싸움에서 이겨내야 하기 때문이며, 방해자들을 불법에 들게 하기 위해 그들을 오히려 제거하는 것으로 대자비력의 적극적인 교화의 대방편을 나타낸 것이다.

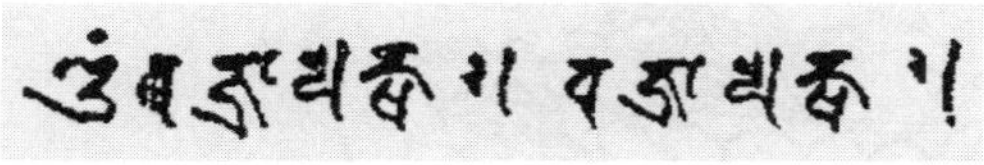

경전에는 다음과 같이 적혀 있다.

「세존께서는 최제마대보살삼매에서 출생한 갈마가지의 금강삼마지에 들어가시니189), 이 명칭을 일체 여래의 방편삼매라 한다. 곧 일체 여래심이다. 자심으로부터 내어 이 대명을 송한다.

---

189) 이하에서 금강아보살의 출생을 밝힌다. 금강아는 범어로는 vajrayakṣa이며, 금강계만다라 북방 월륜 가운데 불공성취여래의 왼쪽, 즉 동방에 머무는 보살이다. 금강아(金剛牙)는 금강야차(金剛夜叉)의 화신으로 양 손은 권을 결하고 있으며, 얼굴의 양쪽에 엄지손가락과 새끼손가락을 세워 어금니의 형상을 취한다. 금강야차의 공포삼매야를 증득한 금강아형(金剛牙形)으로 장애를 제거하는 데 진력한다는 뜻에서 분노형을 한 야차의 모습으로 나타낸다. 부처의 교화사업을 달성하는데 특히 고집이 세고 교화하기 어려운 존재를 교화하기 위하여 무서운 형상을 하는 것이다. 밀호는 조복금강(調伏金剛), 또는 맹리금강(猛利金剛), 호법금강(護法金剛)이라 한다. 종자는 성신회에서는 최파(摧破)와 공포의 뜻을 나타내는 hūṃ이고, 삼매야회에서는 kṣa이다. 삼매야형은 횡저(橫杵)의 위에 두 개의 날카로운 이가 있으며, 반삼고저(半三鈷杵) 두 개를 기울여 세운다.

oṃ vajra-yakṣa 옴 봐즈라 야끄샤
옴 금강야차의 살해자여!
※ vajra-yakṣa 금강야차(金剛藥叉)

일체 여래심으로부터 내자마자 곧 이와 같은 구덕 지금강자는 금강대아기장(金剛大牙器仗)을 이루고 출현하고 나서 곧 세존 대비로차나여래심(大毘盧遮那如來心)에 들어가 합하여 한 몸이 된다. 이로부터 금강아상(金剛牙像)을 출생하고 부처님의 손바닥 안에 머문다. 그런 다음에 저 금강아상 가운데로부터 일체 세계의 극히 미세한 티끌처럼 많은 여래상을 내어서 일체 여래의 폭노조복(暴怒調伏) 등의 사업을 지으시고, 일체 부처의 신통과 유희로써 널리 시여하신다. 그리고 저 최제마성(摧諸魔性)은 금강살타삼마지에서 아주 견고한 까닭에 합하여 한 몸이 되어 최제마대보살신(摧諸魔大菩薩身)을 출생하고 세존 대비로차나여래심에 머무르며 이 게송을 읊는다.

위대하도다. 나는 대방편으로
곧 모든 부처의 비민자(悲愍者)이다.
중생을 이익되고 적정케 하기 위하여
이에 포악과 분노의 모든 행위를 드러낸다.

그리고 최제마대보살신은 세존의 심장으로부터 내려와 일체 여래의 왼쪽 월륜 가운데에 이치에 맞게 머무르며 다시 가르침을 청한다.

이때에 세존께서는 곧 일체 여래의 극분금강삼마지(極忿金剛三摩地)에 드시어 일체 여래의 능조난조삼매(能調難調三昧)로써 널리 다하여 남김 없도록 모든 유정계에 대무외를 시여하시며, 모두 적열과 쾌락을 획득하게 하신다. 그리고 일체 여래의 대방편의 신경지통인 가장 뛰어난 실지의 수승한 과를 얻게 하신다. 곧 금강아기장을 최제마대보살의 두 손바닥 안에 수여하신다. 이때에 모든 여래는 곧 금강포노(金剛暴怒)라는 명칭을 주시며 금강포노의 관정법으로써 관정하신다.

이때 금강포노보살마하살(金剛暴怒菩薩摩何薩)은 곧 수여받은 금강대아기장을 자신의 입 속에 두고 일체 여래[190]를 향하여 공포스러운 모습을 지으며 이 게송을 읊는다.

이것은 일체 대각존께서
일체의 아주 조복하기 어려운 것을 능히 조복하심이라.
아주 날카로운 금강아기장은
대비방편심에서 생하는 것이다.」

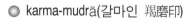

◉ vajra-daṃṣṭra-mahā-cihna-mudrā
(금강아대표치인 金剛牙大標幟印)

연꽃 위에 금강아 보살이 가진 이빨을 나타낸다. 경의 『시호역』에는 '의법차화금강아(依法次畵金剛牙)', 『약출경』에는 '차횡저상유이아(次橫杵上有二牙)'라고 되어 있다.

◉ karma-mudrā(갈마인 羯磨印)

---

190) 일체 중생은 모두 불성을 갖고 있으므로 그 불성에 의거하여 일체 중생을 일체 여래라고 말한 것이다.

연꽃 위의 금강권(金剛拳)을 나타낸다. 두지를 세워 이빨과 같이 한다.

경전에는 '두지아(頭指牙)'라 되어 있고, 다만 『금강계법』에는 두 손을 주먹으로 해서 두지, 소지를 세워 송곳니 와 같이 해서 입에 닿게 한다고 되어 있다. 지금의 『오부심관』은 두지만을 펴고 있는 형태를 하고 있다.

vajra-yakṣa-mahopāya-mudrā

(금강야차대방편인 金剛藥叉大方便印)

두 손을 외박(外縛)하여 금강호의 인을 근본으로 두지를 세워 송곳니와 같이 한다.

경전에는 '굴이두지여아상(屈二頭指如牙相) 이소지합이복해(二小指合而復解)'라 되어 있고, 『금강계법』에는 위아래 송곳니 4개가 나란한 모양을 나타낸 형이다. 이것은 『오부심관』의 인(印)과 아주 유사하지만 소지를 세우지 않는 것이 다르다. 이 인의 공덕은 '유결금강아승인(由結金剛牙勝印) 능파일체마악자(能破一切魔惡者)'라고 설명된다.

21. 금강권(金剛拳)

일체인지(一切印智, sarva-mudrā-jñāna)의 움직임을 나타낸다.

존상은 두 손을 모아 가슴 앞에 두고 있다. 다른 것은 앞의 존과 동일하다. 경전에 의하면 세존은 일체 여래권대보살(一切 如來拳大菩薩)의 마음이 되어 일체 여래의 신어심(身語心)의 모든 것이 금강 같이 견고한 마음의 활동을 나타내고, 금강권(金剛拳)이 되었다. 행자가 이 금강권의 마음과 일체가 될 때 일체의 인지(印智 - 행동의 지혜)가 얻어진다. 금강권보살은 앞의 업, 호, 아보살의 덕을 계승하여, 금강의 여러 가지 덕이 완성된 것을 나타낸다. 즉 금강업은 광대의 공양(供養),

정진견고(精進堅固), 살해(殺害)의 대방편, 금강견고(金剛堅固)를 체득해 사회의 교화와 자기 확립이 굳어져 금강살타의 실천적인 모든 덕(德)이 완성되어 가는 것을 나타낸다. 그런 까닭으로 이상의 네 보살은 '출생갈마가지금강삼마지(出生羯磨加持金剛三磨地)'의 경계에 들어 일체 여래의 대갈마(大羯磨)를 갖추게 되는 것이다.

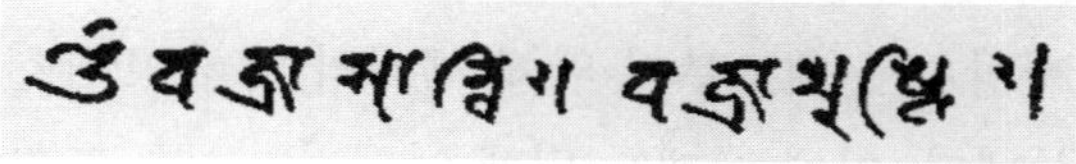

경전에는 다음과 같이 적혀 있다.

「세존께서는 일체 여래의 권대보살삼매에서 출생한 갈마가지의 금강삼마지에 들어가시니[191], 이것을 일체 여래의 신어심의 금강박삼매라 이름한다. 곧 일체 여래심이다. 이 대명을 자심으로부터 내어 송한다.

191) 이하에서 금강권보살의 출생을 밝힌다. 금강권은 범어로는 Vajrasandhi(-muṣṭi)이며, 북방에 있는 불공성취여래 사친근의 하나로 북방에 주한다. 금강권보살의 삼매야형은 횡저(橫杵)인데 현도만다라(現圖曼荼羅)에서는 생략되어 있다. 두 손은 금강권을 하고 가슴 앞에 대고 있는데, 십이합장과 여섯 가지 권인(拳印) 등 일체의 인계를 성취하며, 특히 금강권인의 삼매야형을 보여서 신(身), 구(口), 의(意)의 삼업(三業)을 삼밀(三密)로 상응시켜 자재하게 정진하여 실지원만(悉地圓滿)을 보인다. 여기에서 여래의 교화활동은 완성된다. 금강권은 교화하기 어려운 존재를 부순다는 의미를 갖는다. 이 보살은 비밀금강(秘密金剛)이라는 밀호를 갖고 있으며, 종자는 baṃ(금강박)이며, 삼매야회에서는 진언의 최종 글자인 ddhi이다. 일체 여래의 인계를 성취하는 실지원만의 덕을 관장하기 때문에 능전(能傳)과 밀합(密合) 등으로 그 덕이 찬탄된다. 일체 중생의 업장을 제거하고 세간과 출세간의 실지를 원만하게 성취시키는 보살이다. 여기까지 십육대보살의 출생을 밝힌 것이다.

oṃ vajra-sandhi옴 봐즈라 산디
옴 금강권이여!
※ vajra-muṣṭi 금강권(金剛拳)

일체 여래심으로부터 나오자마자 곧 이와 같은 구덕 지금강자는 일체 여래의 일체인박(一切印縛)을 이루고 출현하고 나서 곧 세존 대비로차나여래심(大毘盧遮那如來心)에 들어가 합하여 한몸이 된다. 이로부터 금강박상(金剛縛像)을 출생하고 부처님의 손바닥 안에 머문다.

그런 다음에 저 금강박상 가운데로부터 일체 세계의 극히 미세한 티끌처럼 많은 여래상을 낸다. 일체 세계를 일체 여래지(一切如來智)와 일체 여래의 신통과 유희로써 두루 인(印)하고 널리 시여하고 나서 저 일체 여래의 권묘박성(拳妙縛性)은 금강살타삼마지에서 아주 견고한 까닭에 합하여 한 몸이 되어 일체 여래의 권대보살신(拳大菩薩身)을 출생하고 세존 대비로차나여래심(大毘盧遮那如來心)에 머무르며 이 게송을 읊는다.

위대하도다. 나는 아주 견고한 박(縛)으로
곧 나는 삼매의 견고신이다.
일체의 발원(發願)을 모두 성취시키는 것을
저 해탈자는 박(縛)으로 삼는다.

그리고 일체 여래권(如來拳)[192] 대보살신은 세존의 심장으로부터

192) 여래권(如來拳)은 왼쪽을 연화권, 오른쪽을 금강권으로 하고, 오른쪽으로 왼쪽의 엄지를 잡는다. 경궤에서 여래권은 대개 연화권을 가리킨다.

내려와 일체 여래의 뒤쪽 월륜 가운데 이치에 맞게 머무르며 다시 가르침을 청한다.

이때에 세존께서는 곧 일체여래박삼매(一切如來縛三昧)의 금강삼마지에 드시어 일체 여래의 인박삼매(印縛三昧)로써 널리 다하여 남김없도록 모든 유정계가 모두 일체 여래의 현성가지(賢聖加持)의 일체의 발원과 일체의 적열과 쾌락을 획득하게 하신다. 그리고 일체 여래의 일체지지인주(一切智智印主)인 최상 실지의 수승한 과를 얻게 하신다. 곧 금강박상(金剛縛像)을 하고서 일체여래권대보살의 두 손바닥 안에 수여한다. 이때에 모든 여래는 곧 금강권이라는 명칭을 주시고, 금강권(金剛拳)[193]의 관정법으로써 관정하신다.

그리고 금강권보살마하살은 곧 금강박(金剛縛)[194]으로 일체 여래께 묘박상을 지으며 이 게송을 읊는다.

이것은 일체 대각존의
비밀의 인박(印縛)[195]으로 아주 견고하다.
일체 부처가 빠르게 성취함으로써
금강대삼매(金剛大三昧)를 떠나지 않는다.

---

193) 범어로는 vajra-muṣṭi이다. 인계의 기본형은 엄지손가락을 손바닥에 넣고 다른 네 손가락으로 싸쥐는 것이다. 즉 오른손 엄지손가락을 셋째와 넷째 손가락 사이의 셋째 마디에 놓은 후 셋째, 넷째, 다섯째 손가락(이 세 손가락은 삼밀을 나타냄)으로 감싸면서 집게손가락 끝을 구부려서 엄지손가락의 첫째 마디에 갖다 놓는 결인을 말한다. 금강권을 한 오른손을 단전 위에 갖다 놓은 후 왼쪽 손바닥으로 포개어 덮는다.

194) 외박권(外縛拳), 지재외권(指在外拳), 향외상차권(向外相叉拳)이라고도 한다. 각 오른 손가락을 왼손가락 위에 교차하고, 열 손가락을 밖으로 내어서 잡는 인계이다. 손바닥 안의 둥근 모양은 월륜을 나타내고, 밖으로 교차한 열 손가락은 밖으로 발산하는 광명을 보인 것이다.

195) 금강박을 말한다.

이것은 일체 여래의 공양광대갈마의궤(供養廣大羯磨儀軌)[196]와 대정진의 견고한 갑주(甲冑)[197]와 일체 여래의 대방편[198]과 일체 지지로서 일체 여래의 대갈마대사(大羯磨大士)이다.」

vajra-sandhi-mahā-cihna-mudrā(금강권대표치인 金剛拳大標幟印)

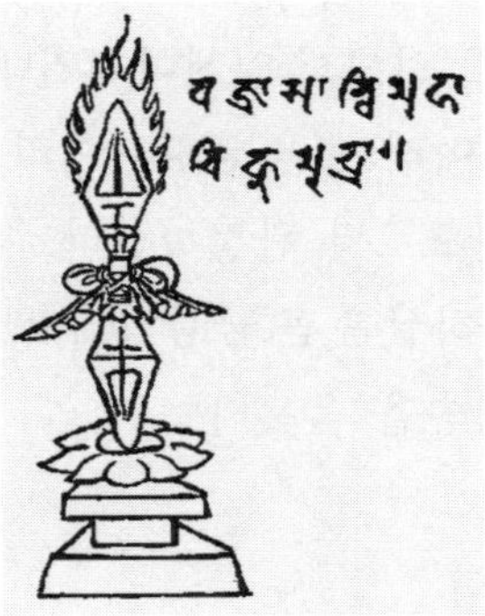

연꽃 위의 독고저를 나타낸다.

경전에는 '이수권인여응화(二手拳印如應畵)'라 하고, 현도금강계만다라(現圖金剛界曼茶羅)삼매야회(現圖金剛界曼茶羅三昧耶會)에는 금강권인(金剛拳印)을 나타내지만, 『오부심관』에는 독고저를 나타낸다. 이것은 갈마의 움직임이 오로지 번뇌를 극복하고 본래의 정보리심을 나타내는 것을 강조한 것이다. 또 이 독고저는 금강살타가 가슴앞에 지닌 것과 동일한 것으로 이것은 금강권보살이 금강살타의 이상

196) 금강업보살을 가리킨다.
197) 금강호보살을 가리킨다.
198) 금강아보살을 가리킨다.

(理想)이 되는 덕을 완성한 것을 의미한다.

◎ karma-mudrā(갈마인 羯磨印)

연꽃 위의 금강권(金剛拳)을 나타낸다. 경전에서는 '이금강권복상부(二金剛拳復相附)'라 하고, 『금강계법』에는 왼손 주먹을 배꼽 밑에서 위를 향하여 놓고, 오른손 주먹으로 왼손을 덮어씌운 형태를 하고 있다. 이것은 금강 견고의 마음을 체득해 일체 금강의 덕(德)을 갖춘 것을 나타낸다. 이 인은 갈마인의 인모(印母)이기도 하기 때문에 갈마의 덕을 완성한 것이라고 해석되어진다.

◎ vajra-muṣṭi-mahā-sandhi-mudrā(금강권대결합인 金剛拳大結合印)

이것은 삼매야인의 모인(母印)이다. 이것은 금강이라는 예지(叡智)

의 움직임에 따라 삼매야(samaya - 본서에 나오는 여래의 마음과 같은 의미)의 덕(德)을 모두 원만하게 성취해 나감을 나타낸 것이다.

경전에는 '소지대지이중간(小指大指二中間) 굴이두지이상부(屈二頭指而相附)'라 하여 결인(結印)의 변형을 나타내고 있다. 『오부심관』은 금강업의 금강 갈마저인을 근본으로 갑주인(甲胄印), 아인(牙印)을 전개하고, 최후에는 박인(縛印)을 결인하여 유가법(瑜伽法)을 완성시키려 하고 있다.

22. 금강파라밀(金剛波羅蜜)

일체여래지삼매(一切如來智三昧 sarva-tathāgata-jñāna-samayā)의 움직임을 나타낸다.

존상은 머리에 관(冠)을 쓰고 두 손은 권으로 독고저를 쥐어 독고저의 위 부분 반만 나타내어, 한 마리 코끼리 위의 연꽃 좌대에 앉아 있다. 사방에 삼조(三曹)의 광선이 방출하고 있다. 경전에 의하면 세존 아축여래는 비로자나 여래의 가르침을 받아, 일체 여래의 지혜를 체득하고, 살타금강녀(薩埵金剛女, satva-vajri)가 되어 금강의 세계를 펼쳐간다고 한다. 수행자가 만약 살타금강녀의 마음을 체(体)로 하여 금강 같은 견실한 세계를 창출해 나간다면, 일체 여래의 지혜를 모두 갖출 수 있게 된다. 다음의 보(寶), 법(法), 갈마(羯磨) 파라밀의 제존은 비로차나의 가르침과 일체 여래의 지혜를 이어 받아 보, 법, 갈마의 세계를 실현해 나가는 것이다.

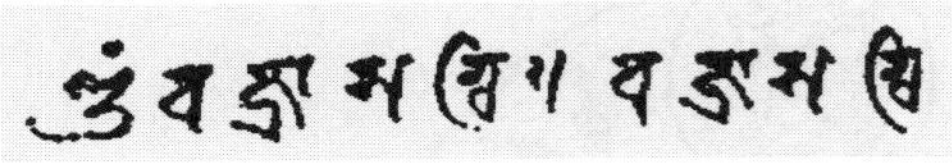

경전에는 다음과 같이 적혀 있다.

「세존 아축여래는 세존 대비로차나여래(大毘盧遮那如來) 및 일체 여래지를 성취하시고 나서 일체 여래지(一切如來智)[199]를 인(印)하기 위해 곧 금강바라밀다삼매에서 출생한 금강가지의 삼마지에 들어가시니, 이것을 일체 여래의 금강삼매라 이름한다[200]. 곧 일체 여래인이다. 이 대명을 자심으로부터 내어 송한다.

---

199) 대원경지(大圓鏡智)를 말한다.

200) 여기서부터 사파라밀을 설한다. 처음에 금강바라밀의 출생을 밝힌다. 금강파라밀은 범어로는 Vajra-paramita, 또는 Satvavajri이며, 각금강녀(覺金剛女)라고도 한다. 금강계 사친근 보살의 상수(上首)로서 밀호는 견고금강(堅固金剛)이라 한다. 금강파라밀은 아축여래의 속성인 보리심의 활동을 나타내는 보살이다. 금강은 금강의 보배바퀴라는 뜻이며, 파라밀은 도피안(到彼岸)이라는 뜻이다. 손에 금강륜을 가지고 불퇴의 법륜을 굴려서 중생으로 하여금 피안에 이르게 함을 나타내고 있으며, 이 보살의 분노신(忿怒身)을 부동명왕(不動明王)이라 한다. 금강계만다라의 동방에 주하고 성신회(成身會)의 존상은 왼손으로는 권을 하고 금강살타가 오고금강저를 가진 것과 같은 모양으로 가슴에 붙이고 오른손은 촉지인을 하고 있다. 공양회(供養會)의 존상은 양 손으로 오고를 얹은 연화를 쥐고 있다. 인계(印契)의 모습은 아축불과 같이 촉지인을 한다.

oṃ vajra-satvī(satva-vajrī) 옴 봐즈라 사뜨뷔
옴 금강살타녀존이여! 금강을 생산해낼 수 있는 힘이 있는 존이여!
※ vajra-satvi 금강살타녀(金剛薩陀女)

일체 여래심으로부터 나오자마자 곧 갖가지 금강광명을 나타낸 구덕 지금강자는 이 금강광명문(金剛光明門) 가운데에서 일체 세계의 극히 미세한 티끌처럼 많은 여래상을 이루고 일체 여래의 금강파라밀다지(金剛波羅蜜多智)를 증득함으로써 다시 모여서 한 몸이 된다. 이로부터 두루 일체 세계에 광대한 금강상(金剛像)을 출현하고 세존 대비로차나여래의 앞쪽 월륜 가운데에 이치에 맞게 머무르며 이 게송을 읊는다.

위대하도다. 일체 정각존(一切正覺尊)이여,
살타금강인 나는 견고하다.
본래 무신(無身)의 견고성으로 말미암아
금강신(金剛身)이 출현한다.」

◎ cihna-mudrā(표치인 標幟印)

연꽃 위의 삼고금강저를 나타낸다. 이것은 금강살타의 표치인과 같지만, 연꽃에는 개화의 기세가 보이고, 금강살타의 덕이 몸에 갖추어져 완성한 것을 나타내고 있다. 경전에는 '살타금강등수화(薩埵金剛等隨畫) 여대단중소설의

(如大壇中所說儀) 실화본인표치(悉畵本印標幟)'라 되어 있다. 사파라밀(四波羅蜜)은 앞의 금강살타, 보(寶), 법(法), 업(業) 제존에 표준을 두어 그린 것 같이 손가락을 나타냈다.

karma-mudrā(갈마인 羯磨印)

금강권(金剛拳)을 나타낸다. 금강살타 독고금강저를 쥔 주먹이다. 이것은 지금의 금강살타녀와 도상이 유사하다. 그러나 금강살타녀의 금강권(金剛拳)은 갈마인의 모인(母印)으로서 모든 수인을 대표하고 있다.

vajra-satvī-mahā-mudrā(금강살타녀대인 金剛薩陀女大印)

두 손을 금강박하여 두 중지를 견고한 독고저 형태를 취했다. 이 인은 다음의 보(寶), 법(法), 갈마(羯磨) 파라밀의 기초가 된다. 금강살타녀대인은 독고금강저—금강파라밀—의 인(印)을 기초로, 중지를 보주(寶珠)형으로 한 독고저—보파라밀—인(印), 중지를 연화형으로 한 독고연화저—법파라밀—인(印), 중지를 세워 직립시킨 독고갈마저—갈마파라밀—인(印)으로 전개시킨다. 이들의 인은 금강살타, 금강보, 금강법, 금강업의 인과 유사하다. 금강살타의 인은 두손을 금강박하여 대지(大指), 두지, 소지를 세워 삼고 금강저인을 하고, 두지를 보주형으로 한 금강보저인(金剛寶杵印 - 금강보), 두지를 연꽃의 형태로 한 금강법저인(金剛法杵印 - 금강법), 박인(縛印)을 해서 대지(大指), 소지의 끝을 합쳐 장을 펼친 금강갈마저인(金剛羯磨杵印 - 금강업)으로 전개되어 가는 것을 보면 잘 알 수 있다.

23. 보파라밀(寶波羅蜜)

대관정(大灌頂, Mahā'bhiṣekā)의 움직임을 나타낸다.

말 위의 연꽃 좌에 앉아 세 개의 보주가 있는 당간(幢竿)을 잡아 가슴 앞에 두고 있다. 경전에 의하면 세존 보생여래는 비로차나여래의 가르침을 받아, 일체 여래의 지혜를 체득하고 보금강녀(寶金剛女, ratna vajrī)가 되어 금강보(金剛寶)의 세계를 펼쳐간다고 한다. 수행자는 이 보금강녀의 마음과 하나가 되어 보옥 같이 아름다운 마음을 창출해 간다면 일체 여래의 대관정(大灌頂)의 움직임, 즉 번뇌를 꺾어 얻는 교화의 힘을 몸에 갖춘 사람이 되는 것이 가능하다고 한다. 말은 보생여래가 타는 동물이고, 삼중보주는 보부(寶部)의 덕(德)의 완성을 나타내고 있다.

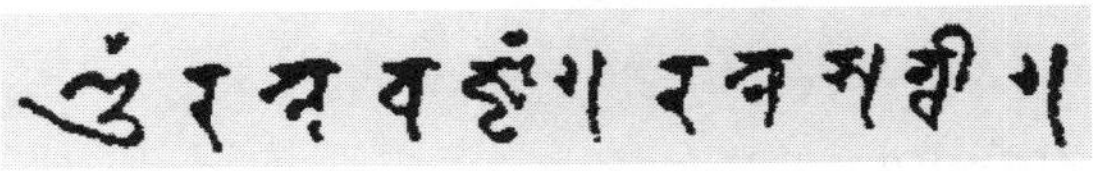

경전에는 다음과 같이 적혀 있다.

「세존 보생여래는 세존 대비로차나여래심(大毘盧遮那如來心) 및 일체 여래지를 증득하기 위하여 곧 보파라밀다의 삼매로부터 출생한 금강가지의 삼마지에 드신다[201]. 이것을 금강보삼매라 이름한다. 곧 자인이다. 이 대명을 자심으로부터 내어 송한다.

oṃ ratna-vajri 옴 라뜨나 봐즈리
옴 보금강녀존이여!
※ ratna-satvī 보살타녀(寶薩埵女)

일체 여래심으로부터 나오자마자 곧 대보광명을 나타낸 구덕지금강자(具德持金剛者)는 이 보광명 가운데에서 일체 세계에 극히 미세한

201) 이하에서 보파라밀의 출생을 밝힌다. 보파라밀은 범어로는 Ratnavajri이며, 보생여래의 속성인 보(寶)를 가지고 공양하는 시파라밀의 가르침을 나타낸 보살이다. 밀호를 대보금강(大寶金剛)이라 번역하고 보생불의 평등성지(平等性智) 상응의 정덕(定德)을 나타낸다. 성신회의 존상은 왼손으로 보배를 얹은 연화를 가지며 갈마의를 입고 있다. 천녀형(天女形)으로서 오른손에 원형의 보배를 갖고 있다. 인상은 보생불과 같다.

티끌처럼 많은 여래상을 이루고 두루 일체 여래지[202]를 증득하고 나서 다시 모여서 한 몸이 된다.

이로부터 두루 일체 세계에 가득하게 대금강보상(大金剛寶像)을 출현시키고 세존 대비로차나여래(大毘盧遮那如來)의 오른쪽 월륜 가운데에 이치에 맞게 머무르며 이 게송을 읊는다.

위대하도다. 일체 정각존이여,
나는 곧 보금강(寶金剛)[203]이라 이름한다.
저 일체인(一切印)과 일체원(一切願)에서
이것은 관정(灌頂)의 견고한 이치이다.」

◎ cihna-mudrā(표치인 標幟印)

독고저를 세워 그 위에 광염에 휩싸인 보주를 나타낸다. 독고저는

---

202) 평등성지(平等性智)를 말한다.
203) 보금강녀(寶金剛女)를 말한다.

번뇌를 이겨내어 가는 여래지(如來智)의 활동을 나타내고, 이 여래의 지혜가 수행자의 내면 세계 깊숙한 곳에 숨겨진 본성의 보주(寶珠)를 드러내어 금강의 지혜가 완성되어 가는 것을 나타낸다.

mahā-cintā-maṇi-mudrā(대여의보주인 大如意寶珠印)

두 손을 금강박하여 두 중지를 세워 여의보주의 형으로 나타낸 것이다.

24. 법파라밀(法波羅蜜)

금강법성(金剛法性, Vajra-dharmatā)의 움직임을 나타낸다.

존상은 머리에 관을 쓰고 공작 위의 연꽃 좌대에 앉아 두 손으로 끝에 연꽃이 피어 있는 독고금강저를 쥐고 있다. 경전에 의하면 세존관자재왕여래(世尊觀自在王如來)는 비로차나여래의 가르침을 받고 일체 여래의 지혜를 체득해 법금강녀(法金剛女 dharma-vajrī)가 되어 금강법의 세계를 실현해 간다고 한다. 공작은 무량수여래(無量壽如來)가 타고 있는 동물이고, 연꽃은 법부(法部)의 덕을 나타내는 것으로 여기에서 연꽃이 핌은 법부의 덕이 완성된 것을 나타낸 것이다.

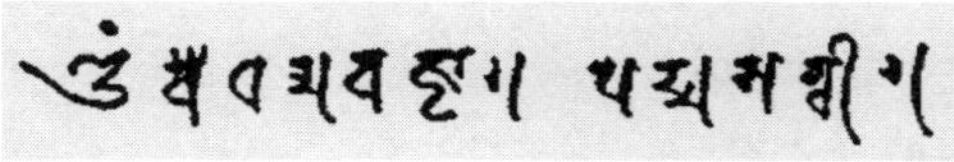

경전에는 다음과 같이 적혀 있다.

「세존 관자재왕여래께서는 세존 대비로차나여래(大毘盧遮那如來) 및 일체 여래지를 증득하시기 위하여 곧 법바라밀다의 삼매로부터 출생한 금강가지의 삼마지에 드신다[204]. 이 명칭을 대법삼매라 하는데 곧 자인(自印)이다. 이 대명을 자심으로부터 내어 송한다.

oṃ dharma-vajrī 옴 달마 봐즈리

옴 법금강녀존이여!

※ padma-satvī 연화살타녀(蓮華薩埵女)

일체 여래심으로부터 나오자마자 곧 연화광명을 나타낸 구덕 지금강자는 이 연화광명 가운데에서 일체 세계의 극히 미세한 티끌처럼 많은 여래상을 이루고 두루 일체 여래지[205]를 증득하고 나서 다시 모여서 한 몸이 된다. 이로부터 두루 일체 세계에 가득하게 대금강연화상을 출현시키고 세존 대비로차나여래(大毘盧遮那如來)의 뒤쪽 월륜 가운데에 이치에 맞게 머무르며 이 게송을 읊는다.

---

204) 이하에서 법파라밀의 출생을 밝힌다. 법파라밀은 범어로는 Dharmapāramitā로서 무량광여래의 속성인 진리를 가지고 공양하는 반야파라밀의 정신을 구현한 보살이다. 법명은 법금강녀(法金剛女)이고, 밀호는 청정금강, 또는 연화금강(蓮華金剛)이다. 성신회의 존상은 육색(肉色)천녀형으로 갈마의를 입고 미타정인(彌陀定印)상에 불경을 담은 상자를 얹은 연화 줄기를 갖고 있다. 공양회에서는 독고저(獨鈷杵)를 얹은 연화 줄기를 양 손에 들고 있다. 인상은 아미타불과 같이 법계정인(法界定印)을 한다.

205) 묘관찰지(妙觀察智)이다.

위대하도다. 일체 정각존의
대법금강(大法金剛)인 나는 청정하다.
본래 자성이 청정한 까닭에
모든 탐염(貪染)을 모두 더러움 없게 한다.」

◎ vajra-padma-cihna-mudrā(금강연표치인 金剛蓮標幟印)

연꽃 좌대 위에 독고저가 있고 그 끝에는 연꽃이 피어 있다. 이것은 독고저를 가지고 일체 여래의 지혜가 청정한 마음을 열어 대생명을 창조해 나가는 것을 나타낸다.

vajra-padma-mudrā(금강연화인 金剛蓮花印)

두 손을 금강박하여 중지는 세워 붙이고 두지는 구부린 것을 나타낸다.

vajra-padma-mahā-mudrā
(금강연화대인 金剛蓮華大印)

두 손을 금강박하여 중지를 세워 연잎과 같이 한다. 이것은 독고연화저를 나타내는 것으로 이 인(印)을 가지고 관(觀)하면 연꽃과 같이 청순한 마음으로 살아가는 대생명을 얻게 된다.

25. 갈마파라밀(羯磨波羅蜜)

일체 공양(一切 供養 Sarva-pūjā)의 움직임을 나타낸다.

존상은 두 손의 주먹에 십자독고저를 쥐어 가슴 앞에 두고 가루라 위의 연꽃 좌대에 앉아 있다. 경전에 의하면 불공성취여래(不空成就如來)는 비로차나여래의 가르침을 받아, 일체 여래의 지혜를 체득해 갈마금강녀(羯磨金剛女)가 되어 금강의 사업을 실현시켜 나아간다고 한다. 수행자가 갈마금강녀의 마음과 일체가 되어 금강의 사업, 즉 견실한 지혜에서 비롯된 여러 가지 일을 행한다면, 일체 여래의 공양이 실현되는 것이다.

가루라는 불공성취의 탈 것이며, 십자독고저는 갈마(羯磨)의 실현을 나타낸다. 금강(金剛), 보(寶), 법(法), 갈마(羯磨)의 사파라밀(四波羅蜜)은 모든 비로차나의 가르침을 받아 여래의 지혜를 체득하여, 그것을 스스로 실현해 나가는 움직임을 나타낸 것이고, 그것은 금강부(金剛部), 보부(寶部), 법부(法部), 갈마부(羯磨部)의 세계를 열어 나간다. 이 움직임을 '일체 여래대파라밀다법문(一切如來大波羅蜜多法門)'이라고 경(經)에서 설하고 있다.

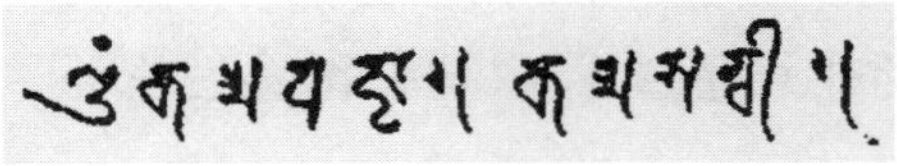

경전에는 다음과 같이 적혀 있다.

「세존 불공성취여래(不空成就如來)께서는 세존 대비로차나여래(大毘盧遮那如來) 및 일체 여래지를 인(印)하기 위하여 곧 일체바라밀다삼매로부터 출생한 금강가지의 삼마지에 드신다[206]. 이것을 일체 여래의 갈마삼매(羯磨三昧)라 이름한다. 곧 자인(自印)이다. 이 대명(大明)을 자심으로부터 내어 송한다.

206) 이하에서 갈마파라밀보살, 즉 업파라밀의 출생을 밝힌다. 업파라밀은 범어로는 Karmapāramitā라 하고, 사(四)파라밀 보살의 하나이다. 업파라밀은 불공성취여래의 속성인 활동성을 가지고 공양하는 정진파라밀을 현실에 표현하려고 하는 보살이다. 법명은 업금강녀(業金剛女)이고, 밀호는 묘용금강(妙用金剛), 또는 작업금강(作業金剛)이다. 불공성취불에 소속되며 성소작지(成所作智 : 불공성취여래의 지혜) 상응의 정덕을 표시한다. 그 존상은 성신회에서는 왼손에 보배를 얹은 연화를 쥐고 오른손에는 갈마저(羯磨杵)를 세워 쥐고 있다. 공양회에서는 갈마저를 얹은 연화를 양 손에 가지고 있다.

oṃ karma-vajrī 옴 까르마 봐즈리
옴 갈마금강녀존이여!
※ karma-satvī 갈마금강녀(羯磨金剛女)

일체 여래심으로부터 나오자마자 곧 일체갈마광명(一切羯磨光明)을 나타낸 구덕지금강자(具德指金剛者)는 이 갈마광명 가운데서 일체 세계의 극히 미세한 티끌처럼 많은 여래상을 이루고 두루 일체 여래지(一切如來智)[207]를 증득하고 나서 다시 모여서 한 몸이 된다. 이로부터 대금강갈마상(大金剛羯磨像)을 출현시키고 두루 일체 세계에 가득하게 방향에 따라 보면서 세존 대비로차나여래(大毘盧遮那如來)의 왼쪽 월륜(月輪) 가운데에 이치에 맞게 머무르며 이 게송을 읊는다.

위대하도다. 일체 정각존의
다업금강(多業金剛 - 羯磨金剛女)은 곧 나이다.
다함 없는 것(無盡)에서 하나를 이룸으로써
유정의 세계에서 훌륭히 작업한다.

이러한 일체 여래의 지삼매(智三昧)[208]와 대관정(大灌頂)[209]과 금강법성(金剛法性)[210]과 일체 공양(一切 供養)[211]은 일체 여래의 대파라밀다법문(大波羅蜜多法門)이다.」

---

207) 성소작지(成所作智)를 가리킨다.
208) 대일여래의 사친근(四親近)인 사파라밀(四波羅蜜)에 네 구절이 배당된다. 처음은 금강파라밀이다.
209) 보파라밀이다.
210) 법파라밀이다.
211) 업파라밀이다.

◎ cihna-mudrā(표치인 標幟印)

오른손의 대지(大指)와 두지를 륜(輪) 같이 하고, 중지는 구부리고 소지와 무명지는 바로 세우고, 그 위에 누운 삼고 금강저를 나타냈다. 이것은 갈마권의 변형에 금강저를 맞추어 갈마의 일체 업은 모든 금강의 세계를 실현해 나감을 의미한다.

◎ karma-vajrī-mahā-mudrā
(갈마금강녀대인 羯磨金剛女大印)

두 손을 금강박하여 두지를 구부려 서로 맞닿게 하고 중지를 세워 독고저 같은 형상을 하고 있다. 이것은 갈마의 세계가 지혜의 관철에서 비롯되어 실현됨을 나타낸다.

26. 금강희(金剛喜)

무상열락삼매(無上悅樂三昧 Anuttara-sukha-saumanasaya-samayā)의 움직임을 나타낸다.

존상은 머리에 관(冠)을 쓰고 두 손은 권(拳)을 지어 양 허벅지 위에 올려놓고 코끼리 위의 연꽃 좌대에 앉아 있다. 경전에 의하면 세존 비로차나는 금강파라밀(金剛波羅蜜)의 공양에 따라 일체 여래의 열락공양(悅樂供養, rati-pūjā)을 실현시켜 금강의 세계에 끌어들이는 움직임을 나타내었다. 이는 위대한 여존, 금강희대명비(金剛喜大明妃), 즉 일체 여래의 세계를 생산하는 위대한 여존, 금강희(金剛喜, vajra-lasya)

의 움직임을 나타낸 것이다. 만약 수행자가 이 금강희의 마음을 체득한다면, 일체 여래의 무상열락(無上悅樂)을 획득하는 것이 가능하다.

코끼리는 아축여래의 탈 것이고 권(拳)은 갈마(羯磨)의 근본인(根本印)이기 때문에 금강부(金剛部)의 여러 가지 덕(德)이 실현됨을 나타내고 있다. 이하의 만(鬘), 가(歌), 무(舞)의 존(尊)은 사파라밀(四波羅蜜)의 공양을 받아 각각의 보부, 갈마부, 법부의 덕을 실현시켜 나가는 것을 나타낸다.

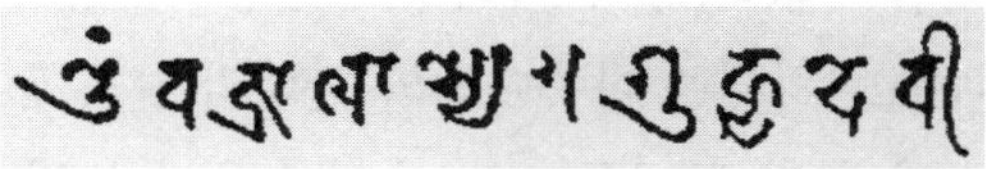

경전에는 다음과 같이 적혀 있다.

「세존대비로차나여래(大毘盧遮那如來)께서는 다시 일체 여래의 열락공양삼매(悅樂供養三昧)[212]로부터 출생한 금강삼마지에 드신다[213]. 곧 일체 여래부(一切如來部)의 대명비(大明妃)를 자심(自心)으로부터 내어 대명을 송한다.

---

212) 보리심공양(菩提心供養)이다.

213) 이하에서는 팔공양천녀(八供養天女)의 출생을 밝힌다. 지금은 제1금강희(金剛喜)를 밝힌다. 금강희희보살(金剛嬉戲菩薩)은 범어로는 Vajralāsī이며, 금강계 삼십칠존 가운데 안쪽 사공양보살의 하나이다. 아축불이 공양한 보리심의 활동을 즐기는 모습으로 범명(梵名)이 금강희이고, 밀호가 보교금강(普敎金剛)이다. 동방 아축불의 덕을 공양하는 보살로서 아축불의 삼마지에 상응하는 것과 같이 희희(嬉戲)의 표치(標幟)를 나타낸다. 즉 희희는 중생이 처음으로 생불불이(生佛不二)의 보리를 얻고 대환희의 모습을 하고 있다. 금강계만다라 대월륜 서북방에 위치하고 성신회(成身會)의 상은 흑색으로 이권(二拳)을 무릎에 얹고 있으며 공양회의 상은 삼고(三鈷)를 세운 연화를 양 손으로 들고 있다.

oṃ vajra-lāsye옴 바즈라 라스예
옴 금강희여존이여!
※ guhya-devī 비밀명비(秘密明妃)

일체 여래심으로부터 나오자마자 곧 대금강인(大金剛印)[214]을 낸다. 구덕 지금강자는 이 금강인문(金剛印門) 가운데에서 일체 세계의 극히 미세한 티끌처럼 많은 여래상을 이루고 다시 모여서 한 몸이 되며, 금강희희대명비상(金剛嬉戲大明妃像)을 출현한다. 금강살타의 신상(身相)과 같아서 갖가지 형색의 묘하고 좋은 위의를 갖추고 온갖 장엄구로 장엄함이 아무런 다름이 없다. 일체 여래부의 금강살타명비(金剛薩埵明妃)를 모두 포섭하고[215] 세존 아축여래의 만다라(曼茶羅)의 왼쪽 월륜 가운데에서 이치에 맞게 머무르며 이 게송을 읊는다.

위대하도다. 나는 동동하게 비교할 이 없으며,
모든 부처의 가장 뛰어난 공양이다.
지욕락공양(知欲樂供養)으로 말미암아
이에 저 모든 공양을 펼칠 수 있도다.」

◎ cihna-mudrā(표치인 標幟印)

연꽃 위의 오고저를 나타낸다. 이것은 금강 바라밀의 공양에 따라 금강의 세계가 보다 깊어지고 금강의 덕이 완성되어 가는 것을 나타내

---

214) 보리심인(菩提心印)으로 금강희희보살의 삼매야형이다.
215) 무량무수한 천녀를 포섭하여 하나의 천녀를 이루는 것이다.

는 것으로, 그것은 비로차나의 이상인 오지(五智), 오불(五佛)의 세계가 실현되는 것을 나타낸다.

karma-mudrā(갈마인 羯磨印)

오른손은 갈마권(羯磨拳)을 쥐어 두지를 구부려 대지(大指)와 합쳤다. 이것은 금강을 실현시켜 나가는 공양을 나타낸다.

vajra-lāsya-mahā-mudrā(금강희대인 金剛喜大印)

위 존상의 그림과 같은 모양의 수인이다. 모든 것이 금강의 활동 속에 있음과 동시에 금강의 세계에 있는 기쁨을 나타낸 것이다.

27. 금강만(金剛鬘)

일체 여래만(一切如來鬘 Savara-tathāgata-mālā)의 움직임을 나타낸다.

존상은 머리에 관(冠)을 쓰고, 두 손은 주먹을 쥐어 양 가슴에 붙여 화만(花鬘)을 잡고, 말 위의 연꽃 좌대에 앉아 있다. 경전에 의하면 세존비로차나는 보파라밀의 공양에 따라 일체 여래의 보만관정(寶鬘灌頂)에 따른 공양을 실현해서 금강의 세계로 끌어들이는 활동을 나타낸다. 그것은 일체 여래부의 대명비(大明妃), 금강만(金剛鬘 vajra-mala)의 활동이다. 만약 수행자가 이 금강만의 마음을 체득한다면 일체 여래의 만(鬘)을 획득해 행자(行者)의 마음은 여래의 마음으로 장엄된다.

말은 보생여래의 탈 것이고, 만(鬘)은 여래의 장엄이고 보부(寶部)의 덕의 완성을 나타낸다.

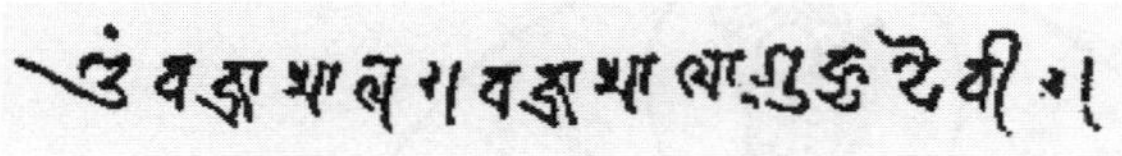

경전에는 다음과 같이 적혀 있다.

「세존께서는 다시 일체 여래의 보만관정삼매(寶鬘灌頂三昧)로부터 출생한 금강삼마지에 드신다216). 곧 일체 여래부의 대명비를 자심으로부터 내어 이 대명을 송한다.

oṃ-vajra-māle 옴 봐즈라 마레

옴 금강만이여!

※ vajra-mālā-guhya-daīvī 금강만비밀명비(金剛鬘秘密明妃)

216) 이하에서 금강만보살의 출생을 밝힌다. 금강만은 범어로는 Vajramālā이며 금강계 삼십칠존 중 안쪽 사공양(四供養)의 한 분이다. 대일여래가 보생불로부터 복덕공양에 보답해서 화만(華鬘)을 나타낸 것이 이 보살이다. 범명(梵名)은 금강만이고 밀호는 묘엄금강(妙嚴金剛)이다. 남방 보생불의 덕을 공양하는 보살로서 화만(華鬘)은 이지구족(理智具足)과 만덕개발(萬德開發)의 모습으로서 이것은 보생불의 삼마지에 상응하는 것이다. 금강계만다라 대월륜의 서남방에 위치하고 성신회(成身會)의 상은 백황색으로 양 손에 화만(華鬘)을 쥐고 가슴 앞에 대고 있다. 공양회의 상은 꽃을 얹은 연화를 왼손에 들고 오른손에 권을 쥐고 있다. 서로 연결한 꽃으로 만든 화환인 만(鬘)을 양 손으로 들어올리며, 보생여래가 중생 각자에게 숨겨진 보(寶)를 찾아내는 특성을 찬탄해서 공양한다.

일체 여래심을 내자마자 곧 대보인(大寶印)을 내고 구덕 지금강자는 이 대보인 가운데에서 일체 세계의 극히 미세한 티끌처럼 많은 여래상을 이루고 다시 모여서 한 몸이 되어 금강만대명비상(金剛鬘大明妃像)을 출현한다. 색상은 장엄하기가 앞과 아무 차이가 없다. 세존 보생여래의 만다라(曼茶羅)의 왼쪽 월륜 가운데에 이치에 맞게 머무르며 이 게송을 읊는다.

위대하도다. 나는 동등하게 비교할 바 없으며,
곧 보공양(寶供養)이라 칭한다.
저 삼계의 가장 뛰어난 왕으로서
교령(敎令)을 받아 공양을 행한다.」

cihna-mudrā(표치인 標幟印)

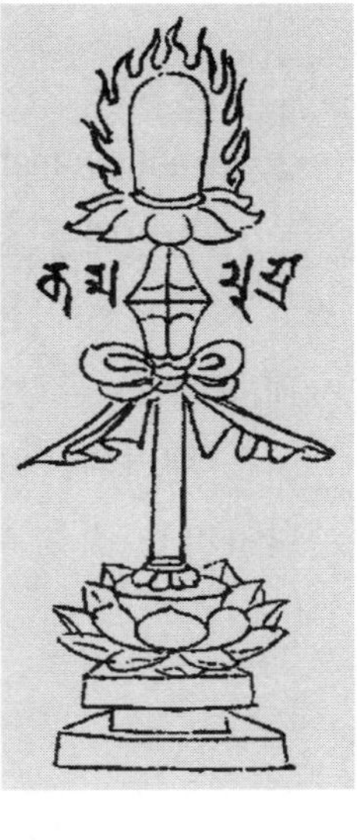

연꽃 위에 반독고저가 세워져 있고 그 위에 길게 생긴 보주(寶珠)가 화염에 휩싸여 있다. 독고저는 파라밀의 정진과 노력을 나타내고, 보주는 그의 과덕(果德)이며 보부의 덕의 완성을 나타낸다.

karma-mudrā(갈마인 羯磨印)

연꽃 위의 갈마권(羯磨拳)을 나타낸다. 금강만을 표시하는 보만관정(여래의 마음을 장엄하는 것)은 모든 갈마의 근본이 되는 것을 나타낸다.

vajra-mālā-mahā-mudrā (금강만대인 金剛鬘大印)

두 손은 주먹을 쥐어 화만(花鬘)을 잡고 있는데, 이것은 금강만의 수인과 동일하다. 여기에서는 행자의 마음을 여래의 마음으로 장엄해 나아가는 것을 나타낸다.

28. 금강가(金剛歌)

일체 여래가(一切如來歌 Sarva-tathāgata-gāthā)의 움직임을 나타낸다.

존상은 관(冠)을 쓰고 왼손은 권을 하여 허벅지 위에 올려놓고 오른손은 악기(비파)를 들고 공작 위의 연꽃 좌대에 앉아 있다. 경전에 의하면 세존비로차나는 법파라밀(法波羅蜜)의 공양에 따라, 일체 여래의 묘가(妙歌)에 따른 공양을 실현해 금강의 세계에 끌어들이는 활동을 나타낸다. 그것은 일체 여래의 대명비, 금강가(金剛歌, vajra-gīta)의 움직임이고 만약 수행자가 이 금강가의 마음을 체득한다면, 일체 여래의 가영(歌詠), 즉 진리의 묘음(妙音)을 자신의 것으로 할 수 있게 되는 것이다.

공작은 무량광(無量光)여래의 탈 것이고 악기는 진리의 설법을 의미하므로 이들은 법부의 덕의 완성을 나타내고 있는 것이다.

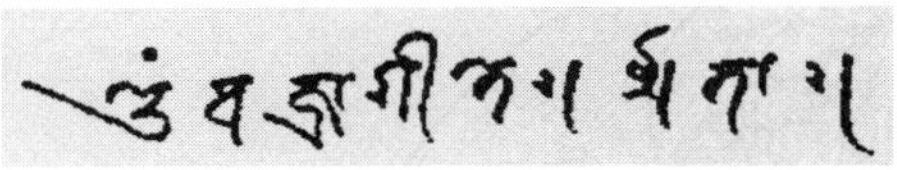

경전에는 다음과 같이 적혀 있다.

「세존께서는 다시 일체 여래의 묘가삼매로부터 출생한 금강삼마지에 드신다[217]. 곧 일체 여래부의 대명비(大明妃)를 자심으로부터 내어이 대명을 송한다.

oṃ vajra-gīte 옴 봐즈라 기떼

옴 금강가 녀존이여!

※ maitā(gītā) 가녀존(歌女尊)

일체 여래심을 내자마자 곧 일체여래법인(一切如來法印)을 내고 구

217) 이하에서 금강가보살의 출생을 밝힌다. 금강가보살은 범어로 Vajragītā이며, 금강계 삼십칠존 가운데 안쪽 사공양(四供養)의 셋째이다. 중앙 대월륜(大月輪) 중에서 서남간에 자리한 보살로서 아미타불의 설법에 의한 법열의 경지에 보답해서 노래하는 모습을 나타낸 것이 이 보살이다. 밀호는 무외금강(無畏金剛), 묘음금강(妙音金剛)이라 한다. 서방 아미타불의 덕을 공양하는 보살로서 설법의 표치를 나타낸다. 이것은 아미타불의 가영삼매(歌詠三昧)에 상응하는 것이다. 금강계만다라 대월륜의 서남방에 위치한다. 성신회의 상은 백육색(白肉色)으로 왼손에 공후(악기)를 가지고 오른손으로 이것을 타고 있다. 공양회는 공후를 얹은 연화를 양 손으로 쥐고 있다.

덕 지금강자는 이 일체여래법인 가운데에서 일체 세계의 극히 미세한 티끌처럼 많은 여래상을 이루고 다시 모여서 한 몸이 되어 금강묘가대명비상(金剛妙歌大明妃像)을 출현한다. 세존 관자재왕여래(觀自在王如來)의 만다라(曼荼羅)의 왼쪽 월륜 가운데에 이치에 맞게 머무르며 이 게송을 읊는다.

위대하도다. 장엄한 대묘가(大妙歌)
나는 마땅히 모든 견자(見者 - 諸佛)를 공양한다.
저 적열(適悅)의 공양으로 말미암아
곧 일체 법은 메아리가 응답함과 같다.」

◎ cihna-mudrā(표치인 標幟印)

연꽃 위에 독고저가 세워져 있고, 그 끝에 연꽃이 피어 있다. 이것은

법파라밀(法波羅蜜)의 정진의 결과로 청정한 마음이 열리고 순수한 마음으로 살아가는 대생명이 창조된 것을 나타낸다.

◎ karma-mudrā(갈마인 羯磨印)

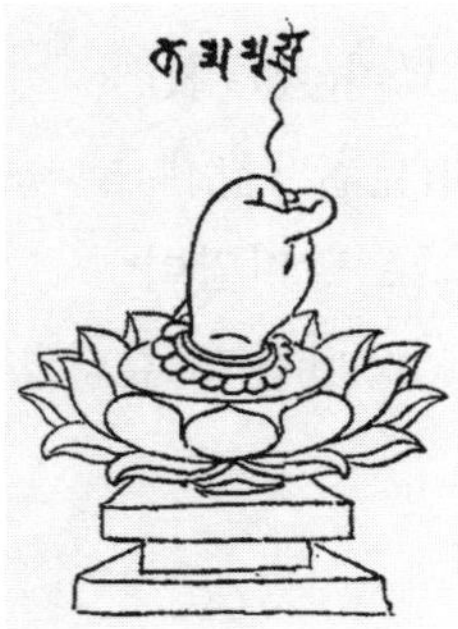

연상(蓮上)의 갈마권, 금강가영(金剛歌詠)의 움직임은 모든 사업의 근본(根本)임을 나타낸다.

◎ vajra-gītā-mahā-mudrā(금강가대인 金剛歌大印)

가보살(歌菩薩)의 오른손 모양과 동일하다. 금강의 가영을 수행자의 마음에 울리게 함에 따라 금강법(金剛法)의 법부(法部)의 덕(德)이 몸에 갖추어짐을 나타낸다.

29. 금강무(金剛舞)

무상공양(無上供養, Anuttara-pūjā-karma-karī)의 움직임을 나타낸다.

존상은 머리에 관(冠)을 쓰고, 왼손은 손바닥으로 받들고 손가락을 세워 춤추는 자세로 하고, 오른손은 손바닥을 들어 가슴 앞에 대고 두지를 굽힌 채 가루라 위의 연꽃 좌에 앉아 있다. 경전에 의하면 세존 비로차나는 갈마파라밀(羯磨波羅蜜)의 공양에 의해 일체 여래의 무(舞)에 따른 공양을 실현하여 금강의 세계에 끌어들이는 움직임을 나타내었다고 한다. 그것은 일체 여래의 대명비(大明妃), 금강무(金剛舞 vajra-nṛttā)의 활동이다. 만약 수행자가 이 금강무의 마음을 체득한다면, 일체 여래의 무상(無上)의 사업을 획득할 수 있게 된다.

가루라는 불공성취여래의 탈 것이고, 무형(舞形)의 수인(手印)은 갈마를 표시하는 것으로 갈마부의 덕—위로는 깨달음을 실현하고 밑으로는 중생을 제도—이 완성되는 것을 나타낸다. 희(喜), 만(鬘), 가(歌), 무(舞)의 사존(四尊)은 사파라밀의 활동을 받아 사부의 덕을 깊게 완성시켜 가는 것으로 일체 여래의 비밀공양(秘密供養)이라 말하여지고 있는 것이다.

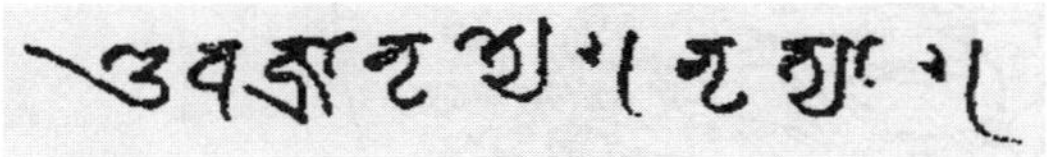

경전에는 다음과 같이 적혀 있다.

「세존께서는 일체 여래의 무공양삼매(舞供養三昧)로부터 출생한 금강삼마지에 드신다[218]. 곧 일체 여래부의 대명비를 자심(自心)으로부터 내어 이 대명을 송한다.

218) 이하에서 금강무보살의 출생을 밝힌다. 금강무보살은 범어로는 Vajranṛtā이며, 금강계 삼십칠존 중 안쪽 사공양의 한 분이다. 불공성취불의 공양에 응해서 묘무(妙舞)의 모습을 나타낸 것이 무보살이다. 범명은 금강무(金剛舞)이고 밀호는 묘통금강(妙通金剛)이다. 북방 불공성취불의 덕(德)을 공양하는 보살로서 선무(旋舞)로 표치하고 있다. 이 선무는 불공성취불의 삼마지로서 신통유희자재의 작업인 것이다. 양 손을 들어 춤추는 자세를 취하며 불공성취여래의 활동을 찬탄, 공양한다. 금강계만다라 대월륜의 동북에 위치하고 성신회(成身會)의 상은 청색이고, 좌우의 손을 벌리고 다섯 손가락을 뻗치고 오른손은 가슴에 붙이고 왼손은 허리 부분에 붙여서 춤추는 자세를 하고 있으며, 공양회의 상은 연화 위에 보주를 얹고 양 손으로 쥐고 있다.

oṃ vajra-nṛtye 옴 봐즈라 너르뜨예
옴 금강무여존이여!
※ nṛtyā 무녀존(舞女尊)

일체 여래심으로부터 나오자마자 곧 일체 여래의 무공양광대법용사(舞供養廣大法用事)를 나타내고 구덕 지금강자는 이 일체 여래의 무공양광대법용사 가운데에서 일체 세계의 극히 미세한 티끌처럼 많은 여래상을 이루고 다시 모여서 한 몸이 된다. 금강무대명비상(金剛舞大明妃像)을 출현하고 세존 불공성취여래의 만다라의 왼쪽 월륜 가운데에 이치에 맞게 머무르며 이 게송을 읊는다.

위대하도다. 광대한 나의 공양이여,
널리 일체 공양의 사업을 한다.
금강무(金剛舞)의 법용(法用)으로써
제불의 묘공양(妙供養)을 안립한다.

이 명칭은 일체 여래의 무상열락삼매(無上悅樂三昧)[219]이며, 일체 여래의 만(鬘)[220]이며, 일체 여래의 가영(歌詠)[221]이며, 일체 여래께서 지으시는 무상의 사업[222]으로서 곧 일체 여래의 비밀공양이다.」

219) 이상 안쪽 사공양은 무상열락 등의 네 구절에 해당된다. 곧 대일여래가 아축불 등을 공양하기 위하여 나타내는 네 보살로서 처음은 금강희(金剛喜)이다.
220) 금강만을 가리킨다.
221) 금강가를 가리킨다.
222) 금강무를 가리킨다.

◎ cihna-mudrā(표치인 標幟印)

연꽃 위의 십자 삼고저. 일체의 움직임이 금강견고(金剛堅固)해 있는 것을 나타내며, 파라밀의 활동은 모두 금강갈마(金剛羯磨)karma(실천)를 나타낸다.

◎ karma-mudrā(갈마인 羯磨印)

연꽃 위의 갈마인. 금강무의 모든 활동이 금강의 세계를 실천해 나가는 것을 나타낸다.

◎ vajra-nṛtyā(금강무 金剛舞)

연꽃 위의 오른손을 나타낸다. 이것은 갈마(실천)을 나타내기 때문에 갈마 파라밀의 표치인에서 삼고저를 제외한 수인과 같은 모양을 하고 있다.

30. 금강향(金剛香)

일체여래편입지(一切如來編入智 Sarva-tathāgata-jñān'āveśā)의 움직임을 나타낸다.

존상은 관(冠)을 쓰고 왼손은 주먹을 쥐어 허벅지 위에 올려놓고 오른손은 가슴 앞에 독고저를 쥐고 있으며, 그 독고저 끝에는 향로가 있다. 코끼리 위의 연꽃 좌대에 앉아 있다. 경전에 의하면 세존 아축여래가 희보살(喜菩薩)의 열락공양(悅樂供養, rati)을 받아 금강의 진수를 체험하고 그 기쁨을 비로차나여래께 바치는 공양으로 그것은 일체여래의 원(願)인 대소공양(大笑供養)—prahlādaṇī(열락쾌락공양 悅樂

快樂供養)—이라 한다.

행자는 '가니까(Gaṇikā)' 대명비(大明妃)—쾌락으로 이끄는 여(女)—의 마음과 하나가 될 때 명비의 궁극적인 이상인 금강향(金剛香)을 받드는 공양이 이루어지게 되는 것이다. 그것은 여성의 애무에 따라 깊은 쾌락의 세계로 유혹되는 것처럼 금강의 가르침의 진수인 대비에 근본을 둔 교화로 모든 것이 깊은 여래의 생각에 끌려 들어가게 된다.

게다가 그 움직임은 마치 향(香)을 피우면 그 향기가 방 안에 충만해지는 것처럼 수행에 충실한 수행자를 묘경(妙境)으로 인도해 나아간다. 수행자가 만약 이 금강향의 마음을 체득해 그 마음과 일체가 되면, 일체 여래의 편입지(編入智)를 얻는 것이 가능하다고 한다.

코끼리는 아축여래의 탈 것이고 독고저는 파라밀의 정진을 나타내는 것이기 때문에 금강부의 깊은 세계를 체득함에 따라 모든 것은 교화되고 여래의 세계에 편입되는 덕이 완성되어 가는 것이다. 이하에 계속되는 화(華), 등(燈), 도(塗)의 각 존은 각각 보부, 법부, 갈마부의 입장에서 교화의 움직임을 나타낸 것이다.

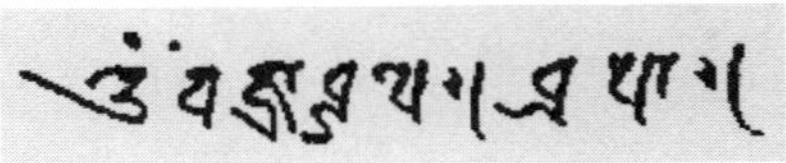

경전에는 다음과 같이 적혀 있다.

「세존 아축여래께서는 세존 대비로차나여래(大毘盧遮那如來)의 공양사업에 보답하기 위하여 곧 일체 여래의 대소삼매(大笑三昧)로부터 출생한 금강삼마지에 드신다[223]. 곧 일체 여래의 아니가대명비(『약출경』에는 主香婇女)를 자심으로부터 내어 이 대명을 송한다.

oṃ vajra-dhūpe 옴 봐즈라 두우뻬
옴 금강향녀존이여!
※ dhūpā 향녀(香女)

일체 여래심으로부터 나오자마자 곧 갖가지 구름 바다 같은 향공양의 장엄이 일체 금강계 가득 두루하게 나타난다. 구덕지금강자는 이 갖가지 구름 바다 같은 향공양의 장엄 가운데에서 일체 세계의 극히 미세한 티끌처럼 많은 여래상을 낸다.

다시 모여서 한 몸이 되고, 금강향대명비상(金剛香大明妃像)을 출현시키고, 세존 금강마니보봉누각의 모서리 왼쪽 월륜 가운데에 이치에 맞게 머무르며 이 게송을 읊는다.

위대하도다. 나는 이 대공양으로
금강대소(金剛大笑)는 단엄(端嚴)을 갖추도다.
저 중생은 편입(編入)함으로 말미암아
속히 무상의 보리과를 증득한다.」

223) 이하에서는 바깥쪽 사공양을 밝힌다. 우선 제1금강향보살(金剛香菩薩)을 밝힌다. 금강향보살은 범어로는Vajradhūpā이다. 금강계 삼십칠존 가운데 바깥쪽 사공양의 한 분. 금강소향(金剛燒香), 또는 금강분향(金剛焚香)이라고도 한다. 밀호는 무애(無礙), 혹은 속질금강(速疾金剛)이라 하며, 동방 아축여래는 대일여래에게 공양하기 위하여 자기가 증득한 편만무애(遍滿無礙)의 향삼매(香三昧)에 들어가 이 보살을 유출한다. 금강계만다라 외곽의 동남쪽에 머문다.

여기서부터 '37. 금강령보살(金剛鈴菩薩)'까지는 표치인, 갈마인, 삼매야인 외에 『초회금강정경(初會金剛頂經)』의 「삼십권본」에 있는 여러 가지의 성취법의 진언과 거기에 기초하는 상이 명기되어 있다. 물론 이들 진언과 존상은 상단의 존상과는 직접적인 관계는 없다.

경전에는 금강계만다라(金剛界曼荼羅)를 설명한 후에,

㊀ 의리출생실지지(義利出生悉地智, artha-siddhi-niṣpatti-jñāna)

㊁ 신통성취실지지(神通成就悉地智, vajrarddhi-siddhi-niṣpatti-mudrā-jñāna)

㊂ 지명성취실지지(持明成就悉地智, vajra-vidyā-dhara-siddhi-niṣpatti-mudrā-jñāna)

㊃ 일체여래최상성취실지지(一切如來最上成就悉地智, sarava-tathā-gatottama-siddhi-niṣpatti-mudrā-jñāna)

㊄ 비밀인지(秘密印智, rahasya-mudrā-jñāna)

㊅ 비밀성취법(秘密成就法, guhya-sādhana)

을 설명한다. 이 장에서는 의리출생실지지의 진언(眞言)과 존상이 명기되어 있다.

● cihna-mudrā(표치인 標幟印)

연꽃 위에 독고저가 세워져 있고, 그 끝에는 향로가 놓여져 있다. 이것은 교화의 움직임을 훈향에 비유한 것으로 독고는 무한히 정진 노력하는 파라밀행을 나타낸다.

◉ karma-mudrā(갈마인 羯磨印)

오른손을 금강권을 하여 두지를 굽혀 권을 아래로 향해 연꽃 좌대에 올려놓았다. 이 권인은 다음의 화, 등, 도의 인으로 전개된다. 권을 위로(華), 대지를 세우고(燈), 장을 여는(塗) 움직임에 주목하라. 이것은 보리심이 눈뜨고, 발전하고, 밖으로 움직여 인격이 완성되어 가는 상태를 나타내고 있다.

◉ vajra-dhūpā-mahā-mudrā(금강향대인 金剛香大印)

연꽃 위에 밑으로 향한 금강박인을 나타낸다.

경전에는 '이금강박이시하(以金剛縛而施下)'라고 되어 있고, 『금강계법』에는 외박을 한 후 손을 밑으로 향해 넓게 펴 하방(下方)을 공양하는 형태를 하고 있다. 『오부심관』의 인은 이 하방 공양의 입장을 나타낸다.

성취의 관법

경의 의리성취실지지의 관법의 진언과 존상이 명기되어져 있다.

① vajra-nidhi(금강의 복장伏藏)－비장(秘藏)된 금강의 발견

마음 가운데 금강저가 있는 그림을 나타낸다. 경전에는 다음과 같이 되어 있다.

'금강영상선안립(金剛影像先安立)
여응관상재심중(如応觀想在心中)
수방관상피지형(隨方觀想彼地形)
시처즉당견복장(是處卽當見伏藏)'

경의 요지는 금강저—영지(英智)의 상징—가 심장에 있고, 자신이 금강의 주체라고 관하면 자신의 내면 깊숙이 숨겨진 진실을 보는 지견이 생겨나 복장(伏藏 - 근원인 진실의 세계)을 보는 것이 가능하다는 것이다.

② ratna-nidhi(보寶의 복장伏藏) －비밀된 보(寶)의 발견

왼손은 금강저를 들어 가슴 앞에 세워 두고 오른손은 밖으로 향하게 수인을 지어 가슴 앞에 놓았다. 경전에는 다음과 같이 되어 있다.

'금강영상편도화(金剛影像遍圖畵)
여응관상좌공중(如応觀想左空中)'

풀이하면 '금강저가 공중에 있어 그것이 떨어지는 곳에서 복장을 발견한다'이며, 이것은 공의 마음 가운데 자신의 보성(寶性)을 보기

시작한다는 것이다. 이 보성의 발견은 행자 자신 이외의 모든 세계의 가운데에서도 비장된 금강보를 보기 시작하며, 모든 것을 보토(寶土)라고 볼 수 있게 된다.

③ dharma-nidhi(법의 복장伏藏) – 비장된 법의 발견

왼손은 밑을 향하고 오른손은 가슴 앞에 두고 입 앞에 금강저가 있는 그림이다. 경전에는 다음과 같이 되어 있다.

'금강영상주어설(金剛影像住於舌)
지자수응여리관(智者隨応如理觀)
자언시처유복장(自言是處有伏藏)
여언수현즉진실(女言隨現卽眞實)'

풀이하면 '금강저가 혀 위에 있다고 관상(觀想)하면, 자신이 말하는

단어 가운데 복장이 있어 모든 언어와 진실을 나타낸다'이며, 이것은 행자가 금강의 마음을 체득했다면 모든 언어가 갖추어진다는 의미이다.

④ karma-nidhi(갈마羯磨의 복장伏藏)－비장된 갈마(羯磨)의 발견

갈마저를 머리에 이고 왼손은 밑으로 하고 오른손은 가슴 앞에서 갈마저를 잡고 있다. 경전에는 다음과 같이 되어 있다.

'금강영상편소성(金剛影像遍所成)

여응관상어기신(如応觀想於己身)

관기편입수견처(觀其遍入隨堅處)

시처즉당견복장(是處卽當見伏藏)'

풀이하면 '금강저를 두루 관상(觀想)하여, 자신이 금강 갈마저의 주체가 되면 모든 것이 갈마의 움직임이 되어 시방 세계 모든 현현이

금강지(金剛智)의 표현이라 하는 진리를 알 수 있게 된다'이며, 이것은 자신이 갈마의 주체라는 것을 자각하게 되면 일체의 활동은 금강계를 실현한 여래의 움직임이라는 사실을 알게 된다는 것이다.

①-④도상을 보면 마음 가운데 금강저가 점차로 밖으로 나타내어져 모든 것이 금강 가운데에 싸여 있음을 나타내고 있다.

31. 금강화(金剛華)

대보살분삼매(大菩薩分三昧, Mahā-bodhy-aṅga-saṃbhavā)의 움직임을 나타낸다.

존상은 머리에 관(冠)을 쓰고 왼손은 주먹을 쥐어 허벅지 위에 올려 놓고 오른손은 가슴 앞에 활짝 핀 연꽃을 들고 말 위의 연꽃 좌대에 앉아 있다.

경전에 의하면, '세존 보생여래는 27만(鬘) 보살의 보만관정(寶鬘灌頂)의 공양을 받아서 금강보의 진수를 체험하고 그 기쁨을 비로자나 여래께 받들어 공양한다. 그것은 일체 여래(대표되는 비로차나)의 원

(願)과 금강의 보장엄(寶莊嚴 ratnā bharaṇa)을 실현하는 움직임이다. 바로 대명비(大明妃, pratīhārī : 눈부시게 아름다운 여자) 못지 않은 뛰어난 미인과 교제하여 화려한 세계에 유혹되는 것처럼, 금강보의 교설은 모든 사람들을 여래의 아름다운 마음으로 장엄하여, 인격의 화(華), 금강화(金剛華, vajra-puṣpā)를 피게 하는 것이 가능하다'고 말하고 있다. 수행자가 만약 금강화의 마음을 체득해 간다면 몸을 가지고 대보시의 승세계(勝世界)를 맛볼 수 있게 된다.

존(尊)이 타고 있는 말은 보생여래의 탈 것이고, 만(鬘)은 몸을 장식한 것이므로 보부의 덕을 몸에 갖춘 아름다운 인덕(人德)을 나타내는 것이다.

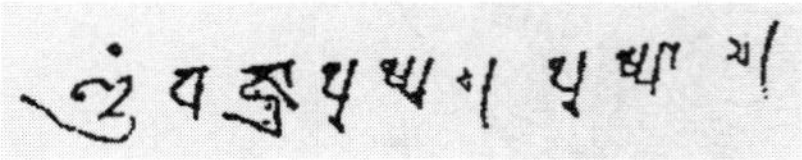

경전에는 다음과 같이 적혀 있다.

「세존 보생여래께서는 세존 비로차나여래의 공양사업에 보답하기 위하여 곧 일체 여래의 보장엄공양삼매(寶莊嚴供養三昧)로부터 출생한 금강삼마지에 드신다[224].

---

224) 이하 제2금강화보살(金剛華菩薩)을 밝힌다. 금강화보살은 범어로는 Vajrapuṣpā이다. 금강계 삼십칠존 가운데 바깥쪽 사공양의 한 분으로 금강계만다라 외원방단(外院方壇) 서남방에 있는 보살이다. 남방의 보생여래가 대일여래를 공양하기 위하여 자기가 증득한 묘엄각화(妙嚴覺華)의 향삼매(香三昧)로부터 이 보살을 유출한다. 이 보살은 아름다운 꽃을 가지고 공양함을 상징한다. 밀호는 묘색금강(妙色金剛), 또는 청정금강(淸淨金剛)이다.

곧 일체 여래의 발라제하릉대명비225)를 자심으로부터 내어 이 대명을 송한다.

oṃ vajra-puṣpe 옴 봐즈라 뿌스뻬
옴 금강화녀존이여!
※ puṣpā 화녀존(華女尊)

일체 여래심으로부터 나오자마자 곧 일체 화공양(一切華供養)의 장엄(莊嚴)을 일체 허공계에 두루 가득하게 나타내고, 구덕 지금강자는 이 일체 화공양의 장엄 가운데에서 일체 세계의 극히 미세한 티끌처럼 많은 여래상을 낸다. 다시 모여서 한 몸이 되고 금강화대명비상(金剛華大明妃像)을 출현하니, 세존 금강마니보봉누각의 모서리 왼쪽 월륜 가운데에서 이치에 맞게 머무르며 이 게송을 읊는다.

위대하도다. 나는 이 화공양(華供養)으로
일체 장엄된 뛰어난 작업이다.
모든 여래의 보성(寶性)226)으로 말미암아
모든 공양을 속히 성취한다.」

225) 『교왕경』에서는 승지대천녀(承旨大天女)라 한다.
226) 평등성지로써 본유(本有)의 성덕(性德)에 의하여 빠르게 수행하여 성취함을 가리킨다.

cihna-mudrā(표치인 標幟印)

연꽃 받침대 위에 피어 있는 한 포기 꽃을 나타낸다. 이것은 보부의 덕의 완성을 화초의 성장과 개화에 비유한 것이다.

karma-mudrā(갈마인 羯磨印)

연꽃 좌대 위에 위로 향한 금강권(金剛拳)을 나타낸다.

앞의 향보살(香菩薩)의 인(印)과 연관시켜 보면 내면에 숨겨진 견고한 보리심이 차례로 표현되어 가는 것을 나타내고 있다.

◎ vajra-puṣpa-mudrā(금강화인 金剛華印)

연꽃 받침 위에 금강박(金剛縛)한 손이 위를 향해 놓여 있다.

경전에 의하면 '복금강장이상헌(腹金剛掌而上獻)'이라 표현되어 있고, 『오부심관』에는 '꽃을 바치기 직전의 수인'이라 나타나 있다.

◎ 성취의 관법

경전에서는 '금강신통성취실지인(金剛神通成就悉地印, vajrārddhi-siddhi-niṣpatti-mudrā-jñāna)'의 진언과 관상법을 나타냈다. 이것은 앞의 의리성변실지지(義利成辯悉地智)로 '비장(秘藏 nidhi)'을 체득한 것이며, 금강의 마음을 자기의 마음에 감응시켜 불타의 몸이 되어 공(空)을 체험하고 금강의 주체가 되는 일을 나타낸다.

① vajra-jala(금강청수 金剛淸水)

행자는 연못의 물에 비친 갈마금강저를 관상(觀想)한다. 경전에는,

'금강편입소생기(金剛編入所生己) 금강수성금강형(金剛水成金剛形) 여응관상속성취(如応観想速成就) 즉능어기수상행(卽能於其水上行)'이라 되어 있고, 요약하면 '금강의 관상(觀想)을 깊게 하여, 수면 위에 금강저를 관상(觀想)한다면 수면에 비치는 금강과 하나가 되어 성취를 얻는다'는 것으로, 이것은 수행자의 심지가 평정하게 되어 조용히 금강의 세계를 관상(觀想)하게 돼 가지감응(加持感応)하게 되면 금강 가운데에 살아가는 것이 가능하게 됨을 나타낸다.

② vajra-rūpa(금강색 金剛色) – 금강을 체득한 신체

연좌에 선정의 불상을 나타낸다. 경전에 의하면, '금강편입소생기(金剛編入所生己) 수기소의자색형(隨其所宜自色形) 여응관상피상응(如応観想彼相応) 즉득자신동불색(卽得自身同佛色)'이라 되어 있고, 요약하면 '금강의 관상(觀想)을 깊이 하여 자기의 형상과 부처의 형상이 다르지 않음을 확신을 갖고 관상(觀想)한다

면 그대로 자신은 부처의 형상이 된다'는 의미이다. 『오부심관』의 그림은 가지감응(加持感應)에 따라 불타(佛陀)가 됨을 나타낸 것이다.

③ vajrākāśa(금강허공 金剛虛空)

②의 그림에서 상반신이 없어진 형상을 나타낸다.

경전에 의하면, '여전편입기신이(如前編入己身已) 자신즉동어허공(自身卽同於虛空) 여응관상수소욕(如応觀想隨所欲) 즉득은신이자재(卽得隱身而自在)'라 되어 있고, 요약하면 '금강의 관상(觀想)이 깊어져, 자신을 공의 체득자라고 확신하게 되면, 색(色)은 공(空)으로 돌아간다'는 의미이다. 여기에서 상반신이 소실된 것은 불타(佛陀) 세계의 체득이 눈에 보이는 불신(佛身)을 얻는 것이 아니라 '공(空)'을 체득하는 것임을 나타내려 한 것이다.

④ vajram ahaṃ(我는 금강)

삼고금강저 가운데 불상을 나타낸다.

경전에 의하면, '금강편입자생성(金剛編入自生性) 관상자신여금강

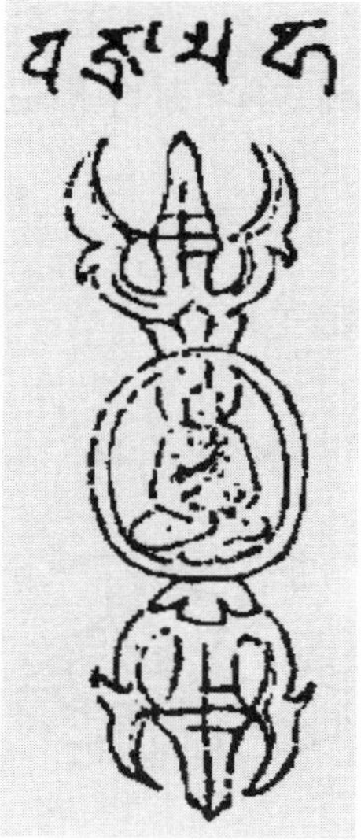

(觀想自身如金剛) 연후등용이고승(然後騰踊而高升) 즉능수의허공행(卽能隨意虛空行)'이라 되어 있고, 요약하면 '금강의 관상(觀想)을 깊게 하여 자신이 금강저(金剛杵)라고 확신하면 허공 중에 높이 오르는 것이 가능하다'라고 설명되어진다.

삼고금강저 가운데 불상의 그림은 불신이 허공상(虛空像)이어서 형태를 초월한 것이지만 그것은 문자 그대로 공(空)은 허공(虛空)이 아닌 진공묘유(眞空妙有)인 것이다. 특히 『금강정경』에 묘유의 입장을 설명한 까닭은, 금강의 예지(叡智)는 중생 교화의 실천에 있다는 것을 나타내려 한 것이다.

32. 금강등(金剛燈)

법광명(法光明, Dharm'ālokā)의 움직임을 나타낸다.

존상은 공작 위의 연꽃 좌대에 앉아 왼손은 주먹을 쥐어 허벅지 위에 올려놓고 오른손에는 옆으로 누운 독고저 끝에 등이 달려 있는 기물을 들고 있다. 그리고 그 위에 등화(燈火)를 나타내고 있다.

경전에 의하면 '관자재왕여래(觀自在王如來)가 가보살의 가영공양(歌詠供養)을 받아 금강법의 진수를 체험하고, 그 기쁨을 비로차나여래에게 받들어 공양하는 것'이라 한다.

그것은 일체 여래가 원하는 금강의 등공양(燈供養, āloka-pūjā)을 실현시키는 것처럼 여래의 세계로 인도되고, 여래의 마음과 어울리어 일체의 진실의 빛으로서 비추는 금강등(vajrāloka)의 활동을 나타낸 것이다.

수행자가 이 눌정대명비(訥頂大明妃)의 마음을 체득해 간다면 일체 여래의 광명을 얻어 중생들을 잘 교화할 수 있는 힘이 갖추어진다고 한다. 공작좌(孔雀座)는 무량수 여래의 탈 것이고, 등명(燈明)은 진리의 법등(法燈)이기 때문에 이 존은 법부(法部)의 덕을 완성시켜 나아가는 활동을 나타낸다.

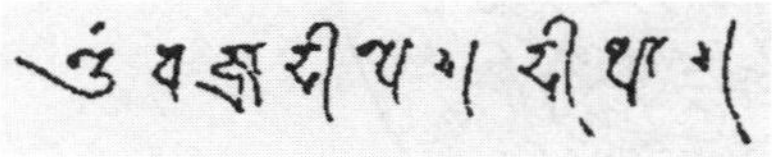

경전에는 다음과 같이 적혀 있다.

「세존 관자재왕여래께서는 세존 대비로차나여래(大毘盧遮那如來)의 공양사업에 보답 하기위해서 곧 일체 여래의 등공양삼매(燈供養三昧)로부터 출생한 금강삼마지에 드신다[227]. 곧 일체 여래의 눌정대명비(訥頂大明妃)[228]를 자심으로부터 내어 이 대명을 송한다.

227) 이하에서 금강등보살의 출생을 밝힌다. 금강등보살은 범어로는 Vajr' ālokā이다. 금강계 삼십칠존 중 바깥쪽 사공양의 한 분. 금강계만다라 외원방단(外院方壇) 서북간에 머무는 보살이다. 서방의 아미타여래가 대일여래를 공양하기 위하여 자기가 증득한 지혜삼매에 들어 이 보살을 유출한 것이다. 이 보살은 등명을 가지고 불빛으로 공양함을 상징한다. 밀호는 보현금강(普賢金剛), 혹은 제암금강(除暗金剛)이다.

228) 『교왕경』에서는 여사(女使)라 했다.

oṃ vajra-dīpe 옴 봐즈라 디뻬 *vajrā loke
금강등여존이여!
※ dīpā 등여존(燈女尊)

일체 여래심으로부터 나오자마자 곧 일체 등공양(一切燈供養)의 장엄을 나타내어 법계에 가득하게 한다. 구덕 지금강자는 이 일체 등공양의 장엄 가운데에서 일체 세계에 극히 미세한 티끌처럼 많은 여래상을 낸다. 다시 모여서 한 몸이 되어 금강등대명비상(金剛燈大明妃像)을 출현하고 세존의 금강마니보봉누각의 모서리 왼쪽 월륜(月輪) 가운데에 이치에 맞게 머무르며 이 게송을 읊는다.

위대하도다. 나는 이 묘하고 광대한
등장엄(燈莊嚴)을 공양하는 바이다.
속히 광명을 갖춤으로 말미암아
곧 저 일체 불을 볼 수 있다.」

cihna-mudrā(표치인 標幟印)

연꽃 좌대 위에 독고저가 세워져 있으며, 그 위에 연꽃이 있고, 그 꽃 위에 등명(燈明)이 있다. 독고저는 오직 금강의 세계를 실현해 나가는 정진, 노력 즉 파라밀행을 나타낸다. 오로지 금강의 길을 걸을 때 청정한 마음을 따라 교화의 움직임이 완성되어 나가는 것을 나타낸다.

● karma-mudrā(갈마인 羯磨印)

연꽃 위에 대지(大指)를 세운 금강권(金剛拳)이 위를 향하고 있다. 이것은 견고한 보리심이 발현함과 동시에 보다 향상, 발전해 나가는 상태를 나타낸다.

● vajrāloka-mahā-mudrā(금강등대인 金剛燈大印)

두 손을 금강박하여 두 엄지손가락을 위로 향해 세운 것을 나타낸다. 경전에는 '견이대지이상부(堅二大指而相附)'라 되어 있고, 『금강계

법』에도 같은 모양의 인(印)으로 나타나 있다. 『오부심관(五部心觀)』의 인은 보리심을 나타내는 금강박이 대지(大指)에서 펼쳐지는 형태를 하고 있다.

이어 다음의 도향 보살의 수인은 모든 손가락이 펼쳐져 있다. 이것은 향(香), 화(華), 등(燈), 도(塗)의 인을 일련의 것으로 보고 보리심이 발현한 다음 인격이 완성되어 가는 것을 단계적으로 나타낸 것이다.

◎ 성취법(成就法)

이 란은 경전의 설명에 의하면 금강지명성취실지인지(金剛持明成就悉地印智, vajra-vidyādhara-siddhi-niṣpatti-mudrā-jñāna)의 진언과 관상법이 그림으로 나타나 있다. 앞에 나타난 신통성취실지지를 얻게 되면 금강법보갈마(金剛法寶羯磨)의 진수를 자신의 것으로 하는 것이 가능하다고 설명한다.

① vajra-dhara(금강의 受持)

동자(童子)가 금강저와 함께 둥글고 큰 원구를 잡고 있다[229]. 이것은 행자 자신이 금강의 주체가 되는 것으로 경전은 다음과 같이 설명한다.

'묘월영상편도화(妙月影像遍圖畵)
상용공중수의행(上踊空中隨意行)
관상쌍수지금강(觀想雙手持金剛)
금강지명득성취(金剛持明得成就)'

의역하면, 월륜의 정경(淨鏡, candra-bimda - 아주 맑은 마음)을 그려 그것이 천공(天空)으로 상승해 간다. 이 정경을 양 손으로 쥐고 금강저를 보존하여 가진다고 관하면, 금강의 지명(持明)이 얻어진다고 설명할 수 있다.

이것은 마음이 청정한 공(空)에 머무른다면 애욕에 구속되는 일 없이 자유를 얻을 수 있다는 뜻이다. 이 공의 마음을 받아들이는 것이 공의 마음을 체득하는 것이며, 그곳에 무명의 어둠을 비추는 지명자(持明者)의 덕이 갖추어 진다는 것이다.

원륜(圓輪)은 공에서 생한 마음으로, 공을 체득하는 일이 금강의 주체가 됨을 밝히고 있다.

② ratna-dhara(寶의 受持)

양 손을 배꼽 밑에 합하여 그 위에 보주(寶珠)를 나타낸 존상을 그렸다. 경은 다음과 같이 설명한다.

'묘월영상정주편(妙月影像淨周遍)
금강대보여응관(金剛大寶如應觀)

---

229) 월륜(月輪), 보리심의 상징.

수기소욕청정신(隨其所欲淸淨身)
어찰나중즉등용(於刹那中卽騰踊)'
요약하면, 월륜의 정경(淨鏡, candra-bimba - 청정심) 가운데 떠올라 거기에 금강보(金剛寶)가 빛난다고 관상(觀想)한다면 공을 체득하여 어떠한 바램도 잠깐 사이에 성취할 수 있다.

③ dharma-dhara(法의 受持)

왼손은 허리 앞에 두고 오른손을 세워 꽃이 핀 연화를 나타내고 있다. 경은 다음과 같이 설명한다.
'승어정월륜상중(昇於淨月輪相中)
수지금강묘연화(手持金剛妙蓮華)
관상금강안청정(觀想金剛眼淸淨)
즉득지명법성취(卽得持明法成就)'
요약하면, 월륜의 정경(淨鏡) 가운데 떠올라 금강 연화가 있는 것을 관상한다면, 금강안(金剛眼)을 얻어 청정하게 되고 지명(持明) 세계를 체득할 수 있게 된다는 것이다. 금강안이 열리면 진실된 세계의 성품을 볼 수 있는 눈이 뜨여 진실한 성품을 볼 수 있게 되며 결국 거기에 법부(法部)의 덕(德)이 갖춰진다는 의미이다.

④ karma-dhara(羯磨의 受持)

왼손은 아래로 하고 오른손은 앞에 세워 갈마저를 나타내고 있다. 경에는 다음과 같이 설명하고 있다.

'차어정묘월륜중(次於淨妙月輪中) 갈마금강당관상(羯磨金剛當觀想) 속지금강묘교업(速持金剛妙敎業) 일체지명득성취(一切持明得成就)', 풀이하면, 이것은 저 월륜 가운데에 갈마금강을 관상하면 빠르게 묘교업(妙敎業)이 성취되어 무엇이든 다 볼 수 있다는 의미이다.

위에서 이야기한 네 가지 관법은, ①진공묘유를 알면 금강의 실체를 알게 되고, ②금강의 실체를 알면 청정한 본성을 보기 시작하고, ③청정한 본성을 보게 되면 법성을 보기 시작하고, ④법성의 마음으로 생활하면 금강의 사업(羯磨)이 실현된다는 것을 나타내고 있다.

33. 금강도향(金剛塗香)

계정혜해탈해탈지견승묘지향(戒定慧解脫解脫智見勝妙之香 Śīla-samādhi-prajñā-vimukti-vimukri-jñāna-darśanā-gandhā)의 움직임을 나타낸다.

존상은 머리에 관을 쓰고, 왼손은 권을 하여 허벅지 위에 올려놓고, 오른손은 가슴 앞에 도향기(塗香器)를 들고 가루라 위의 연꽃 좌대에 앉아 있다. 경전에 의하면, 세존불공성취여래는 무보살(舞菩薩)이 이룩한 일체 여래의 무상공양을 받아서, 금강사업(金剛事業)의 진수(眞髓)[vajra-krama]를 체험하고 그 기쁨을 비로차나여래에게 받들어 공양한다. 그것은 일체 여래의 원(願)으로 금강의 도향공양(塗香供養)을 실현하는 것이다. 흡사하게도 제징대명비(際徵大明妃, ceti - 女使者, 婇女)가 남자에게 봉사하고 세밀한 것까지 마음을 써 주변이 잘 정돈되어 가는 것처럼, 금강사업(金剛事業)의 활동은 부드러운 교화와 인도에 따라 생겨나게 된다.

수행자는 이 제징대명비의 마음을 체(体)로 하여 움직이면 계, 정, 혜, 해탈, 해탈지견(解脫智見)의 오부법신(五部法身)의 덕이 한 몸에 갖춰지는 것이 가능하다고 설명한다. 가루라는 불공성취여래의 탈 것이고, 도향은 모든 것을 정화하며, 오부법신의 덕이 일신(一身)에 갖춰진 것을 나타내는 것으로, 이 금강 도향(金剛 塗香)을 가지고 갈마부(羯磨部)의 덕(德)의 완성을 나타내고 있다.

이상 향(香), 화(華), 등(燈), 도(塗)의 사존(四尊)은 사파라밀의 공양을 받아서 각각의 금강부, 보부, 법부, 갈마부의 덕을 완성시킨다. 그런 까닭으로 일체 여래 교령사업(教令事業)의 제녀존(諸女尊)—sarva-tathāgat'ājñā-kāryaḥ—으로 불려지고 있다.

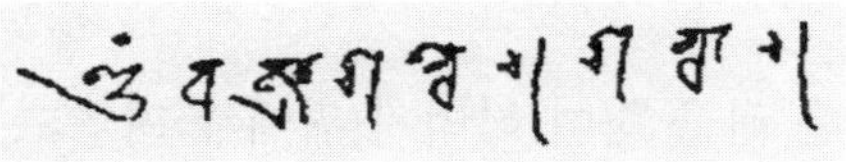

경전에는 다음과 같이 적혀 있다.

「세존 불공성취여래께서는 세존 대비로차나여래(大毘盧遮那如來)의 공양사업에 보답하기 위하여 곧 일체 여래의 도향공양삼매(塗香供養三昧)로부터 출생한 금강삼마지에 드신다[230]. 곧 일체 여래의 제미

대명비[231]를 자심으로부터 내어 이대명을 송한다.

oṃ vajra-gandhe 옴 봐즈라 간데
옴 금강도향 여존이여!
※ gandhā 도향여존(塗香女尊)

일체 여래심으로부터 나오자마자 곧 일체도향공양장엄을 나타내고 일체 세계에 두루 가득하게 한 구덕 지금강자는 이 일체도향공양장엄 가운데서 일체 세계의 극히 미세한 티끌처럼 많은 여래상을 낸다. 다시 모여서 한 몸이 되어 금강도향대명비상(金剛塗香大明妃像)을 출현하고 세존 금강마니보봉누각의 모서리 왼쪽 월륜 가운데에 이치에 맞게 머무르며 이 게송을 읊는다.

위대하도다. 도향(塗香)으로 공양을 이루니
나는 미묘한 대열의(大悅意)이다.
모든 여래께 두루 도향함으로 말미암아
널리 일체를 향기롭게 하는 청정신(淸淨身)이다.

---

230) 이하는 제4 금강도향보살(金剛塗香菩薩)을 밝힌다.
금강도향보살은 범어로는 Vajragandhā이다. 금강계 삼십칠존 중 바깥쪽 사공양의 한 분으로 금강계만다라 바깥쪽(外圓方)동북간에 머무는 보살이다. 북방의 불공성취여래가 대일여래를 공양하기 위하여 자기가 증득한 도향삼매(塗香三昧)에 들어가 도향보살을 유출한 것이다. 도향은 오분법신(五分法身)의 표치로써 번뇌의 더러움을 제거하는 까닭에 이 도향삼매에 머물러 대일여래를 공양하는 것이다. 손이나 신체에 칠해서 몸을 청정히 하는 도향을 넣은 법라를 들어 정화의 공덕을 가지고 모든 여래를 공양한다. 밀호는 청량금강(淸凉金剛), 승정금강(勝淨金剛)이다.

231) 『교왕경』에는 비사(婢使)라 되어 있다.

이 명칭은 일체 여래의 편입지(編入智)[232]와 대보리분삼매(大菩提分三昧)와 일체 여래의 법광명(法光明)과 계(戒), 정(定), 혜(慧), 해탈(解脫), 해탈지견(解脫知見)의 아주 뛰어난 향으로 이것은 바로 일체 여래의 교령[233]사업(教令事業)이다.」

cihna-mudrā(표치인 標幟印)

연꽃 위에 반독고저가 있고 저(杵) 위에는 도향기(塗香器)가 있다. 독고는 오로지 금강의 세계를 실현해 가는 파라밀행을 나타내고, 이 파라밀행이 법신(法身)의 제덕(諸德)을 스스로 그 몸에 갖추어 가는 것을 나타내는 것이다.

232) 이상에서 아축여래 등의 사불이 대일여래를 공양 올리는 사보살(四菩薩)인 바깥쪽 사공양을 밝힌 것으로, 일체 여래의 편입지 등의 네 구절은 금강향, 금강화, 금강도향의 사보살에 해당된다.

233) 중생을 요익(饒益)하게 하는 대일여래의 교칙(教勅)이란 뜻이다.

karma-mudrā(갈마인 羯磨印)

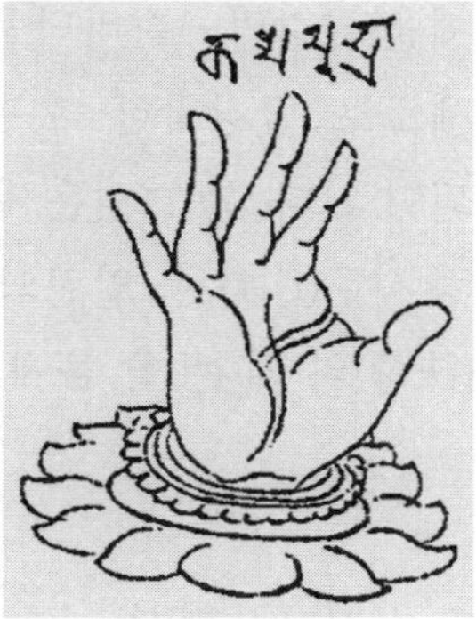

오른손의 오지(五指)는 세워서 손바닥을 벌렸다. 향(香), 화(華), 등(燈), 도(塗)의 갈마인(羯磨印)을 볼 때, 아래를 향한 권(拳)→위로 향한 권(拳)→대지를 세운 권→편 손바닥으로 전개된다. 이것은 견고한 마음으로 보리심이 약동하고 드디어 시방세계의 모든 사업은 보살의 움직임이 되어 여래의 교화(教化)의 행(行)이 완성되어지는 것을 나타낸다.

vajra-gandha-mahā-mudrā(금강도향대인 金剛塗香大印)

연꽃 위에 두 손바닥을 펼친 그림이다. 이 그림은 갈마인과 유사하나 그것은 향, 화, 등, 도의 사존(四尊)의 일련의 전개에서 그 뜻을 해석

해야만 한다. 그것은 밑으로 향한 금강박→위로 향한 금강박→대지를 세운 금강박→손바닥을 편 모습으로 전개되어 간다. 경전은 두 대지를 세로로 금강박한 후—등(燈)의 인(印)—'전서여도세(展舒如塗勢)'라 되어 있다. 본 그림은 우선 이것에 준한 것이지만, 위에서 상술한 것처럼 사존(四尊)을 일련의 입장에서 본 것으로, 이 존(尊)의 인(印)은 법신(法身)의 덕(德)을 몸에 갖추고 갈마의 덕이 완성됨을 나타내고 있다.

◎ 성취법(成就法)

먼저 나타낸 금강지명성승실지지(金剛持明成昇悉地智)가 얻어져 금강의 사업이 모두 몸에 갖추어지면, 일체 여래의 최상실지(最上悉地)를 성취하는 인지(印智)—'sarva-tathāgatottama siddhi-niṣpatti-mudrā-jñāna'—가 얻어진다고 설명한다.

① vajra-vajra(금강 가운데 금강의 체득)

연화 좌대 위에 단정한 모습으로 앉아 있는 존으로부터 9개의 금강저가 발생하고 있다. 경전에는 다음과 같이 설명한다.

'교업금강삼마지(教業金剛三磨地)
사유편만허공계(思惟遍滿虛空界)
수기소욕금강신(隨其所欲金剛身)
어찰나중즉등용(於刹那中卽騰踊)'

요약하면, 모든 것은 금강의 활동에 있다고

명상하며 시방세계에 두루 편만한 허공을 사유해 그 속으로 들어가 금강의 몸인 허공의 몸을 얻으면 찰나지간에 세간을 떠나 대자유인이 되는 것이다.

② śuddha-śuddha(청정 가운데 청정한 세계)

둥근 구슬을 쥔 단정한 모습으로 연꽃 위에 앉아 있다. 그 몸에서 합장한 9존(尊)의 화신불(化身佛)이 나와 있다. 경전의 설명은 다음과 같다.

'살타청정삼마지(薩埵清淨三磨地)
관상최상역부연(觀想最上亦復然)
획득자재오신통(獲得自在五神通)
속질대지득성취(速疾大智得成就)'

한역은 살타청정(薩埵清淨) 삼마지(三磨地)라 되어 있지만, 『범장이본(梵藏二本)』에는 일체청정(一切清淨)의 삼마지(三磨地)라 되어 있다. 이것은 살타의 의미를 수행자가 선정에 든 모습에 둔 데서 생긴 차이일 것이다. 또 이것은 동일한 문제를 관점을 바꿔서 나타낸 것이라고도 생각해 볼 수 있다. 경전의 의도는 앞서 나타난 것처럼 청정무위한 공(空)의 마음이고, 그것은 금강(金剛)을 실현해 가는 마음을 나타낸 것으로 보여진다. 그 입장에서 번역한다면, 공의 마음에서 생(生)하는 것은 모든 것이 청정하며, 이러한 청정무위한 마음으로 관상한다면 오신통을 체득해 빠르게 대지혜의 주체가 될 수 있다고 설명되어진다. 『오부심관』의 그림은 청정한 마음이 있으면 여의보주가 나타나 그 청정함을 근원으로 겸허한 마음이 생겨나고 여러 화신불이 생겨나게 될 수 있음을 나타낸 것이다.

③ satva-satva(대사大士 가운데의 대사大士)

보살이 단정한 모습으로 연꽃 좌대에 앉아 있고 양 손에는 연꽃을 들고 있다. 그 보살의 몸으로부터 화신불이 용출하는 모습을 그림으로 나타냈다. 경에 의하면 다음과 같다.

'금강살타중소성(金剛薩陀衆所成)
유여허공극광대(猶如虛空極廣大)
견고수념속질성(堅固隨念速疾成)
자신즉득지금강(自身卽得持金剛)'

요약하면, 이것은 금강살타의 덕이 허공에 편만함과 같이 견고하게 그 마음을 따르면 빠른 성취를 이룰 수 있으며, 두루 시방에 화신불(化身佛)을 나투어 금강을 실현하게 된다는 것이다.

이러한 일은 수행자 스스로 금강견고의 마음이 이루어질 때 빠르게 금강의 주체가 될 수 있다는 의미이다.

④ buddha-buddha(불타佛陀 가운데 불타佛陀)

선정에 있는 불상에서 9개의 화신불이 용출하고 있다. 앞의 삼존은 보살형이지만 여기서 부처의 모습은 모든 덕이 갖추어진 불타의 구경열반의 세계를 체득한 것을 나타낸 것이다. 경전은 다음과 같이 설명한다.

'제불영상중소성(諸佛影像衆所成)
이장고곽등공계(離障孤廓等空界)
어일체불등지문(於一切佛等持門)
시중증득제불과(是中証得諸佛果)'

요약하면, 부처의 모습이 시방세계 모든 곳에 나타난 것은 모든 장애와 구속에서 해방되어 청정하고 고요한 공(空)을 탄생시킨 것으로, 그것은 모든 부처님의 선정(禪定)의 힘으로 얻어지는 과(果)이다.

여기에 부처의 형상은 선정(禪定)의 행이 완성되어 대공(大空)을 얻고, 그 곳에서 절대 자유가 획득된 것을 나타낸 것이다.

34. 금강구(金剛鉤)

일체여래삼매구소(一切如來三昧鉤召 Sarva-tathāgata-samākarṣaṇa)의 움직임을 나타낸다.

존상은 머리에 관(冠)을 쓰고, 왼손은 권(拳)으로 하여 허벅지 위에 올려놓고, 오른손은 가슴 앞에서 독고구(獨鈷鉤)를 잡고 코끼리 위의 연꽃 좌대에 앉아 있다. 경전에 의하면 세존 비로차나는 향보살의 금강부(金剛部)의 덕(德)을 완성해가는 공양을 받고 일체 여래의 가르침에 이끌려 구소대사(鉤召大士)의 마음이 되어 그 마음을 생하는 선정(禪定)의 마음을 나타낸 것이라 한다.

코끼리는 아축여래의 탈 것이고, 독고저는 금강 세계로의 구소(鉤召)를 나타내기 때문에 이 존은 금강에 끌려 구제를 멈추지 않는 움직임을 나타낸다. 이하의 소(索), 쇄(鎖), 영(鈴)은 각각 여래의 세계로 인입(引入)되어 계박(繫縛), 증득(證得)함을 나타냄과 동시에 보부(寶部), 법부(法部), 갈마부(羯磨部)의 덕을 완성시킴을 나타낸다.

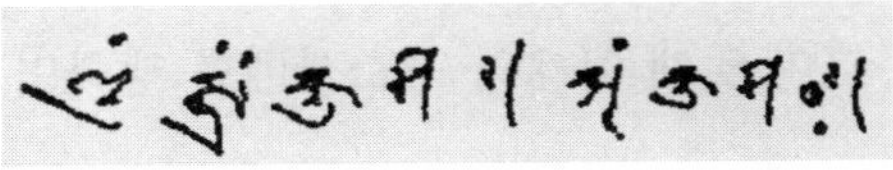

경전에는 다음과 같이 적혀 있다.

「세존 대비로차나여래(大毘盧遮那如來)께서는 다시 일체 여래의 삼매구대사삼매로부터 출생한 살타금강의 삼마지에 드신다[234]. 곧 일체 여래의 인중생(印衆生)[235]을 자심으로부터 내어 이 대명을 송한다.

---

234) 이하는 사섭보살(四攝菩薩)을 밝힌다. 우선 제1 금강구보살(金剛鉤菩薩)을 밝힌다. 금강구보살은 범어로는 Vajrāṅkuśa이고, 금강계 삼십칠존 가운데 한 분으로 금강계 만다라 외곽의 동쪽에 머문다. 대일여래가 대비의 구심(鉤心)으로써 일체 중생을 이익케 하기 위하여 구소삼매(鉤召三昧)에 주하여 이 보살을 유출한 것이다. 따라서 오른손으로 도끼가 붙은 구를 가지고 사람들을 불도(佛道)로 끌어들인다. 밀호는 소집금강(召集金剛), 구인금강(鉤引金剛) 등이다. 이 보살과 같은 삼매에 주하는 것이 태장만다라 금강수원(金剛手院) 삼십삼존의 하나로 금강구녀보살(金剛鉤女菩薩)이 있다. 삼세제불(三世諸佛)을 구소하는 덕을 담당하며 삼고저(三鈷杵)로써 구소의 덕을 표치한다.

235) 『교왕경』에는 일체인중주(一切印衆主)라 되어 있다. 일체인중은 만다라해회(曼荼羅海會)의 차별지인(差別智印)이다. 이 만다라해회의 차별지인을 자재로 소집하는 구인(鉤印)이기 때문에 일체인중의 주(主)라 한다.

oṃ vajrāṅkuśa 옴 봐즈랑꾸샤

옴 금강구여!

※ aṅkuśa 구(鉤)

일체 여래심으로부터 나오자마자 구덕 지금강자는 일체 여래의 구소삼매금강인중(鉤召三昧金剛印衆)을 이루고 출현하고 나서 이 일체 여래의 구소삼매금강인중 가운데에서 일체 세계의 극히 미세한 티끌처럼 많은 여래상을 낸다. 다시 모여서 한 몸이 되어 금강구보살신(金剛鉤菩薩身)을 출생한다. 세존의 금강마니보봉누각 금강문(金剛門)의 월륜 가운데에 이치에 맞게 머무르며 일체 여래의 구소삼매를 행하며 이 게송을 읊는다.

위대하도다. 일체 정각존께서는

평등하게 나를 구소하여 견고하게 하신다.

곧 만다라(曼荼羅)를 집회하게 한다.」

cihna-mudrā(표치인 標幟印)

반 삼고금강저에 갈고리가 있는 것을 나타냈다. 이것은 여래의 움직임이 금강의 세계로 끌려들어 구제시켜 나감을 나타낸다.

◎ karma-mudrā(갈마인 羯磨印)

대지를 세우고 두지를 구부려 갈고리처럼 한 갈마권을 나타낸다.이하의 색(索), 쇄(鎖), 영(鈴)의 인(印)도 이 구의 인을 기본으로 해서 색의 형, 쇄의 형, 인입(引入)의 형으로 관상(觀相)한다.

경전에는 '이두지여구(二頭指如鉤) 차이소지여대구(次二小指如大鉤)'라 되어 있다.

◎ vajrāṅkuśa-mudrā(금강구소인 金剛鉤召印)

금강박을 결하여 대지, 소지, 두지를 세로로 갈고리처럼 한 인을 연꽃좌 위에 나타냈다. 이하 색(索), 쇄(鎖), 영(鈴)도 이 구(鉤)와 동일하게 기본형을 삼고금강저(三鈷金剛杵)의 형태를 근원으로 하여 구, 색, 쇄, 영의 형의 인(印)으로 전개하여 나타낸다.

경전에 구인에 대해서는 '유일두지선미굴(由一頭指先微屈) 부이대지이결박(復二大指而結縛)'이라 되어 있고, 『금강계법』에는 금강박에서 두 두지(頭指)를 떨어지게 세로로 먼저 끝을 구부려 구(鉤)와 같이

한 인(印)이라 되어 있다. 『오부심관』의 인은 삼고금강저를 근원으로 구의 형태를 하는 것이 다르다.

성취법(成就法)

이하는 경전에 설명된 비밀인지(秘密印智, rahasya-mudrā-jñāna)의 인이 표현되어 있다.

① vajra-tala(금강합장 金剛合掌)

연꽃 위에 열 개의 손가락을 교차한 금강합장을 나타낸다. 경전은 다음과 같이 설명한다.

'금강편입발생기(金剛遍入發生己)
이금강합미세지(以金剛合微細指)
일체등섭이제박(一切等攝而齊縛)
산석상능작경애(山石尙能作敬愛)'

요약하면, 금강 가운데로 들어가는 마음을 발하는 것은 금강합을 행하고 열 개의 손가락을 교차한 곳에서 공의 세계로 끌려들어 미묘지(微妙智)가 넘쳐흘러 일체를 수습시켜 여래의 큰산과 같은 부동(不動)의 마음을 생(生)하여 충분히 경애(敬愛)의 지복(至福)이 얻어진다라는 의미이다.

② vajra-bandha-tala(금강박장 金剛縛掌)

연꽃 위에 위로 향한 금강박인을 나타낸다. 경전은 다음과 같이 설명한다.

'금강편입법상응(金剛編入法相應)

금강묘박능최괴(金剛妙縛能摧壞)

피미세지화합시(彼微細智和合時)

산석역능편경진(山石亦能遍警震)'

요약하면, 금강박인(金剛縛印)을 결해 금강견고(金剛堅固)의 세계에 들어가는 것이 가능하면 견고한 마음은 충분히 번뇌(煩惱), 사악(邪

惡)의 마음을 최파(摧破)한다. 그리고 견고한 마음보다도 거기서 생겨나는 미세지(微細智)가 우주의 모든 것을 뒤흔들고 여래의 세계로 인도하여 들어가게 한다는 의미이다.

앞의 ①과 지금의 ②의 인(印)은『오부심관』의 권두(卷頭)의 대일(大日)의 하단과, 다음 아축(阿閦)의 하단에 나와 있는 삼매야인의 모인과 같은 모양으로 나타나고 있다.

지금 여기에 또 인모(印母)를 나타낸 것은 금강계의 유가법(瑜伽法)을 체득했을 때 금강계에 나타낸 본서(本誓 - 本願)의 구극(究極)이 체험된 것을 나타내려 하는 것이다.

③ vajra-bandha-prasārita(금강박金剛縛의 개부開敷)

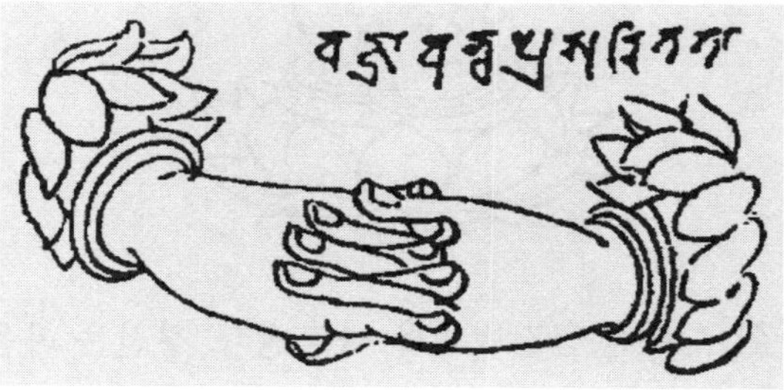

금강박을 결하여, 장을 연 형태를 하고 있다. 경전에는 다음과 같이 나와 있다.

'인이여전편입법(印以如前編入法)

피금강박실전서(彼金剛縛悉展舒)

이복제지사편개(而復諸指使遍開)

찰나능괴어백족(刹那能壞於百族)'

요약하면, 금강편입(金剛編入)의 법—금강박인을 결함—을 이루어 금강박을 펴 넓게 모든 손가락을 교차한 모양을 하면 찰나에 모든 번뇌와 마군중을 항복받는다고 해석된다.

이 인은 오부심관의 책머리에 나와 있는 '3. 보생여래'의 하단에 나와 있는 갈마(羯磨)의 총인(總印)과 같은 것으로 갈마의 움직임은 일체 번뇌를 부수고 금강을 표현한 것이기 때문에 백족최파한다는 것은 일체 번뇌의 극복을 의미한다.

④ vajra-bandha-vinirmuktaṃ(금강박金剛縛의 해탈解脫)

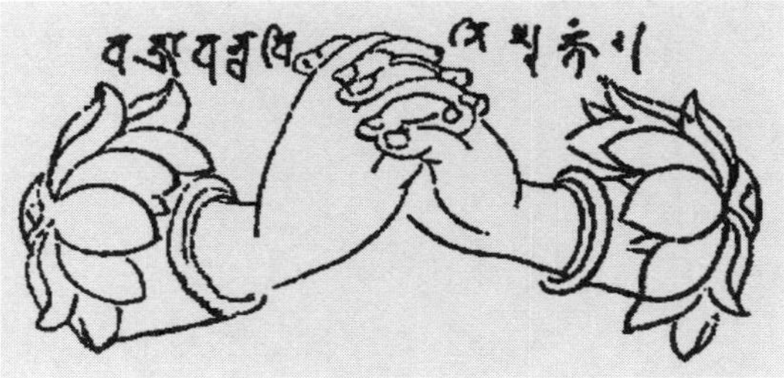

금강박인(金剛縛印)을 결하여 그것을 근원(根源)으로 장(掌)을 약간 펴 해방(解放)의 마음을 표시한다. 경전은 다음과 같이 설명한다.

'미세편입법상응(微細編入法相應)

소유제지개등섭(所有諸指開等攝)

이금강박이작해(以金剛縛而作解)

능탈일체극악고(能奪一切極惡苦)'

요약하면, 금강박을 결하고 미세지(微細智)로 공의 마음을 관상해 모든 손가락을 정인(定印)으로 해서 금강박을 풀어 넓히면 일체의 고뇌(苦惱)는 소제된다는 의미이다.

이상의 비밀인지(秘密印智)를 얻어 관법을 금강합장으로부터 금강박으로, 그리고 금강박을 여는 것으로부터 금강박해탈인으로 전개하여 그 내용을 깊이 관해 가려하는 것이다. 이것에 따라서 경애(敬愛)를 얻고 견고한 마음을 체득하여 일체 번뇌를 극복하고 해탈(解脫)이 얻어지는 것을 나타내려 한 것이다.

①과 ②는 안으로는 경건한 마음으로부터 견실한 보리심을 얻어서 자기를 확립하고, ③과 ④는 밖으로는 보리심을 중생 구제의 행동으로 전개함에 따라 구극(究極)의 해탈이 얻어지는 것을 나타낸 것이다.

35. 금강색(金剛索)

인입(引入, Praveśo)의 움직임을 나타낸다.

존상은 머리에 관을 쓰고 왼손은 권으로 하여 허벅지 위에 올려놓고, 오른손은 뱀으로 된 끈을 쥐고 가슴 앞에 두고 말 위의 연꽃 좌대에 앉아 있다. 경전에 의하면, 세존비로차나는 화(華)보살의 보부(寶部)의 덕을 완성시켜 가는 공양을 받아 일체 여래의 가르침에 끌려들어 대사(大士)의 마음이 되어 그 마음을 생한 선정을 나타낸다. 그리고 그보다도 이것은 일체 여래의 세계로 끌어들이는 금강색(vajra-pāśa)의 활동력이 생겨나는 것을 표현한 것이다.

그것은 수위자(守衛者, pratihāra)가 사람을 지키고 인도하는 것처럼 여래의 세계에 끌어들여 머물게 하며, 행자가 수위자의 마음을 체(体)로 하여 움직일 때 일체 여래의 세계에 끌려 들어간다. 즉 구제가 된다고 설명하고 있다.

말은 보생여래의 탈 것이고, 색(索)은 인입의 움직임을 표현한 것이기 때문에 이 존은 보부(寶部)의 세계에 끌어들여 구제해 가는 것을 나타낸다.

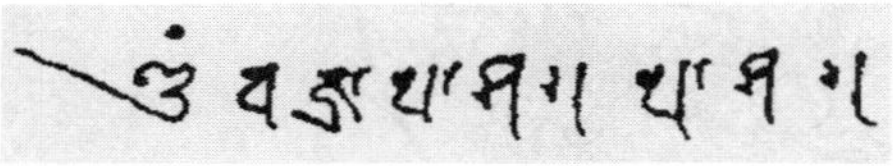

경전에는 다음과 같이 적혀 있다.

「세존께서는 다시 일체 여래의 삼매인입대사삼매로부터 출생한 금강삼마지에 들어간다236). 그리고 인입일체여래인발라제하라237)를 자심으로부터 내어 이 대명을 송한다.

236) 이하는 제2 금강색보살(金剛索菩薩)을 밝힌다. 금강색보살은 범어로 Vajrapāśa이다. 금강계 삼십칠존 가운데 사섭보살의 한 분, 금강나색(金剛羅索)이라고도 한다. 금강계만다라 외곽의 남쪽에 머무는 보살이다. 밀호는 등인금강(等引金剛), 혹은 자인금강(慈引金剛)이다. 대일여래가 대비의 밧줄을 가지고 일체 중생을 이끌어 들이기 위하여 색인삼매(索引三昧)에 주하여 이 보살을 유출한 것이다. 금강색은 견색(羂索), 즉 밧줄을 가지고 사람들을 묶어 불도에 마음을 향하도록 함을 상징한다. 또한 이 보살은 사섭법 가운데 애어법(愛語法)에 상당한다.

237) 『교왕경』에는 일체 여래의 인입승지(引入承旨)라 한다. 인입은 범어로는 Pratīhāra이다.

oṃ vajra-pāśa 옴 봐즈라 빠샤
옴 금강색이여
※ pāśa 색(索)

일체 여래심으로부터 나오자마자 구덕 지금강자는 일체여래인입삼매대인중(一切如來引入三昧大印衆)을 이루고 출현시키고 나서 이 일체여래인입삼매대인중 가운데에서 일체 세계의 극히 미세한 티끌처럼 많은 여래상을 내고 다시 모여서 한 몸이 되어 금강색보살신(金剛索菩薩身)을 출생한다. 세존 금강마니보봉누각의 보문의 월륜 가운데에 이치에 맞게 머무르며 곧 일체 여래를 인입(引入)하고 이 게송을 읊는다.

위대하도다. 일체 정각존이여,
나는 금강색(金剛索)으로 아주 견고하다.
설령 일체의 극미 가운데에 들어가도
역시 다시 이 삼매를 인입한다.」

◎ cihna-mudrā(표치인 標幟印)

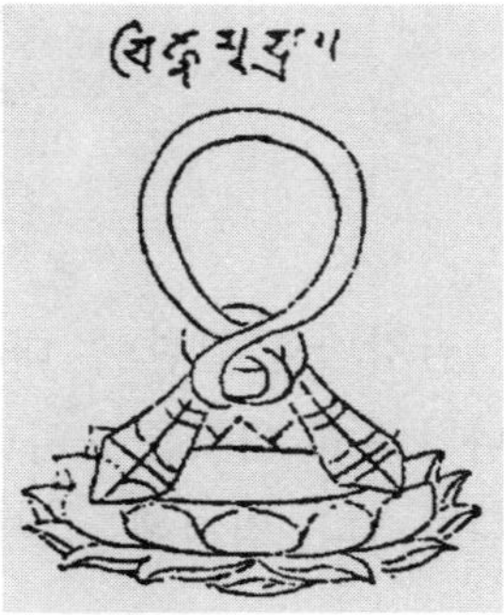

양 끝에 독고저가 붙은 밧줄(索)이 연꽃 위에 있다. 독고는 정진 노력의 움직임을 나타내고, 밧줄(索)은 구제인입(救濟引入)을 나타낸다.

● karma-mudrā(갈마인 羯磨印)

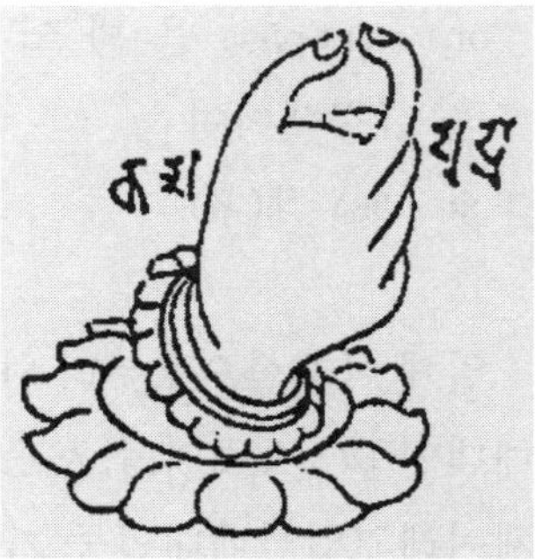

갈마권을 근원으로 하여 두지, 대지를 비틀어서 색의 형태를 하고 있다. 경전에는 '후부여색(後復如索)'이라 되어 있고, 이것은 구(鉤)의 인을 결한 후 두 손의 두지, 소지를 잡고 색(索)의 형상을 나타낸 것이다. 경전은 『오부심관』과 다르게 기술하고 있다.

● vajra-pāśa-mahā-mudrā(금강색대인 金剛索大印)

금강박을 결한 후 대지, 두지, 소지를 세로로 세워 삼고금강저인을 나타내고, 대지를 교차하고 두지를 색과 같이 한 금강색저를 그림으로 나타냈다. 경전에는 '부이대지이결박(復二大指而結縛)'이라 되어 있

고, 『금강계법』에는 '두 대지를 세로로 한 금강박인을 결한다'고 되어 있다. 『오부심관』은 삼고금강저인을 기본으로 한다.

◉ 성취법(成就法)

경에 나타난 비밀성취법(guhya-sādhana)의 진언과 그 내용을 나타낸 존상이 그려져 있다. 경전에는 다음과 같이 기록되어 있다.

'약남자약여인(若男子若女人)
위응편입어파의중(謂應編入於婆儗中)
피편입이(彼編入已)
상피제신보편전서(想彼諸身普遍展舒)'
'bhagena praviśet kāyaṃ
striyāyāḥ puruṣasya vā
praviṣṭvā manasā sarvaṃ
tasya kāyaṃ samaṃ sphared iti'

범한역(梵漢譯)이 함께 난해한 문장으로 되어 있기 때문에 문의를 파악하기 어렵지만 『불공역(不空譯)』을 참조하면 '신체를 녹여 사랑의 근본 마음으로 들어간다면, 여인과 남자가 깊은 사유의 여신(女神) 가운데로 끌어 들여져 몸과 마음이 시방에 함께 편만해져 해탈을 이룰 수 있다'고 해석되어진다.

이것은 여래의 마음 가운데로 들어간다면 모든 것이 공(空)의 무한(無限)의 세계에 영입되어진다는 것을 나타낸 것이다.

① vajra-vaśa(금강수순 金剛隨順)

선정에 든 남녀 두 존의 모양을 나타낸다.

② vajra-viśa(bisi)(금강연근 金剛蓮根)

선정에 든 존의 몸으로 합장을 한 존이 들어가는 모습을 나타낸다.

③ vajra-hana(금강쾌락 金剛快樂)

왼손은 가슴 앞에 두고 오른손은 높이 들어 세워 기쁨을 나타내는 존과, 선정의 모습으로 앉아 있는 존을 나타낸다.

④ vajra-hara(금강획득 金剛獲得)

한 존은 두 손을 앞으로 펴서 기쁨의 상을 나타내고, 한 존은 두 손을 배꼽 아래에 두고 만족의 상을 나타낸다.

36. 금강쇄(金剛鎖)

묘박(妙縛, Bandho)의 움직임을 나타낸다.

존상은 머리에 관을 쓰고 왼손은 권으로 하여 허벅지 위에 올려놓고 오른손은 가슴 앞에 연쇄(連鎖)를 쥐고 공작 위의 연꽃 좌대에 앉아 있다. 경전에 의하면, 세존비로차나는 등보살의 보부의 덕을 완성해 가는 공양을 받고 일체 여래의 가르침에 견고하게 묶여 쇄대사(鎖大士)의 마음이 되었다고 설명되어져 있다. 이것은 쇄대사의 마음을 탄생시킨 선정(禪定)을 나타낸다.

더욱이 이 마음은 일체 여래의 세계에 묶어 머물게 하는 금강쇄(金

剛鎖)의 움직임을 생(生)하게 한다. 흡사하게도 사자(使者 dūta)가 주인에게 충실하도록 사자의 마음을 체(体)로 하여 일체 여래의 마음에서 멀어지는 일이 없도록 한다. 공작은 무량광여래의 탈 것이고, 쇄는 계박을 의미한다. 따라서 이 금강쇄는 행자를 법부의 세계로 끌어들여 그 세계에 머물게 하는 움직임을 나타낸다.

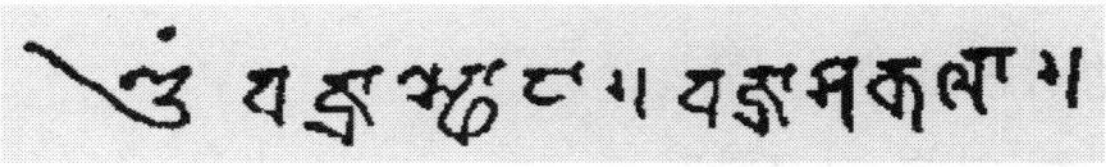

경전에는 다음과 같이 적혀 있다.

「세존께서는 다시 일체 여래의 삼매쇄대사삼매로부터 출생한 금강삼마지에 들어가[238], 곧 일체여래삼매인 일체 여래의 박눌다[239]를 자심으로부터 내어 이 대명을 송한다.

oṃ vajra-sphoṭa 옴 봐즈라 스포따

옴 금강쇄여!

※ vajra-śṛṇkhala 금강쇄(金剛鎖)

---

238) 이하는 제3 금강쇄보살(金剛鎖菩薩)을 밝힌다. 금강쇄보살은 범어로 Vajrasphoṭa이다. 금강계 삼십칠존 가운데 사섭보살의 한 분. 금강계만다라 외곽의 서방에 머무는 보살로 밀호는 견지금강(堅持金剛), 묘주금강(妙住金剛)이다. 대일여래가 일체 중생을 이익케 하기 위하여 쇄박삼매(鏁縛三昧)에 주하여 이 보살을 유출하여 중생의 보리심을 붙잡아 매어둔다. 따라서 금강쇄는 자물쇠를 가지고 사람들을 불도에 매어둠을 상징한다. 또한 이 보살은 태장만다라 금강수원(金剛手院) 가운데 주한다. 또 이 보살은 사섭법 가운데 이행(利行)의 덕에 상당한다.

239) 『교왕경』에는 '사(使)'라고 되어 있다.

일체 여래심으로부터 나오자마자 구덕 지금강자는 일체 여래의 삼매박대인중(三昧縛大印衆)을 이루고 출현하고 나서 일체 여래의 삼매박대인중 가운데에서 일체 세계의 극히 미세한 티끌처럼 많은 여래상을 내고 다시 모여서 한 몸이 되어 금강쇄보살신(金剛鎖菩薩身)을 출생하고 세존 금강마니보봉누각 법문(法門)[240]의 월륜 가운데에 이치에 맞게 머무르며 일체 여래께 묘박상(妙縛相)을 지으며 이 게송을 읊는다.

위대하도다. 일체 정각존이여,
나는 금강쇄(金剛鎖)로 아주 견고하다.
일체 해탈자를 얽어맴으로 해서
중생을 이익되게 하고 다시 돌아와 얽어맨다.」

● cihna-mudrā(표치인 標幟印)

삼고금강저의 밑단을 양 손으로 잡고 있다. 이것은 금강의 예지가 충분히 중생의 마음을 여래의 마음에 묶어 머물도록 한 것을 나타낸 것이다.

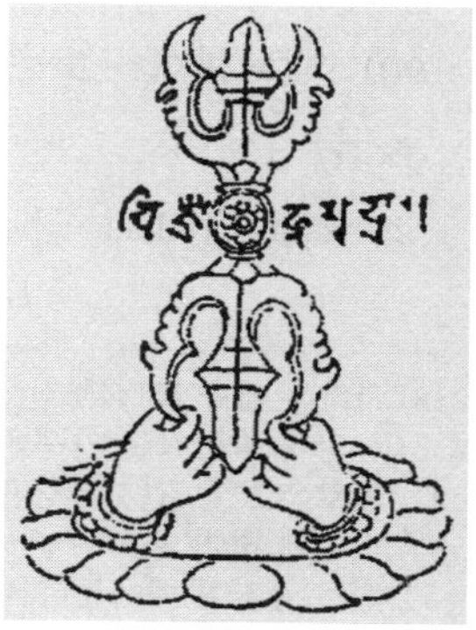

240) 만다라의 서쪽 문이다.

◎ karma-mudrā(갈마인 羯磨印)

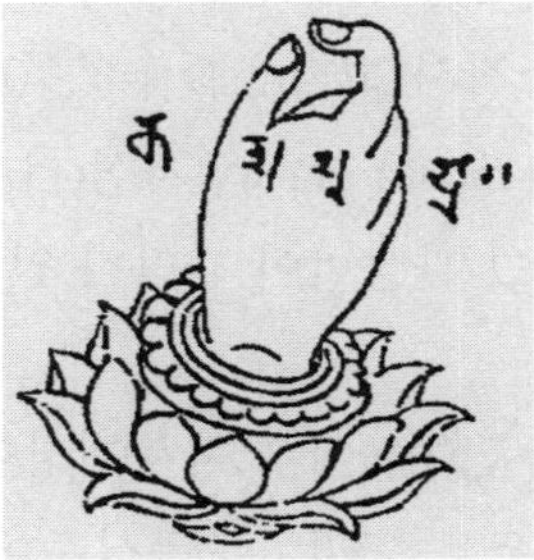

오른손을 갈마권으로 하여 대지와 두지를 세우고 두지를 쇄의 형태로 하여 계박(繫縛)의 움직임을 관상(觀想)한다.

◎ vajra-sphoṭa-mahā-mudrā(금강쇄대인 金剛鎖大印)

금강박인을 결하고 대지, 두지, 소지를 세운 삼고저인(三鈷杵印)에서 구인(鉤印), 색인(索印)의 형태로 바꾸어 모든 것을 결박한 쇄정(鎖錠)의 형태로 하여 금강계박(金剛繫縛)의 움직임을 관상(觀想)한다. 경전에는 '대지두지이여쇄(大指頭指二如鎖)'로 되어 있고, 『금강계법』에는 대지와 두지를 륜(輪)과 같이 결인(結印)하여 쇄(鎖)의 형태로 관상한다고 되어 있다.

성취법(成就法)

경의 제7권, 금강지법만다라(金剛智法曼茶羅)의 장(章)에 기술되어진 것에 따르면 자심소작사업(自心所作事業)의 대인지법(大印智法)[svacitta-parikarma-mahā-mudrā-jñāna ; 자심(自心)을 조정(調整)한 대인지(大印智)]의 진언과 그 관상법이 나타나 있다. 경전에는 다음과 같이 되어 있다.

'종설급악점출기(從舌及齶漸出已) 차부계상어비단(次復繫想於鼻端)
미묘금강락촉생(微妙金剛樂觸生) 즉득심주어등인(卽得心住於等引)
미묘금강락촉중(微妙金剛樂觸中) 종시출생수승상(從是出生殊勝相)
시응광대서편고(是應廣大舒遍故) 심역광대편일체(心亦廣大遍一切)
수심소락이서편(隨心所樂而舒遍) 광대즉편어삼계(廣大卽遍於三界)
부차점략응시부(復次漸略應施復) 급지비단이섭입(及至鼻端而攝入)
종시이후제소유(從是已後諸所有) 상응관상묘등인(常應觀想妙等引)
견고소작편일체(堅固所作遍一切) 삼마지지즉안립(三磨地智卽安立)'

① oṃ sūkṣma-vajra(미세금강 微細金剛)

극미의 금강으로 된 공(空)을 일컫는다. 결가부좌한 승(僧)이 전신에 가사를 걸치고 안면만을 드러내고 있는 그림이다. 그 앞에는 월륜이 그려져 있다.

경전에 의하면, '금강미묘법만다라(金剛微妙法曼茶羅 vajra-sūkṣma-dharama-maṇḍala ; 스스로 진언0을 외워 깨달음을 체득하는 일)의 구소(鉤召)의 움직임'을 나타낸다고 되어 있다. 결국 진언을 염하는 소리가 혀와 턱과 코를 통하여 밖으로 나올 때, 미묘금강(微妙金剛 sūkṣma-vajra ; 스스로 깨달음을 촉구한 깊은 지혜)이 생성되어 적정(寂靜)한 세계가 이루어지는 것이 가능하다.

② oṃ sphara-vajra(편만금강 遍滿金剛)

①의 그림과 동일한 그림을 나타낸다. 경전에는 미묘금강이 행자의 마음 가운데 있을 때 이보다 우수한 모든 덕(德)이 생성되어간다. 이 모든 덕이 확대되어 간다면 행자의 마음 또한 광대한 공의 마음으로 크게 넓혀져 간다고 설명한다.

③ oṃ saṃhara-vajra(수집금강 收集金剛)

월륜 가운데 연꽃 좌대가 있고 그 위에 한 분의 여래가 있다. 경전에는 '마음을 단정히 하여 금강의 기쁨을 넓혀 그것을 삼계(三界)로 밀어

넣고 확장해 다시 그 금강의 마음을 수렴하고 나서 자신이 금강의 주체라고 코끝에 관상한다'고 설명한다.

④ oṃ tiṣṭha-vajra(옴 태어남이여 금강이여!)

스님 앞의 월륜 속에 금강저가 있다. 위에서 기술한 진언문을 근원으로 경전의 취지를 밝힌다면 다음과 같다. 일체가 금강의 세계라고 관상한다면, 모든 것을 본래의 진실된 모습으로 보는 것이 가능하다. 여기에서 진실을 보는 눈이 열려 주체성이 확립되어 견실한 행이 이루어짐을 나타낸 것이다.

37. 금강령(金剛鈴)

일체여래경애(一切如來敬愛 Vasī-karaṇaṃ)의 움직임을 나타낸다.

존상은 머리에 관을 쓰고 왼손은 권으로 하여 허벅지 위에 올려놓고 오른손은 가슴 앞에서 령을 집지하여 가루라좌 위의 연꽃에 앉아 있다. 경에 의하면 세존 비로차나여래는 도향보살의 갈마부 덕을 완성시켜 나가는 공양을 받아 일체 여래의 가르침에 끌려들어 편입대사(編入大士)의 마음이 되어 그 마음을 생하고 선정의 마음을 나타낸 것이다. 편입대사의 마음이 일체를 끌어들인 금강령(vajr-ghaṇṭā)의 움직임이 나타난다. 그것은 ceṭa(愛의 使者)가 마음 깊은 곳까지 스며드는 것처럼 일체 여래의 인에 끌어들이는 것이다. 행자가 만약 이 ceṭa의 마음을 체득한다면 여래의 마음 깊이 들어가게 되고, 일체 여래에게 구제되어 일체의 지배자가 된다고 설명한다.

가루라는 불공성취의 탈 것이고 령(鈴)은 묘한 소리를 가지고 마음 깊은 곳에 스며드는 움직임이기 때문에 갈마부(羯磨部)의 세계로 끌리어 감을 나타낸다. 이상 기술한 구, 색, 령은 각각 구소, 인입, 결박, 구제를 나타내고, 그것은 또 금강부, 보부, 갈마부의 세계로 끌어들이는 여래의 교화인 것이다.

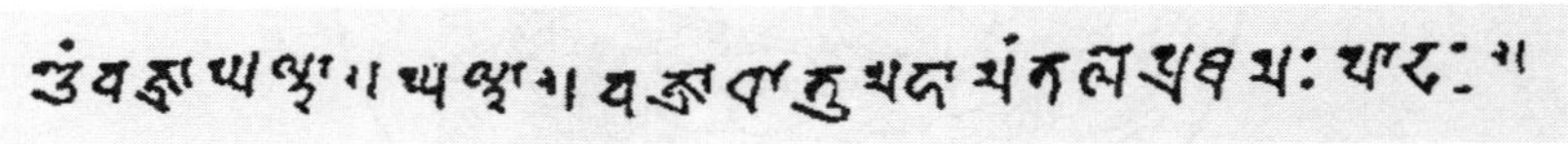

경전에는 다음과 같이 적혀 있다.

「세존께서는 다시 일체 여래의 편입대사삼매로부터 출생한 금강삼마지에 들어가니[241] 곧 일체 여래의 일체인제타[242]를 자심으로부터 내어 이 대명을 송한다.

241) 이하는 제4 금강령보살(金剛鈴菩薩)을 밝힌다. 금강령보살은 범어로 Vajrāveśa이며, 금강계 삼십칠존 가운데 사섭보살의 한 분으로 금강계만다라 외곽의 북쪽에 있다. 밀호는 해탈금강(解脫金剛), 환희금강(歡喜金剛)이다. 대일여래가 유정을 경각시키고 불도에 귀명하여 들어오도록 하게 하기 위하여 금강령의 삼마지에 주하여 이 보살을 유출하고, 일체 중생에게 환희를 베푼다. 따라서 금강령은 령을 가지고 매어둔 사람들의 마음을 불러일으켜 깨달음의 세계로 향하도록 함을 상징한다. 이 보살은 사섭법에서 동사(同事)의 덕에 상당한다. 본문에서 편입(編入)이라 한 것은 금강령을 흔들어 나오는 묘한 소리가 두루 일체의 몸과 마음에 들어가는 까닭에 편입대보살(編入大菩薩)이라 한다.

242) 『교왕경』에는 일체인동복(一切印僮僕)이라 되어 있다.

oṃ vajra-ghaṇṭā[243] 옴 봐즈라 간따
옴! 금강령이여!
※ ghaṇṭā 령(鈴)
※ vajra-dhātu-mahā-maṇḍale-prathamaḥ pādaḥ
제일의 금강계대만다라(金剛界大曼荼羅)]사(四)의 일(一)

일체 여래심으로부터 나오자마자 구덕 지금강자는 일체 여래의 보편경각인중(普遍警覺印衆)을 이루고 출현시키고 나서 일체 여래의 보편경각인중 가운데에서 일체 세계에 극히 미세한 티끌처럼 많은 여래상을 낸다. 다시 모여서 한 몸이 되어 금강령보살신(金剛鈴菩薩身)을 출생한다. 세존 금강마니보봉누각의 갈마문(羯磨門)의 월륜 가운데에 이치에 맞게 머무르며 일체 여래를 두루 경각케 하고 이 게송을 읊는다.

위대하도다. 일체 정각존이여,
금강령(金剛鈴)인 나는 견고하다.
일체를 주재함으로 말미암아
역시 또 저 모든 복사(僕使)를 행한다.

이 명칭은 일체 여래의 삼매의 구소(鉤召)[244]와 일체 여래의 인입과 일체 여래의 묘박(妙縛)과 일체 여래의 경애(敬愛)이다. 이와 같은 것들이 일체 여래의 가르침에 의지한 것이다.」

243) 『진실섭경』에는 vajrā veśa로 되어 있다.
244) 구소 등의 네 구절은 대일여래가 타인을 교화하기 위하여 시현하는 금강구, 금강색, 금강쇄, 금강령 등의 사섭지보살(四攝智菩薩)에 해당된다. 이것은 여래의 교령(教令)에 이와 같은 네 종류가 있음을 나타낸 것이다.

◎ cihna-mudrā(표치인 標幟印)

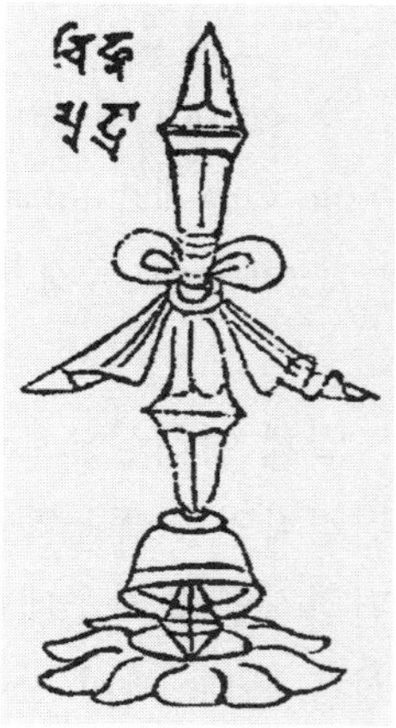

독고저(獨鈷杵)의 아래 단에 령(鈴)이 있다. 령의 묘한 소리가 마음 깊숙이 스며드는 것을 비유해 여래의 교설이 널리 뚜렷이 퍼져감을 나타내고 있다. 독고저는 오직 정진하는 것을 나타내기 때문에 여래의 움직임이 오직 중생 구제에 있다는 것을 나타내려 한 것이다. 보통 위의 표치인을 받은 행자도 모두 여래의 대비(大悲)에 따라 금강계에 끌어들여지는 것을 나타낸 것이다.

◎ karma-mudrā(갈마인 羯磨印)

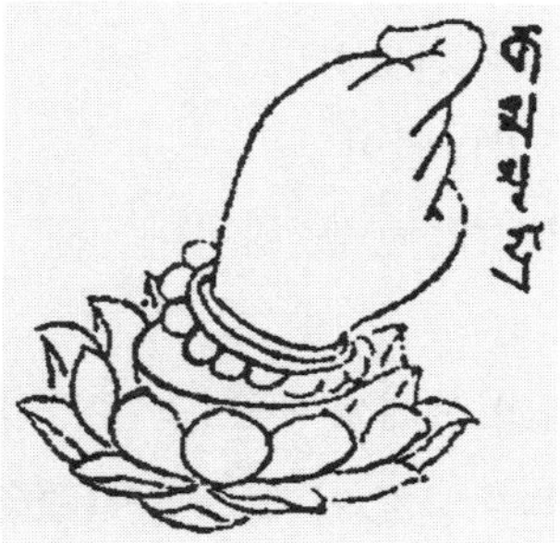

연꽃 위의 금강권으로, 두지(頭指)를 구부려 끌어들인 형을 하고 있다. 이것은 앞의 구, 색, 쇄의 갈마인과 관련해서 보아야 할 것으로 이 령보살의 움직임이 특히 여래의 세계 안으로 사람들을 끌어들이는

것을 나타내는 것이다.

● vajra-ghaṇṭā-mahā-mudrā(금강령대인 金剛鈴大印)

양 손을 금강박하여 대지, 두지, 소지를 세워서 삼고금강저의 형으로 하고 다음에 대지와 두지를 구부려 박(縛)의 안으로 넣은 형태를 하고 있다. 이것은 박(縛)으로 나타낸 금강 같이 견실한 보리심을 여래의 마음 깊숙이 인도하는 것을 나타내는 것이다.

경전에 의하면, '금강승권합(金剛勝拳合)'이라 되어 있고, 『금강계법』에는 이수외박(二手外縛 - 금강박)을 해서 두 대지를 박의 가운데에 넣고 령을 흔드는 것처럼 박을 흔드는 것이다. 『오부심관』의 인(印)은 앞의 구, 색, 쇄, 령으로 전개하는 형태에 주목한다면 이 인(印)의 특색이 충분히 해석되어진다. 이 인은 삼고금강저를 기본으로 하는 금강령저를 표시하고 있는 것이다.

성취법(成就法)

위에서 설명되어진 그림 이외에 네 보살이 그려져 있는데 이들 보살은 각각 금강저, 금강보, 금강연, 금강갈마를 쥐고 있다.

이 네 보살에는 진언문이 기입되어 있지 않기 때문에 경전 어느 부분의 기술인지는 확실하지 않다. 그러나 들고 있는 물건을 보면, 그것은 금강부, 보부, 법부, 갈마부를 표시한 기물이기 때문에 이 네 보살을 가지고 행자가 금강계만다라로 들어가고, 사부(四部)의 덕이 몸에 갖추어지는 것을 나타내고 금강계 삼십칠존의 최후에 나오는 금강령보살의 덕을 장엄하는 것에 어울리는 배치라고 보는 것이 가능하다. 이 네 존의 밑에는 실담문자(悉曇文字)가 기록되어 있지만『약역』과 대조해도 해독이 어렵다. 우선 다음과 같이 기입한 것은 아닐까 하고 생각되어진다.

'prathale khyānumārā mahā-satva-mudrā-sādhana', 즉 금강계를 출현시켜 그 덕(德)을 나타내어 가는 대사(大士)의 인(印)을 성취한다는 의미로 생각해 볼 수 있다.

38. 비로차나(毘盧遮那)

— 행자(行者)의 체험

존상은 결가부좌를 해서 연꽃 좌대에 앉아, 머리에 오불을 그려 넣어야 하는 관(冠)을 쓰고, 지권인(智拳印)을 결하고 있다. 그리고 전신에는 화염이 활활 타오르고 있다.

경전에는 본 그림의 직접적인 기술은 없고 다만 '육종만다라약역(六種曼茶羅略譯)'에는 이 비로차나를 제2장의 금강계비밀다라니만다라(金剛界秘密多羅尼曼茶羅)에 넣고 있다. 대정장경도상부(大正藏經圖像部)의 『오부심관』도 이와 같이 되어 있다.

그러나 『삼십권본』을 정독하면 이 존은 제1장의 끝에 행자가 관정을 받아 금강계를 증득한 것을 나타낸 것이라 볼 수 있고, 필자는 행자의 '아즉대일(我卽大日)'의 깊은 체험을 표현한 것이라 본다.

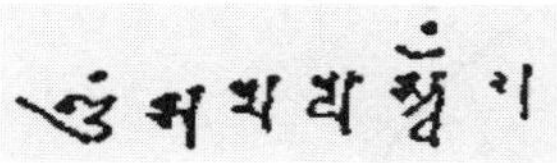

경전에는 다음과 같이 적혀 있다.

「세존 대비로차나여래(大毘盧遮那如來)께서는 가지력으로써 탄지상을 만들고 널리 일체 여래를 소집하고 이 소집가지의 심진언을 송한다.

oṃ samayas 'tvaṃ[245)] 옴 삼마야 뜨봠
세존과 동등하게 된다

이 나바, 찰나, 모호율다 사이에 곧 일체 여래께서는 서로 경각하고 나서 두루 일체 세계의 구름 바다에서 일체 세계의 극히 미세한 티끌처럼 많은 모든 여래 및 보살대중 모두가 이 대만다라금강마니보봉누각에 오고, 세존 대비로차나여래(大毘盧遮那如來)께서 계신 곳에 모여서 이 보례대명을 송한다.

---

245)『진실섭경』에는 vajra-samāya로 되어 있다.

oṃ sarva-tathagata-pada-vandanāṃ karomi

이와 같은 자성성취(自性成就)의 진언을 마음 내키는 대로 송하고 두루 일체 여래의 발에 예를 올리고 나서 이 게송을 읊는다.

위대하도다. 제불대보현이여,
이 모든 보살의 경의(敬議)[246]는
일체 여래의 대만다라(大輪壇)로써
일체 여래상을 나타낸다.

이와 같이 송하고 나자 바로 이때 시방세계에서 와서 집회한 일체 여래 및 모든 보살은 저 일체 여래의 가지력(加持力)으로써 세존 비로차나여래심에 섞여 들어간다.

다시 일체 여래심으로부터 각각 스스로의 보살중회(菩薩衆會)를 내고 세존 금강마니보봉누각을 빙 둘러싸며 함께 삼마지 가운데에 머무르며 이 게송을 읊는다.

위대하도다. 일체 정각존이여,
광대하며, 무시로부터 본래 생하도다[247].
이 일체 티끌처럼 많은 수가
함께 청정한 일불성을 증득한다.

---

246) 범어로 Vajra-samāja이다. 금강집회(金剛集會).
247) 본불생(本不生)의 뜻이다.

이때에[248] 시방 일체 세계에서 와서 집회한 일체 여래께서는 모두 다 함께 이 금강계만다라 가운데에서 가지력으로써 널리 다하여 남김 없도록 모든 유정계를 구호하고 모두 이익과 안락을 획득케 하신다. 그리고 일체 여래의 평등지와 신통과 가장 뛰어난 실지와 뛰어난 과등을 얻게 하신다. 이때에 모든 여래께서는 함께 공동으로 구덕일체여래증상주재자금강살타무시무종대지금강자(具德一切如來增上主宰自金剛薩埵無始無終大智金剛者)를 권청하고, 이 일백팔 명의 권청으로 찬탄하며 게송을 읊는다.

금강용맹(金剛勇猛)의 대정사(大正士)[249]와
금강의 모든 여래(如來)와
보현성(普賢性)과 금강초(金剛初)인
성스러운 금강수(金剛手)께 저는 정례합니다.

저 금강왕(金剛王)[250]의 묘승각과
금강구(金剛鉤)와 모든 여래와
금강최상(金剛最上)의 불공광인
금강구소(金剛鉤召)께 저는 정례합니다.

금강경애(金剛敬愛)[251]의 대묘락(大妙樂)과
금강전(金剛箭)의 선조복(善調伏)과

---

248) 이하에서는 백팔명찬(百八名贊)을 밝힌다.
249) 이하 살(薩), 왕(王), 애(愛), 희(喜)의 동방의 사친근을 밝힌다. 먼저 금강살타이다.
250) 금강왕보살을 가리킨다.
251) 금강애보살을 가리킨다.

마욕(魔欲)의 최승대금강(最勝大金剛)인
저 금강궁(金剛弓)께 저는 정례합니다.

금강선재(金剛善哉)[252]의 묘생승(妙生勝)과
금강극희(金剛極喜)의 대락(大樂)과
최상금강(最上金剛)의 환희왕(歡喜王)인
저 금강희(金剛喜)께 저는 정례합니다.

금강묘보(金剛妙寶)[253]의 견고리(堅固利)와
금강허공(金剛虛空)의 대마니(大摩尼)와
금강풍성(金剛豐盛)의 허공장(虛空藏)인
저 금강장(金剛藏)께 저는 정례합니다.

금강묘광(金剛妙光)의 대치염(大熾焰)과
금강성일(金剛聖日)의 불광(佛光)과
금강원광(金剛圓光)의 대조명(大照明)인
대금강광(大金剛光)께 저는 정례합니다.

금강보당(金剛寶幢)[254]의 선리생(善利生)과
금강표찰(金剛表刹)의 묘환희(妙歡喜)와
묘보당상(妙寶幢相)의 금강(金剛)인

---

252) 금강희보살을 가리킨다.
253) 이하 보(寶), 광(光), 당(幢), 소(笑)의 남방의 사친근을 밝힌다. 먼저 금강보보살이다.
254) 금강당보살을 가리킨다.

저 금강찰(金剛刹)께 저는 정례합니다.

금강희소(金剛喜笑)[255]의 대적열(大適悅)과
금강소(金剛笑)의 대희유(大希有)와
대희대락(大喜大樂)의 금강초(金剛初)인
금강묘열(金剛妙悅)께 저는 정례합니다.

금강묘법(金剛妙法)[256]의 진실리(眞實理)와
금강련화(金剛蓮華)의 묘청정(妙淸淨)과
관조자재(觀照自在)의 금강안(金剛眼)인
저 금강안께 저는 정례합니다.

금강리(金剛利)[257]의 대승법(大乘法)과
금강검(金剛劍)의 대기장(大器仗)과
금강의 심심(甚深)한 묘길상(妙吉祥)인
저 금강혜(金剛慧)께 저는 정례합니다.

금강인(金剛因)[258] 곧 금강장(金剛場)과
금강묘륜(金剛妙輪)의 대이취(大理趣)와
여교선전(如敎善轉)의 금강기(金剛起)인

---

255) 금강소보살을 가리킨다.
256) 이하 법(法), 리(利), 인(因), 어(語)의 서방의 사친근을 밝힌다. 먼저 금강법보살을 밝힌다.
257) 금강리보살을 가리킨다.
258) 금강인보살을 가리킨다.

저 금강장(金剛場)께 저는 정례합니다.

최상의 묘한 진언인 금강어(金剛語)와
금강지송(金剛持誦)의 선성취(善成就)와
무언금강(無言金剛)의 뛰어난 실지(悉地)인
저 금강어(金剛語)께 저는 정례합니다.

금강사업(金剛事業)[259]의 묘교령(妙教令)과
금강업(金剛業)과 같이 잘 두루 행함과
금강불공(金剛不空)의 극히 광대함인
금강교업(金剛巧業)께 저는 정례합니다.

금강수호(金剛守護)[260]의 대정진(大精進)과
금강갑주(金剛甲胄)의 대견고(大堅固)와
극난적(極難敵)을 최승근용(最勝勤勇)하시는
금강정진(金剛精進)께 저는 정례합니다.

금강약차(金剛藥叉)[261]의 대방편(大方便)과
금강리아(金剛利牙)의 대공포(大恐怖)와
최복마력(摧伏魔力)의 승금강(勝金剛)인
금강포노(金剛暴怒)께 저는 정례합니다.

---

259) 이하 업(業), 호(護), 아(牙), 권(拳)의 북방의 사친근 보살을 밝힌다. 먼저 금강업보살이다.
260) 금강호보살을 가리킨다.
261) 금강아보살을 가리킨다.

묘금강권(妙金剛拳)[262]의 대위력(大威力)과
금강권(金剛拳)의 선해탈(禪解脫)과
금강견고(金剛堅固)한 승삼매(勝三昧)인
저 금강권(金剛拳)께 저는 정례합니다.

이와 같은[263] 백팔 적정명(寂靜名)을
만약 언제나 능히 수지하는 자가 있으면
그는 금강관정(金剛灌頂) 등에서
일체의 소작(所作)을 잘 성취하리라.

이와 같은 최상의 비밀명(秘密明)으로
대지금강(大持金剛)[264]을 찬탄하고
만약 언제나 펼쳐 노래하는 자는
금강수(金剛手)와 다름없게 되리라.

내가 칭찬하는 바 이와 같은 등의
지금강자(持金剛者)는 백팔 명의
대승현증삼매(大乘現證三昧)문인
곧 이 묘한 이취를 널리 펼쳐라.

제가 권청하오니, 여러분 성스러운 대중께서는

262) 금강권보살을 가리킨다.
263) 이하의 게송에서 백팔명찬을 지니는 공덕을 서술한다. 비밀의 법을 널리 전하는 대만다라를 설해 주시기를 청한다.
264) 대일여래를 말한다.

원컨대 최상의 자의궤(自儀軌)이며,
이른바 일체 부처의 대지륜(大智輪)인
가장 뛰어난 금강만다라(金剛曼茶羅)를 설하소서.」

cihna-mudrā(표치인 標幟印)

연꽃 위 삼중으로 된 보주 위에 화염이 타오르는 것을 나타낸다. 이것은 비로차나의 지화(智火)에 따라 일체 번뇌가 소멸되어져 본래의 청정한 마음이 나타나게 되는 것을 표현하고 있다. 그리고 이 마음에서 견고한 금강의 지혜가 생겨나는 것을 나타내려 하고 있는 것이다.

bodhāgrī(각승 覺勝)

화염에 둘러싸인 각승인(智拳印)을 나타낸다.

karma-mudrā(갈마인 羯磨印)

오른손의 갈마권(羯磨拳)을 나타낸다. 이것은 견실한 보리심에서부터 여러 가지 행동이 솟아나오는 것을 나타내려 하고 있다.

제2장 금강계 비밀만다라金剛界 秘密曼荼羅

39. 금강계자재(金剛界自在, Vajra-dhātvīśvarī)

존상은 오불의 관을 쓰고 가슴 앞에 합장하고 반가부좌하여 약간 좌측을 향해 연꽃 위에 앉아 있다.

본 장에 표현되어진 존은 모두 이러한 형태를 취하고 각각의 표치인을 받들고 있다. 이들의 표치인은 대개 앞 장의 금강계만다라의 것과 동일하다.

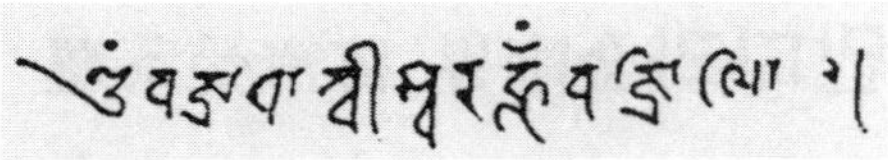

경전에는 다음과 같이 적혀 있다.

「세존 대비로차나여래(大毘盧遮那如來)께서는 일체 여래의 금강총지삼매(金剛摠持三昧)로부터 출생한 금강가지(金剛加持)라는 삼마지(三摩地)에 드신다[265]. 이 삼마지중에서 일체 여래심으로부터 구덕(具德) 금강수(金剛手)인 대집금강자는 묘한 색상과 보편치성장(普遍熾盛藏)의 금강총지삼매인(金剛摠持三昧印)을 이루고 온갖 현성의 대중으로 되어 출현하시고 나서 온갖 세계의 모든 불여래의 금강총지지(金剛摠持智)를 모두 성취하신다.

이에 일체여래지인(一切如來智印)의 영상을 나타내시며 일체 여래의 금강계대만다라의 법용(法用)을 안립하신다. 깨끗한 월륜 가운데에 의지하여 머무시며 이 게송을 읊으신다.

크도다. 위없는 보리심이여,
모든 중생을 환희하게 하며
두려움 없고 잘 따르게 하기 위해
명비상(明妃相)[266]을 만들어 보이시네.

이때에 세존 대비로차나여래(大毘盧遮那如來)께서는 다시 일체 여래의 지인삼매금강계가지(智印三昧金剛界加持)의 삼마지에 들어가

---

265) 여기서부터 최승만다라왕(最勝曼荼羅王)의 삼매를 밝힌다.

266) 탐욕 등을 행하는 모든 유정에 수순하기 위하여 용맹자, 즉 보현 등의 모든 보살은 명비(부인)의 모습을 나타낸다.

셔서 이 가장 높은 자심명(自心明)을 송하신다.

Oṃ vajra-dhātvīśvarī hūṃ vajriṇi 옴 봐즈라 다뜨뷔스봐리 훔 봐즈리니
옴 금강계 자재여존(自在女尊)이여!
※ vajriṇi 금강여존」

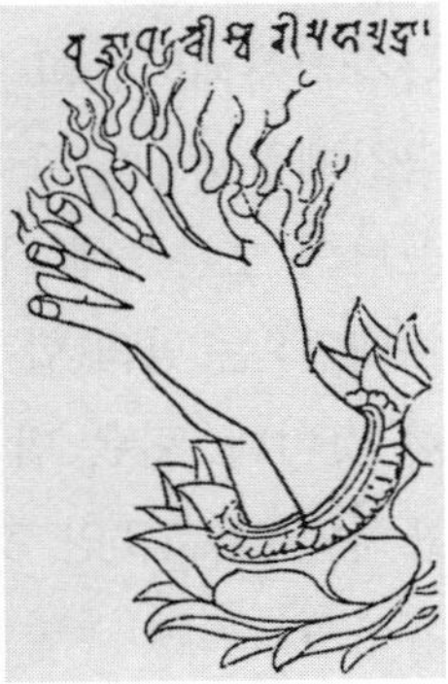

[좌] 연꽃 위의 손바닥을 편 오른손을 나타낸다. 손바닥에서 화염이 방출되고 있다.
[우] 금강합장한 손에서 화염이 방출되고 있는 것을 표시한다.

『약역』에 의하면, [좌]는 갈마인(Karma-mudrā), [우]는 금강계자재대인(Vajradhātvīśvarī-mahā-mudrā)이라 되어 있다. 그러나 경전에는 조금 다르게 되어 있다. 장, 또는 합장인은 위의 도상의 삼매야형을 든 손으로 나타나 있는데 이것은 '종금강장소생인(從金剛掌所生印) 차설명위대비밀(此說名爲大秘密)'에 의한 것으로 보여진다. 다만 경전에

는 이 금강합장인을 기초로 각각의 수인을 나타내고 각 존의 세계를 나타낸 것으로 되어 있지만, 『오부심관』에는 합장한 손에 표치인(cihna-mudrā)을 들고 각 존의 세계를 관상하는 것처럼 묘사하고 있다.

[중] Paryaṅka-susthitaṃcaityaṃ vajra-dhātvīśvarī-cihna-mudrā(연화 좌대 위에 탑을 안치한 금강계자재인金剛界自在印)

좁고 긴 월륜 속의 연꽃 좌대 위에 있는 보탑을 나타낸다. 이것은 금강계자재여존의 표치인으로 한역의 '안처가부상(安處加趺相) 차명금강계주재(此名金剛界主宰)'에 의한 것이다.

탑의 오른쪽에 나타난 범어 'vajra-dhātvīśvarī-mahā-mudrā(금강계자재대인)'는 밑의 합장인에 표현된 이름이 아니고 표치인의 탑을 설명한 것이다. 탑은 법계탑파(法界塔婆)를 가리키기 때문에 대일여래의 표치인(標幟印)인 것이다.

40. **살타금강녀**(薩陀金剛女, Satva-vajrī)

존상의 일반적인 형태는 앞의 대일존과 같다. 다만 양 손으로 받들고 있는 표치인만 다르다.

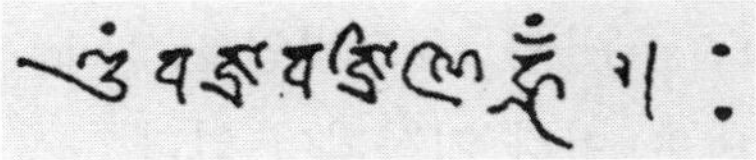

경전에는 다음과 같이 적혀 있다.

「세존 아축여래께서는 곧 일체 여래의 금강살타삼매지인만다라(曼

茶羅)가지의 삼마지에 들어가셔서 이 가장 높은 자심명을 송한다.

Oṃ vajra-vajrīṇi hūṃ 옴 봐즈라 봐즈리니 훔
옴 금강금강여존이여![267]」

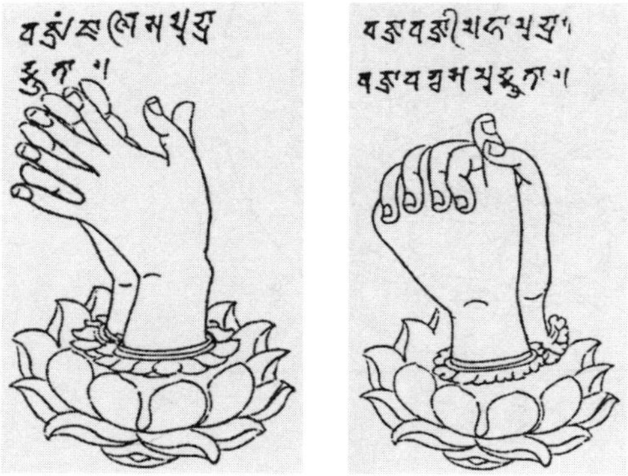

[좌] 연꽃 위의 합장한 인을 나타낸다.

[우] 연꽃 위의 금강박인을 나타내고, 왼손의 대지(大指)를 박인해서 세우고 있다. 이 좌우의 두 인(印)은 앞의 존과 동일한다.

이들 두 인에 대해 본 그림에는 [좌]의 합장인은 'vajrāñjali-samudbhūta 금강합장소생(金剛合掌所生)', [우]의 금강박인은 'vajra-bandha-samudbhūta 금강박소생(金剛縛所生)'이라 기록되어 있다.

이 두 인은 제1장에서 설명한 삼매야인의 인모에 의한 것이다. 또 제1장 비밀만다라의 각 존의 삼매야인은 모두 아축(阿閦)에 나타나

267) 존명에 관한 기술은 없으나 『약역』에는 'satva-vajrī(薩陀金剛女)'라 되어 있다.

있는 것과 동일하다. 인에 기록되어 있는 범어는 각각 다소 다른 점이 있지만 본질적으로는 다른 것이 아니다. 다만 금강박인을 제1장의 금강계만다라의 각 존의 인과 비교하여 볼 때 좌수(左手)의 대지를 세우고 있는 것이 다른데, 이것은 보리심의 움직임에 따라 조금 다르게 나타난 것을 강조한 것이라 보여진다.

cihna-mudrā(표치인 標幟印)

vajra-vajrī-mahā-mudrā(금강금강녀대인).

연꽃 위에 삼고금강저를 두 개 세우고 뒤에는 길고 둥근 월륜을 그렸다. 이것은 경전의 '금강가부금강상(金剛加趺金剛相) 차즉금강부금강(此卽金剛部金剛)[paryaṅke vajra-vajrāṃ tu vajra- citteti kīrtitā]'에 의한 것이다. 『약출경』에는 '재석방(宰釋方) 륜단연화좌상(輪壇蓮華座上) 화횡금강저형(華橫金剛杵形) 어저상유견발절라(於杵上有堅跋折羅) 차명금강심인(此名金剛心印)'의 취지에 기초한 것이다.

이것은 금강계의 세계를 증득함에는 본질적인 금강, 즉 구극(究極)의 금강인 금강심이 근본이 된다는 것을 나타낸다.

지금 이 금강(金剛) 가운데 금강이라고 하는 구극(究極)의 세계를 나타내 금강저를 관상(觀想)의 대상으로 행자의 금강심을 이끌어나갈 수 있게 되면 행자는 금강부의 세계를 열 수 있게 되고, 아축여래의 이상은 실현된다고 가르치고 있다.

이것은 다음에 계속되어지는 표치인과 동일하게 해석해도 좋을 것이라 생각된다. 결국 금강저 위의 보(寶), 금강저 위의 연꽃, 금강을 겹쳐 십자로 한 갈마저(羯磨杵), 보주(寶珠), 연화(蓮華), 갈마(羯磨)를 관상의 대상으로 하여 그것들이 보생여래, 무량수여래, 불공성취여래의 이상을 실현하고, 보부, 법부, 갈마부의 세계가 증득되어진 것을 나타내려고 한 것이다.

41. **보금강녀**(寶金剛女, Ratna-vajrīṇi)

존상은 연꽃 좌대 위의 삼고금강저(三鈷金剛杵) 끝에 보주(寶珠)가 있는 표치인(標幟印)을 들고 있다.

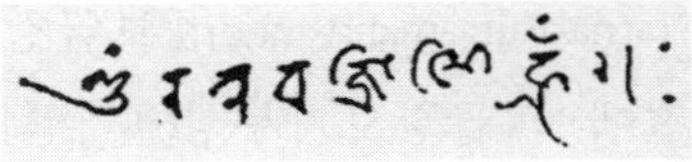

경전에는 다음과 같이 적혀 있다.

「세존 보생여래께서는 곧 일체 여래의 금강보삼매지인만다라가지의 삼마지에 들어가 이 가장 높은 자심명을 송하신다.

Oṃ ratna-vajrīṇi hūṃ 옴 라뜨나 봐즈리니 훔
옴 보금강을 가지고 있는 여존이여!」

● vajrāñjali-mudrā-bhūtā(금강합장인소생)

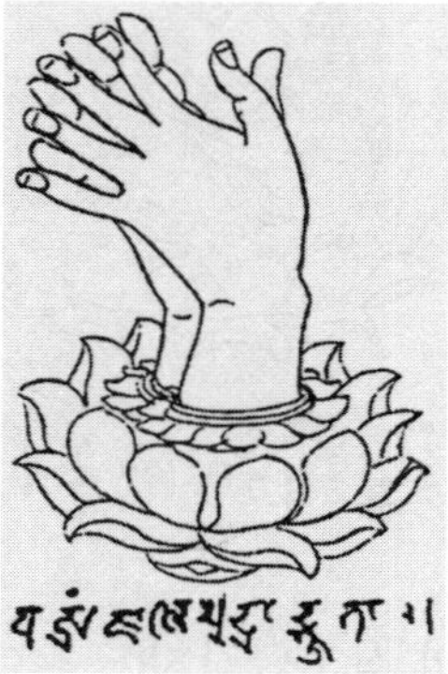

● cihna-mudrā(표치인 標幟印)

연꽃 위에 삼고저를 세우고 저의 끝에 보주를 나타냈다.

이 표치인(標幟印)의 오른쪽에 범어 'ratna-vajra-mahā-mudrā(보금강대인)'가 표기되어 있다. 이 표치인은 경전에 '피금강보가부상(彼金剛寶加趺相) 여시명위자관정(如是名爲自灌頂) vajra-ratnaṃ tu paryaṅk sv'-abhiṣeketi kīrttitā', 『약출경』의 '화좌상치보주(花座上置寶珠) 차명기신관정인(此名己身灌頂印)'의 취지에 기초한 것이다.

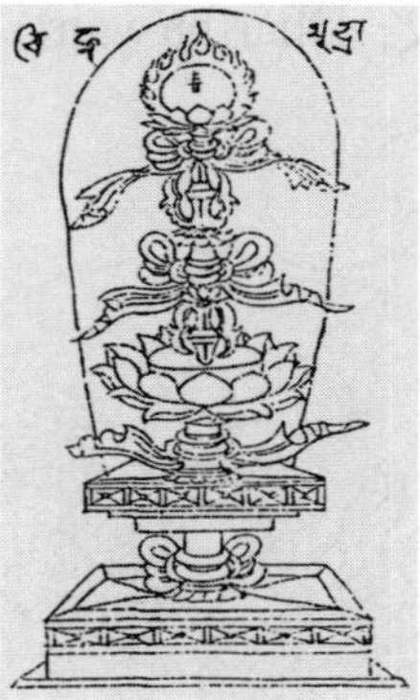

이것은 금강계의 세계를 증득함에 있어서 보주, 즉 본생(本生)의 청정한 보성(寶性)이 그 근본이 되는 것이다.

이 보주의 형을 관상의 대상으로 본생(本生)의 보성(寶性)을 표현해 낸다면, 행자의 세계는 여래의 세계에 섭입되어 보생여래의 이상은 실현되어 가는 것이다.

◎ vajra-bandha(금강박金剛縛, 금강박인金剛縛印)

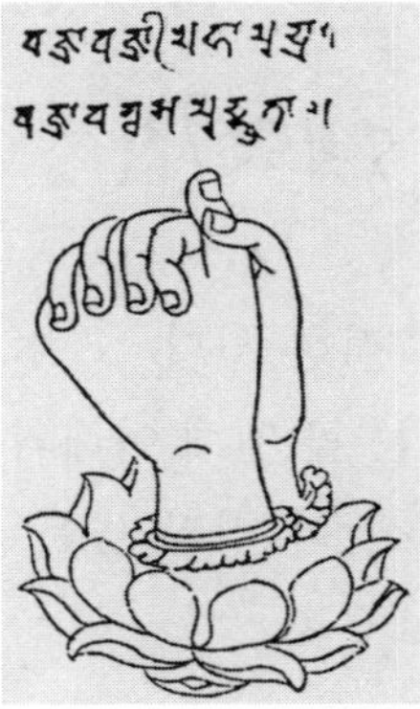

42. **법금강녀**(法金剛女, Dharma-vajrī)

존상은 삼고금강저를 세워 그 위에 연꽃이 있는 표치인을 받들고 있다.

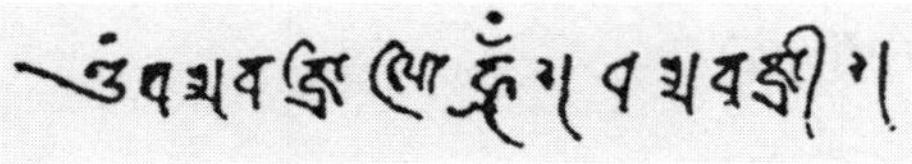

경전에는 다음과 같이 적혀 있다.

「세존 무량수여래께서는 곧 일체 여래의 금강법삼매지인만다라가지의 삼마지에 들어가셔서 이 가장 높은 자심명을 송하신다.

Oṃ dharma-vajrīṇi hūṃ 옴 달마 봐즈리니 훔
옴 법금강을 잡고 있는 여존이여!
※ dharma-vajrī 법금강녀(法金剛女)」

◉ 합장인(合掌印)

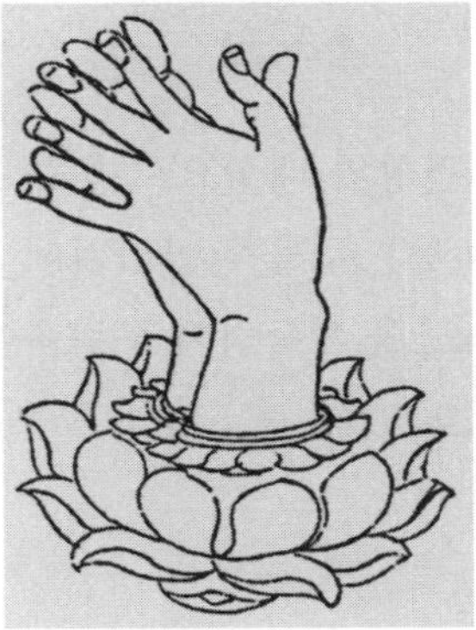

◉ dharma-vajrī-mahā-mudrā(법금강녀대인 法金剛女大印)

이 표치인은 연꽃 좌대 위에 삼고금강저를 세우고, 그 위에 다시 핀 연꽃을 놓고 있다. 이것은 경전의 '금강연화가부상(金剛蓮華加趺相) 차설명위지수명(此說名爲持壽命) paryaṅke vajra-padmaṃ tu Ay udhet prakīrtitā', 『약출경』의 '화횡발절라(畵橫跋折羅) 상화연화(上畵蓮華) 차화법기장인(此花法器仗印)'에 기초한 것이다.

이것은 금강계의 세계를 증득하는 데에는 연화, 즉 청정한 마음에서 생하는 대생명이 근본이 되는 것을 나타낸다.

금강저 위의 연화를 관상의 대상으로 하는 것은 행자의 깊은 마음 속에 잠겨 있는 대생명(大生命)을 열어나가게 되면, 사람이 모두 여래의 확고부동의 법[dharma]을 체득하여 무량수여래의 이상을 실현하는 것이 가능함을 가르치고 있다.

vajra-bandha 금강박(金剛縛) 금강박인(金剛縛印)

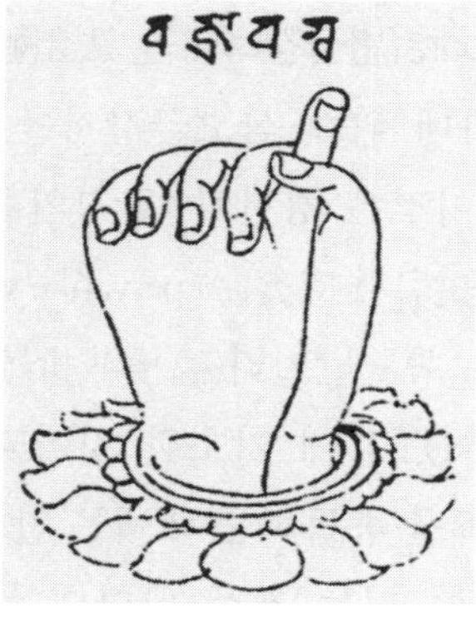

43. 갈마금강녀(羯磨金剛女, Karm-vajrī)

존상은 삼고금강저를 십자로 교차한 표치인을 들고 있다.

경전에는 다음과 같이 적혀 있다.

「세존 불공성취여래께서는 곧 일체 여래의 금강갈마삼매지인만다라가지의 삼마지에 들어가셔서 이 가장 높은 자심명을 송하신다.

Oṃ vajra-Karma-vajrīṇi hūṃ 오 봐즈라 깔마 봐즈리니 훔
옴 금강갈마를 쥔 금강여존이여!
※ Karma-vajrī 갈마금강녀」

vajrāñjali-mahā-mudrā(금강합장대인 金剛合掌大印)

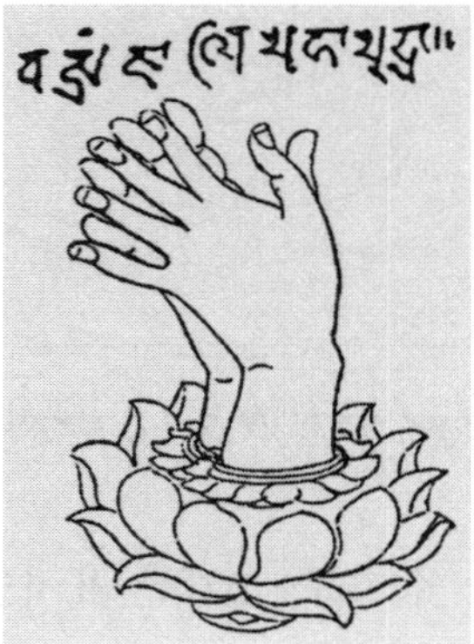

금강합장인을 나타낸다. 이하의 존은 모두 동일하므로 기록하지 않는다.

cihna-mudrā(표치인 標幟印)

연꽃 위에 십자삼고금강저를 나타낸다. 이것은 경전의 '갈마금강가부상(羯磨金剛加趺相) 시위교업금강법(是爲巧業金剛法) Karma-vajrāṃ

tu paryaṅke sarva-vajreti kīrtitā', 『약출경』의 '연좌상화(蓮座上華) 갈마발절라(羯磨跋折羅) 차명일체금강인(此名一切金剛印)'의 취지에 기초해 그려진 것이다.

이것은 금강계를 증득하는 것은 '금강의 갈마(vajra-karma)'에 의하지 않으면 안 되는 것으로 그것은 중생 교화와 자기 확립의 움직임이지만 그 근본은 자기의 번뇌와 투쟁하는 강한 의지와 금강예지의 움직임을 나타낸 불공성취여래의 이상과 하나가 되어 금강의 사업이 완성되어 가는 것을 나타낸 것이다.

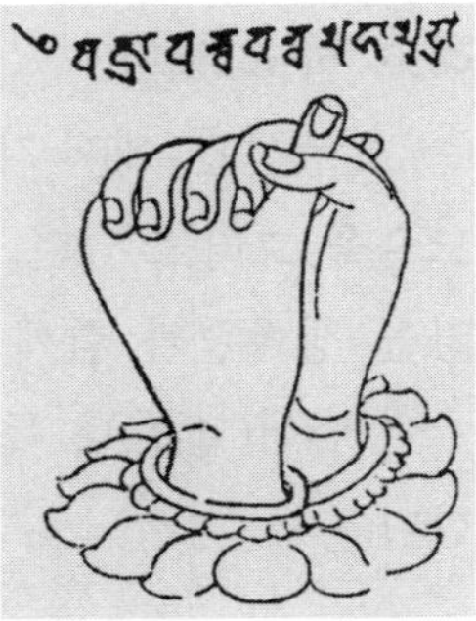

◎ vjra-bandha-mahā-mudrā(금강박대인 金剛縛大印)

금강박인을 나타낸다. 이하의 존은 모두 동일하므로 기술을 생략한다.

44. **보현**(普賢, Samantabhadrā)

존상은 이 그림을 시작으로 '71. 금강영녀'까지 각 존은 그 밑에 나타낸 표치인과 동일한 것을 받들고 있다. 경전에는 제2장 금강비밀만다라에서 표치인을 설명하고, 표치인을 통해서 모든 존의 본원을 나타내려고 하고 있다.

『오부심관』에서 각 존은 모두 오른쪽 앞을 향해 표치인을 들고 있는 모습을 그리고 있다. 이미 표치인에 관해서는 앞에서 설명이 되어 설명을 생략함과 함께 상단 존상의 설명도 생략하겠다.

단 범어(梵語)나 특히 설명을 필요로 하는 부분만은 설명을 하기로 한다.

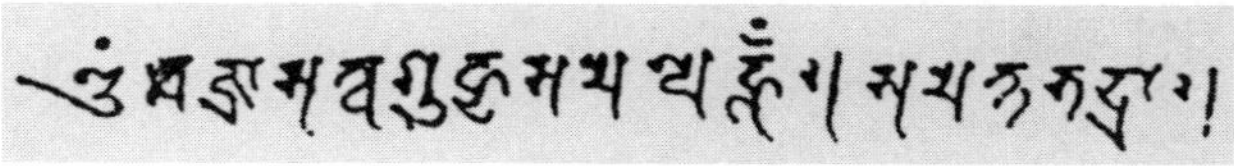

경전에는 다음과 같이 적혀 있다.

「금강수보살마하살은 곧 일체 여래의 대총지삼매인의 네 가지 대명을 송한다.

Oṃ vajra-satva-guhya-samaye hūṃ 옴 봐즈라 사뜨봐 구흐야 삼마예 훔

옴 금강살타의 비밀의 서원으로 살아가는 존이여!

이 대명은 바로 보현(普賢)이다.

※ smantabhadrā 보현(普賢)」

vajrāñjali(금강합장 金剛合掌)

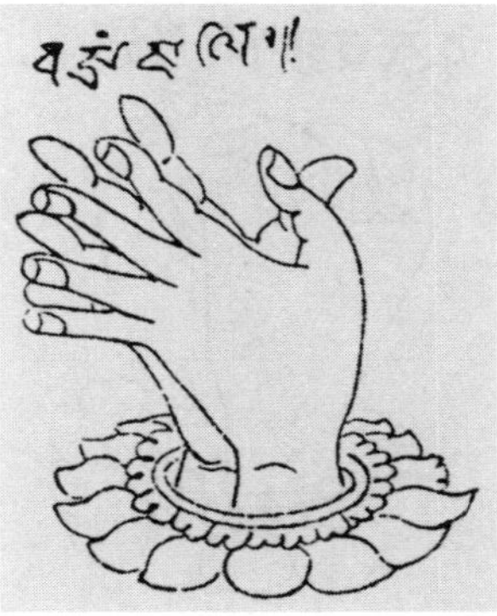

cihna-mudrā(표치인 標幟印)

vjra-bandha-mahā-mudrā(금강박대인 金剛縛大印)

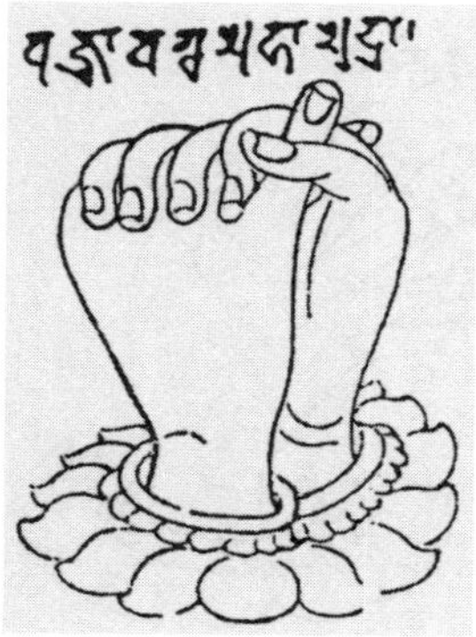

45. **여래구**(如來鉤, Tathāgatāṅkuśī)

여기서부터 '71. 금강영녀'까지는 존상에 대한 설명을 생략한다.

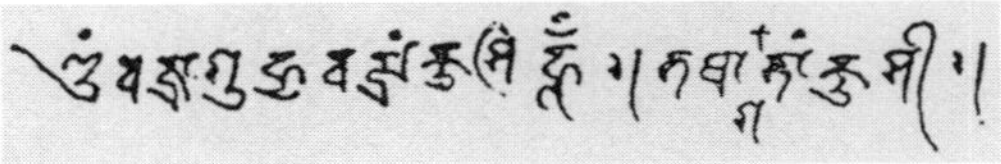

경전에는 다음과 같이 적혀 있다.

「Oṃ vajra-guhya-vajrāṅkuśī hūṃ 옴 보즈라 구흐야 봐즈랑꾸쉬

옴 금강비밀의 금강구소존이여!

이 대명은 바로 여래구(如來鉤)이다.

※ tathāgatāṅkuśī 여래구소여존268)」

● vajrāṅkuśī-vajrāñjali-mudrā(금강구녀존의 금강합장인)

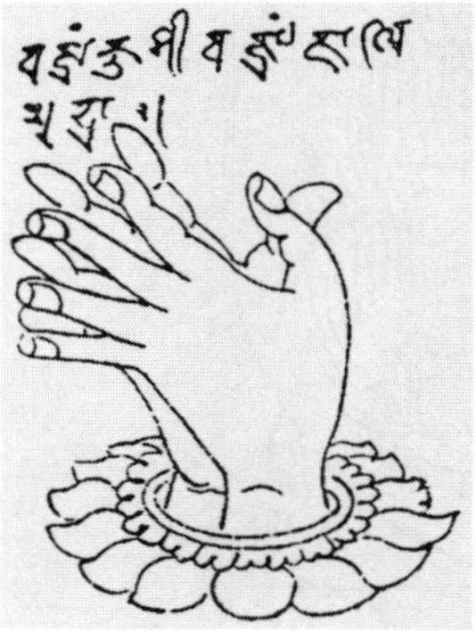

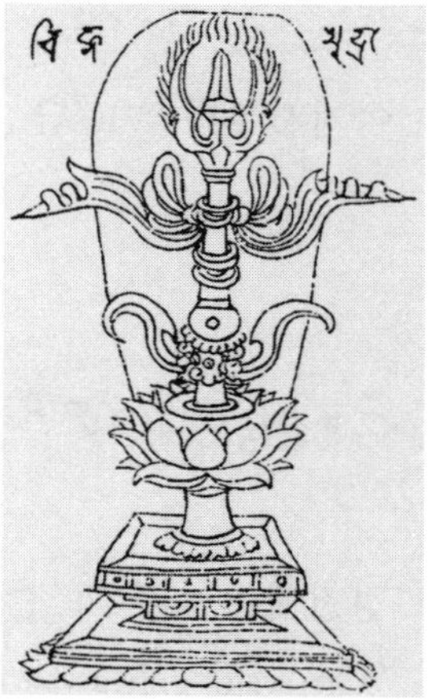

● cihna-mudrā(표치인 標幟印)

268) 『시호역』에는 여래구(如來鉤)라 되어 있다.

vajra-bandha(금강박 金剛縛)

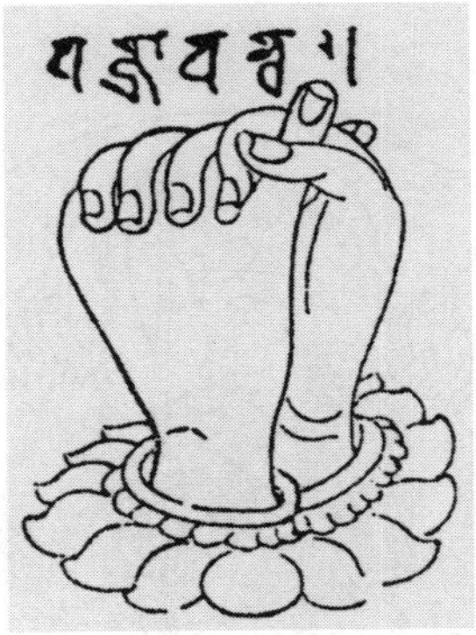

46. 욕락(欲樂, Rati-rāgā)

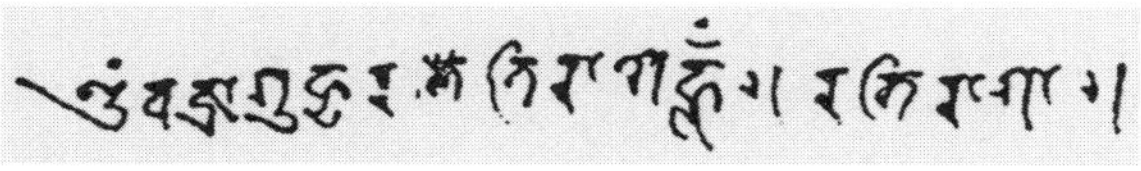

경전에는 다음과 같이 적혀 있다.

「Oṃ vajra-guhya-rati-rāge hūṃ 옴 봐즈라 구흐야 라띠 라게 훔

옴 금강비밀애염여존이여!

이 대명은 바로 욕락(慾樂)이다.

※ rati-rāgā 쾌락애염여존」

◎ vajrāñjali-samudbhūta(금강합장소생)

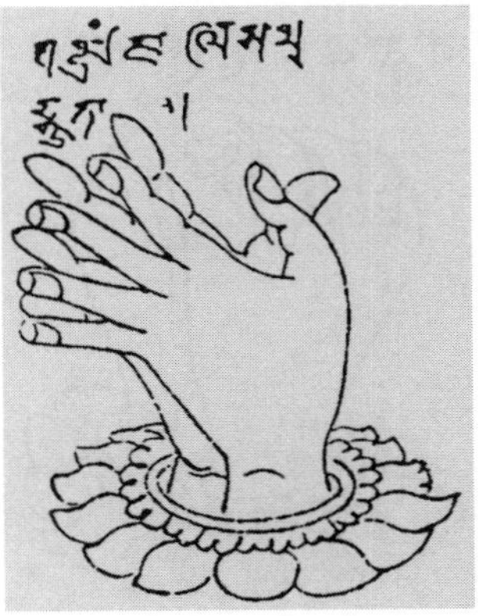

◎ rati-rāgā-cihna-mudrā(애염표치인)

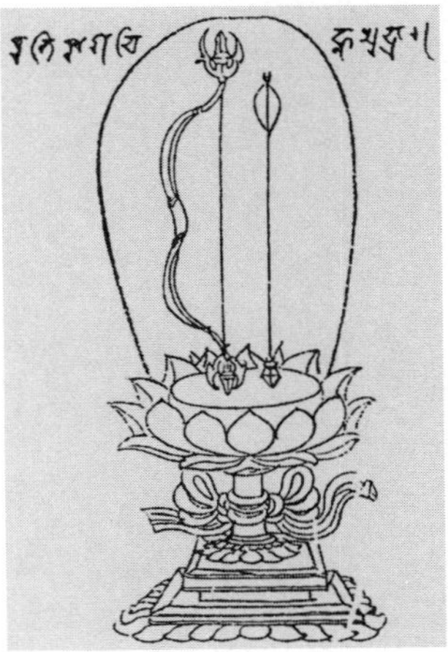

◎ vajra-bandha-samudbhūta(금강박소생)

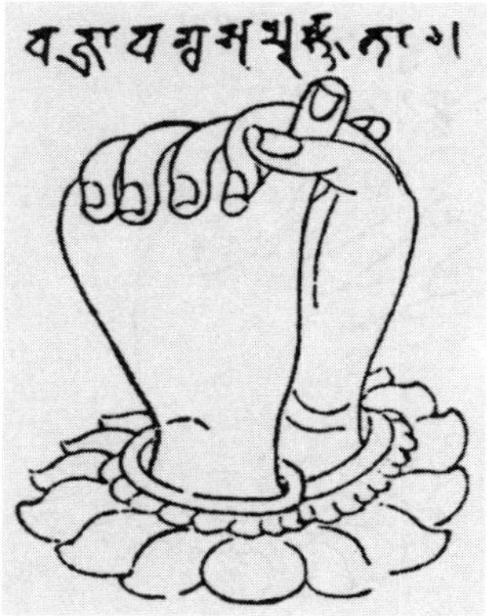

47. **선재**(善哉, Sādhu-matī)

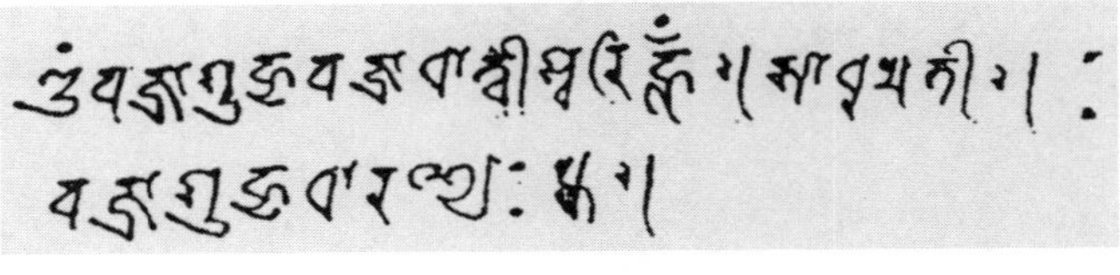

경전에는 다음과 같이 적혀 있다.

「Oṃ vajra-guhya-vajra-dhātvīśvarī hūṃ

옴 봐즈라 구흐야 봐즈라 다뜨뷔쉬바리 훔
옴 금강비밀의 금강자재여존이여!
이 대명은 바로 대선재(大善哉)이다.
※ sādhu-matī 선혜여존(善慧女尊)[269]
vajra-guhya-dhāraṇyan ca 금강비밀다라니 사(四)[270]」

● vajrāñjali(금강합장 金剛合掌)

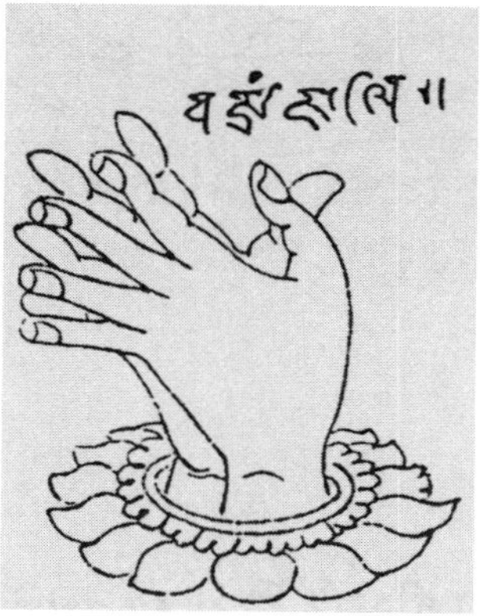

269) 『시호역』에는 대선재(大善哉)라 되어 있다.
270) 이상의 4존은 금강총지(vajra-dhāraṇī)문의 사존이라는 의미.

◎ sādhumata-cihna-mudrā(선재표치인 善哉標幟印)

◎ vajra-bandha-samdbhūtā(금강박소생)

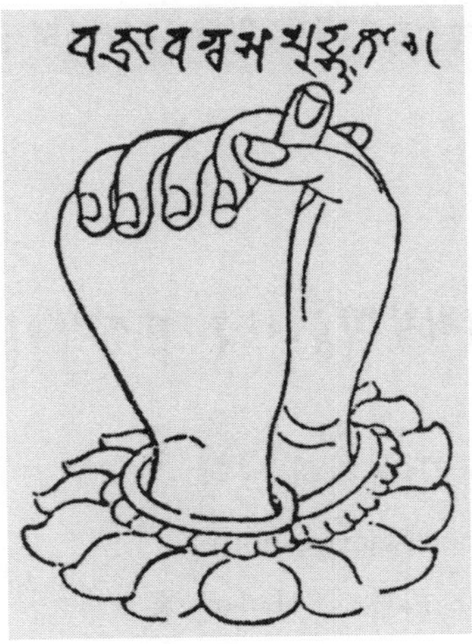

48. 보상(寶上, Ratnottamā)

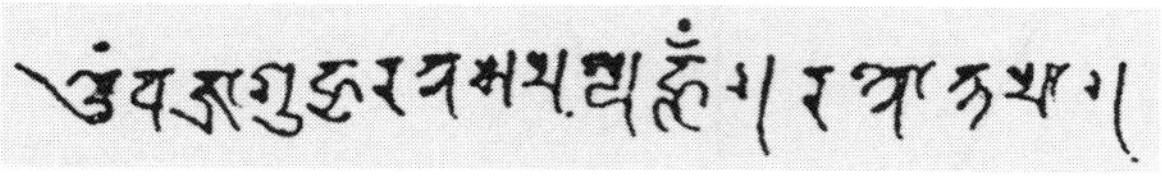

경전에는 다음과 같이 적혀 있다.

「Oṃ vajra-guhya-ratna-samaye hūṃ

옴 봐즈라 구흐야 라뜨나 삼마예 훔

옴 금강비밀보의 서원에 의해 난 여존이여!

이 대명은 바로 보상(寶上)이다.
※ ratnottama 승보모(勝寶母)[271]」

◎ vajrāñjali(금강합장 金剛合掌)

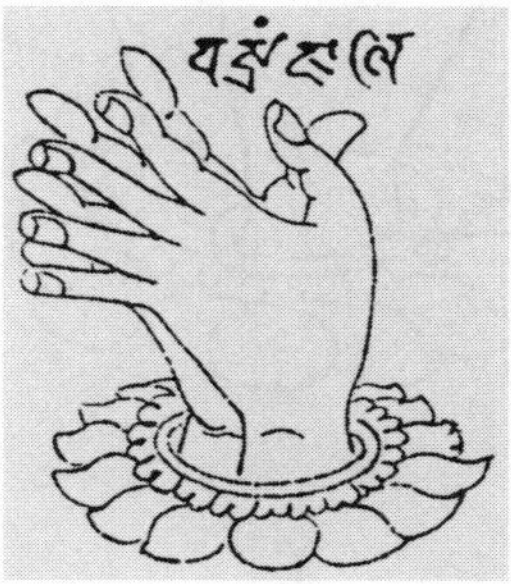

◎ cihna-mudrā(표치인 標幟印)

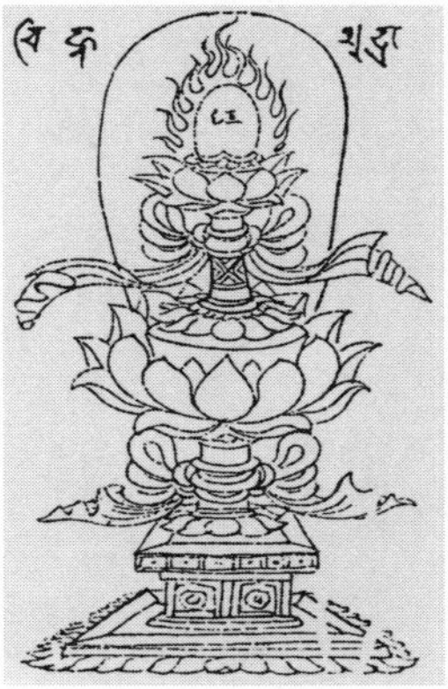

271) 『시호역』에는 보상(寶上)이라 되어 있다.

vajra-bandha(금강박 金剛縛)

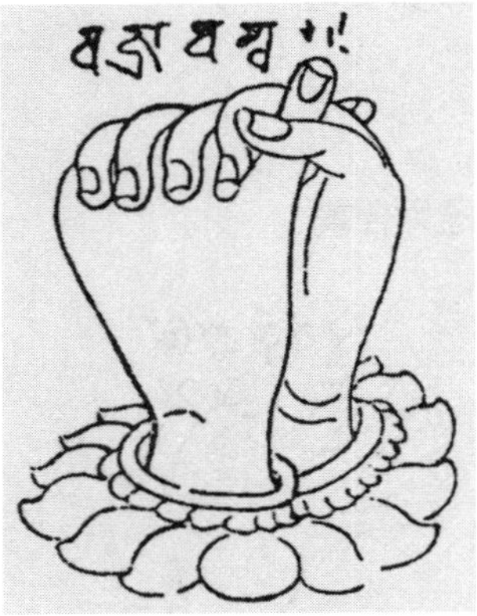

49. **보광명**(寶光明, Ratnolkā)

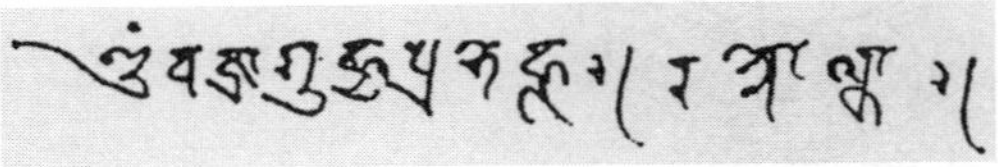

경전에는 다음과 같이 적혀 있다.

「Oṃ vajra-guhya-prabhe hūṃ 옴 봐즈라 구흐야 쁘라베 훔

옴 금강비밀광여존이여!

이 대명은 바로 보배의 광명이다.

※ ratnolkā 보거모존(寶炬母尊)272)」

● guhya-mudrā(비밀인 秘密印)

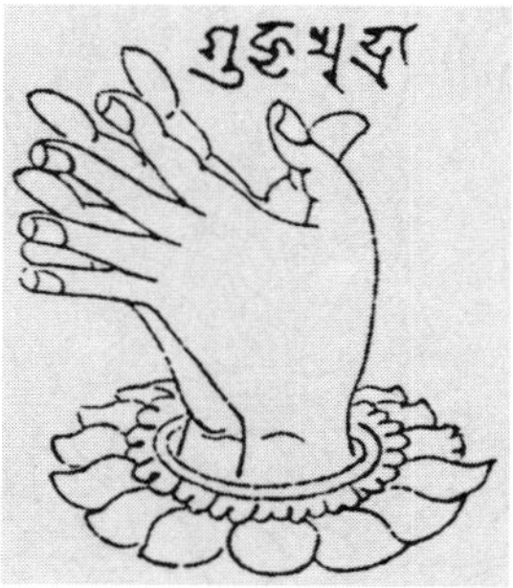

● cihna-mudrā(표치인 標幟印)

272) 『시호역』에는 보광명(寶光明)이라 되어 있다.

samaya-mudrā(삼매야인 三昧耶印)

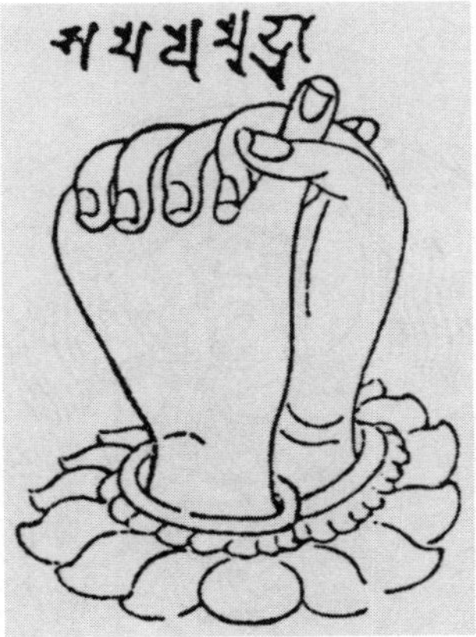

50. 승번영락(勝幡瓔珞, Dhvajāgra-Keyūrā)

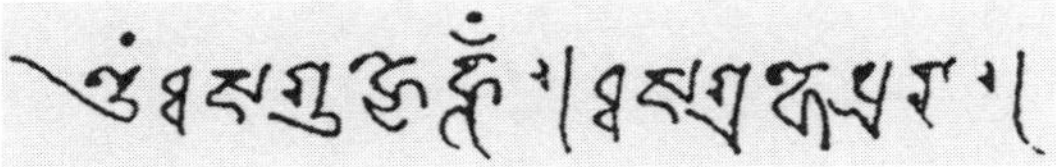

경전에는 다음과 같이 적혀 있다.

「Oṃ dhvaja-guhye hūṃ 옴 드봐자 구흐에 훔

(Oṃ vajra-dhvajāgra-guhye hūṃ)

옴 묘당의 비밀이여 훔

이 대명은 바로 승번영락(勝幡瓔珞)[273]이다.

※ dhvajāgra-keyūrā 묘당상존(妙幢相尊)[274]」

guhya-mudrā(비밀인 秘密印)

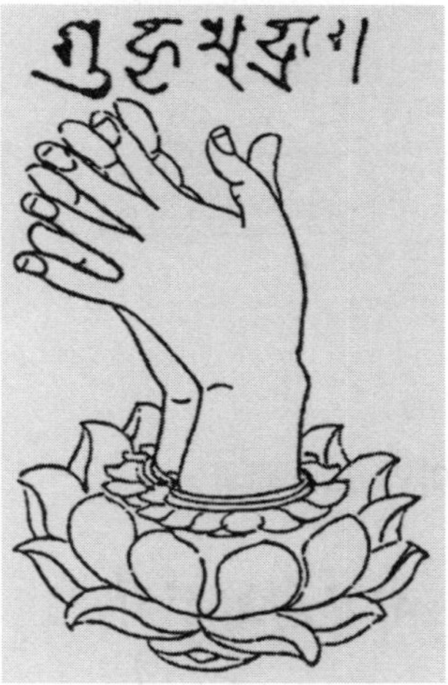

273) 당간(幢竿)의 끝에 마니보와 영락 등을 매단 것이다.
274) 『시호역』에는 승번영락(勝幡瓔珞)이라 되어 있다.

cihna-mudrā(표치인 標幟印)

samaya-mudrā(삼매야인 三昧耶印)

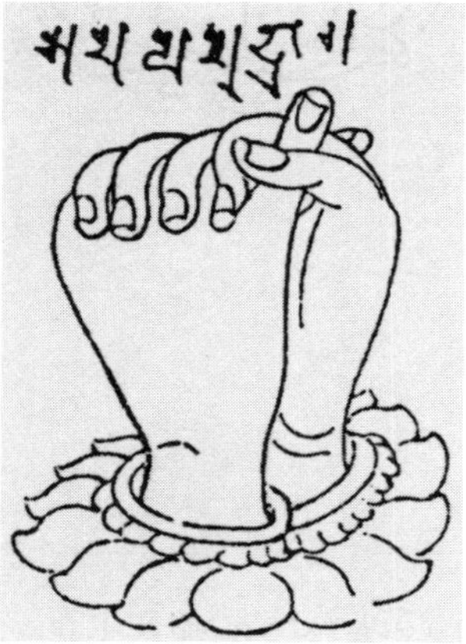

51. **대소**(大笑, Hāsa-vatī)

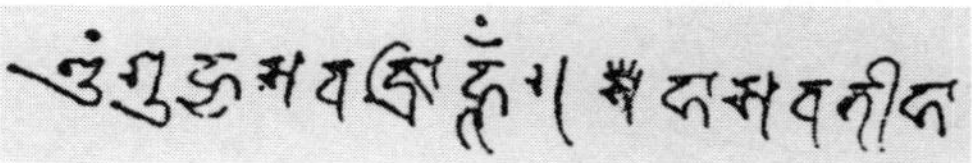

경전에는 다음과 같이 적혀 있다.

「Oṃ guhya-hāsa-vajrī hūṃ 옴 구흐야 하사 봐즈리 훔

옴 비밀소금강여존이여!

이 대명은 바로 대소이다. 이들을 이름하여 보총지문(寶總持門)이라 한다.

※ hāsa-vatī 구소모(具笑母)[275]」

◎ guhya-mudrā(비밀인 秘密印)

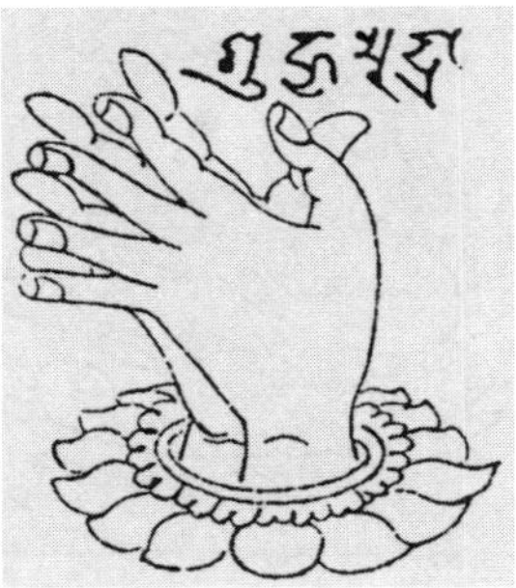

◎ cihna-mudrā(표치인 標幟印)

---

275)『시호역』에는 대소(大笑)라 되어 있다.

◎ samaya-mudrā(삼매야인 三昧耶印)

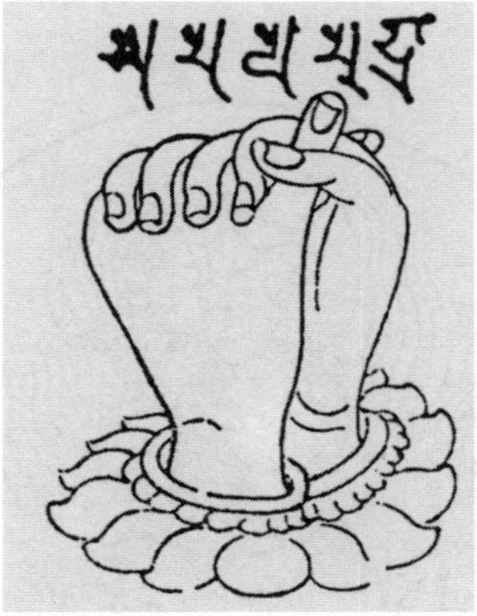

52. 금강연(金剛蓮, Vajrāṃbujā)

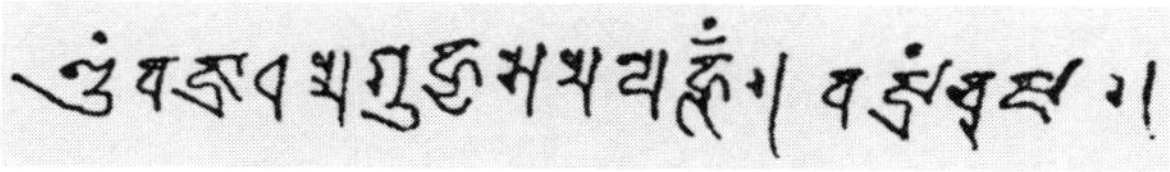

경전에는 다음과 같이 적혀 있다.

「Oṃ vajra-dharma-guhya-samaye hūṃ 옴 봐즈라 달마 구흐야 삼마예 훔

옴 금강법의 비밀 서원에서 생한 존이여!

이 대명은 바로 금강운생(金剛雲生)[276]이다.

※ vajrāṃbujā 금강연(金剛蓮)[277]」

◎ añjali(합장 合掌)

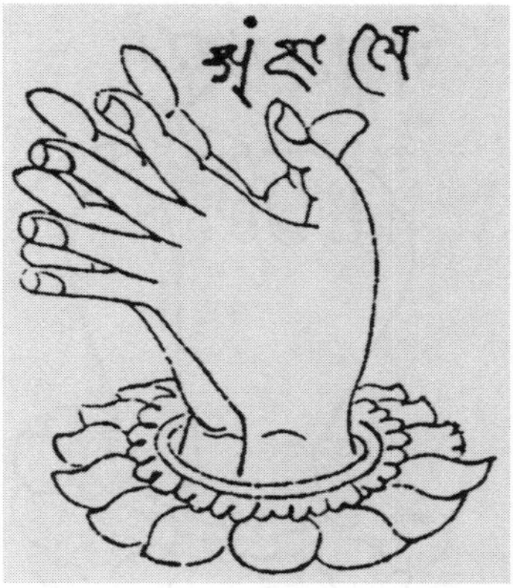

◎ cihna-mudrā(표치인 標幟印)

276) 금강수생(金剛水生)으로 금강연화(金剛蓮華)를 말한다.
277) 『시호역』에는 금강운생(金剛雲生)이라 되어 있다.

samaya-mudrā(삼매야인 三昧耶印)

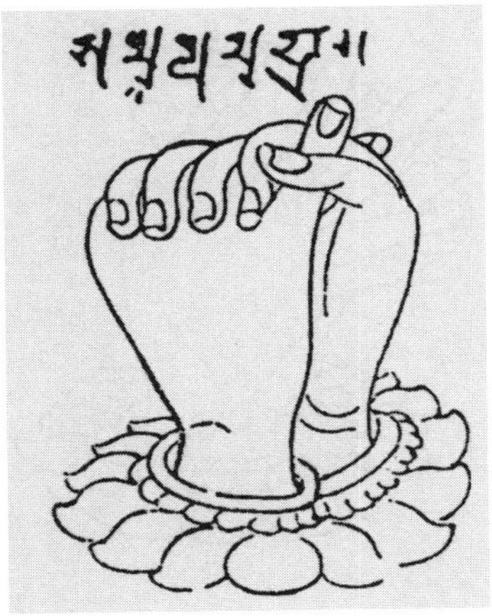

53. 지중모(持衆母, Ādhāraṇī)

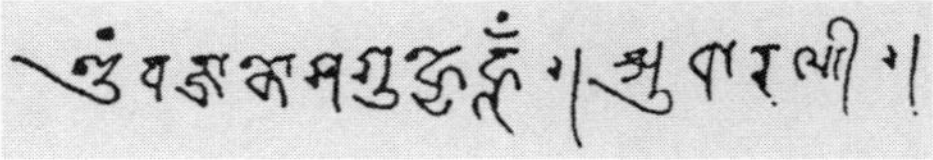

경전에는 다음과 같이 적혀 있다.

「Oṃ vajra-kośa-guhye hūṃ 옴 봐즈라 꼬사 구흐예 훔

옴 금강검비밀여존이여!

이것은 바로 아다라니(阿多羅尼)[278]이다.
※ ādhāraṇī 지중모(持衆母)[279]」

guhya-mudrā(비밀인 秘密印)

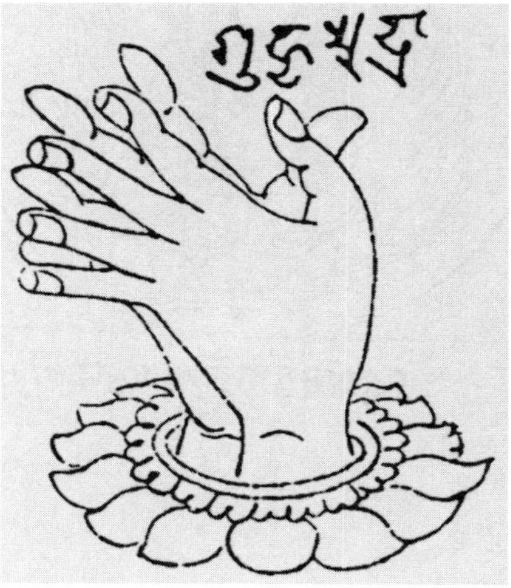

278) 범어로 ādhāraṇi이다. 지중모(持衆母)라 한다. 진언(眞言), 구(句), 의(義), 현증(現證) 등을 지니는 것이고, 또한 반야파라밀의 자성을 두루 지니는 것이다.
279) 『시호역』에는 아타라니(阿陀羅尼)라고 되어 있다.

◎ cihna-mudrā(표치인 標幟印)

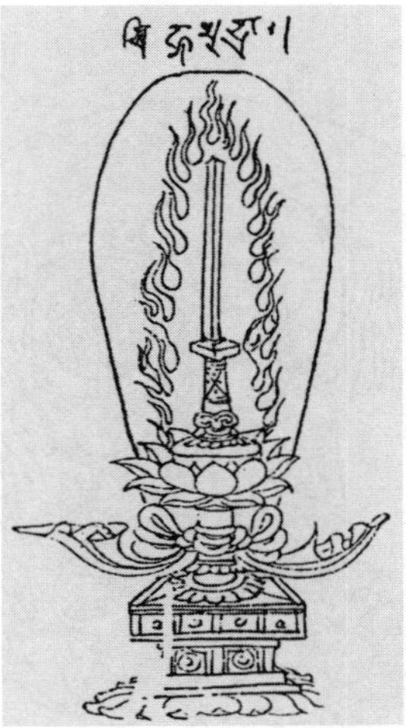

◎ samaya-mudrā(삼매야인 三昧耶印)

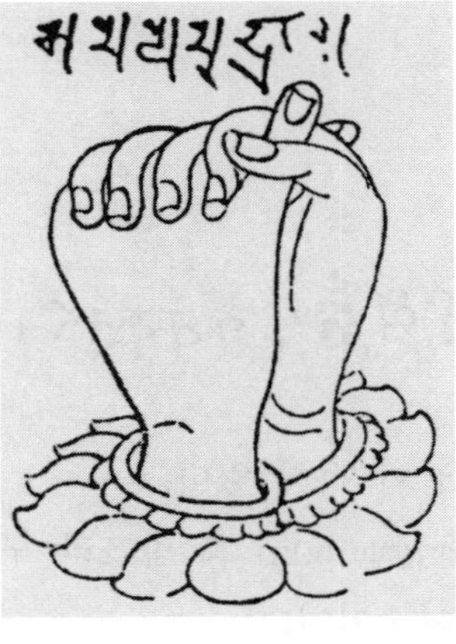

54. 일체륜(一切輪, Sarva-cakrā)

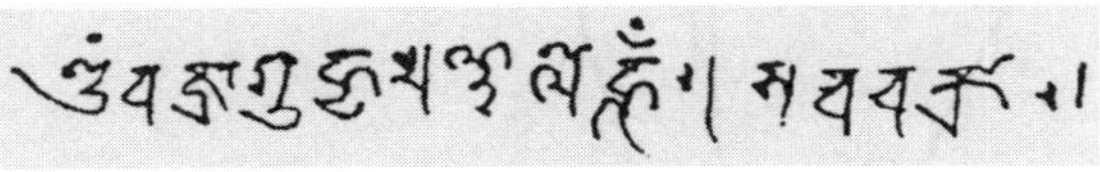

경전에는 다음과 같이 적혀 있다.

「Oṃ vajra-guhya-maṇḍale hūṃ 옴 바즈라 구흐야 만다레 훔

옴 금강비밀의 륜여존이여!

이 대명은 바로 일체륜(一切輪)이다.

※ sarva-cakrā 일체륜여존(一切輪女尊)[280)]」

◎ añjali(합장 合掌)

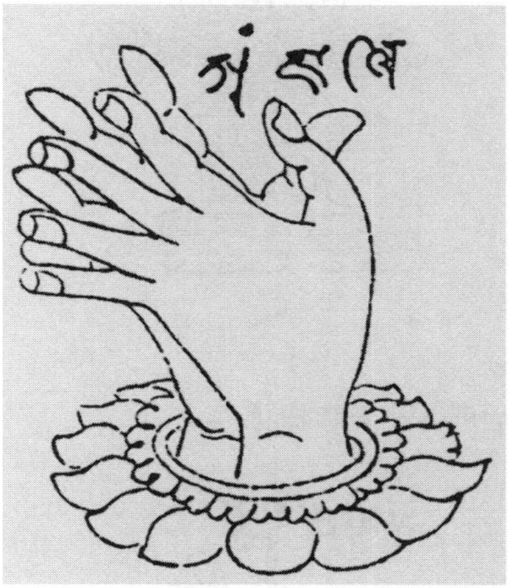

280) 『시호역』에는 일체륜(一切輪)이라 되어 있다.

cihna-mudrā(표치인 標幟印)

samaya-mudrā(삼매야인 三昧耶印)

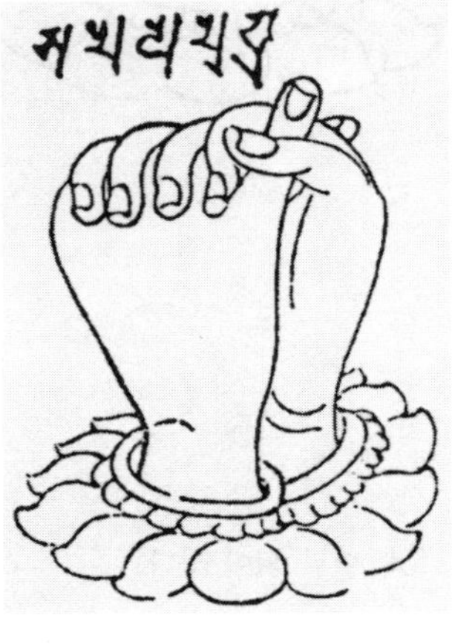

55. 천속모(千續母, Sahasrāvartā)

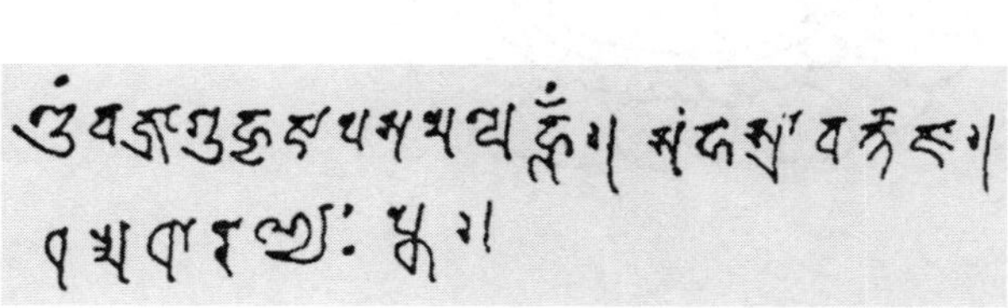

경전에는 다음과 같이 적혀 있다.

「Oṃ vajra-guhya-jāpa-samye hūṃ 옴 봐즈라 구흐야 자빠 삼마예 훔

옴 금강비밀어의 서원에서 난 여존이여!

이 대명은 바로 전대천(轉大千)[281]이다. 이들을 법총지문(法摠持門)이라 이름한다.

※ sahasrāvartā 천속모(千續母)[282]

dharma-dhāraṇyaḥ 법총지문(法總持門)

guhya-mudrā(비밀인 秘密印)

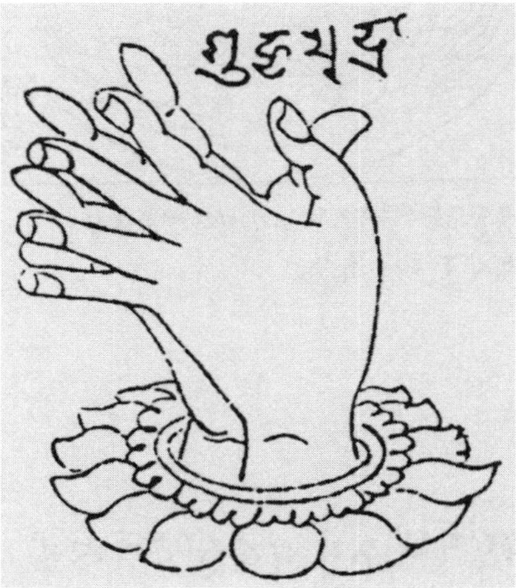

281) 범어로 sahasra-vartā이다. 진언을 독송하는 것. 전(轉)은 전독(轉讀)의 뜻으로 송하는 것이다. 일체법은 본래 희론(戱論)을 여의었으며 자연의 울림과 같은 것이다. 사실을 성취하기 위하여 그것을 1080번 송하는 것이 전대천이다.

282) 『시호역』에는 전대천(轉大千)이라 되어 있다.

◎ cihna-mudrā(표치인 標幟印)

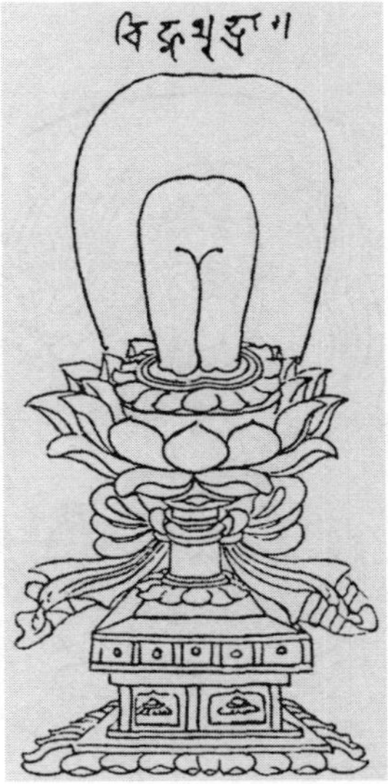

◎ vajra-bandhaḥ(금강박 金剛縛)

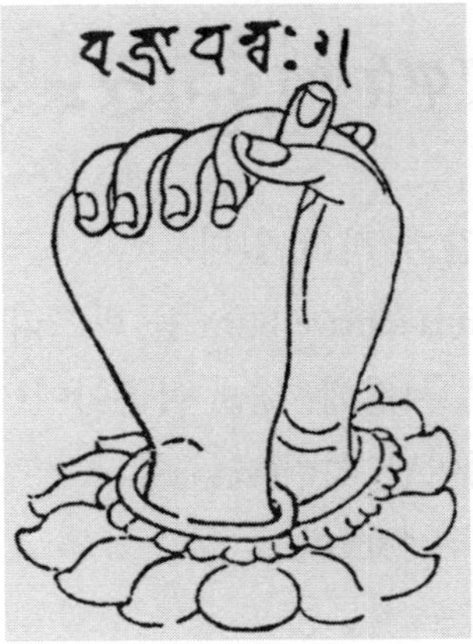

56. 업(業) 승성취(勝成就)[Siddhottara]

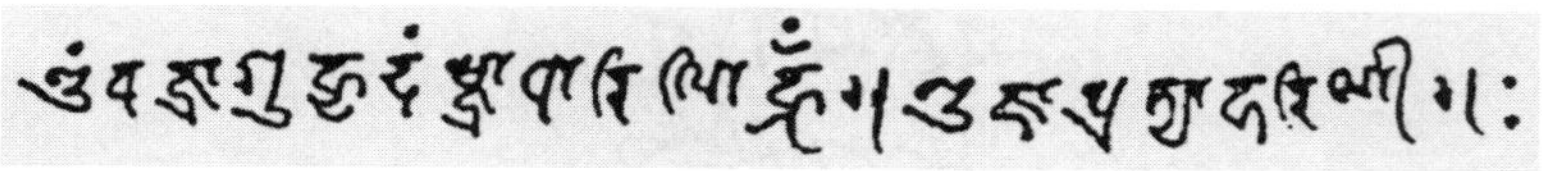

경전에는 다음과 같이 적혀 있다.

「Oṃ vajra-guhya-karma-samaye hūṃ 옴 봐즈라 구흐야 깔마 삼마예 훔

옴 금강비밀사업의 서원에서 난 여존이여!

이 대명은 바로 뛰어난 성취(成就)이다.

※ siddhottarā 승성취(勝成就)」

◎ anjli(합장 合掌)

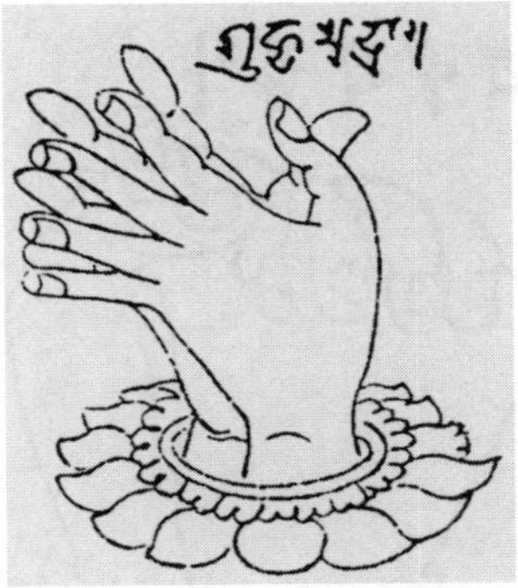

◎ cihna-mudrā(표치인 標幟印)

vajra-bandha(금강박 金剛縛)

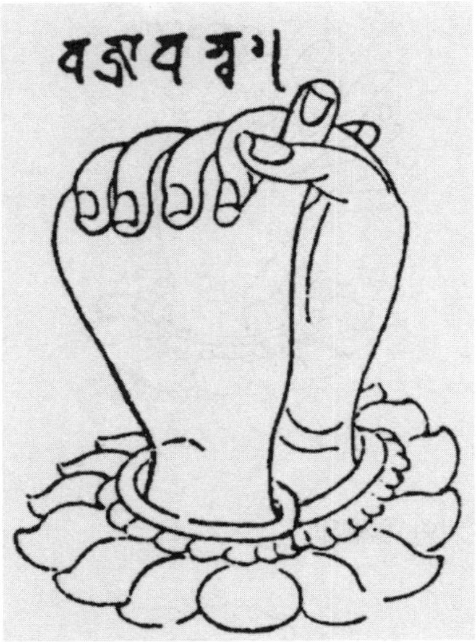

57. **일체호**(一切護, Sarva-rakṣā)

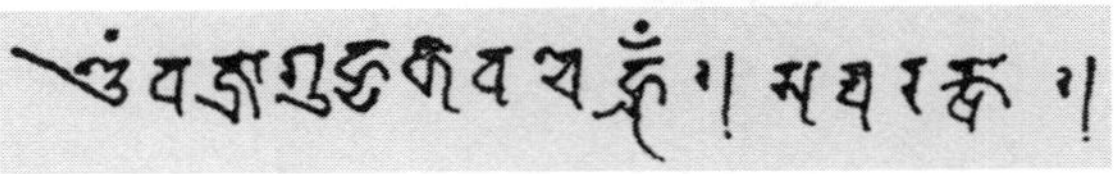

경전에는 다음과 같이 적혀 있다.

「Oṃ vajra-guhya-kavace hūṃ 옴 봐즈라 구흐야 까봐쩨 훔

옴 금강비밀갑주여존이여!

이 대명은 바로 일체호(一切護)[283]이다.

※ sarva-rakṣā 일체호(一切護)」

◎ anjli(합장 合掌)

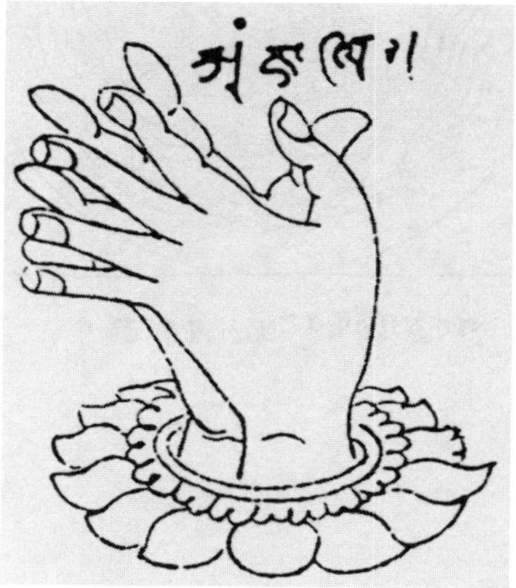

283) 호(護)에는 갑주라는 의미가 있는데, 갑주(甲胄)란 마음을 게으름으로부터 수호하는 것이다. 일체호란 모든 불보살과 다른 모든 유정도 속박에서 수호한다는 것이다.

cihna-mudrā(표치인 標幟印)

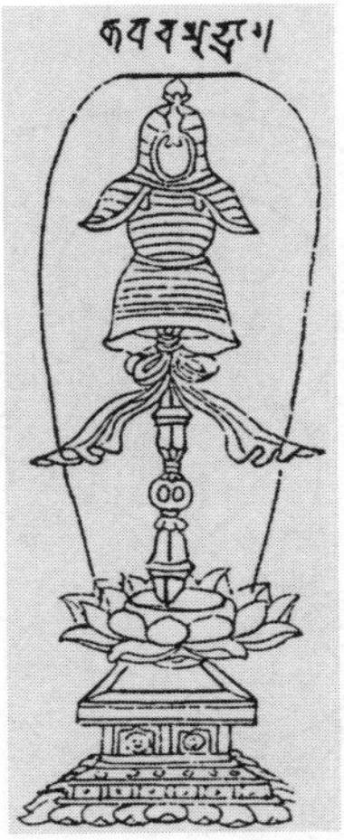

연꽃 위에 독고저를 세워 그 위에 투구와 갑옷을 나타냈다.

vajra-handha(금강박 金剛縛)

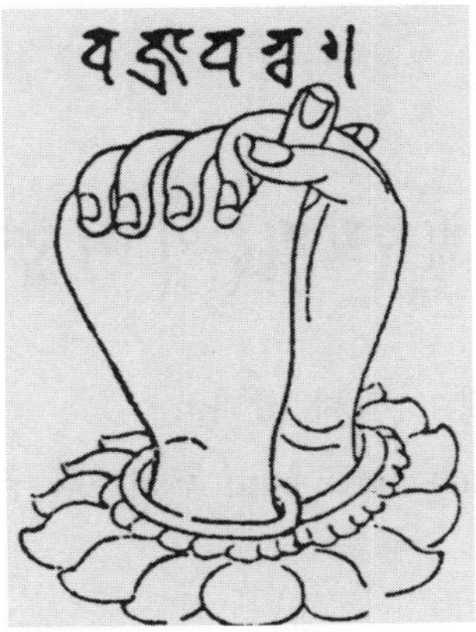

58. 탈신모(奪神母, Ojaḥ-pratyāhāriṇī)

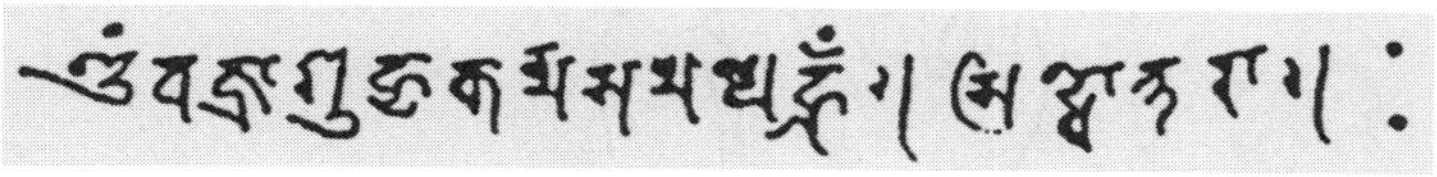

경전에는 다음과 같이 적혀 있다.

「Oṃ vajra-guhya-damstra-dharini hūṃ 옴 봐즈라 구흐야 담스뜨라 다리니 훔 옴 금강비밀아여!

이 대명은 바로 복위광(伏威光)[284]이다.

※ ojaḥ-pratyāhāriṇī 탈신모(奪神母)[285)」

guhya-mudrā(비밀인 秘密印)

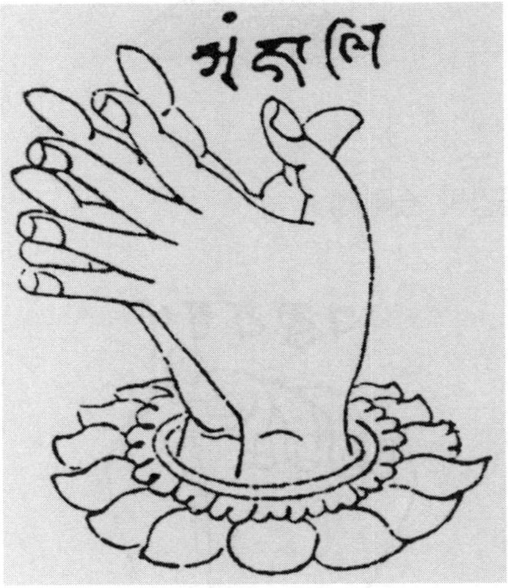

284) 비나야가 등의 자애를 짓는 일체에 대해 분노형을 보여서 모든 포악(暴惡)한 것들을 두렵게 하는 것이다.

285) 『시호역』에는 복위광(伏威光)이라 되어 있다.

cihna-mudrā(표치인 標幟印)

vajra-bandha(금강박 金剛縛)

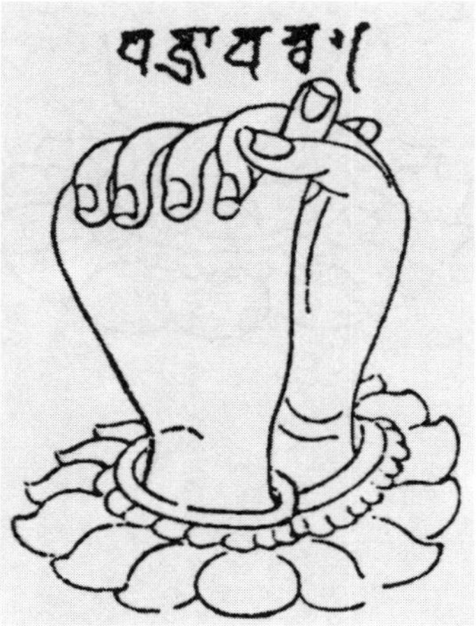

59. 총지인(總持印, Dhāraṇī-mudrā)

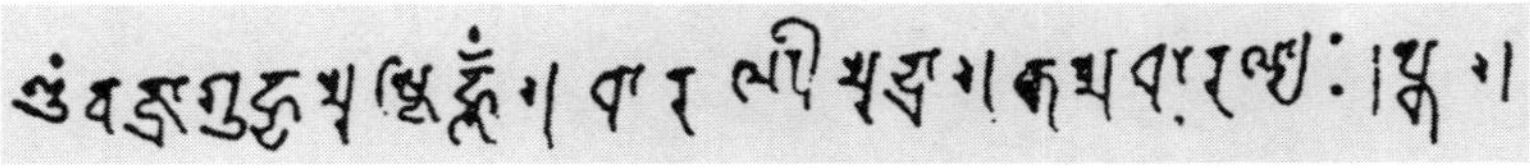

경전에는 다음과 같이 적혀 있다.

「Oṃ vajra-guhya-muṣṭi hūṃ 옴 봐즈라 구흐야 무스띠 훔

옴 금강비밀권 여존이여!

이 대명은 바로 총지인(摠持印)[286]이다. 이들의 명칭은 중총지문(衆摠持門)이라 한다.

※ dhāraṇī-mudrā 총지인(總持印)

karma-dhāraṇyaḥ 갈마총지문(羯磨總持門)」

anjli(합장 合掌)

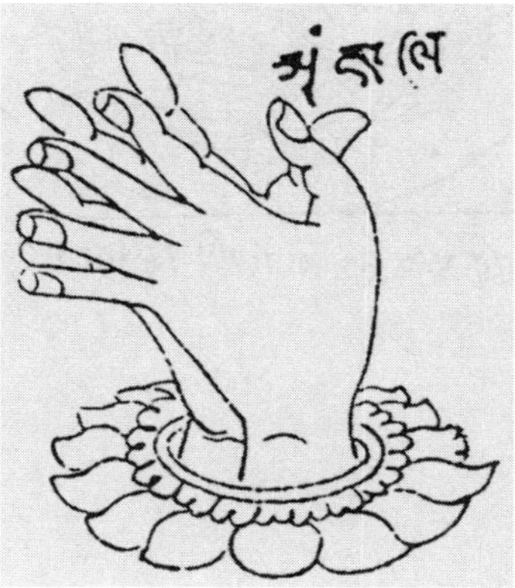

286) 권(拳)을 가지고 일체를 총지(摠持)하므로 총지인이라 한다.

cihna-mudrā(표치인 標幟印)

vajra-bandha(금강박 金剛縛)

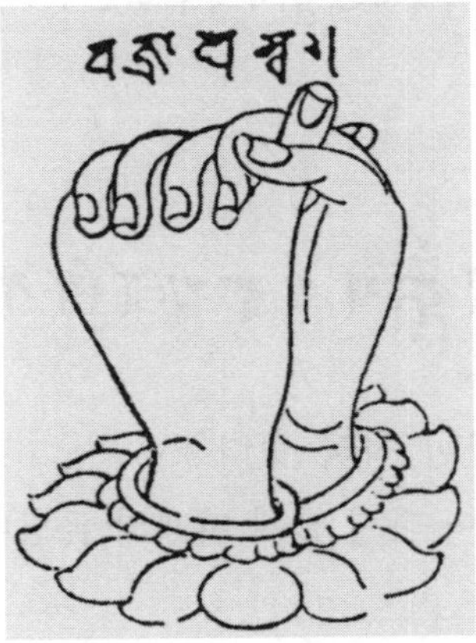

60. 금강희(金剛嬉, Vaira-rati)

— 범자의 진언, 존명은 금강파라밀

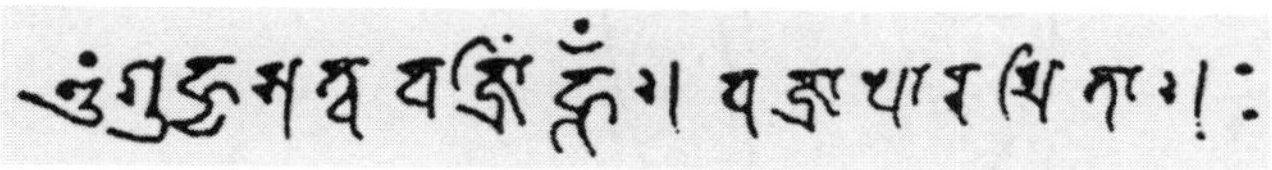

경전에는 다음과 같이 적혀 있다.

「금강수보살마하살이 다시 일체 여래의 금강비밀삼매인의 네 가지 대명을 송한다.

Oṃ guhya-satva-vajri hūṃ 옴 구흐야 사뜨봐 봐즈리 훔
옴 비밀살타금강여존이여!
※ vajra-pāramitā 금강파라밀(金剛波羅蜜)」

guhya(비밀 秘密)

cihna-mudrā(표치인 標幟印) - 기울어진 십자독고저

◎ samaya(삼매야 三昧耶)

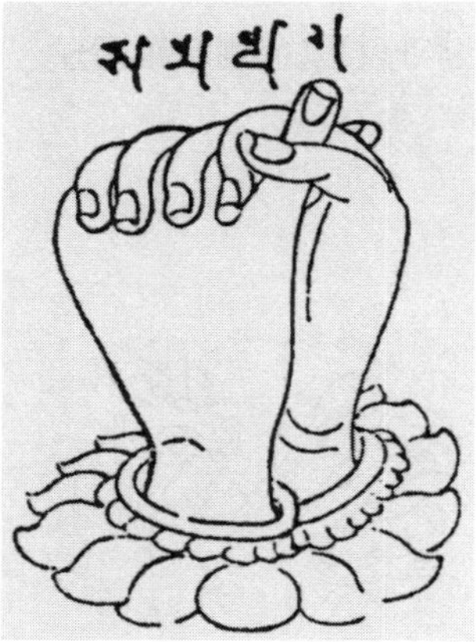

본 그림에서 주의해서 볼 것은 진언문이다. 보통 존명은 금강파라밀이다. 그러나 상단의 존이 들고 있는 십자독고저, 흔히 하단에 표현된 표치인인 십자독고저는 금강희보살을 나타낸 것이다.

즉 존의 진언과 도상은 어긋나 있다. 이것은 경전에 있는 「초회금강정경」에 사파라밀과 내사공양(內四供養)의 진언은 설명되어 있지만, 외사공양(外四供養)과 사섭(四攝)의 진언이 없기 때문에 『오부심관』의 저자가 실수한 것인지, 아니면 이치를 맞추려고 일부러 이렇게 해 놓은 것인지는 확실치 않다. 이것은 이하의 보, 법, 갈마파라밀존도 같다.

61. 금강만(金剛鬘, Vajra-gita)

— 범자의 진언, 존명은 보파라밀

경전에는 다음과 같이 적혀 있다.

「Oṃ guhya-ratna-vajri(Oṃ guhya ratna-vajri hūṃ[287])

옴 구흐야 라뜨나 봐즈리

옴 비밀보금강녀존이여!

※ ratna-vajrī 보금강녀(寶金剛女)」

guhya-vajrāñjali(비밀금강합장 秘密金剛合掌)

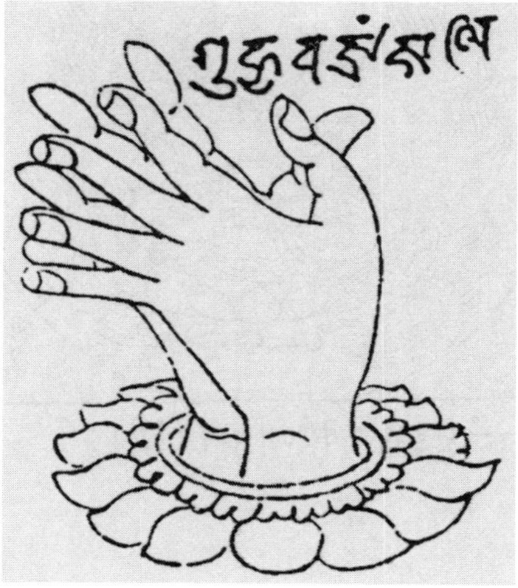

287) 『진실섭경』에 나오는 다라니.

◎ vajra-māla-cihna-mudrā(금강만표치인 金剛鬘標幟印)

◎ vajra-bandha(금강박 金剛縛)

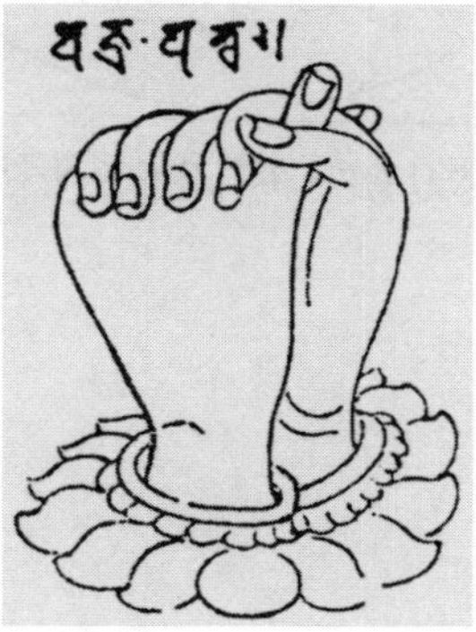

본도의 진언문과 같은 존명의 기술은 보금강녀[보파라밀다(寶波羅蜜多)]이다. 존상과 같은 표치인은 금강만이다.

62. **금강가**(金剛歌, Vajra-māLa)

— 범자의 진언, 존명은 법파라밀

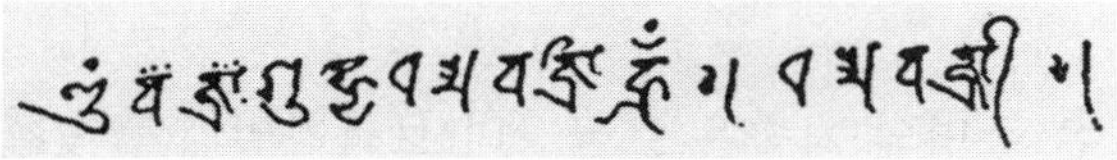

경전에는 다음과 같이 적혀 있다.

「Oṃ guhya-dharma-vajrī hūṃ 옴 구흐야 달마 봐즈리 훔
옴 비밀법금강여존이여!
※ dharma-vajrī 법금강여존(法金剛女尊)」

guhyāñjali(비밀합장 秘密合掌)

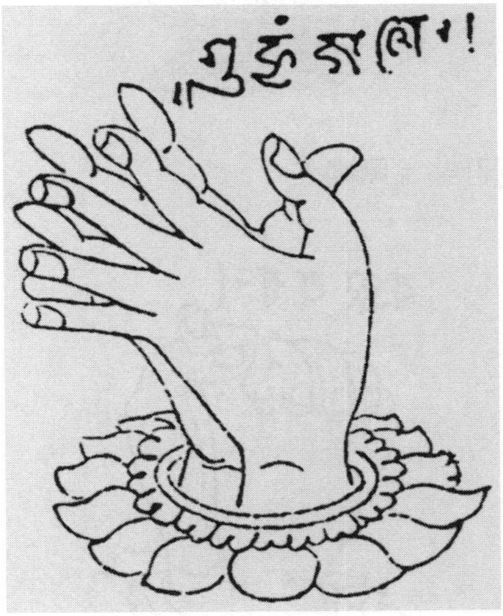

◎ vajra-vīṇa(금강비파 金剛琵琶)

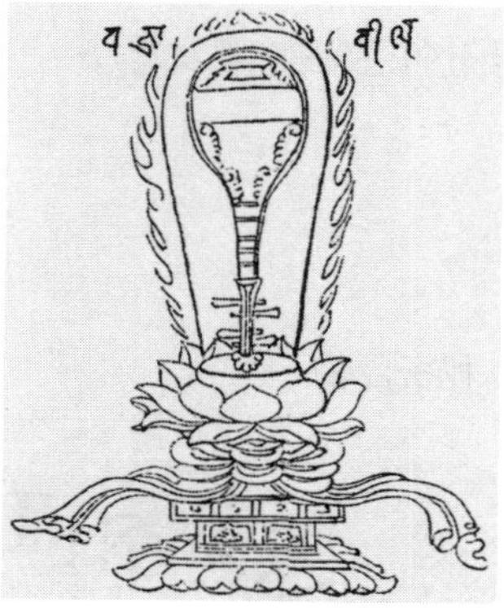

◎ vajra-bandha(금강박 金剛縛)

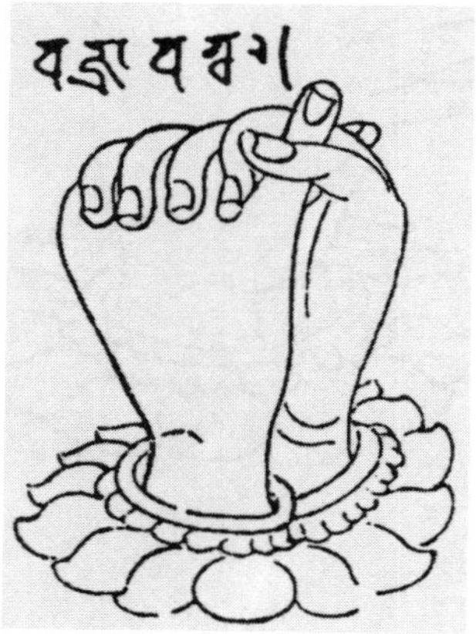

본 그림의 진언문과 같은 존명(尊名)은 법금강녀[법파라밀다(法波羅蜜多)]이지만, 존상과 같은 표치인은 금강만보살(金剛鬘菩薩)의 것이다.

63. **금강무**(金剛舞, Vajra-nṛtya)

— 범자의 진언, 존명은 갈마파라밀

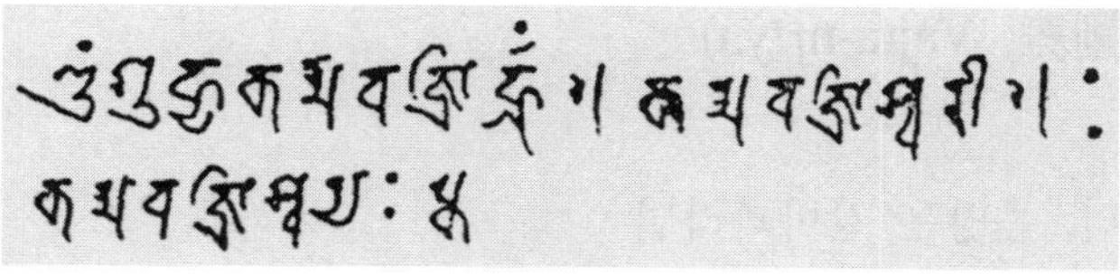

경전에는 다음과 같이 적혀 있다.

「Oṃ guhya-karma-vajrī hūṃ 옴 구흐야 깔마 봐즈리 훔

옴 비밀사업금강여존이여!

이와 같은 금강파라밀(金剛波羅蜜)288) 등의 사비밀명(四秘密明)은 곧 저 일체 여래의 비밀 삼매대총지문의 삼매인을 포함하며, 금강계주재(金剛界主宰)의 대만다라의 치성한 월륜 가운데에 의지하며 머문다.

※ karma-vajrīśvarī 갈마금강자재여존(羯磨金剛自在女尊)

karma-vajrīśvaryaḥ 갈마금강자재(羯磨金剛自在)」

guhyañjali-mahā-mudrā(비밀합장대인 秘密合掌大印)

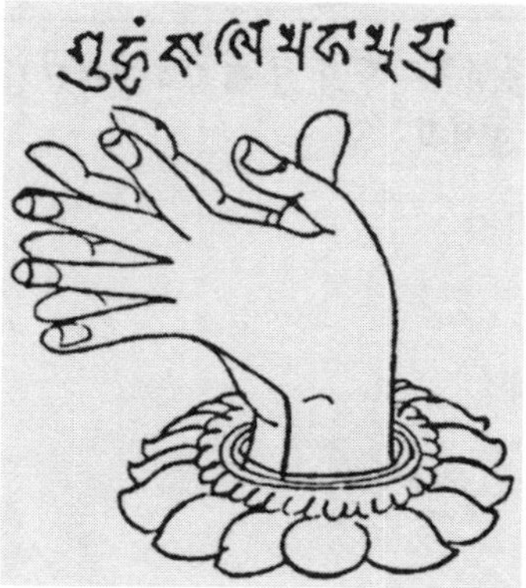

288) 금강계 삼십칠존 가운데 한 분. Satva-vajri, Vajra-paramita, 각금강녀(覺金剛女)라고도 한다. 금강계 사친근 사보살의 상수(上首)이다. 금강파라밀다보살의 약칭.

vajra-nṛtya-guhya(비밀금강무 秘密金剛舞)

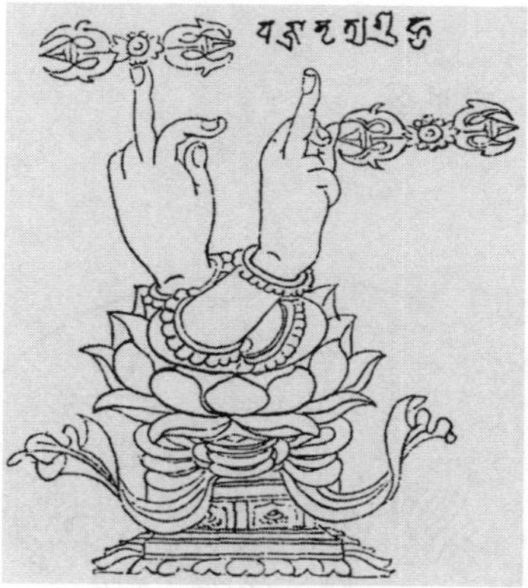

samaya-mahā-mudrā(삼매야대인 三昧耶大印)

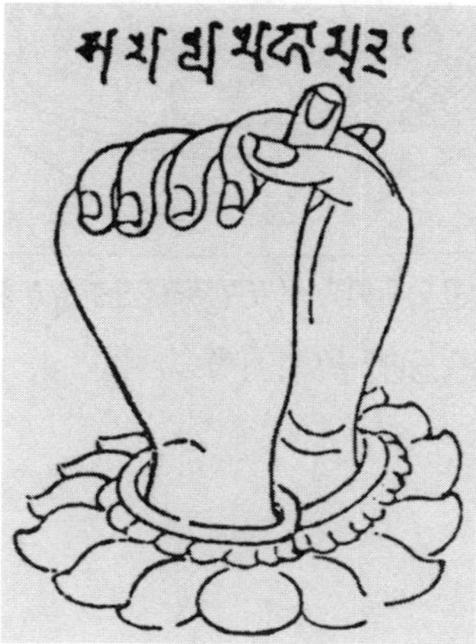

본도의 진언과 같은 존명은 사업금강녀[갈마파라밀(羯磨波羅蜜)]이지만, 존상과 같은 표치인은 금강무보살이다.

64. 향(香) [비밀분향(秘密焚香)] [Guhya-dhūpe]

— 범자의 진언은 희보살

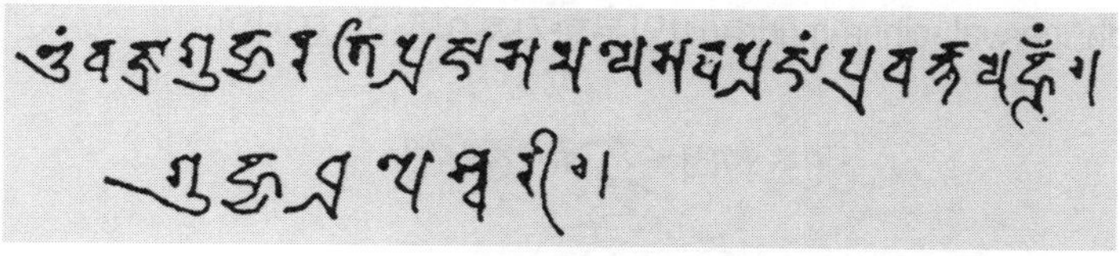

경전에는 다음과 같이 적혀 있다.

「금강수보살마하살은 일체 여래의 비밀공양삼매의 네 가지 대명을 송한다.

Oṃ vajra-guhya-rati-pūja-samaye-sarva-pūja-pravarttaya hūṃ

옴 봐즈라 구흐야 라띠 뿌자 삼마예 살봐 뿌자 쁘라봘다야 훔

옴 금강비밀의 쾌락공양의 서원에서 난 일체 공양을 전개하는 여존이여!

※ guhya-dhūpeśvarī 비밀분향자재여존(秘密焚香自在女尊)」

vajrāñjali(금강합장 金剛合掌)

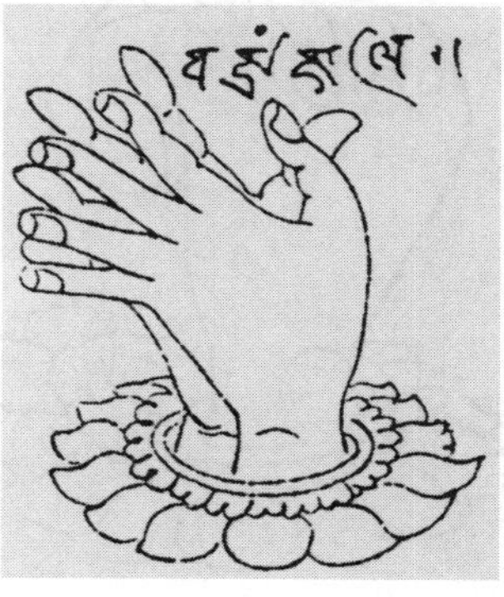

● guhya-dhūpeśvalī-cihna-mudrā(비밀분향자재여존의 표치인)

● samaya-mudrā(삼매야인 三昧耶印)

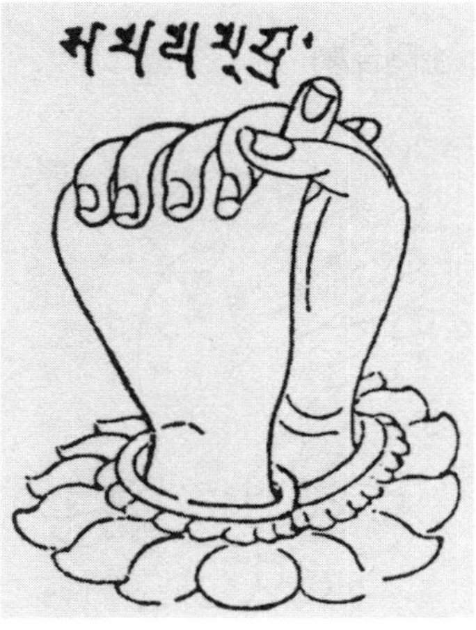

65. **비밀화**(秘密華, Guhya-puṣpā)

— 범어의 진언은 만보살

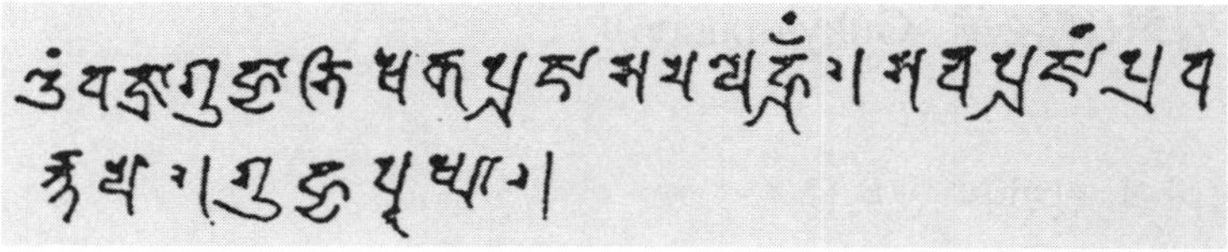

경전에는 다음과 같이 적혀 있다.

「Oṃ vajra-guhyābhiseka-pūjā-samaye hūṃ

(Oṃ vajra-guhya-pūjā'bhiṣeka-pūjā samaye sarva-pūjāṃ pravarttaya hūṃ[289]) 옴 봐즈라 구흐야비세까 뿌자 삼마예 훔

옴 금강비밀관정공양의 서원에서 난 여존이여, 일체 공양을 전개하소서!

※ guhya-puṣpā 비밀화녀존(秘密華女尊)」

guhyañjali(비밀합장 秘密合掌)

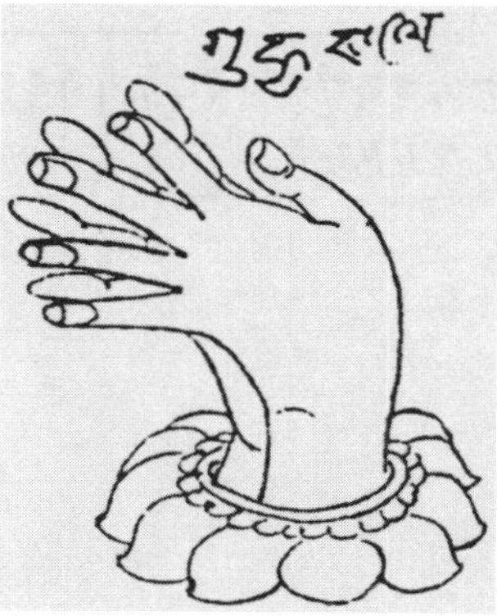

289) 『진실섭경』의 다라니.

◎ guhya-puṣpā(비밀화 秘密華)

◎ vajra-bandha(금강박 金剛縛)

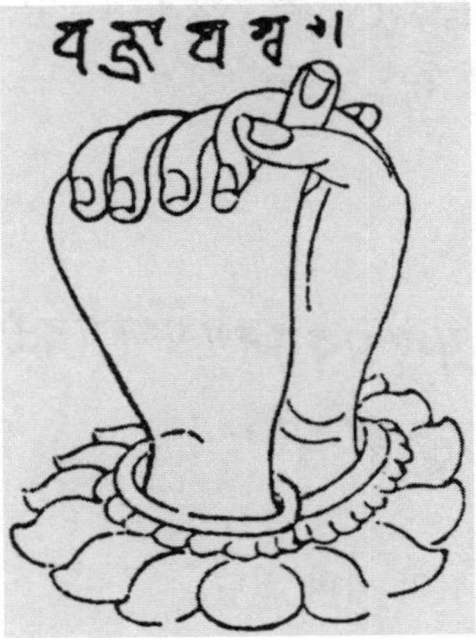

66. **비밀등**(秘密燈, Guhya-dīpā)

— 범자의 진언은 창작(創作)

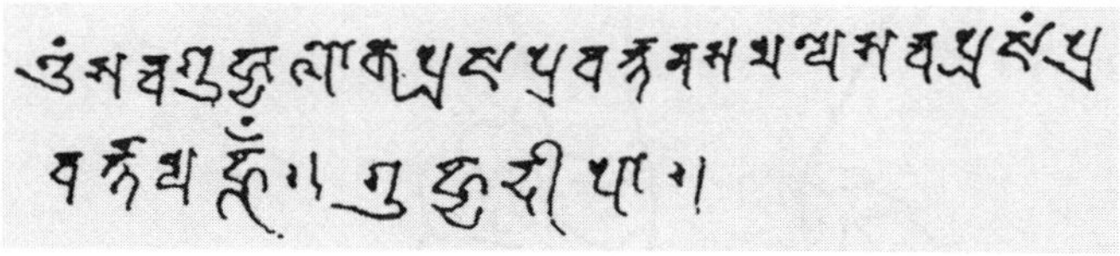

경전에는 다음과 같이 적혀 있다.

「Oṃ sarva-guhyāloka-pūjā-pravarttana-smaye-sarva-pūjā pravarttaya hūṃ
옴 살봐 구흐야로까 뿌자 쁘라봘따나 삼마예 살봐 뿌자 쁘라봘따야 훔
(Oṃ vajra-guhyā-gīta-pūjā-smaye-sarva-pūjāṃ pravarttaya hūṃ[290])
옴 일체비밀등공양을 올리는 서원에서 난 여존이여!
※ guhya-dīpā 비밀등(秘密燈)」

본도 비밀등녀존에서 금강등녀존에 이르는 하단에는 지금까지 표현한 합장인(añjali), 표치인(cihna-mudrā), 금강박인(vajra-bandha)과 그밖에 제1장 금강계대만다라의 경우와 마찬가지로『삼십권본』에는 제2장 금강비밀만다라(曼茶羅)를 설명한후에 금강비밀신인지(金剛秘密身印智), 금강비밀관시인지(金剛秘密觀視印智), 금강비밀어인지(金剛秘密語印智), 금강비밀심인지(金剛秘密心印智), 금강비밀인지(金剛秘密印智) 등의 관상법과 진언을 설명하였고, 또한 금강비밀대인(金剛秘密大印), 금강박의 삼매야인, 견고호신(堅固護身), 삼매박(三昧縛), 해인(解印) 등의 인언(印言)을 설명하고 있다. 이들 인언의 제1부가『오부심관』의 하단 그림에 나타나 있다. 그것은 다음과 같다.

(66) 금강비밀신인지(金剛秘密身印智)의 이인언(二印言)
(67) 금강비밀신인지(金剛秘密身印智)의 이인언(二印言)
(68) 금강비밀관시인지(金剛秘密觀視印智)의 사인언(四印言)
(69) 금강비밀대인(金剛秘密大印)과 금강박비밀대인(金剛縛秘密大印)
(70)삼매박(三昧縛)의 의(儀)와 해인(解印)

290)『진실섭경』의 다라니.

◎ guhyāñjalī(비밀합장 秘密合掌)

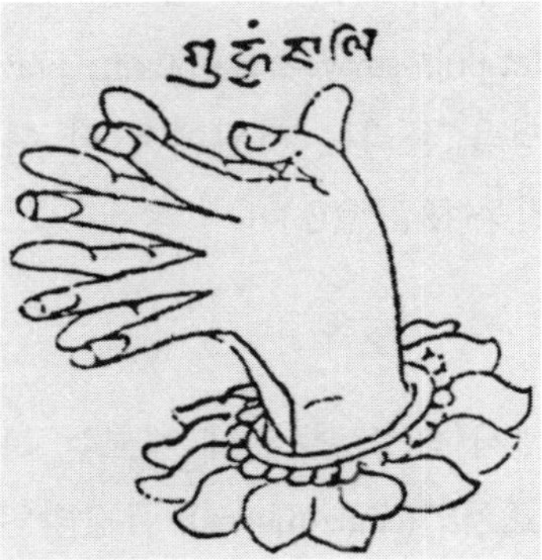

◎ guhya-dīpa(비밀등 秘密燈)

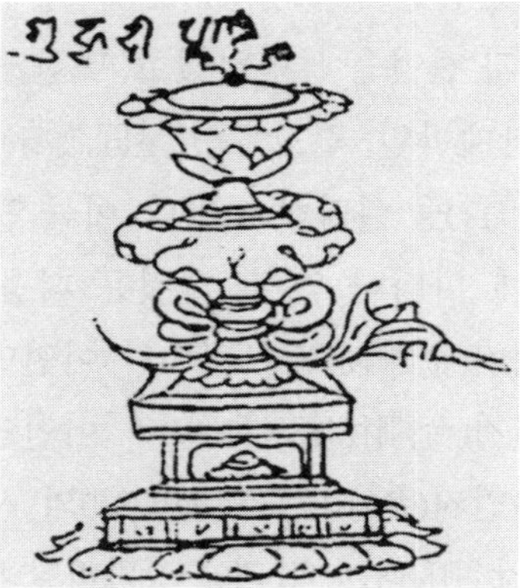

● samaya-mudrā(삼매야인 三昧耶印)

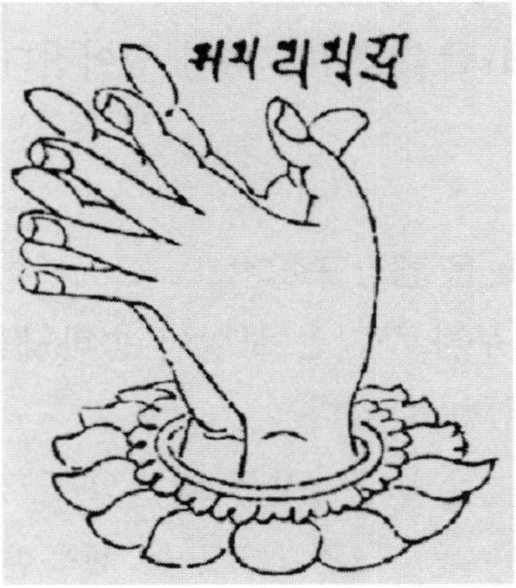

① Oṃ vajra-rāgā hoḥ(vajra-rāgāya hoḥ) 옴 금강애염이여!

돗자리 위에 반가부좌로 앉은 보살이 양 손을 머리 위에 주먹을 쥔 자세를 취하고 있다.

경전에 의하면 금강비밀신인지(金剛秘密身印智 vajra -guhya-kāya- mudrā-jñāna)를 받아가져 한 번 소작(所作)한 것을 의미한다.

'정월만다라중주(淨月曼多羅中住)
관상금강작분신(觀想金剛作奮迅)
수족지이실동요(手足指而悉動搖)
금강명비상생애(金剛明妃尙生愛)'

요약하면, 청정한 보리심을 관상하여 보

리심을 움직이는 것이 수족을 움직이는 것과 같이, 고요하고 맑은 못에 돌을 던졌을 때 파장이 멀리 나가는 것처럼 보리심의 덕이 광대원만(廣大圓滿)해졌을 때 금강명비의 덕이 얻어진다고 설명되어진다.

② Oṃ vajrāṅkuśa jaḥ 옴 금강구소여!

돗자리 위에 반가부좌로 앉은 보살이 손바닥을 펴 손을 양옆으로 반쯤 벌린 자세를 취하고 있다.

이것은 경전의 금강비밀신인지(金剛秘密身印智)를 체득한 제2의 행위로 경전의 다음 구절에 의한 것이다.

'굴비유여지구세(屈臂猶如持鉤勢)
관상금강재두상(觀想金剛在頭上)
수장상격편진성(手掌相擊便振聲)
상금강구작구소(想金剛鉤作鉤召)'

이것은 팔꿈치를 구부려 구처럼 하고 머리 위에 금강이 있는 것을 관상하고 손뼉을 치고 소리를 내면 금강구소가 얻어진다는 의미이다.

67. 비밀도향(秘密塗香, Guhya-gandha)

— 범자의 진언은 창작이며, 『시호역』에는 이것이 나와 있지 않다.

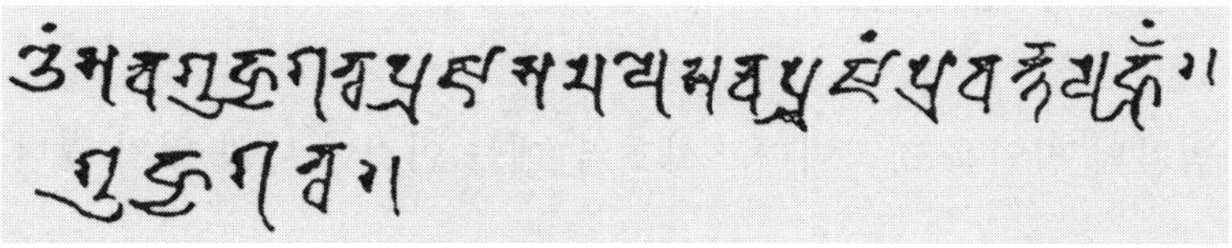

경전에는 다음과 같이 적혀 있다.

「Oṃ sarva-guhya-gandha-pūjā-samaye sarva-pūjaṃpravar ttaya hūṃ
옴 살봐 구흐야 간다 뿌자 삼마예 살봐 뿌잠쁘라발따야 훔
(Oṃ sarva-guhya-nṛtya-pūjā-samaye sarva-pūjaṃpravartaya hūṃ[291])
옴 일체비밀도향공양의 서원에 있는 여존이여!
※ guhya-gandha비밀도향(秘密塗香)」

◎ añjali(합장 合掌)

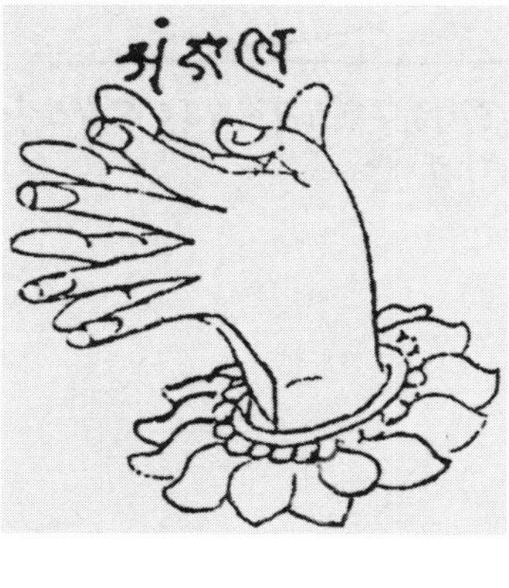

291) 『진실섭경』의 다라니.

◎ guhya-gandheśvari-cihna-mudrā(비밀도향자재표치인)

◎ samaya-vajra-bandha(삼매야금강박)

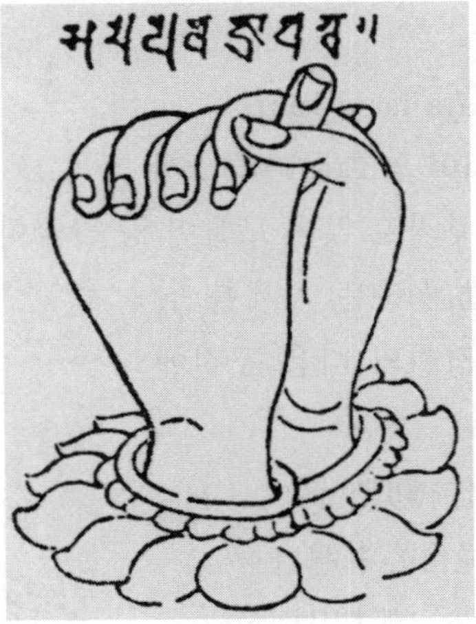

① Oṃ māra māraya phaṭ(maraya maraya phaṭ)

옴 살해하는 것이여!

돗자리 위에 반가부좌로 앉은 보살이 활을 당겨 화살을 놓으려고 하고 있다. 이것은 경전의 다음 구절에 의한 것이다.

우부응작사전법(又復応作射箭法)
기분신상사심중(起奮迅相射心中)
여응살제악마(如応殺諸惡魔)
묘락금강자당득(妙樂金剛自当得)

애염의 활과 화살을 가지고 마음을 향해 쏘면 모든 악은 살해되어 애락금강의 세계를 스스로 체득할 수 있다는 의미이다.

② Oṃ bandha bandhaya rakṣa haṃ

옴 묶이고 묶는 자여 방호(防護)하소서!

돗자리 위에 반가부좌로 앉은 보살이 양 팔꿈치를 앞으로 교차하여 신체를 묶고 방호(防護)하는 자세를 취하고 있다. 이것은 경전의 다음 구절에 의한 것이다.

'응작박계어비(応作縛繫於臂)
종자심중편자신(從自心中遍自身)
피금강법용상응(彼金剛法用相應)
자득제불상위호(自得諸佛常衛護)'

양팔을 가지고 신체를 묶는 것에 따라 스스로의 마음 또한 튼튼히 묶어 확립하면, 금강의 갑옷과 투구를 입는 것이 가능해져 모든 부처님으로부터 위호(衛護)를 받는다는 의미이다.

③ vajra-guhya-mudrāḥ(금강비밀인 金剛秘密印)

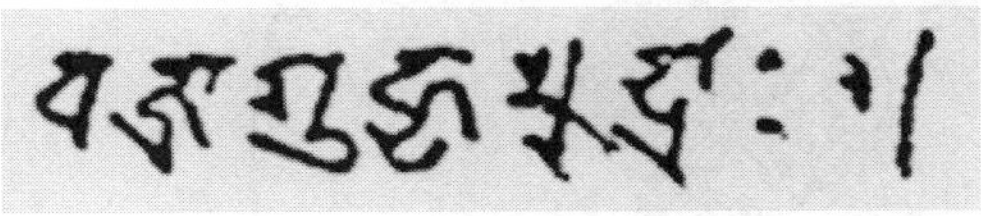

68. **비밀구녀**(秘密鉤女, Guhyāṅkuśī)

Oṃ guhyaṅkuśī hūṃ jaḥ jaḥ jaḥ jaḥ

옴 비밀구녀존이여!

※ guhyāṅkuśī 비밀구녀존(秘密鉤女尊)

guhyāñjali(비밀합장 秘密合掌)

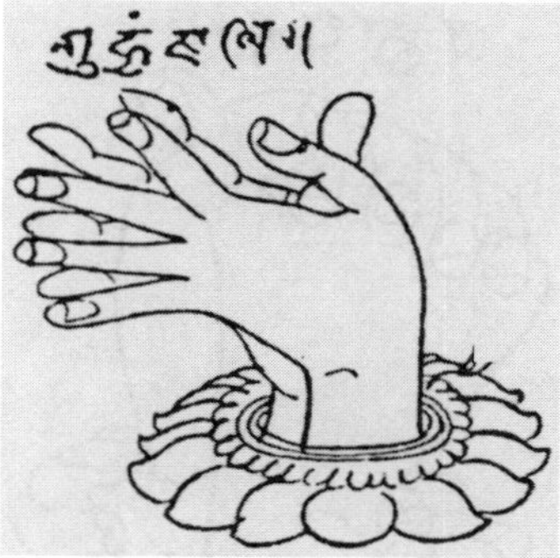

guhyāṅkuśī-cihna-mudrā(비밀구녀표치인 秘密鉤女標幟印)

vajra-bandha(금강박 金剛縛)

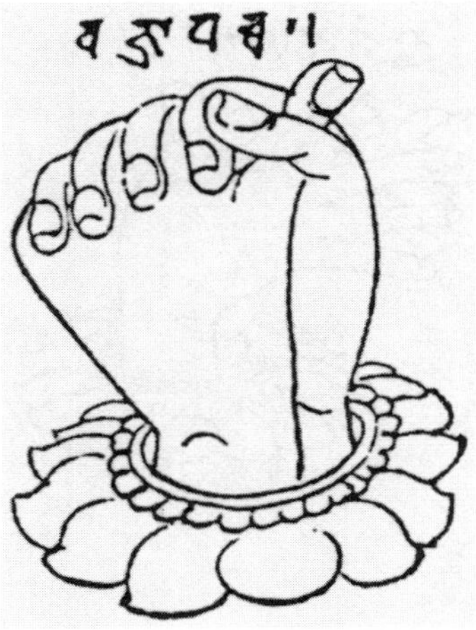

사안(四眼) – 금강비밀관시인지(金剛秘密觀視印智)

① Oṃ vajra-dṛṣṭi maṭ(옴 금강안이여!)

경전에는 다음과 같이 적혀 있다.

「모든 금강시(金剛視)는 묘애(妙愛)를 생하고, 이른바 환희는 화안을 연다. 그로써 명비를 관시하는 까닭에 곧 그녀를 언제나 순종하고 사랑하게 할 수 있다.」

② Oṃ dipta-dṛṣṭy-aṅkuśī jaḥ(옴 광명안의 구소여!)

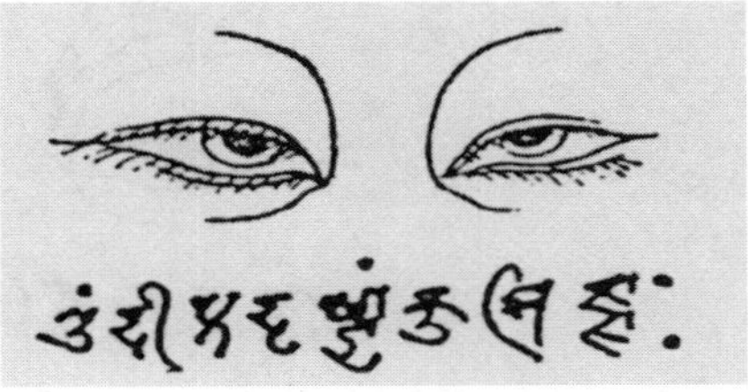

경전에는 다음과 같이 적혀 있다.

「급히 빠르게 눈을 움직이고 눈을 깜빡여서 비추는 구소상(鉤召相)은 이것을 이름하여 광명시(光明視)라 하는데 온갖 세간을 모두 구소한다.」

③ Oṃ krodha-dṛṣṭi traṭ(옴 분노안이여!)

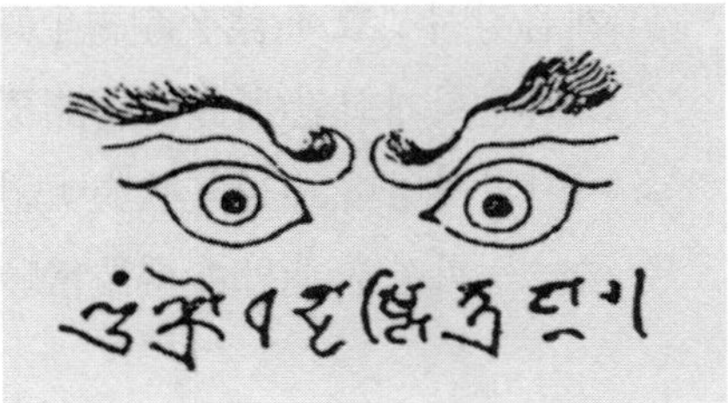

경전에는 다음과 같이 적혀 있다.

「미간을 찌푸리는 파괴의 상은 찰나 사이에 능히 분노의 기세를 나타낸다.

이것을 편지분노시(遍持忿怒視)라 이름하니 이에 삼세도 모두 항복시킨다.」

④ Oṃ dṛḍha-dṛṣṭi hīḥ(옴 견고안이여!)

경전에는 다음과 같이 적혀 있다.

「견고한 자애안을 만드니 수미산의 모든 바위와 같도다. 이것을 이

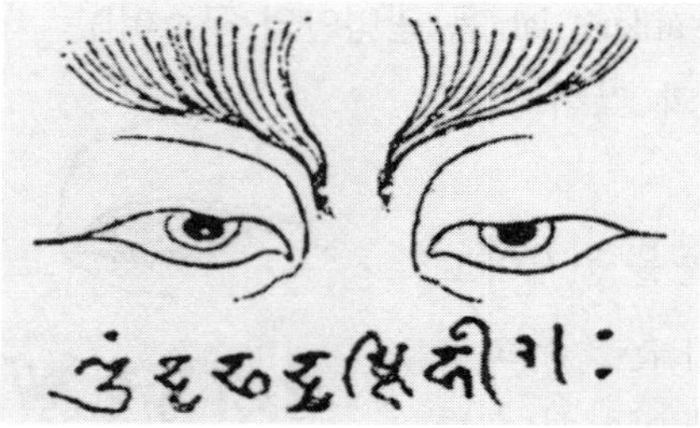

름하여 자애시(慈愛視)라 하는데 능히 병과 독과 들러붙는 귀신을 파괴한다.」

4종안과 진언은 경의 금강비밀관시인지(金剛秘密觀視印智 vajra-guhya-dṛṣṭi-mudrā-jñāna)의 다음의 소설에 기초한 것이다.

① 제금강시생묘애(諸金剛視生妙愛)
소위환희개화안(所謂歡喜開華眼)
이기환시명비고(以其歡視明妃故)
즉능득피상순애(卽能得彼常順愛)

② 우부극악동요안(又復極惡動搖眼)
안첩조명구소상(眼捷照明鉤召相)
차설명위광명시(此說名爲光明視)
일체세간실구소(一切世間悉鉤召)

③ 우부빈미파괴상(又復顰眉破壞相)
찰나능관분노세(刹那能觀忿怒勢)
차명편지분노시(此名遍持忿怒視)

내지삼세상항복(乃至三世尙降伏)

④ 우작견고자애안(又作堅固慈愛眼)
유여수미제산석(猶如須弥諸山石)
차설명위자애시(此說名爲慈愛視)
능파병독급집매(能破病毒及執魅)

이상의 경전의 취지는 다음과 같이 설명되어진다.

① 금강의 진수를 통찰하는 눈을 가지면 환희의 세계에 눈이 열려, 풍부한 사랑의 마음이 길러진다. 그 까닭은 금강안을 열어가면 진리로 유혹하는 여신(女神)을 처음으로 보고 여신(女神)의 깊은 애정 속에서 진실의 애정은 눈떠진다.

② 눈을 심하게 동요시켜 눈꺼풀을 구소(鉤召)하는 것처럼 움직여서 눈을 입으로 말하는 것처럼 하면 어둠 속에서 광명을 보고 지혜의 빛으로 인생의 지침을 얻게 되어 모든 것은 구제 된다.

③ 자기의 견해에 빠져 있는 좁은 식견을 극복하여 진실의 세계를 보는 눈이 열리게 되면 진실 세계가 펼쳐져 찰나에 분노의 형세를 얻게 돼 분노의 눈으로 세상을 보는 것이 가능해져 모든 장애를 극복하고 삼세의 결박(結縛)이 조복되게 된다.

④ 자비의 마음을 가지고 세계를 관하게 되면, 세계를 넘어서 보편의 진리가 투시된다. 마치 수미산이 태연자약한 것처럼 모든 것을 포함하고 병독집착의 악령도 삼켜 최파해버리고 견고부동의 자기 자신을 확립하게 된다.

69. **비밀소녀**(秘密素女, Guhya-pāśā)

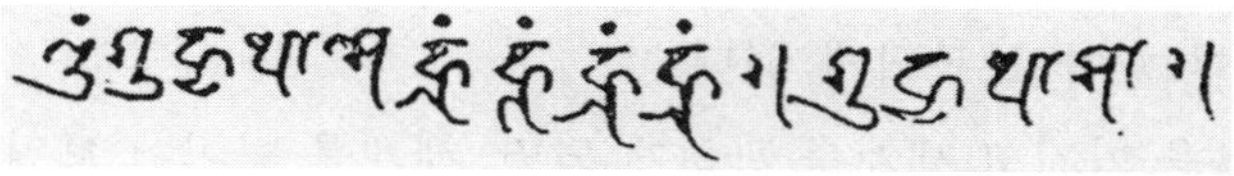

Oṃ guhya-pāśe hūṃ hūṃ hūṃ hūṃ

옴 비밀소녀존이여!

※ guhya-pāśā 비밀소녀(秘密素女)

◎ vajrāñjali(금강합장 金剛合掌)

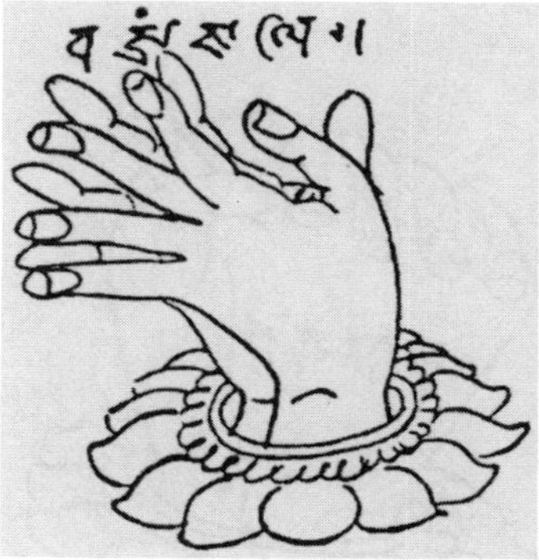

◎ cihna-mudrā(표치인 標幟印)

◎ vajra-bandha(금강박 金剛縛)

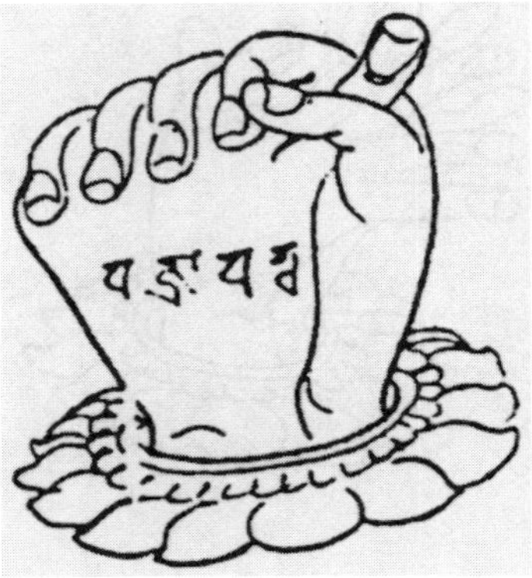

◎ 두 가지 인(印)

① vajrāñjali-guhya-mahā-mudrā(금강합장비밀대인 金剛合掌秘密大印)

② vajra-bandha-guhya-mudrā(금강박비밀대인 金剛縛秘密大印)

위의 두 인은 경의 '금강비밀대인(金剛秘密大印)'①, '금강비밀법(金剛秘密法)'②에 기초한 것이다. 경은 비밀만다라를 설한 후 관상의 인과 진언을 설하고 더욱더 비밀만다라의 세계를 체득하기 위한 관상법으로서 대인(mahā-mudrā), 삼매야인(samaya-mudrā), 법인(dharma-mudrā), 갈마인(karma-mudrā)의 4종인(印)을 설한다. 지금의『오부심관』에는 대인과 삼매야인(금강비밀법)의 두 인을 대표적으로 나타내고 그 외의 법인과 갈마인을 생략하고 있다.

『오부심관』의 제2장 금강비밀만다라의 각 존상의 밑에는 삼매야인의 모인인 합장인과 금강박인이 그려져 있다. 또 여기에 새삼스럽게 삼매야인에 해당하는 금강박비밀대인과 대인에 해당하는 금강합장비밀대인 등을 그리고 있는 것은 각각 모든 존의 관상법의 구극(究極)에는 한 존에 관한 대인(大印), 삼매야인(三昧耶印), 법인(法印), 갈마인(羯磨印)의 관상(觀想)에 의해 결론지어진 것을 표현한 것이라 생각된다.

70. **비밀쇄녀**(秘密鎖女, Guhya-sphoṭā)

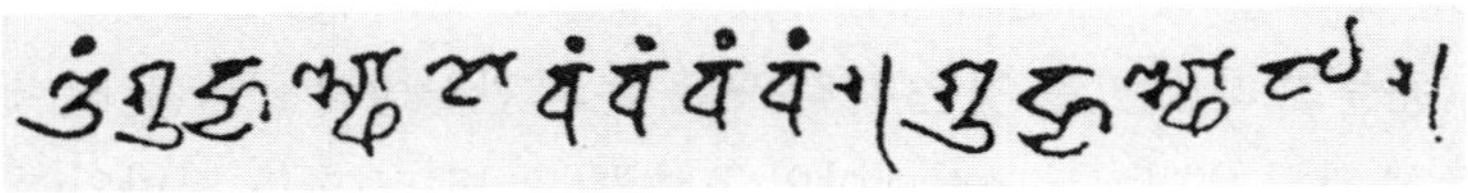

Oṃ guhya-sphoṭā baṃ baṃ baṃ baṃ

옴 비밀쇄녀존이여!

grhya-sphoṭā 비밀쇄녀(秘密鎖女)

vajrāñjali(금강합장 金剛合掌)

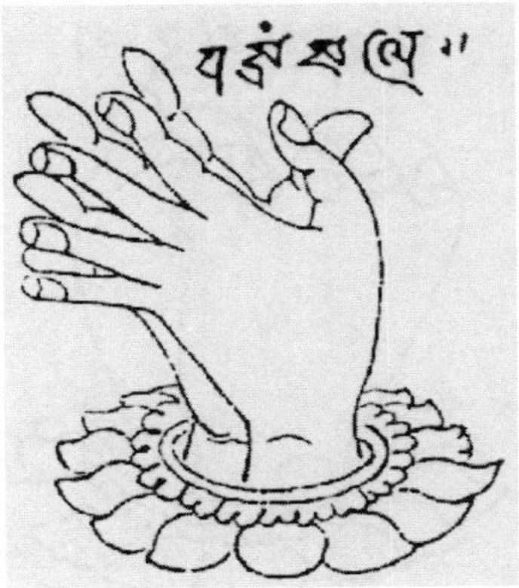

cihna-mudrā(표치인 標幟印)

samaya-mudrā(삼매야인 三昧耶印)

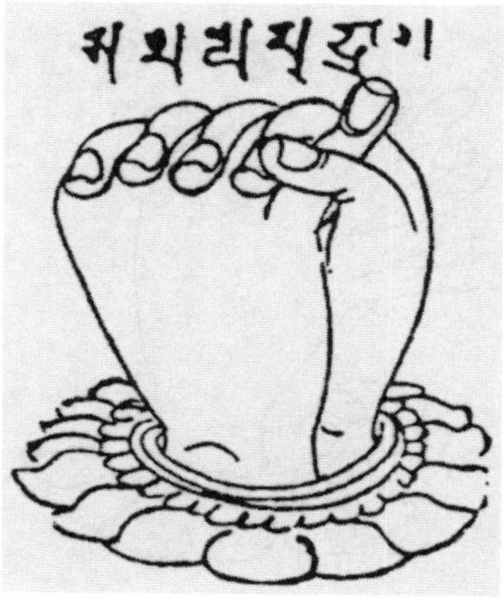

ratnāṅkula-mahā-mudrā 보부대인(寶部大印)

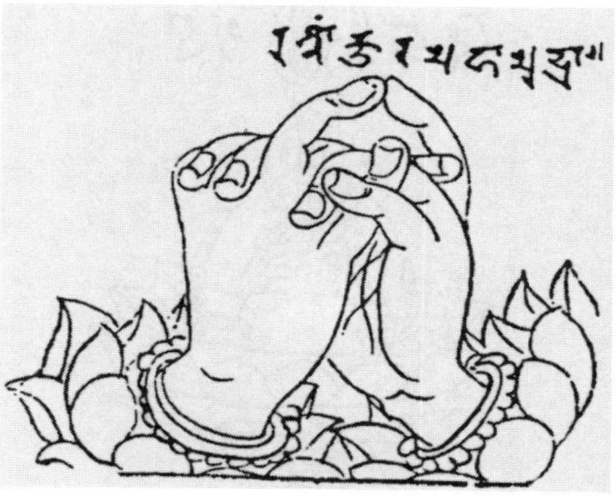

◎ kaṭṭada-mahā-mudrā 검대인(劍大印)

Oṃ dṛḍha-vajra-kavaca dhṛṭ'
옴 견고금강의 갑주여!

위의 두 인(印), 보부대인과 검대인은 경의 '견고호신소작법(堅固護身所作法) [dṛḍhī- karaṇaṃ]'의 '결보금강견고권(結寶金剛堅固拳) 이두지결갑주인(二頭指結甲胄印) 종심지정차제해(從心至頂次第解) 수응송시심명(隨應誦是心明)[Oṃ-dṛḍha-vajra-kavaca dhṛṭ']'에 기초한 것이다.

이것은 금강비밀만다라의 세계를 체득한 사람은 마음이 견고해져 일체의 마(魔)를 물리치고 불멸의 보성(寶性)을 몸에 갖추는 것이 가능하다는 의미이다.

71. **금강영녀**(金剛鈴女, Vajra-ghaṇṭā)

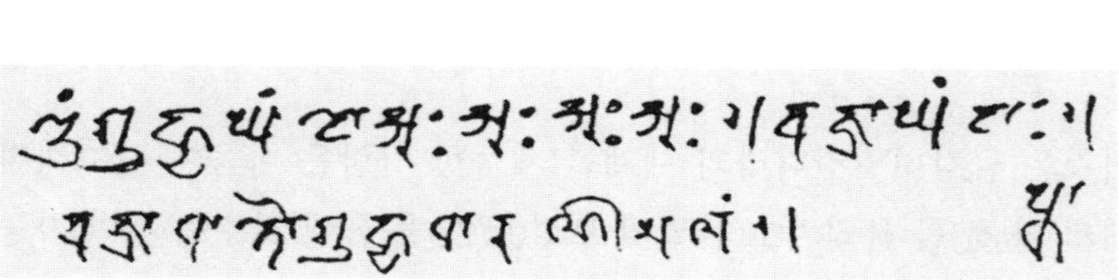

Oṃ guhya-ghaṇṭā aḥ aḥ aḥ aḥ

옴 비밀영녀존이여!

※ vajra-ghaṇṭā 금강영녀(金剛鈴女)

vajra-dhātau-guhya-dhāraṇi-maṇḍalaṃ

금강계에서 비밀다라니만다라(秘密多羅尼曼多羅)

guhyāñjali(비밀합장 秘密合掌)

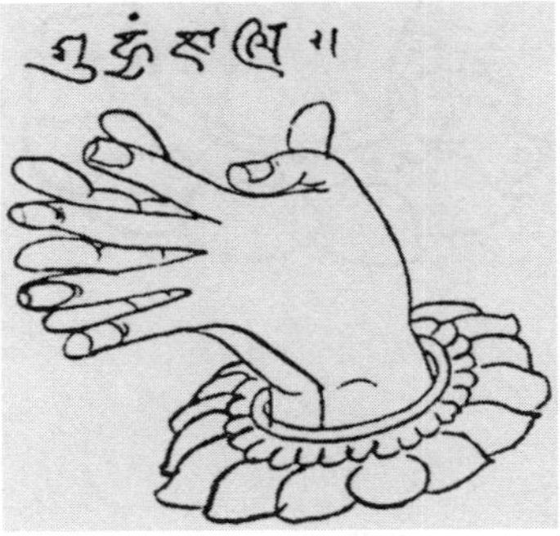

cihna-mudrā(표치인 標幟印)

◎ vajra-dandha(금강박 金剛縛)

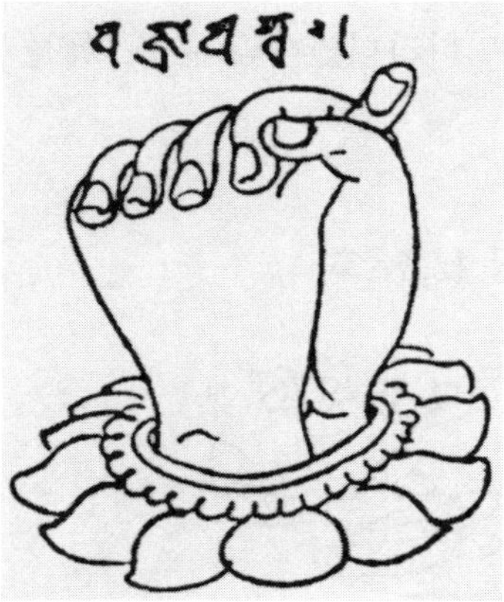

◎ Oṃ vajra muḥ

옴 금강이여, 풀으소서!

경의 해인의칙(mokṣyo)에 의한다.

◎ Oṃ guhya-tāla-samaya-saḥ(guhya-samaya-tāla saḥ)

옴 비밀손바닥의 삼매야여!

경의 박삼매의 'bandha-samayo'에 의한 것이다.

제3장 금강지金剛智 법만다라法曼多羅

72. 비로차나(毗盧遮那, Vairocana)

존상은 보살형으로 오불의 관을 쓰고 지권인을 결하고 연꽃 좌대에 앉아 있다. 존의 상하좌우에 금강저의 머리가 보이고 후광은 화염에 휩싸여 있다.

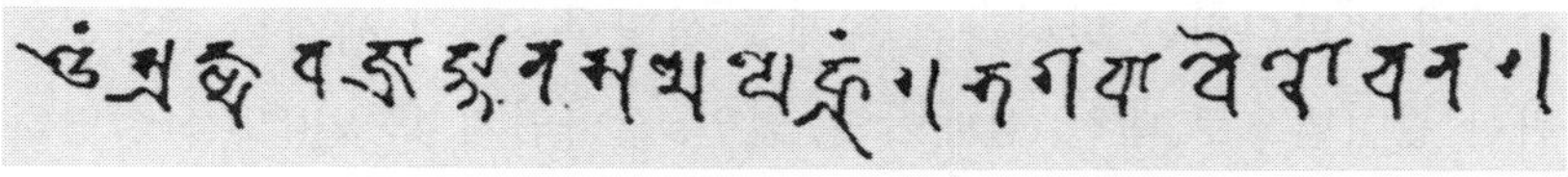

경전에는 다음과 같이 적혀 있다.

「구덕 금강수보살마하살은 다시 일체 여래의 미묘금강지인삼매(微妙金剛智印三昧)의 만다라가지(曼荼羅加持)라는 삼마지에 들어가셔서 이 최상의 자심명(自心明)을 송한다.

oṃ sūkṣma-vajra-jñāna-samaye hūṃ

옴 수끄슈마 봐즈라 즈나나 삼마예 훔

옴 미세 금강지의 서원에서 태어난 여존이여!

※ bhagavān vairocana 세존비로차나(世尊毗盧遮那)」

karma-mudrā(갈마인 羯磨印)

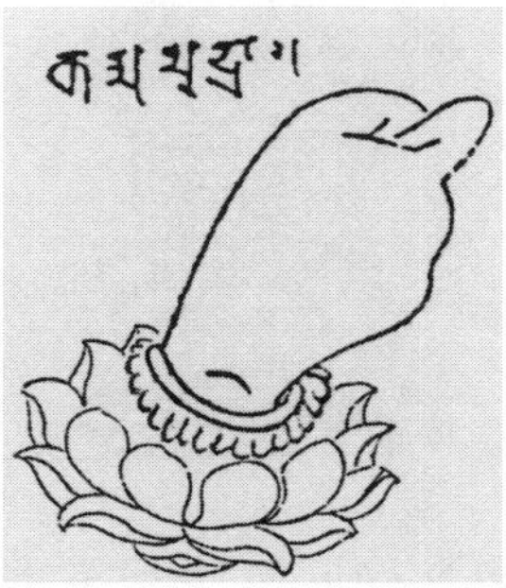

왼손의 금강권인을 나타낸다. 이것은 갈마인의 인모이다. 제3장의

금강지 법만다라는 만다라의 세계를 설명한 후, 그 세계를 증득하기 위한 관상법으로 대인, 삼매야인, 법인, 갈마인의 4종인(印)을 설명하고 있다.

본 그림의 인은 이 가운데 모든 갈마인의 근본이 되는 인모를 나타낸 것이다. 경전의 '최상법갈마(最上法羯磨 dharma-karmāgryaḥ)'의 인으로써 그것은 '응결미묘금강지권(應結微妙金剛智拳 sūkṣma-vajriṇāṃ jñāna muṣṭiṃ)'에 의한 것이다.

갈마권이라고 하는 기본인을 기초로 모든 인(印)을 각각 결하여 모든 존의 움직임을 관상하고 그것으로 행자 자신의 수행력을 높이는 것이다.

● bhagavat vairocanasya-cihna-mudrā(세존 비로차나의 표치인)

핀 연꽃 위 삼각의 지화(智火)를 화염이 둘러싸고 있다.

이것은 경전의 '각각표치안자심이(各各標幟安自心已)'에 의한 것이며, 특히 삼각지화를 그려 금강미세지를 나타냈다.

◉ bodhāgri-mahā-mudrā(각승대인 覺勝大印)

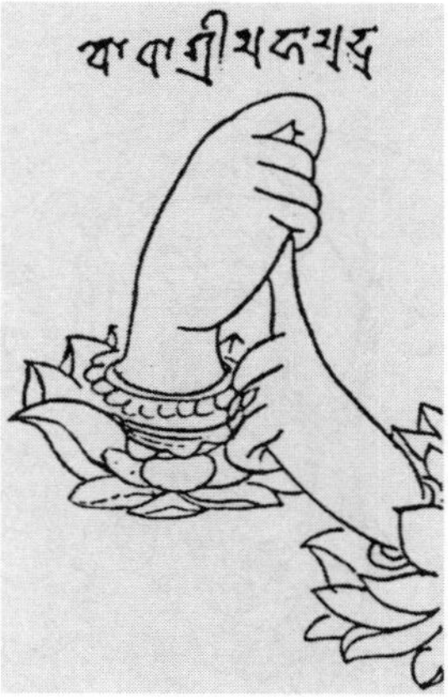

지권인(智拳印 - 覺勝印)을 나타낸다. 본 그림은 금강의 세계를 실현해 가는 행자, 즉 금강수 보살이 '일체 여래의 서원(誓願)인 미묘금강지권인삼매(微妙金剛智拳印三昧)로써 만다라(曼多羅)가지(加持)의 삼마지에 들어가 비로차나가 된 것을 나타낸 것이다'라고 경전은 설명한다. 이것은 금강의 세계를 구하는 행자가 세계를 극미(원자)로 보는 눈을 열고, 곧 정법안장의 열반묘심이 되어 깨끗하고 더러움의 분별을 아주 떠나 공의 근본된 경계 안에서 엄연히 있는 것을 나타낸다.

73. 아축(阿閦, Akṣobhya)

가슴 가운데 금강저를 관상하고 있는 존상을 나타낸다. 이것은 행자가 금강의 주체가 되는 것을 그려 놓은 것이다.

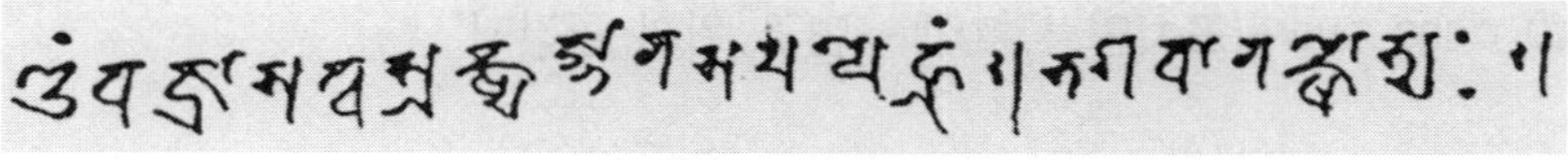

경전에는 다음과 같이 적혀 있다.

「세존 아축여래께서는 곧 일체 여래의 금강살타미묘금강지인삼매의 만다라가지(曼荼羅加持)라는 삼마지에 들어가 이 최상의 자심명을 송하신다.

oṃ vajra-satva-sūkṣma-jñāna-samaya hūṃ
옴 봐즈라 사뜨봐 수끄슈마 즈나나 삼마야 훔
옴 금강살타의 미묘지의 서원에서 난 여존이여!
※ bhagavan akṣobhyaḥ 세존 아축」

● karma-mudrā(갈마인 羯磨印) – 오른손 금강권

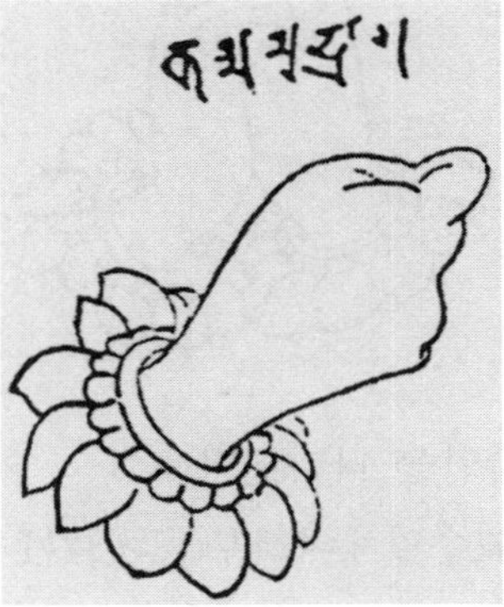

● cihna-mudrā(표치인 標幟印) – 연꽃 위의 금강저

● vajra-jñāna-samaya-mudrā(금강지혜삼매야인 金剛智惠三昧耶印)

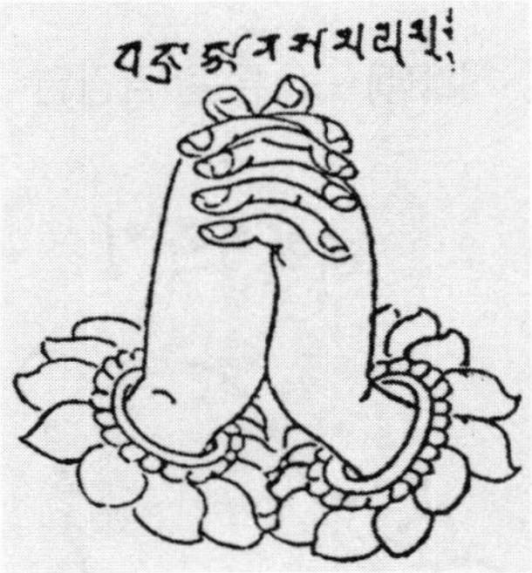

조금 길죽한 금강박인을 나타낸다.

이것은 경의 '부차교수일체여래부(復次敎授一切如來部) 삼마지삼매인지(三摩地三昧印智) tathāgata-kula-samādhi-samaya-mudrā-jñānaṃ'에

의한 것으로 '종피금강박출생(從彼金剛縛出生) 등지삼매야승인(等持三昧耶勝印) 십육대사응여차(十六大士應如次) 피등박인금당설(彼等縛印今当說)[vajra-bandha-samudbhūtāḥ ṣoḍaśas tu prakītitāḥ samādhi-samayāgryas tu tāsāṃ bandhaḥ pravakṣyate]'이라고 설명하고, 십육보살을 각각 인물별로 나타내고 있다. 위의 경전의 의미는 금강박인은 예지(叡智)가 움직여 보리심을 발현(發現)시키고 여러 가지 덕을 나타내 가는 미세지의 본질적인 움직임을 나타낸 것이라는 뜻이다.

이 미세지는 마음을 선정으로 인도하여 모든 존의 여러 가지 이상(理想)을 몸에 갖추게 한다. 그리고 금강계의 핵심이 되는 십육 존의 세계도 이 금강박인에 내포되어 있는 미세지의 움직임이 그 근본이 된다고 말하고 있다.

74. 보생(寶生, Ratnasaṃbhava)

가슴 가운데 금강보저를 관상하고 있는 존을 나타냈다. 이것은 행자가 금강보의 주체가 되는 것을 나타낸 것이다.

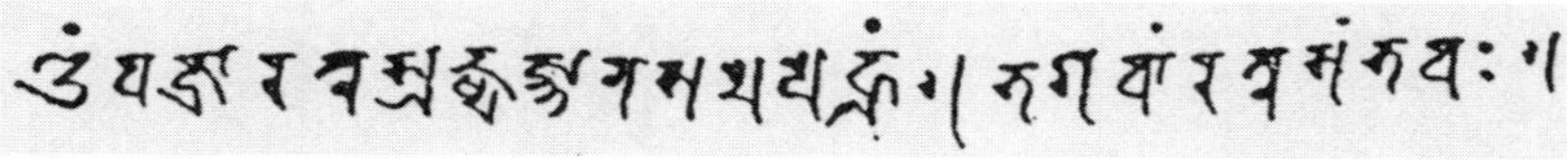

경전에는 다음과 같이 적혀 있다.

「세존 보생여래께서는 곧 일체 여래의 금강보미묘지금강인삼매(金

剛寶微妙智金剛印三昧)의 만다라가지라는 삼마지에 들어가셔서 이 최상의 자심명을 송하신다.

oṃ vajra-ratna-sūkṣma-jñāna-samaya hūṃ
옴 봐즈라 라뜨나 수끄슈마 즈나나 삼마예 훔
옴 금강보미세지의 서원에서 난 존이여!
※ bhagavān ratna-saṃbhavaḥ 세존보생(世尊寶生)」

karma-mudrā(갈마인 羯磨印)

◎ cintāmaṇi-mahā-mudrā(여의보주대인 如意寶珠大印)

연꽃 위의 보주, 청정심으로부터 태어난 인간 본성의 보주를 나타낸다. 이 주옥이 인격 형성의 기초가 됨을 강조하고 있다.

◎ ratna-jñāna-samaya-mahā-mudrā(보지혜삼매야대인 寶智慧三昧耶大印)

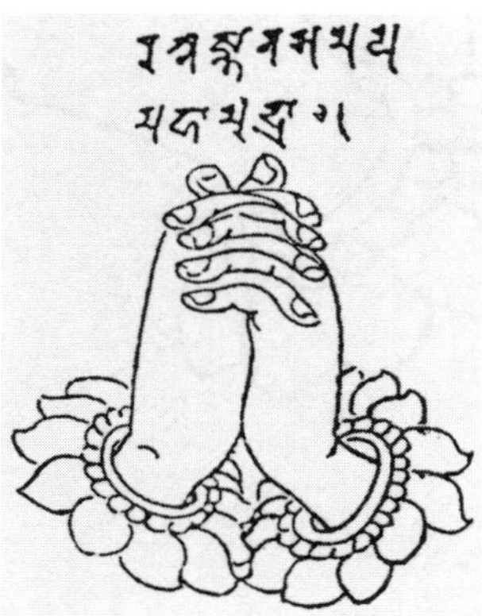

75. 아미타(阿弥陀, Amitābha)

가슴 가운데 반삼고저 위의 연꽃을 관상하고 있는 존을 나타냈다. 이것은 행자가 금강연화(金剛法)[292]의 주체가 됨을 나타낸 것이다.

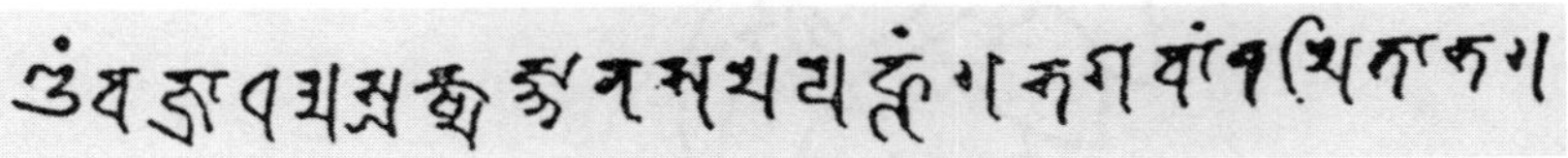

경전에는 다음과 같이 적혀 있다.

---

292) 금강연화와 금강법은 같은 의미이다.

「세존 무량수여래께서는 곧 일체 여래의 금강법미묘금강지인삼매(金剛法微妙金剛智印三昧)의 만다라(曼荼羅)가지라는 삼마지에 들어가셔서 이 최상의 자심명을 송하신다.

oṃ vajra-dharma-sūkṣma-jñāna-samaya hūṃ
온 봐즈라 달마 수끄슈마 즈나나 삼마예 훔
옴 금강법 미세지의 서원에서 난 존이여!」
※ bhagavān amitābha 세존아미타(世尊阿弥陀) - 무량광(無量光)

● karma-mudrā(갈마인 羯磨印)

◎ padma-mahā-cihna-mudrā(연화표치대인 蓮華標幟大印)

연꽃 위에 핀 연꽃을 나타냈다. 이것은 청정심이 있을 때 일체의 진실의 모습을 볼 수 있게 되며, 여기에서 무한의 신생명(新生命)이 얻어지는 것을 나타낸 것이다.

◎ padma-jñāna-samaya-mudrā(연화지혜삼매야인 蓮華智慧三昧耶印)

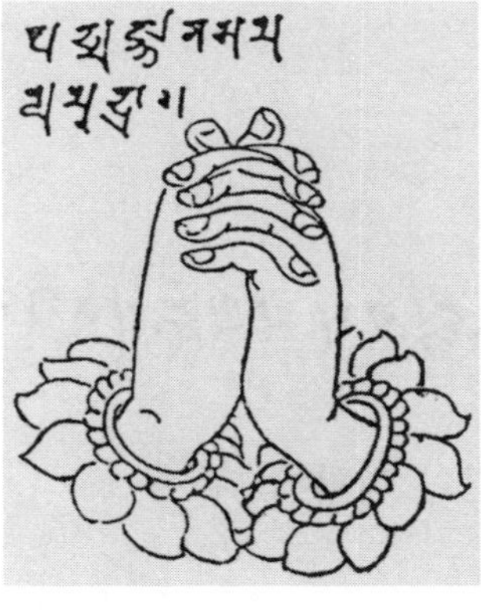

76. 불공성취(不空成就, Amogha-siddhi)

가슴 가운데 갈마저를 관상하고 있는 존을 나타냈다. 이것은 행자가 금강사업(金剛事業)의 실천의 덕이 몸에 갖춰지는 것을 나타낸 것이다.

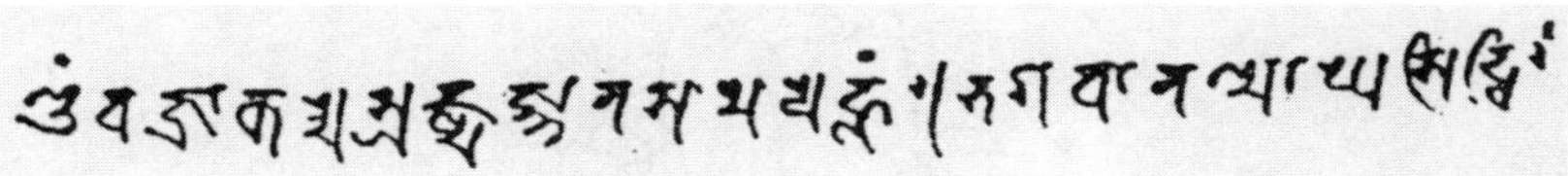

경전에는 다음과 같이 적혀 있다.

「세존 불공성취여래께서는 곧 일체 여래의 금강갈마미묘지인삼매(金剛羯磨微妙智印三昧)의 만다라가지라는 삼마지에 들어가셔서 이 최상의 자심명을 송하신다.

oṃ vajra-karma-sūkṣma-jñāna-samaya hūṃ
옴 봐즈라 깔마 수끄슈마 즈나나 삼마야 훔
옴 금강사업 미세지의 서원에서 난 존이여!
※ bhagavān amoghasiddhi 세존불공성취(世尊不空成就)」

◎ karma-mudrā(갈마인 羯磨印)

cihna-mudrā(표치인 標幟印)

핀 연꽃 위의 갈마저를 나타냈다. 저의 끝에서는 광염이 방출되고 있다. 이것은 청정심으로 해서 청순한 금강의 사업, 즉 자리이타(自利利他)의 움직임이 완성되어 가는 것을 나타낸다.

samaya-jñāna-mudrā(삼매야지혜인 三昧耶智慧印)

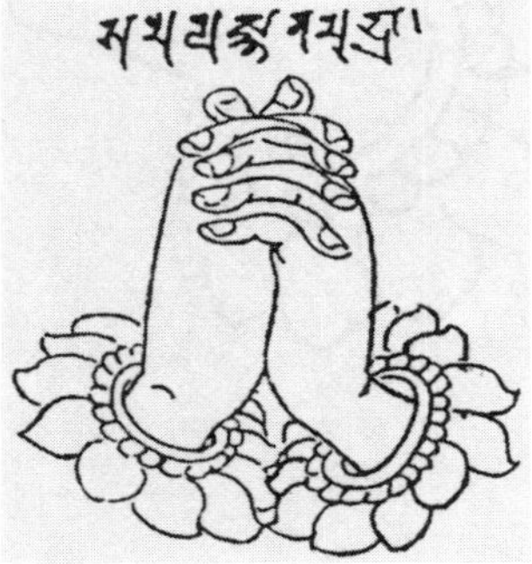

77. **금강살타지인**(金剛薩埵智印, Vajra-satva-jñāna-mudrā)

가슴 가운데 삼고금강저를 관상하고 있는 존을 나타냈다. 이것은 행자가 지혜의 주체가 되어 금강살타의 덕을 몸에 갖춰가는 것을 나타낸 것이다.

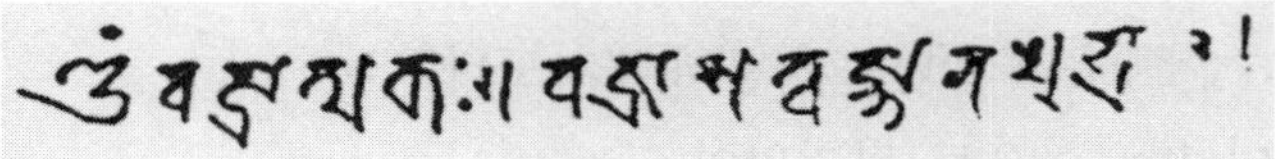

이 부분은 『진실섭경』에만 나와 있고 『오부심관』에는 빠져 있다. 경전에는 다음과 같이 적혀 있다.

「세존 비로차나여래께서는 곧 일체 여래의 미묘지금강삼마지에 들어가셔서 이 삼마지 가운데에서 일체 여래심으로부터 구덕 집금강자(執金剛者)를 이루시고, 미묘한 지의 금강광명을 출현하시고 나서 널리 온갖 세계를 비춘다. 일체 여래의 대중 및 일체 여래의 미묘지금강삼마지의 삼마발저(三摩鉢底) 가운데에서 견고하게 지으신다. 다시 한 덩어리로 되어 삼마지지의 묘금강신(妙金剛身)을 두루 관찰하시고 나서 합하여 한 몸이 되어 여래의 지신을 출생하고, 세존대비로차나여래심 가운데에 이치에 맞게 머문다.

그리고 구덕 금강수보살마하살은 일체 여래의 지심(智心)에 들어가고, 이와 같이 들어가고 나서 이 일체 여래의 미묘한 지[微妙智]의 대삼매금강(大三昧金剛)의 대명을 송한다.

oṃ sūkṣma-vajra
옴 수끄슈마 봐즈라

이 대명을 송할 때에 일체 여래의 심중으로부터 구덕 금강수보살마하살이 출현하고 일체 여래의 미묘한 지의 금강으로 영상(影像)의 몸을 가지하고, 일체 여래의 코끝에 머무르며 이 게송을 읊는다.

위대하도다. 일체의 정각존(正覺尊)이여
미묘금강(微妙金剛)은 나(我)로써 광대해지도다[293].
광대한 성품이 미묘함으로 말미암아
널리 삼계에 두루 펼쳐진다.

---

293) 법계의 자성을 보인 것이다.

이때 구덕 금강수보살마하살은 이렇게 읊고 나서 곧 일체 여래의 코끝에서 미묘한 금강지상(金剛智相)으로 두루 일체 여래의 몸에 펼친다. 이와 같이 두루 펼치고 나서 또다시 법계에 두루하여 허공계와 더불어 합한다. 이로 말미암아 미묘한 금강지상은 두루 진허공계에 펼쳐진 까닭에, 곧 일체 여래의 지금강으로 가지된 영상의 몸 가운데에서 이치에 맞게 머문다.

이와 같은 영상의 몸은 찰나 사이에 일체 여래의 지금강 가운데에 섞여 들어가 금강의 법성을 관찰하고 나서, 곧 일체 여래 및 일체 여래의 미묘한 지의 금강삼마지 가운데서 이치에 맞게 머문다. 그런 다음에 일체 여래의 금강 가운데로부터 일체 여래의 삼마지지의 마음의 대명을 송한다.

vajra-nābhi-tathagata hūṃ 봐즈라 나비 따타가따 훔

이 마음의 대명을 송할 때에 구덕 금강수보살마하살은 다시 자심의 미묘지에 들어가 일체 여래의 몸과 합한다. 이와 같이 들어간 뒤에 자심 가운데에서 금강영상(金剛影像)을 이루고 이치에 맞게 머문다.」 여기까지가 『진실섭경』에만 나와 있고 『오부심관』에는 빠져 있는 부분이다.

『오부심관』과 경전의 공통된 기술은 다음과 같다.

「일체 여래께서는 곧 살타금강 등의 사대지의 마음의 대명을 송하신다.

oṃ vajrātmakaḥ 옴 봐즈라뜨마깡
옴 금강의 자성성취(自性成就)
이것은 바로 금강살타지인이다.
※ vajra-satva-jñāna-mudrā 금강살타지혜인(金剛薩埵智慧印)」

● karma(갈마 羯磨)

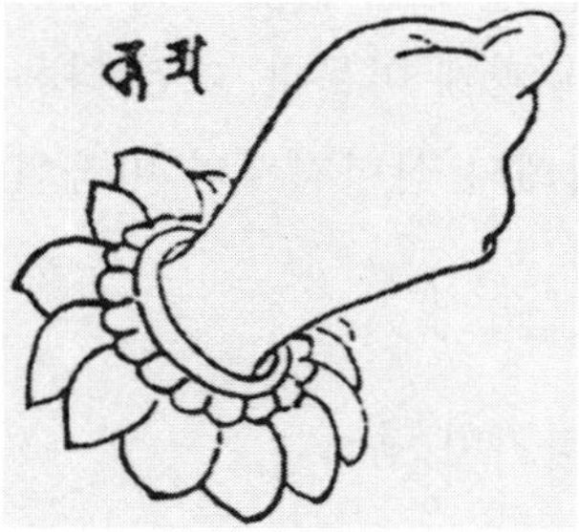

● cihna(표치 標幟)

연꽃 위의 삼고금강저는 청정무구한 마음에서 견실한 금강의 지혜가 생성되는 것을 나타낸다. 금강살타의 본질을 단적으로 나타낸 것이다.

◎ samaya-jñāna-mudrā(삼매야지혜인 三昧耶智慧印)

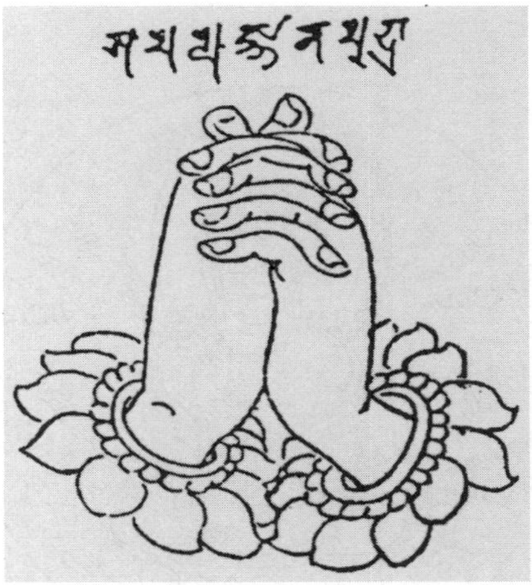

78. 王 **집회가지지인**(集會加持智印, Samājādhiṣṭhāna-mudrā)

가슴 가운데 금강구(金剛鉤)를 관상하고 있는 존을 나타냈다. 이것은 행자가 금강구의 주체가 되어 금강왕(金剛王)의 섭화구제(攝化救濟)의 덕이 몸에 갖추어졌음을 나타낸 것이다.

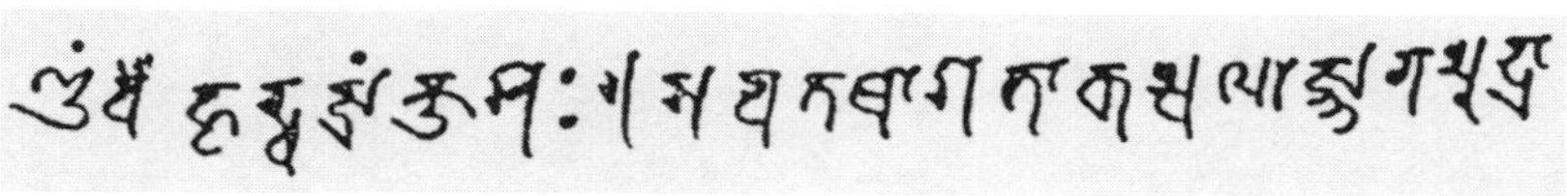

경전에는 다음과 같이 적혀 있다.

「oṃ hṛd-vajrāṅkuśa 옴 흐르드 봐즈랑꾸샤
옴 자신의 깊은 내적 마음은 금강구소(金剛鉤召)이다.
이것은 바로 일체 여래의 집회가지의 지인이다.
※ sava-tathāgatākarṣaṇa-jñāna-mudrā
(sarva-tathāgata-samājādhiṣṭhāna-mudāḥ)
일체여래구소지혜인(一切如來鉤召智慧印)[294]」

karma-mudrā(갈마인 羯磨印)

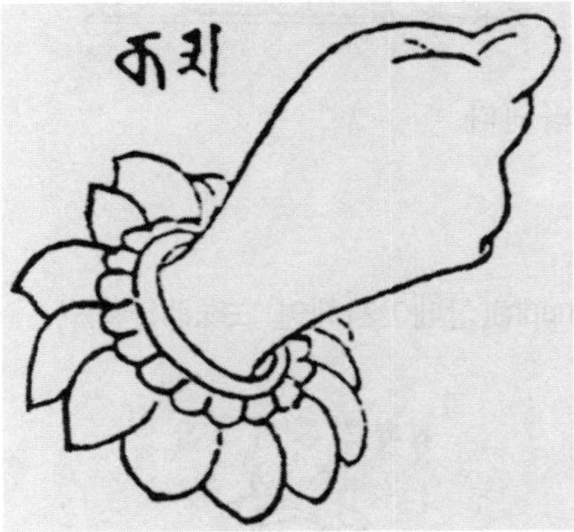

294) 『시호역』에는 일체여래집회가지지인(一切如來集會加持智印)이라 되어 있다.

● cihna-mudrā(표치인 標幟印)

금강구저를 나타낸다.

● samaya-jñāna-mudrā(삼매야지혜인 三昧耶智慧印)

79. 수애락지인(隨愛樂智印, Anurāgana-jñāna-mudrā)

가슴 가운데 금강의 화살을 관상하고 있는 존을 나타냈다. 이것은 행자가 금강의 화살, 즉 애염에 의한 교화의 덕을 몸에 갖추고 있는 것을 나타낸 것이다.

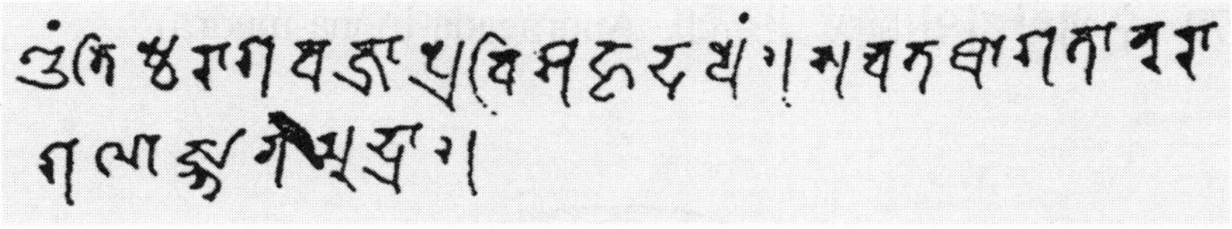

경전에는 다음과 같이 적혀 있다.

「oṃ tiṣṭha rāga-vajra-praviśa hṛdayaṃ

옴 띠스타 라가 봐즈라 쁘라뷔샤 흐르다얌

옴 일어남이여 애염금강이여 침투함이여 감춰진 마음이여!

이것은 바로 일체 여래의 수애락의 지인이다.」

※ sarva-tathāgatānuragaṇa-jñāna-mudrā 일체 여래의 애염의 지인[295)]

karma-mudrā(갈마인 羯磨印)

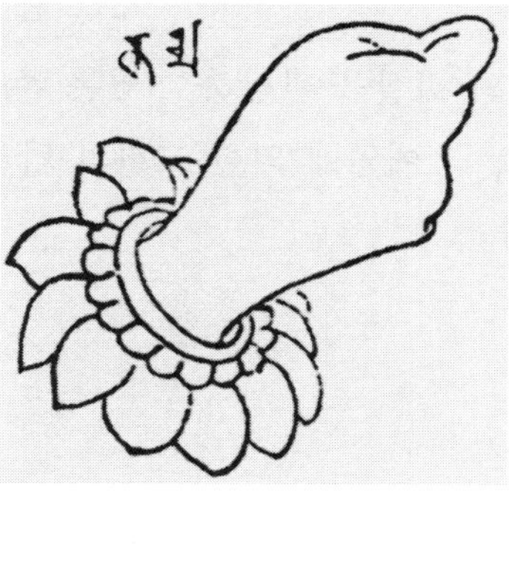

295) 『시호역』에는 일체여래수애락지인(一切如來隨愛樂智印)이라 되어 있다.

◎ cihna-mudrā(표치인 標幟印)

연꽃 위의 화살 끝에 반삼고저와 달이 달려 있고 거기에서 화염이 일어나는 모양을 나타낸다. 이것은 여래의 애염, 즉 대비의 서원을 나타낸 것이다.

◎ samaya-jñāna-mudrā(삼매야지혜인 三昧耶智慧印)

80. 喜 대환희지인(大歡喜智印, Mahā-tuṣṭi-jñāna-mudrā)

가슴 가운데, 두 개의 반삼고저(半三鈷杵)를 나란히 한 모양을 그린 존을 나타냈다.

이것은 행자가 금강희(金剛喜)의 마음을 명상하고 금강의 지혜를 체득한 기쁨을 맛봄을 나타낸 것이다.

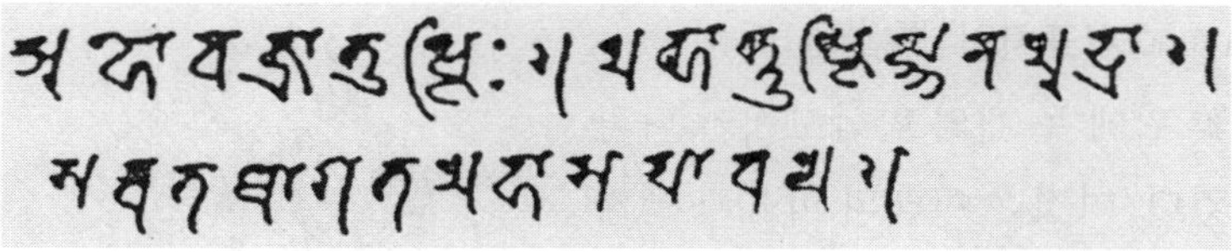

경전에는 다음과 같이 적혀 있다.

「oṃ vajra-tuṣṭi 옴 봐즈라 뚜슈띠

옴 금강희여!(금강을 증득한 희여!)

이것은 바로 대환희의 지인이다. 이들을 일체 여래의 대금강등지문(大金剛等持門)이라 이름한다.」

※ mahā-tuṣṭi-jñāna-mudrā

sarva-tathāgata-mahā-samādhayaḥ 일체여래대선정의 모양[296]

karma-mudrā(갈마인 羯磨印)

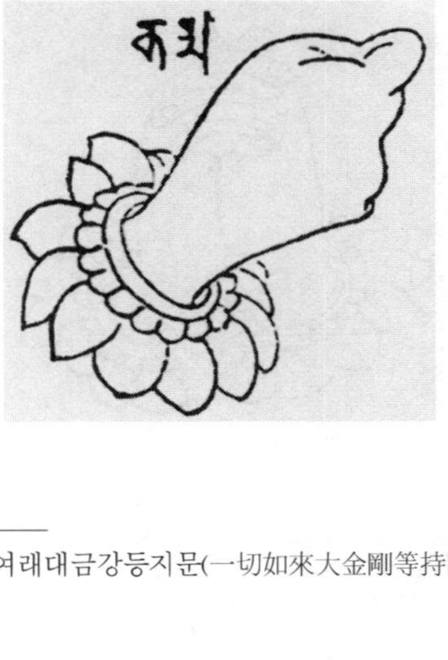

---

296)『시호역』에는 일체여래대금강등지문(一切如來大金剛等持門)이라 되어 있다.

◎ cihna-mudrā(표치인 標幟印)

핀 연꽃 위에 두 개의 반삼고저가 나란히 놓여있다. 이것은 여래의 마음과 행자의 마음이 일체가 되어 금강불괴(金剛不壞)의 주체로서 영원의 기쁨 속에 있음을 나타낸 것이다.

◎ 삼매야지혜인(三昧耶智慧印) (※ 이후로 여기에 새겨진 범자는 생략되어 있다.)

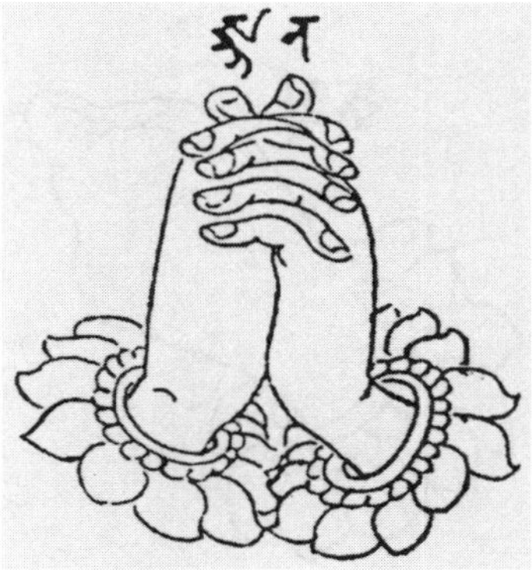

81. 관정지인(灌頂智印, Abhisṣka-jñāna-mudrā)

가슴 가운데 독고저 위 보주(寶珠)를 관상하고 있는 존을 나타냈다. 이것은 행자가 금강보(金剛寶), 즉 영원한 인격의 보(寶)인 여의보주를 표현해 나가는 것을 나타낸다.

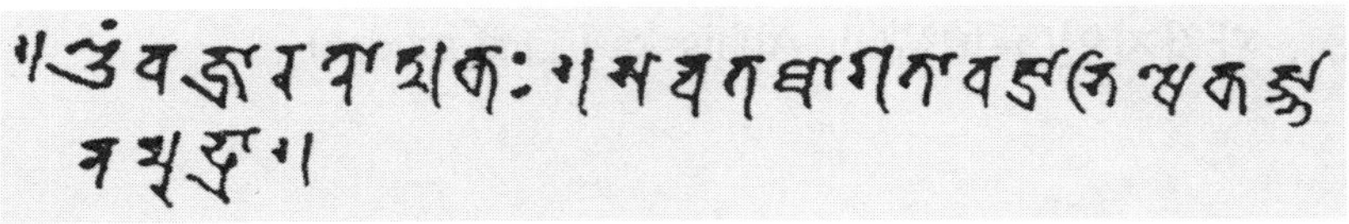

경전에는 다음과 같이 적혀 있다.

「구덕 금강수보살마하살은 다시 일체 여래심의 미묘지에 들어가 자심과 합한다. 이와 같이 들어가고 나서 자심 가운데에서 금강가지의 영상의 몸으로 이치에 맞게 머물며, 곧 이 금강영상의 모습을 네 가지의 마음의 대명으로 송한다.

oṃ vajra-ratnātmakaḥ 옴 봐즈라 라뜨나뜨마깧

(oṃ vajra- ratnātmaka hṛdaya)

옴 나는 금강보의 자성이다.

※ sarva-tathāgata-vajrābhiṣeka-jñāna-mudrā

일체 여래의 금강관정의 지인(智印)[297]」

권인(拳印) (※이하 범자는 생략한다.)

297) 『시호역』에는 일체여래관정지인(一切如來灌頂智印)이라 되어 있다.

◎ 표치인(標幟印)

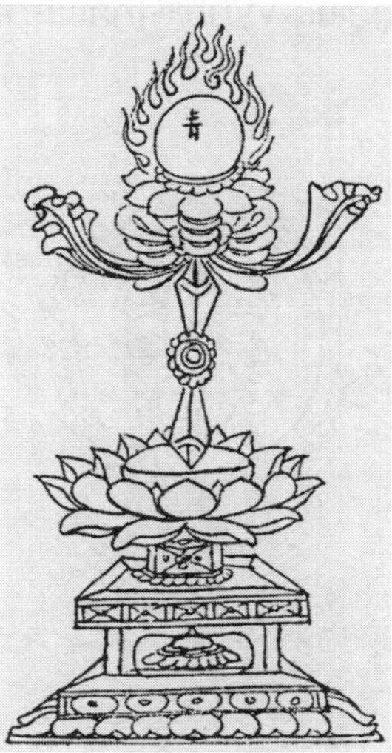

핀 연꽃 위에 독고저를 세우고 그 위에 보주를 나타냈다. 이것은 청정심과 번뇌최파의 금강의 지혜가 여의보주를 현현시킴을 나타낸 것이다.

◎ 삼매야지혜인(三昧耶智慧印)

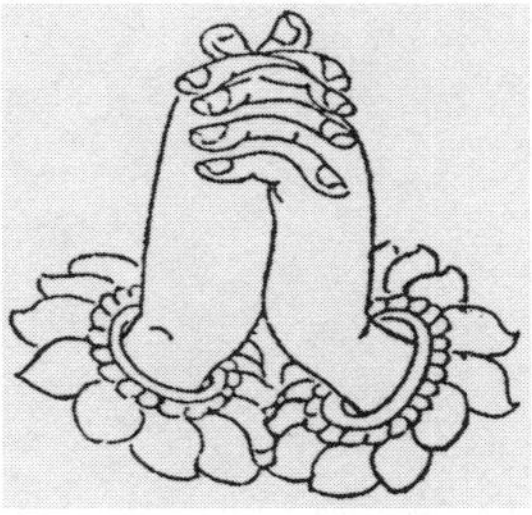

82. **대광명만다라장엄지인**(大光明曼多羅莊嚴智印, Mahā-prabha-maṇḍala-vyūha-jñāna-mudrā)

가슴 가운데, 일광(日光)을 관상하고 있는 존을 나타냈다. 이것은 행자가 여의보주를 표현해 가는 것에 의해 마음의 태양이 몸에 갖추어지는 것을 나타낸다.

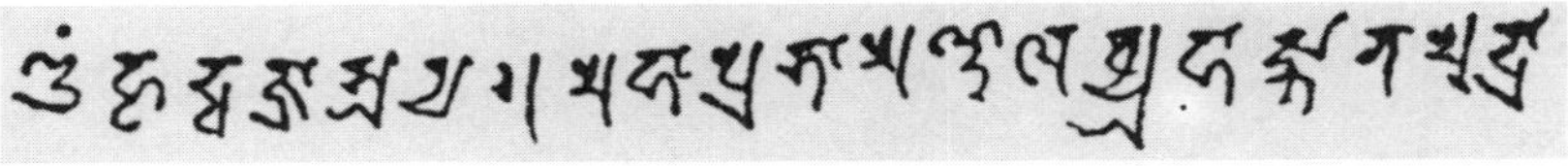

경전에는 다음과 같이 적혀 있다.

「oṃ hṛd-vajra-sūrya 옴 흘드 봐즈라 수라야

(vajra-sūrya-tiṣṭha)

옴 나의 내면의 마음은 금강의 광(光)이다.

이것이 바로 대광명만다라의 장엄지인이다.

※ mahā-prabhā-maṇḍala-vyūha-jñāna-mudrā

대광명만다라장엄지인(大光明曼多羅莊嚴智印)」

◎ 권인(拳印)

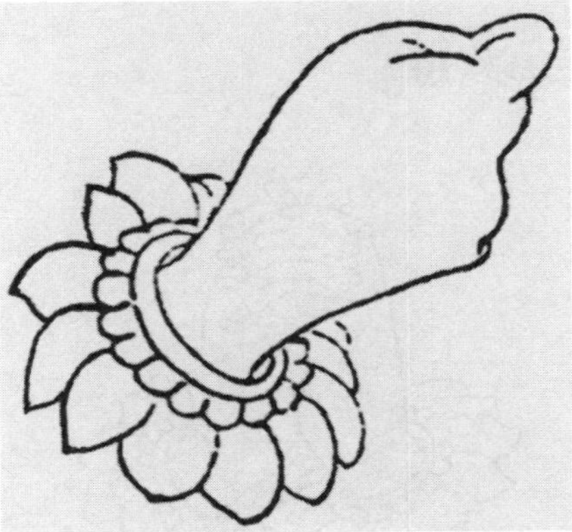

표치인(標幟印)

연꽃 위의 일광, 이것은 광명의 주체가 되는 것을 나타낸다.

삼매야지혜인(三昧耶智慧印)

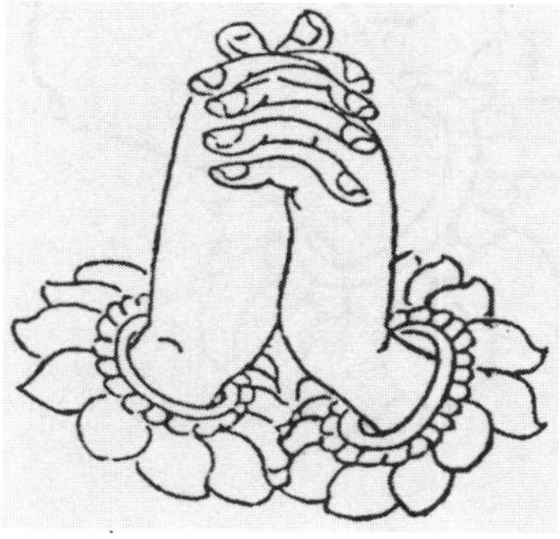

83. 의원원만지인(意願圓滿智印, Paripūraṇa-jñāna-mṭudrā)

가슴 가운데 연꽃 위의 여의보당(如意寶幢)을 관상하고 있는 존을 나타냈다. 이것은 행자가 마음의 태양을 얻어 중생을 교화하는 능력을 갖추었음을 나타낸다.

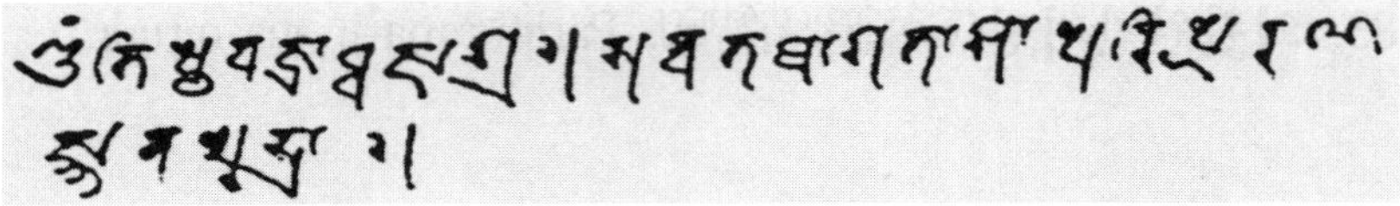

경전에는 다음과 같이 적혀 있다.

「oṃ tistha vajra-dhvajāgra 옴 띠스타 봐즈라 드봐자그라

(vajra-dhvajāgra vaṃ)

(옴 일어나라 금강의 승당(勝幢)이여!)

이것이 바로 일체 여래의 의원원만지인이다.

※ sarva-tathāgat'āśā-paripūraṇa-jñāna-mudrā

일체여래의원원만지인(一切如來意願圓滿智印)印)」

권인(拳印)

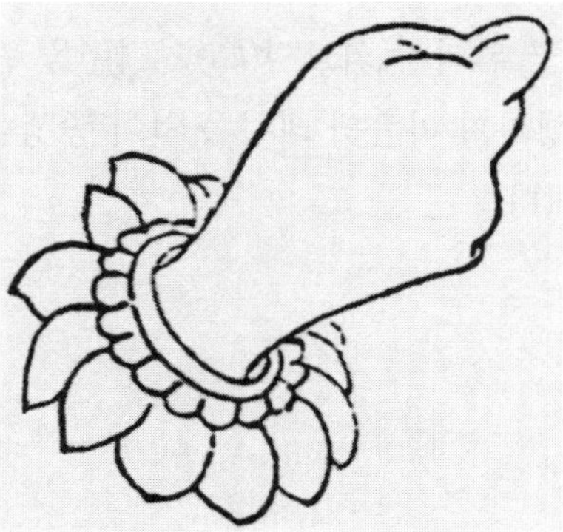

◎ 표치인(標幟印)

연꽃 위의 보당(寶幢), 광명(光明)으로 어둠을 열고, 무명의 어둠 속에서 헤매는 중생들에게 밝은 지혜의 광명으로 진리의 세계로 이끌어 주는 모양을 나타낸다.

◎ 삼매야지혜인(三昧耶智慧印)

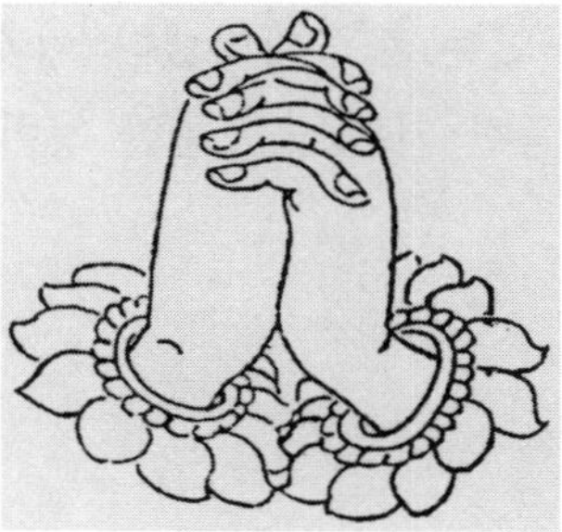

84. **대희출생지인**(大喜出生智印, Mahā-prītivega-saṃbhava-jñāna-mudrā)

가슴 가운데 연꽃 좌대 위 두 개의 독고저 가운데 치아를 드러내고 웃는 모양을 관상하고 있는 존을 나타냈다. 이것은 행자가 자신의 본성의 보성(寶性)을 체득한 기쁨을 표현한 것이다.

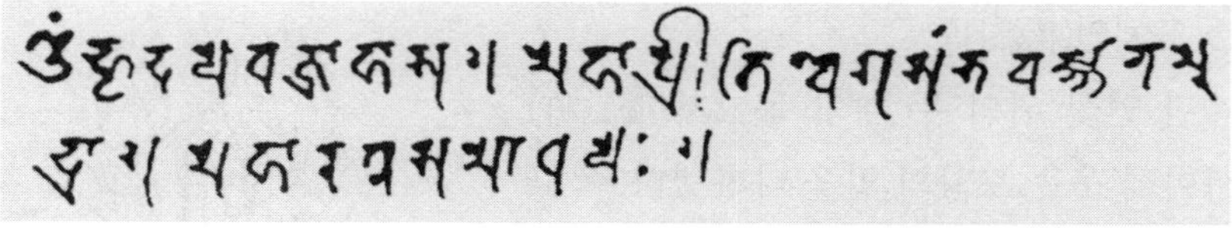

경전에는 다음과 같이 적혀 있다.

「oṃ hṛdaya-vajra-hāsa(옴 흐르다야 봐즈라 하사)

(옴 깊은 내면의 마음, 금강소여!)

이것이 바로 일체 여래의 대희출생지인이다.

이들을 일체 여래의 보등지문(寶等持門)이라 이름한다.」

※ mahā-prītivega-saṃbhava-jñāna-mudrā[298)]

큰 쾌락의 흥분을 생기게 하는 지인(智印) ; 대희출생지인(大喜出生智印)

※ sarva-tathāgatā-mahā-hāsa

※ mahā-ratna-samādhayaḥ 대보(大寶)의 선정(禪定)

※ sarva-tathāgatā-ratna-samādhayaḥ

◎ 권인(拳印)

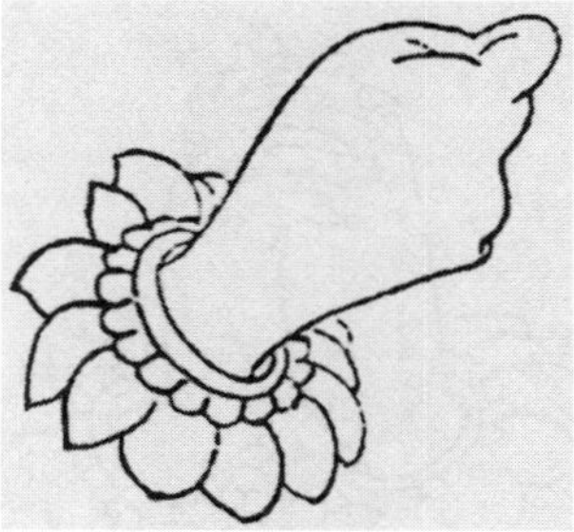

---

298) 『시호역』에는 일체여래보등지문(一切如來寶等持門)이라 되어 있다.

◉ 표치인(標幟印)

핀 연꽃 위의 두 개의 독고저(獨鈷杵) 사이에 웃는 모양의 입을 나타냈다. 독고저는 한결같이 자신의 아상에 묶여 있는 좁은 시야와 식견을 타파해 가는 금강의 지혜를 나타낸다.

독고저의 중간에 있는 둥근 보배 구슬은 보부(寶部)의 덕을 표현한 여의보주를 상징하는 것으로 사료된다. 여기에 두 개의 금강저를 세운 것은 여래의 지혜와 행자의 지혜가 하나가 된 것을 나타낸 것이다. 또 본성(本性)의 보성(寶性)을 현시해서 얻게 된 무상(無上)의 환희와 만족이 얻어진다. 이것을 웃음 띤 입의 모양으로 표현한 것이다.

◉ 삼매야지혜인(三昧耶智慧印)

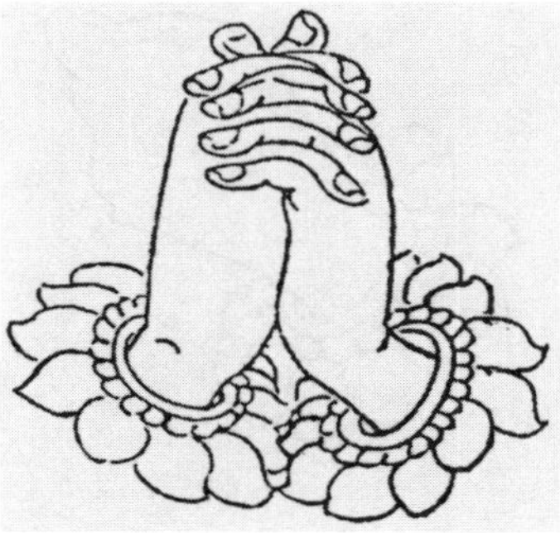

85. 법평등성지인(法平等性智印, Dharma-samatā-jñāna-mudrā)

가슴 가운데 독고저를 줄기로 해서 핀 있는 연꽃을 관상하고 있는 존을 나타냈다.

이것은 행자가 금강이라고 하는 견실지혜를 체득해 진리의 세계로 눈을 열어 창조적인 생명 속에 있음을 나타낸 것이다.

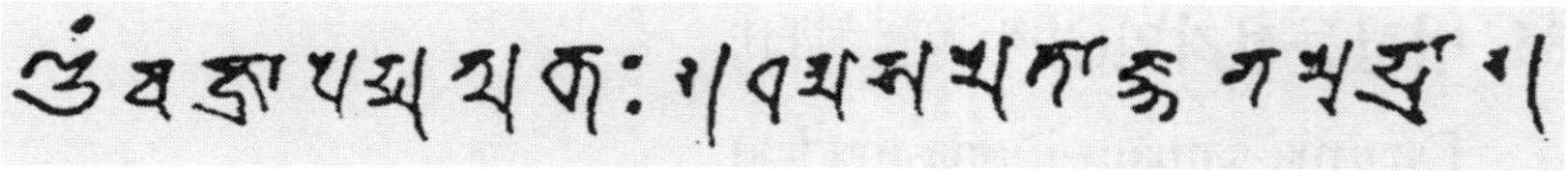

경전에는 다음과 같이 적혀 있다.

「구덕 금강수보살마하살은 스스로의 미묘지에 들어가 자심과 합한다. 이와 같이 들어가고 나서 금강가지의 영상의 몸으로 이치에 맞게 머물고, 곧 이 금강영상(金剛影像)의 몸을 네 가지 마음의 대명으로 송한다.

oṃ vajra-padm'ātmakaḥ 옴 봐즈라 빠드마 뜨마깡

옴 나는 금강연화의 자성이다.

이것이 바로 일체법평등지인이다.

※ dharma-samatā-jñāna-mudrā 법평등성지인(法平等性智印)[299]」

권인(拳印)

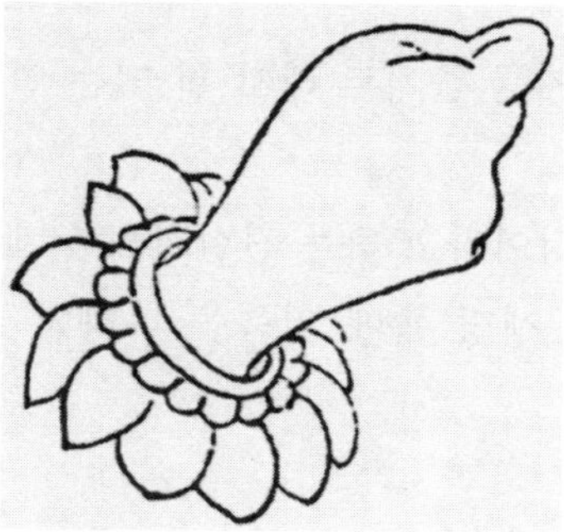

299) 『시호역』에는 일체법평등성지인(一切法平等性智印)이라 되어 있다.

◎ 표치인(標幟印)

완전히 핀 연꽃 위에 독고저를 세우고 그 위에 핀 연꽃을 나타내 광선을 표출하고 있다. 밑의 완전히 성숙한 연꽃은 행자가 금강의 본성이 되어 금강의 여러 가지 움직임이 내면 깊숙이 잠겨져 있는 보(寶)[ratna], 즉 여의보주를 나타낸 것이다. 이 보주의 움직임에 따른 여러 가지 행동은 그대로 완성돼 성숙한 인격으로 나타나게 되는 것이다.

성숙된 연꽃은 이 완성된 인격을 표현한 것으로 해석된다. 여기에 움직이는 지혜는 진실을 조견하는 지혜로서 그것은 자기 내면의 진리의 세계를 보는 눈이 열리는 것을 나타낸다.

독고저와 핀 연꽃은 이 지혜의 움직임과 진실 세계의 개현(開顯)을 나타낸 것이다. 연꽃은 옛날부터 창조신 범천(brahman)의 상징이었다.

지금 진실 세계를 본 것, 즉 일체 법의 진리를 증득한 것은 무위의 삶을 영위하는 것이다. 이것은 밀교라고 말하는 법부의 세계, 즉 법평등(dharma-samatā)의 체득이다. 이 표치인은 이러한 것들을 나타내려고 한 것이다.

삼매야지혜인(三昧耶智慧印)

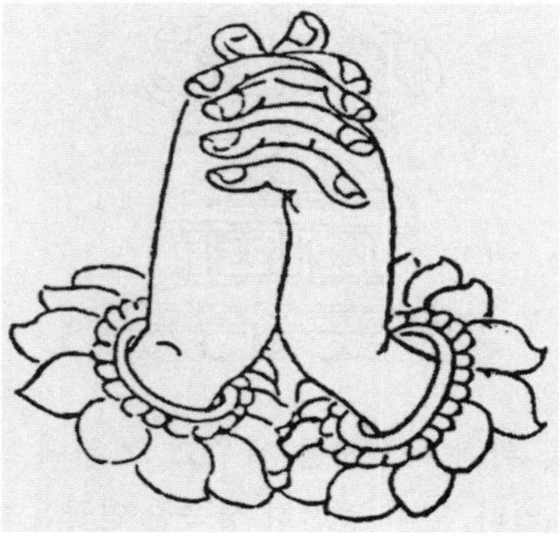

86. **지혜인**(智慧印, Prajñā-jñāna-mudrā)

가슴 가운데 이검(利劍)을 관상하고 있는 존을 나타냈다. 이것은 행자가 법평등성(dharma-samatā)이라고 하는 법부의 덕을 몸에 갖춘 것을 나타낸다.

이 상태에서는 일체의 희론을 단절하는 것이 가능하게 된다. 그것은 반야(prajñā, 지혜)를 몸에 갖춘 것이다. 본 그림은 반야의 주체가 됨을 나타낸 것이다.

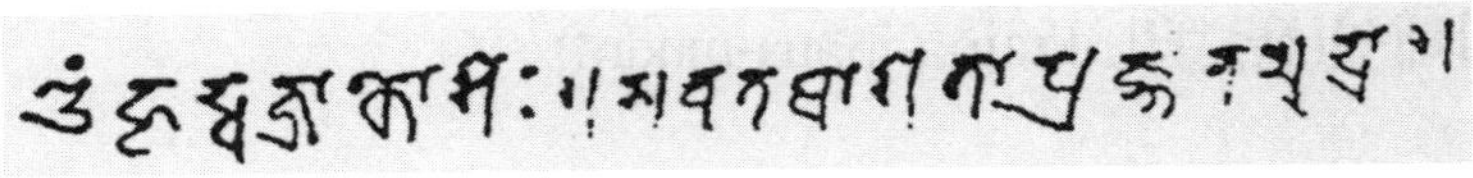

경전에는 다음과 같이 적혀 있다.

「oṃ hṛd-vajra-kośaḥ 옴 흘드 봐즈라 꼬샹
온 자신의 깊은 마음의 내면은 금강의 이검(利劍)이다.
이것이 바로 일체 여래의 지혜인이다.
※ sarva-tathāgata-*prajñāna-mudrā
*prajñā-jñāna 일체여래지혜인(一切如來智慧印)」

◎ 권인(拳印)

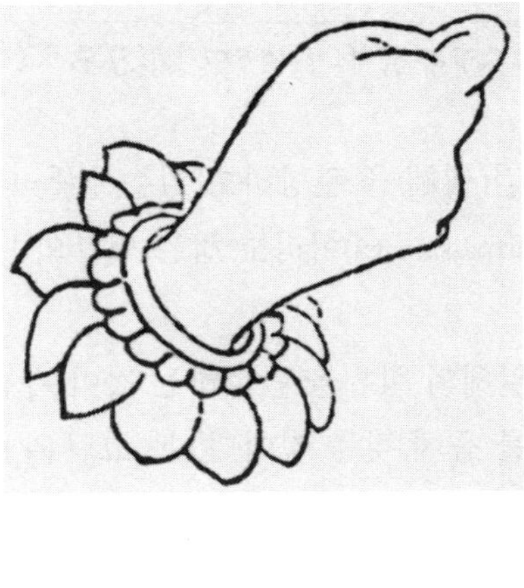

◎ 표치인(標幟印)

핀 연꽃 위 화염에 휩싸인 이검(利劍)을 나타낸다. 검은 자신의 아상

에서 나오는 좁은 식견을 잘라버리고 여래의 교설조차도 희론으로 단절해간다. 이것으로부터 처음으로 진실의 지견이 열려지는 것을 나타낸다.

◎ 삼매야지혜인(三昧耶智慧印)

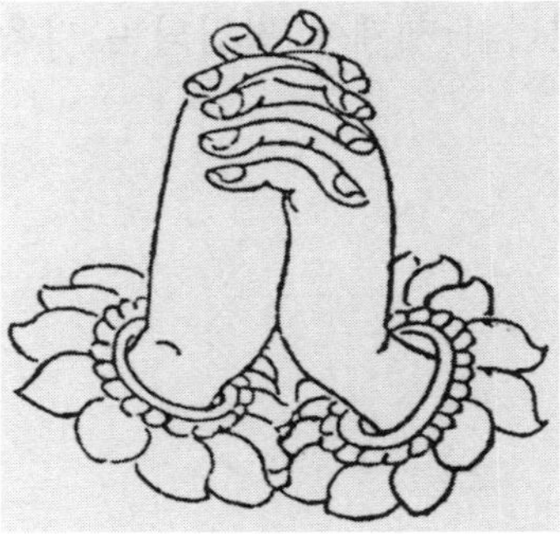

87. 입대륜지인(入大輪智印, Mahā-cakra-praveśa-jñāna-mudrā)

가슴 가운데 핀 연꽃 위의 륜(cakra)을 관상하고 있는 존을 나타냈다. 이것은 행자가 일체의 희론을 부수고 청정한 마음이 되었을 때 행자의 마음은 크게 열려 진리의 세계에 전입되는 것을 나타낸다.

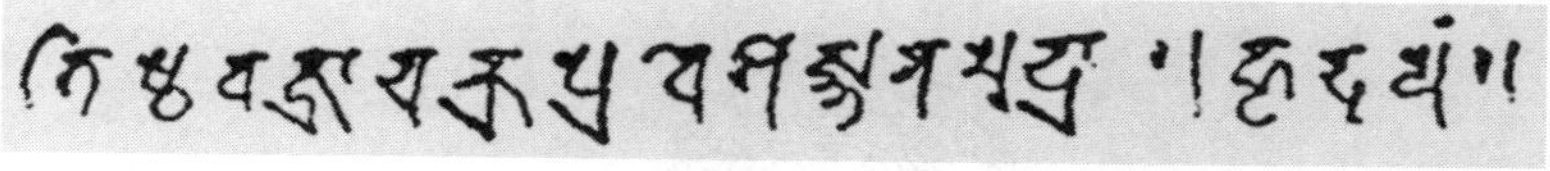

경전에는 다음과 같이 적혀 있다.

「tiṣṭha vajra-cakra hṛdayaṃ 띠스타 봐즈라 짜끄라 흘다얌

(tiṣṭha vajra-cakra hṛdayaṃ praviśa)

일어남이여 금강륜이여 심오(深奧)의 마음이여!

이것은 바로 입대륜지인이다.

※ praveśa-jñāna-mudrā(*mahā-cakra) 증입지인(証入智印)300)」

◎ 권인(拳印)

◎ 표치인(標幟印)

핀 연꽃 위 화염에 휩싸인 륜(cakra)을 나타냈다. 륜은 차륜이 회전하

300) 『시호역』에는 입대륜지인(入大輪智印)이라 되어 있다.

는 것에 비유해 득도의 세계로 전입하는 것을 나타낸 것이다.

◎ 삼매야지혜인(三昧耶智慧印)

88. 법어희론지인(法語戱論智印, Dharma-vāṅ-niṣprapañca-jñāna-mudrā)

가슴 앞 연꽃 위의 혀 모양의 표치인을 관상하고 있는 존을 나타냈다. 이것은 행자가 깨달음의 세계에 전입하게 되면 모든 행동은 여래의 진실된 행동이 되어, 일체법[세간(世間)]의 가운데에서 진실을 보고, 진실을 말하는 것이 가능한 법부(法部)의 덕을 몸에 갖추는 일을 나타낸다.

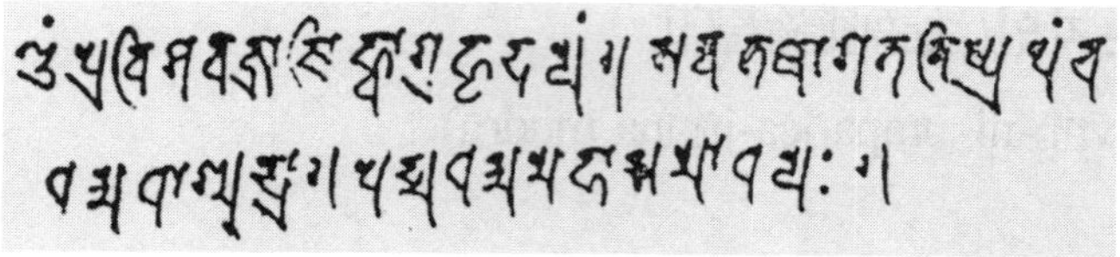

경전에는 다음과 같이 적혀 있다.

「oṃ praviśa vajra-jihvā'gra hṛdayam(vajra-jihvā'gra hṛdaya)

옴 쁘라뷔샤 봐즈라 지흐봐그라 흘다얌

옴 증입(証入)이여! 금강최승(金剛最勝)의 혓바닥이여(법설)! 마음의 깊은 곳에!

이것은 바로 일체 여래의 법어이희론지인(法語離戱論智印)이다.

이들을 일체 여래의 법등지문(法等持門)이라 이름한다.」

※ sarva-tathāgata-niṣprapañca-dharma-vāṅ-mudrā

일체 여래 무희론(無戱論)의 법어인(法語印)

(*sarva-tathāgata-dharma-vāṅ-niṣprapañca-jñāna-mudrā)301)

※ padma-dharma-mahā-samādhayaḥ 연화법대선정(蓮華法大禪定)

(*sarva-tathāgata-dharma-samādhayaḥ)302)

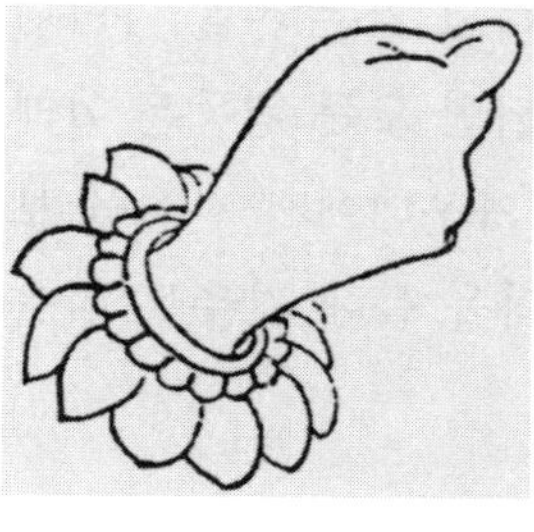

권인(拳印)

301) 『시호역』에는 일체여래법리어희론지인(一切如來法離語戱論智印)이라 되어 있다.

302) 『시호역』에는 일체여래법평등지문(一切如來法平等持門)이라 되어 있다.

◎ 표치인(標幟印)

핀 연꽃 위의 혀, 청정심 속의 진실을 말하는 것을 나타낸다. 진실을 말할 때 여래의 세계에 있음을 나타낸다.

◎ 삼매야지혜인(三昧耶智慧印)

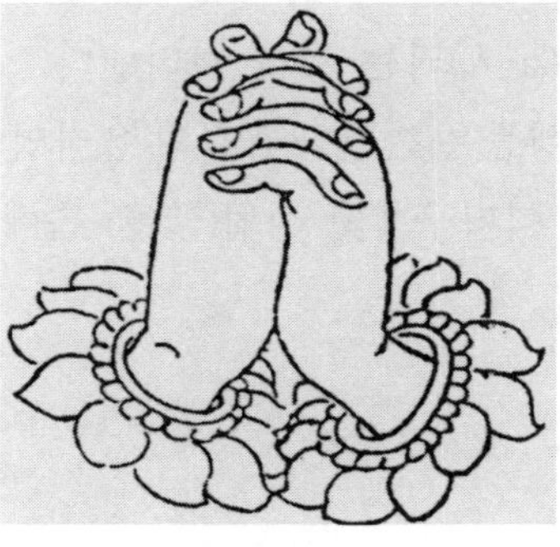

89. **교업지인**(巧業智印, Viśva-karma-jñāna-mudrā)

가슴 가운데 갈마금강저(십자저)를 관상하고 있는 존을 나타냈다. 이것은 행자가 금강의 자성이 되어 보리심을 일으키고 보부의 자성이 되어 인격의 보성(寶性)을 나타내고 법부(法部)의 자성(自性)이 되어 여래의 세계에 증입(証入)되는 것을 나타낸다.

또한 이때의 모든 행동은 견실한 금강의 움직임인 갈마가 되어 끊임없는. 자신의 향상과 이타구제의 성업(聖業) 속에 있음을 나타낸다.

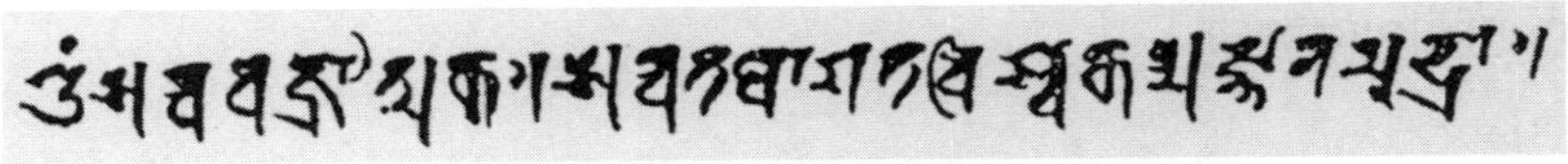

경전에는 다음과 같이 적혀 있다.

「구덕 금강수보살마하살은 자심의 금강심으로부터 금강미묘지(金剛微妙智)에 들어가 금강심과 더불어 합한다. 이와 같이 들어가고 나서 다시 극히 미묘한 금강영상신(金剛影像身)으로써 가지하고 머문다.

이 극히 미묘한 금강영상 등을 네 가지 마음의 대명으로 송한다.

oṃ sarva-vajrātmaka 옴 살봐 봐즈라뜨마까

옴 나는 일체 금강의 자성(自性)이 된다.

이것이 바로 일체 여래의 교업지인이다.」

※ sarva-tathāgata-viśva-karma-jñāna-mudrā

일체여래교업지인(一切如來教業智印)」

권인(拳印)

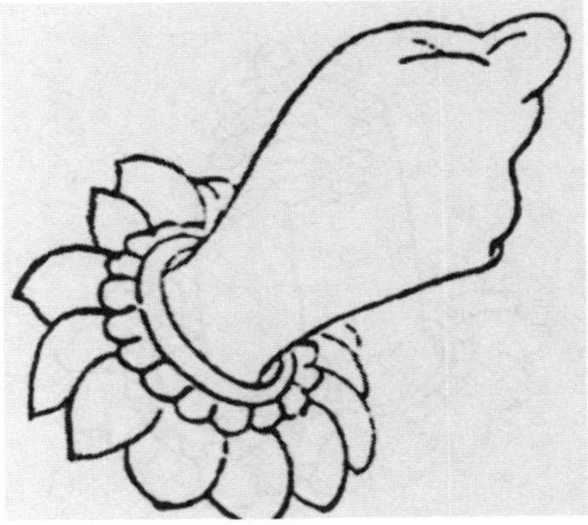

표치인(標幟印)

핀 연꽃 위의 갈마저. 모든 행동은 금강의 주체가 되어 움직이는 것을 나타낸다.

삼매야지혜인(三昧耶智慧印)

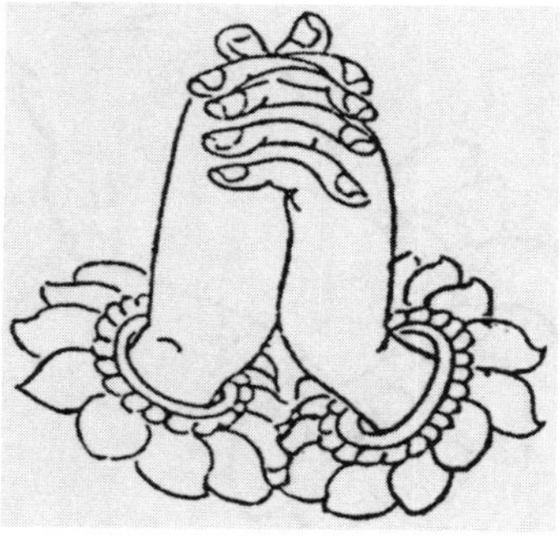

90. 극난적정진지인(極難敵精進智印, Duryodhana-vīrya-jñāna-mudrā)

가슴 앞에 연꽃 위의 기울어진 삼고십자저를 관상하고 있는 존을 나타냈다. 이것은 행자가 금강의 주체가 됨에 따라 마치 갑옷과 투구가 신체를 방호(防護)하듯이 견실한 지혜가 일체의 마(魔)로부터 행자를 보호하며, 청순한 마음을 견지(堅持)하는 것이 가능함을 나타낸다.

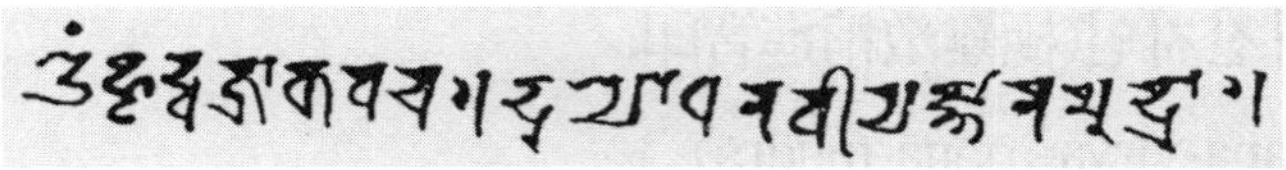

경전에는 다음과 같이 적혀 있다.

「oṃ hṛd-vajra-kavaca

옴 흘드 봐즈라 까봐짜

옴 마음 깊은 곳의 금강 갑주여!

이것은 바로 극난적정진지인이다.

※ duryodhana-vīrya-jñāna-mudrā

극난적정진지인(極難敵精進智印)」

권인(拳印)

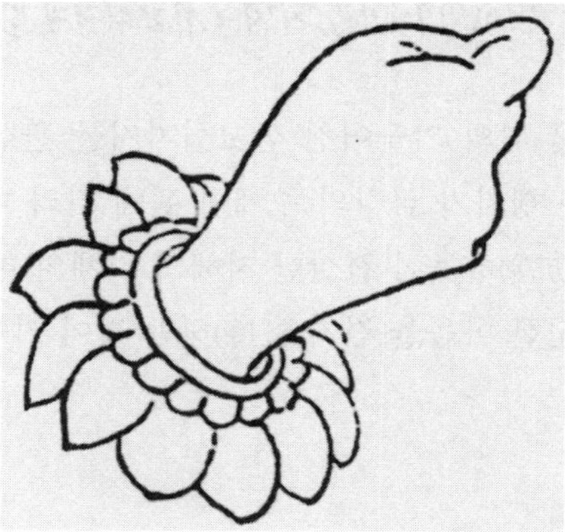

◎ 표치인(標幟印)

핀 연꽃 위에 ×자 모양으로 놓여 있는 삼고십자저는 금강이 된 지혜에 의해 심신 모두를 방호할 수 있게 된다고 하는 금강 갑주의 정신을 나타낸다.

◎ 삼매야지혜인(三昧耶智慧印)

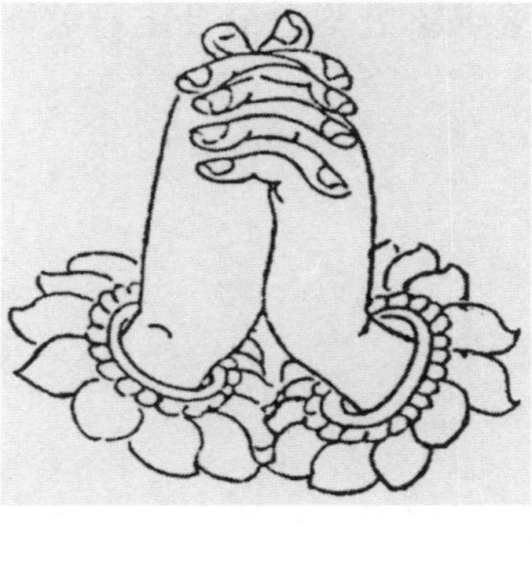

91. **파일체마경계지인**(破一切魔境界智印, Sarva-māra-maṇḍala-vidhvaṃsana-jñāna-mudrā)

가슴 가운데 완전히 성숙해 꽃잎이 떨어지기 시작하는 연꽃(kamaka) 위에 두 개의 송곳니 형태를 한 반삼고저를 관상하고 있는 존을 나타냈다.

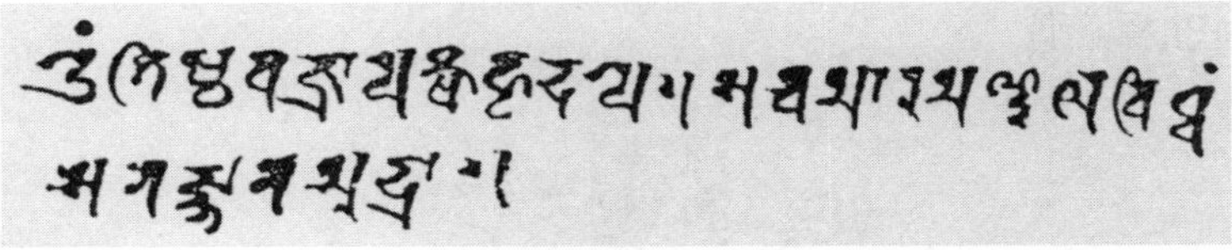

경전에는 다음과 같이 적혀 있다.

「oṃ tiṣṭha vajra-yakṣa hṛdaye 옴 띠스타 봐즈라 야끄샤 흐다예

옴 일어나라 금강아여! 깊은 마음 속의 추격자여!

이것은 바로 온갖 마경계를 부수는 지인이다.

※ sarva-māra-maṇḍala-vidhvaṃsana-jñāna-mudrā

일체의 마계(魔界)를 파괴하는 지인(智印)[303]」

권인(拳印)

303) 『시호역』에는 파일체마경계지인(破一切魔境界智印)이라 되어 있다.

◎ 표치인(標幟印)

완전히 핀 연꽃 위에 두 금강아인(金剛牙印)을 나타냈다. 마성에 맞서 대항하는 큰 힘을 나타낸다.

◎ 삼매야지혜인(三昧耶智慧印)

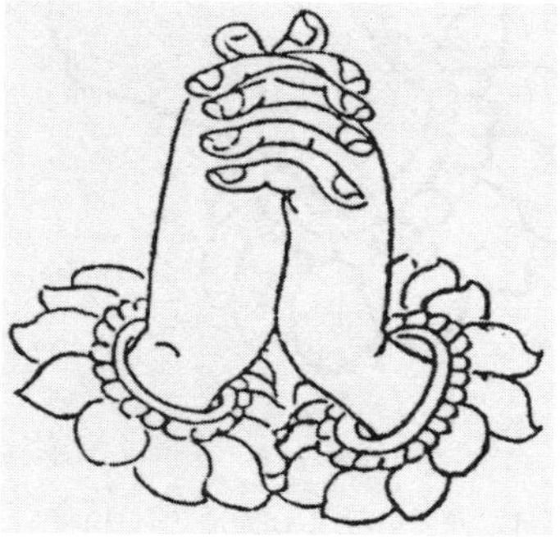

92. 박지인(縛智印, Bandha-jñāna-mudrā)

존상은 가슴 가운데 완전히 핀 연꽃 위에 ×자형으로 된 독고십자저를 관상하고 있다. 이것은 행자가 금강의 작용으로 번뇌 최파(摧破)의 힘을 몸에 갖춰 여래의 움직임과 하나가 되어 모든 것을 금강의 세계로 인도해 가는 큰 힘이 갖춰진 것을 나타낸다.

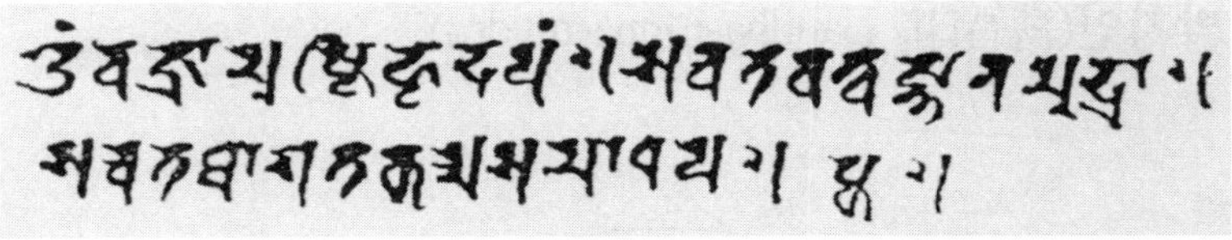

경전에는 다음과 같이 적혀 있다.

「oṃ vajra-muṣṭi-hṛdaya 옴 봐즈라 무슈띠 흘다야

옴 금강권의 내면의 마음이여!

이것은 바로 일체 여래의 박지인(縛智印)이다.

이들을 일체 여래의 갈마등지문(羯磨等持門)이라 이름한다.

다시 구덕 금강수보살마하살은 또 다시 미묘지상(微妙智相)을 펼치고, 일체 여래의 몸과 합한다. 이로부터 나오고 나서 곧 금강수대보살의 몸을 나타낸다. 다시 금강살타 등의 대보살의 상(像)을 이루고, 각각의 표치를 자심에 안립하고 나서 곧 다시 금강계대만다라(金剛界大曼荼羅)에 상응하는 법용을 안립하고 정월만다라의 자심의 등지등지(等持等至)[304] 가운데에 의지하여 머문다.

다시 구덕 금강수보살마하살은 일체 여래의 삼마지와 지(智)와 신통(神通)의 사업 등을 성취하기 위하여 이 금강지의 미묘지(微妙智)의 만다라(曼荼羅)를 설한다.

---

304) 등지(等持)는 범어로는 samādhi이다. 마음을 하나의 대상에 집중시켜 평등을 보존한다는 뜻, 삼마지(三摩地), 삼마제(三摩提), 삼매(三昧)라 번역한다. 등지(等至)는 범어로는 samāpatti이다. 마음과 몸이 평등하고 안온하여지는 것이 등(等)이며, 이러한 등의 상태에 이르게 하므로 지(至)라 하는 것. 삼마발저라 음역한다.

나는 지금 차례대로 마땅히
최상의 묘월만다라(妙月曼荼羅)를 연설하리다.
그 모습은 마치 금강계(金剛界)와 같고
금강미묘한 까닭에 이를 설한다.

대만다라법에 상응하게
가르침대로 대살타를 안립하며
금강단(金剛壇) 가운데에 부처의 모습을 그리고
부처의 만다라(曼荼羅)를 이와 같이 세운다.

단 가운데에 두루 대살타를 그리고
자인(自印)을 심장에 가르침대로 대고
마땅히 삼마지의 좌상(坐相)을 만들고
두 손을 금강박으로 결해야 한다.

※ sarva-ta *thāgata-bandha-jñāna-mudrā
일체여래박지인(一切如來縛智印)
sarva-tathāgata-karma-samādhayaḥ
일체여래갈마등지문(一切如來羯磨等持門)」

◎ 권인(拳印)

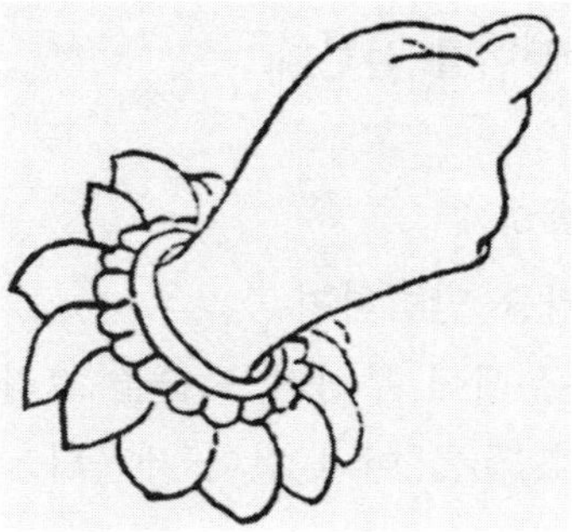

◎ 표치인(標幟印)

성숙하여 완전히 핀 연꽃 위에 옆으로 누운 십자독고저가 있다. 모든 여래의 교화의 움직임이 되어 금강의 세계를 실현시켜 나가는 일을 나타낸다.

삼매야지혜인(三昧耶智慧印)

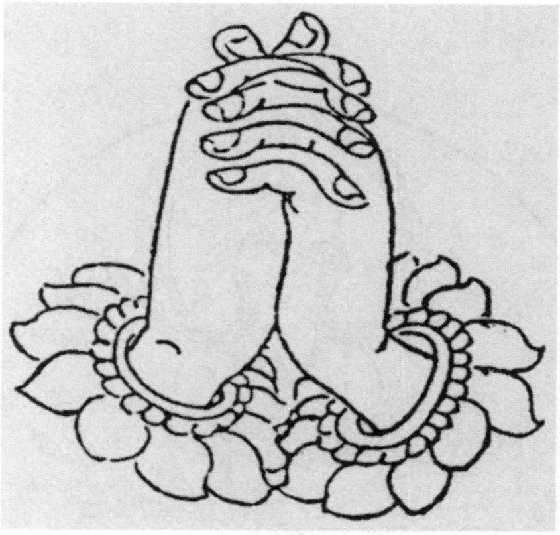

93. 지혜구(智慧鉤, Jñanāṅkuśa)

가슴 가운데, 금강구저(金剛鉤杵)를 관상하고 있는 존을 나타냈다. 이것은 행자가 금강의 주체가 되어 교화 구제의 능력을 몸에 갖춘 것을 나타낸다.

다만 이 장에서부터 '104. 지혜도향'까지의 12존은『초회금강정경』에 기술이 없다. 때문에 오부심관의 작자는 먼저 구소쇄영(鉤索鎖鈴) 사섭(四攝)의 존을 추가하고, 다시 그 뒤에 희만가무(嬉鬘歌舞)의 내사공양(內四供養)과 향화등도(香華燈塗)의 외사공양(外四供養) 등을 추가한 것이라 보여진다.

이 부분부터 『오부심관』과 경전이 다라니도 다르고, 정확히 일치하지는 않지만 필자의 견해로 의미상 이 장의 내용은 서로 상통하는 것 같아 경전의 문구를 그대로 인용해 놓았다. 그러나 '94. 지혜색'부터 '104. 지혜도향'까지는 다른 내용으로 구성되어 있어 경전의 설명은 생략하기로 한다.

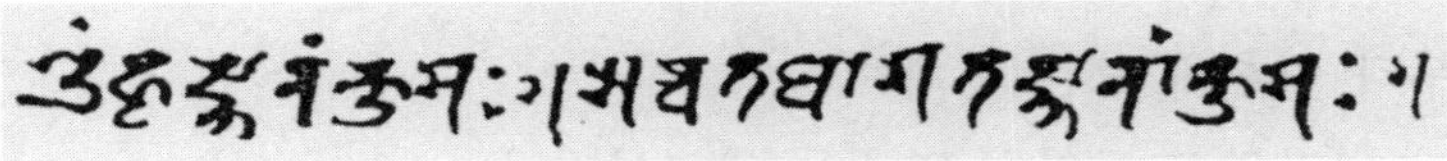

경전에는 다음과 같이 적혀 있다.

「금강미묘법만다라(金剛微妙法曼荼羅)를 구소(鉤召)하는 등의 의궤를 설하리다. 이른바 대만다라 가운데에서 상응법(相應法)에 의지하여 들어가는 등의 의궤를 상응하는 데 따라 행하고 나서 그 다음에 대지(大智)의 표치를 수여하고, 마땅히 자심이 하는 사업에 따라야 한다. 다음에 대인지법(大印智法)을 교수한다.

혀를 윗니와 잇몸 사이에 대고
다음에 또 생각을 코 끝에 묶고
미묘금강의 낙촉(樂觸)을 생한다.
곧 마음은 등인(等引)에 머물게 된다.

미묘금강의 낙촉 가운데에서

이로부터 수승한 상을 출생한다.
이 상이 광대하게 펼쳐지는 까닭에
마음도 역시 광대하게 일체에 펼쳐진다.

마음이 좋아하는 대로 펼쳐져서
광대하니 곧 삼계에 두루하다.
또다시 점점 줄여서 마땅히 돌고서
이에 코 끝에 이르러 섭입(攝入)한다.

이로부터 이후에 모든 존재는
언제나 마땅히 묘등인(妙等引)을 관상하리라.
견고하게 짓는 바는 일체에 두루하고
삼마지지(三摩地智)를 곧 안립한다.

곧 이들의 마음의 대명을 송한다.
oṃ hṛd jñānāṅkuśaḥ 옴 흘드 브나낭꾸샿
※ sūkṣma-vajra
※ sphara vajra
※ saṃhara vajra
※ vajra-dṛḍha tiṣtha
옴 나의 깊은 내면의 마음은 지혜(智慧)에 의한 구소(鉤召)이다.

※ sarva-tathāgata-jñānāṅkuśa 일체여래지혜의 구소[305)]

305) 『약역』에는 일체여래지혜인(一切如來智慧印)이라 되어 있다.

◎ 권인(拳印)

◎ 금강구저(金剛鉤杵)

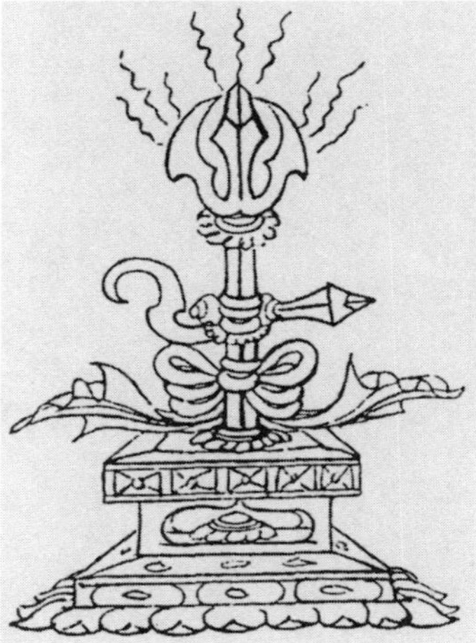

◎ 삼매야지혜인(三昧耶智慧印)

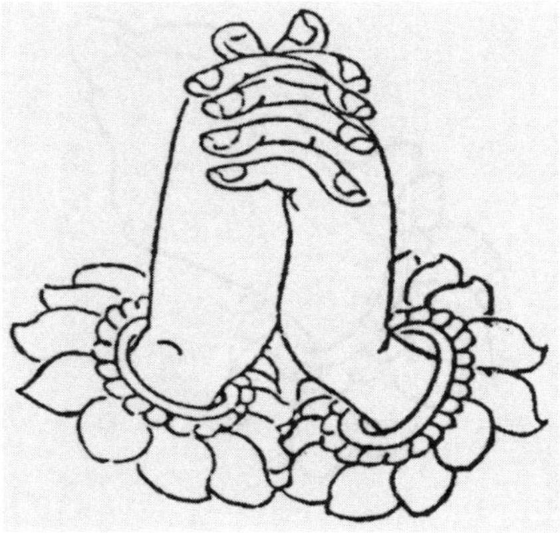

94. 지혜색(智慧索, Jñāna-pāśa)

가슴 가운데 성숙된 연꽃 위의 금강소를 관상하고 있는 존을 나타냈다. 이것은 행자가 금강의 주체가 되어 견실한 마음에 묶여 부동하게 되는 힘을 갖추는 것을 나타낸 것이다.

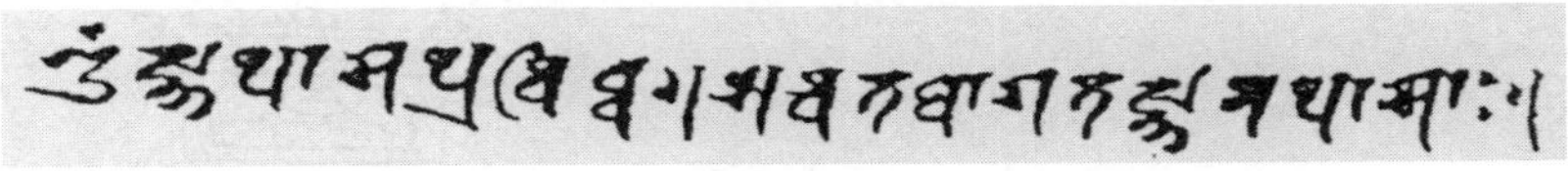

oṃ jñāna-pāśa-praviddha 옴 즈나나 빠샤 쁘라뷛다

옴 지혜 색(索)의 연결이여!

※ sarva-tathāgata-jñāna-pāśāḥ 일체여래지혜색(一切如來智慧索)306)

권인(拳印)

표치인(標幟印)

성숙한 연꽃 위 금강색(金剛索). 지혜에 의해 번뇌가 묶이어 부동심이 되는 것을 나타낸다.

306) 『약역』에는 일체여래색혜인(一切如來索慧印)이라 되어 있다.

삼매야지혜인(三昧耶智慧印)

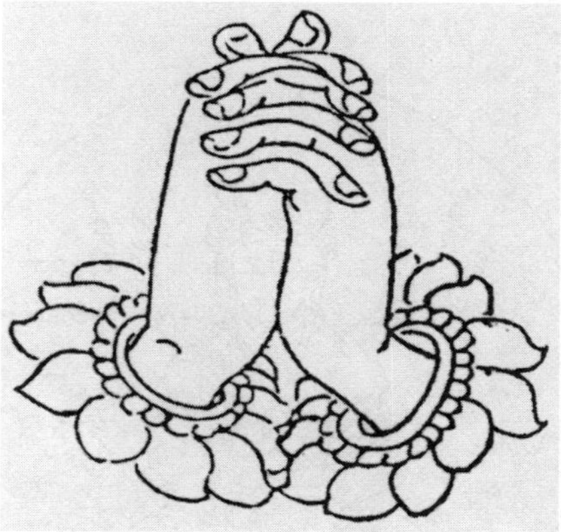

95. 지혜쇄(智慧鎖, Jñāna-sphoṭā)

가슴 가운데 핀 연화 좌대 위에 금강저의 하단을 쥐고 있는 모양을 관상하고 있는 존을 나타냈다. 이것은 행자가 금강의 주체가 되어 견실한 지혜에 튼튼하게 묶여 동요하지 못하게 하는 것을 나타낸다.

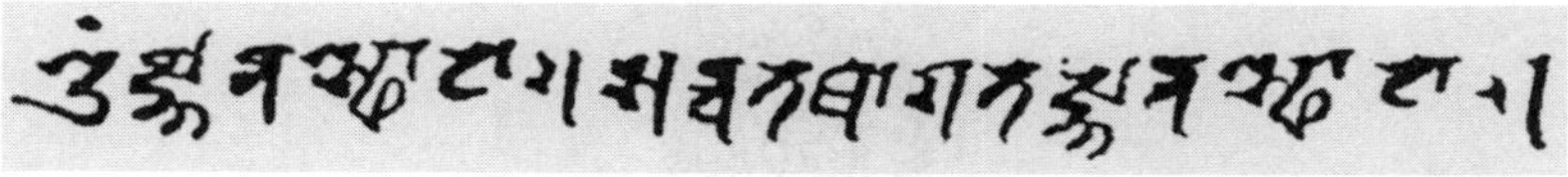

oṃ jñāna-sphoṭā옴 즈나나 스포따

옴 지혜쇄여!

※ sarva-tathāgata-jñāna-sphoṭa 일체여래지혜쇄(一切如來智慧鎖)307)

◎ 권인(拳印)

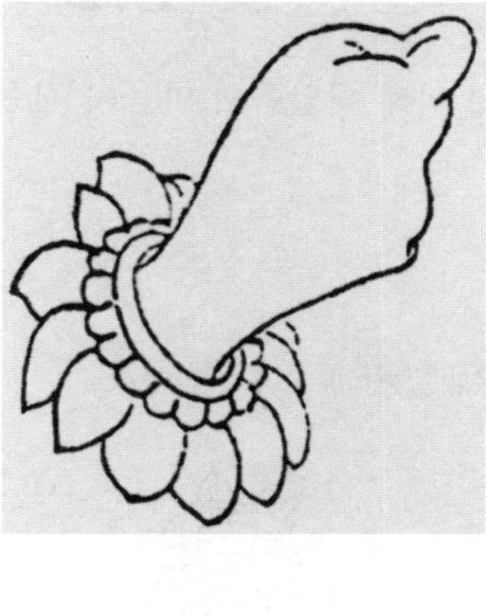

◎ 표치인(標幟印)

핀 연꽃 좌대 위에 금강저 하단의 양쪽 날을 쥐고 있는 표치인. 이것은 양 손 사이가 금강처럼 묶이어 다른 것이 들어가는 것이 불가능한

307) 『약역』에는 일체여래지혜인(一切如來智慧印)이라 되어 있다.

것, 즉 금강의 지혜에 의해 깨달음의 마음이 견실하게 유지됨을 나타낸다.

◎ 삼매야지혜인(三昧耶智慧印)

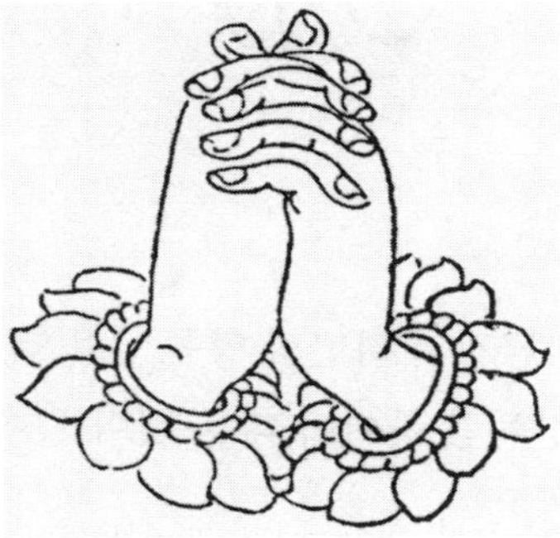

96. 지혜령(智慧鈴, Jñāna-ghaṇṭā)

가슴 가운데 독고저령(獨鈷杵鈴)을 관상하고 있는 존을 나타냈다. 이것은 행자가 금강의 주체가 될 때 마치 령종(鈴鐘)의 소리가 마음 깊은 곳에 울려 퍼지는 것처럼, 깨달음의 세계가 깊어져 여래의 심비(深秘)의 세계에 들어가는 것을 나타낸다.

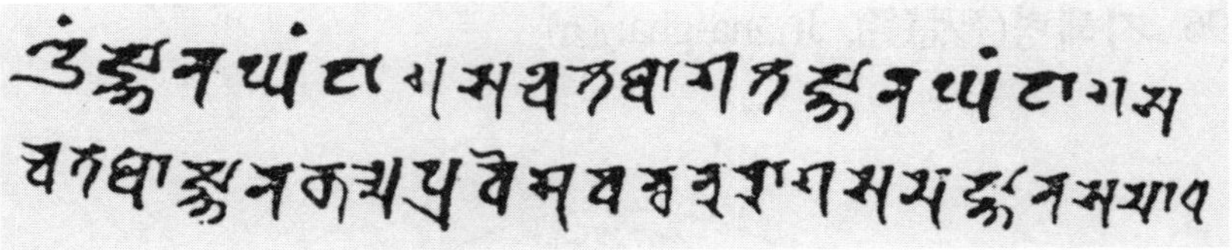

oṃ jñāna-ghaṇṭā 옴 즈나나 간따

옴 지혜의 령종(鈴鐘)이여!

※ sarva-tathāgata-jñāna-ghaṇṭa 일체 여래의 지혜의 령(鈴)[308)]

※ sarva-tathā(*gata)-jñāna-karma-praveśa-bandhānurāga-sama*(ya)-jñāna-samādhayaḥ(*약역에 의한 보충) 일체 여래의 지혜의 움직임에 의해 증입하고 여래의 마음과 연결된 환희의 삼매야지(三昧耶智)[심심미묘(深甚微妙)의 지혜를 체득한 것]의 삼마지(三摩地)이다.

권인(拳印)

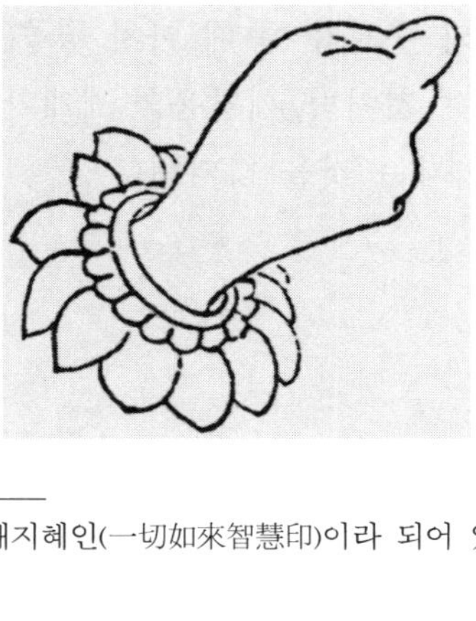

308) 『약역』에는 일체여래지혜인(一切如來智慧印)이라 되어 있다.

◎ 핀 연꽃 위의 금강령(金剛鈴)

◎ 삼매야지혜인(三昧耶智慧印)

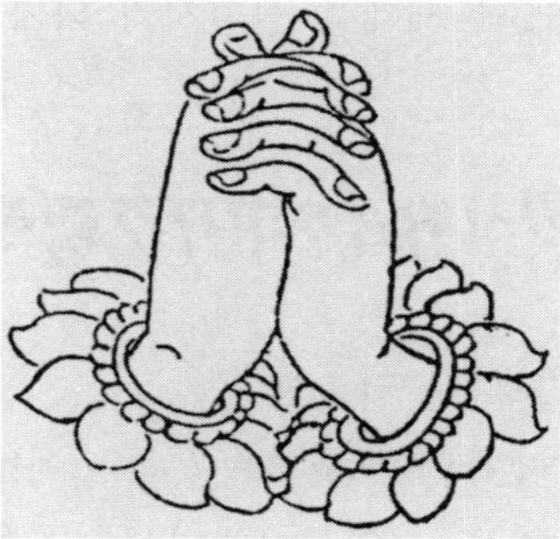

97. 지혜희(智慧嬉, Jñāna-rati)

가슴 가운데 삼고금강저를 세로로 하여 두 개 겹쳐 놓은 것을 관상하고 있는 존을 나타냈다. 이것은 행자가 금강희(金剛喜) 보살의 마음을 체득해 금강부(金剛部)의 세계를 실현시켜 나가는 것을 나타낸다.

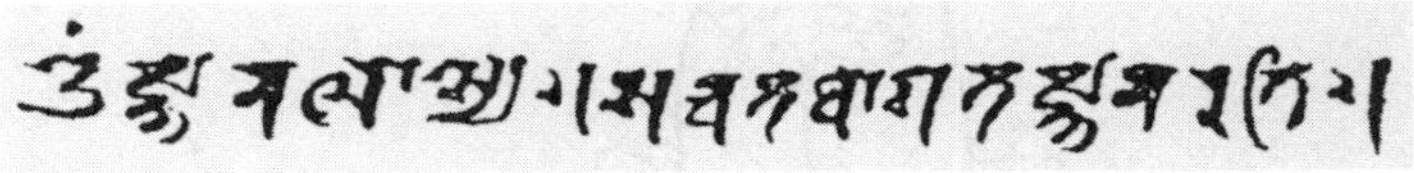

oṃ jñāna-lāsye 옴 즈나나 라스예

옴 지혜환희무용녀존(智慧歡喜舞踊女尊)이여!

※ sarva-tathāgata-jñāna-rati 일체여래지혜(一切如來智慧)의 환희[309]

권인(拳印)

표치인(標幟印)

성숙한 연꽃 위에 두 개의 삼고금강저를 겹쳐 나란히 세운 모양을 그렸다. 이것은 여래(如來)와 행자(行者)의 마음이 금강으로 하나가 되어 금강부의 세계를 열어가는 기쁨을 나타낸 것이다.

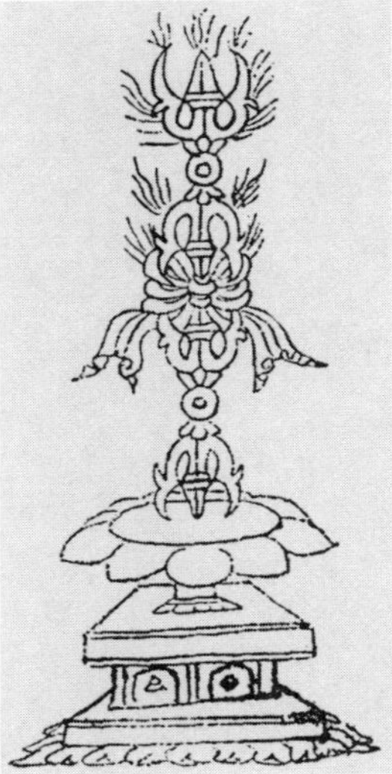

309) 『약역』에는 일체여래라제혜인(一切如來囉帝慧印)이라 되어 있다.

◎ 삼매야지혜인(三昧耶智慧印)

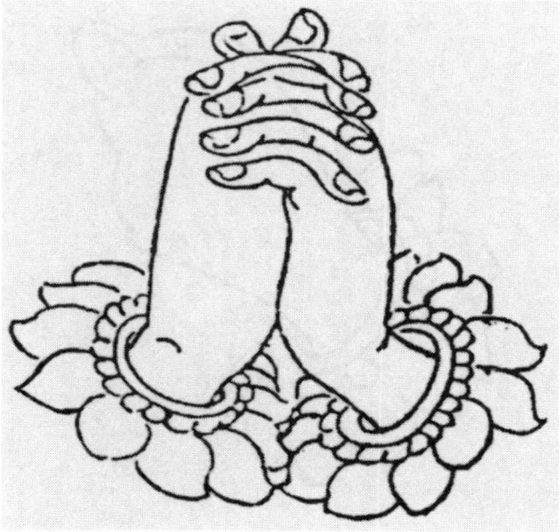

98. 지혜만(智慧鬘, Jñāna-mālā)

가슴 가운데 핀 연꽃 위의 십자독고저를 만(鬘)처럼 늘어놓아 그 가운데 보주(寶珠)가 빛나는 것을 관상하고 있는 존을 나타냈다. 이것은 행자가 금강만보살(金剛鬘菩薩)의 마음을 체득해 금강의 지혜를 가지고 보부(寶部)의 세계를 실현해 가는 것을 나타낸 것이다.

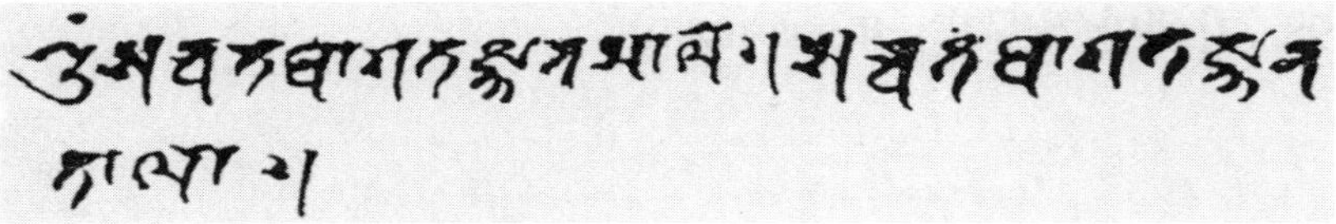

oṃ sarva-tathāgata-jñāna-māle 옴 살봐 따타가따 즈나나 마례
옴 일체 여래의 지혜의 만(鬘) 여존이여!
※ sarva-tathāgata-jñāna-tālā
일체여래지혜무용녀존(一切如來智慧舞踊女尊)310)

◎ 권인(拳印)

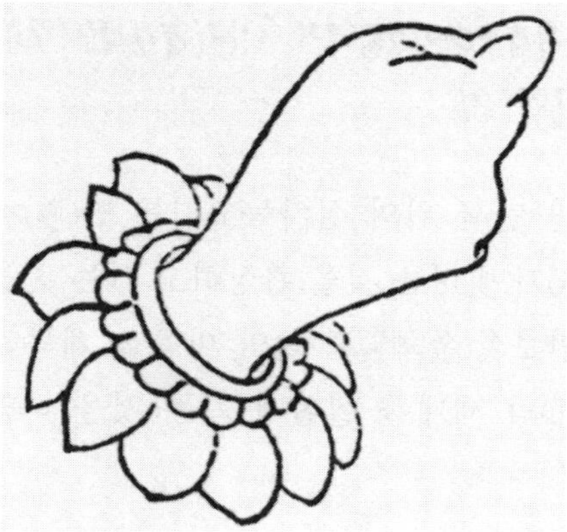

310) 『약역』에는 일체여래만혜인(一切如來鬘慧印)이라 되어 있다.

◎ 표치인(標幟印)

핀 연꽃 위에 다섯 개의 십자독고저가 고리처럼 되어 있고, 밑에는 두 개의 반삼고저의 끝이 연화에 닿아 있다. 그리고 독고저가 고리처럼 되어 있는 곳에 보주(寶珠)가 빛나고 있다. 이것은 금강의 움직임이 머리 장식처럼 서로서로를 이어서 그 다음 것을 생하게 하여 모든 것에 영원불멸의 보주를 나타냄이 가능함을 나타낸다.

◎ 삼매야지혜인(三昧耶智慧印)

99. **지혜가**(智慧歌, Jñāna-gītā)

가슴 가운데 악기(바라)를 관상하고 있는 존을 나타냈다. 이것은 행자가 금강가보살(金剛歌菩薩)의 마음을 체(體)로 하면 묘한 음색이 마음을 깊이 흔드는 것과 같이 금강의 진리의 가르침을 마음 속 깊게 침투시켜 법부(法部)의 세계가 실현되는 것을 나타낸 것이다.

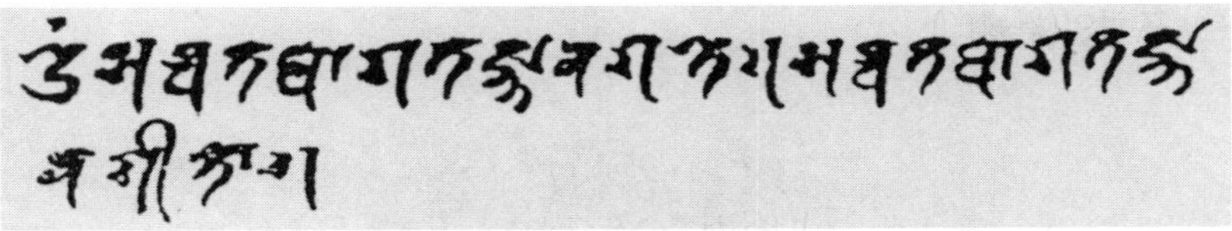

oṃ sarva-tathāgata-jñāna-gīte 옴 살봐 따타가따 즈나나 기떼

옴 일체 여래의 지혜를 노래하는 여존이여!

※ sarva-tathāgata-jñāna-gītā

일체여래지혜가영녀존(一切如來智慧歌詠女尊)[311]

권인(拳印)

311) 『약역』에는 일체여래가혜인(一切如來歌慧印)이라 되어 있다.

◎ 표치인(標幟印)

핀 연꽃 위에 악기(바라)를 나타냈다. 이것은 음악이 혼을 매료시키는 것에 비유해 여래의 세계에 인입하는 것을 여래의 교설이 금강의 가영(歌詠)이 되어 깊은 진리의 세계로 유혹해 가는 것을 나타낸다.

◎ 삼매야지혜인(三昧耶智慧印)

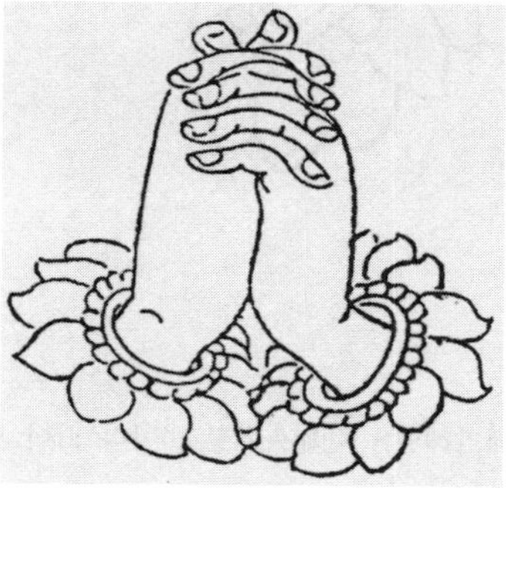

100. 지혜무(智慧舞, Jñāna-nṛtyā)

가슴 가운데 핀 연꽃 좌대 위의 설법인(說法印)과 그 위의 십자독고저를 관상하고 있는 존을 나타냈다. 이것은 행자가 금강무보살의 마음을 체(体)로 하여 진리의 가르침을 설하는 것을 실천해 가는 것을 나타낸다.

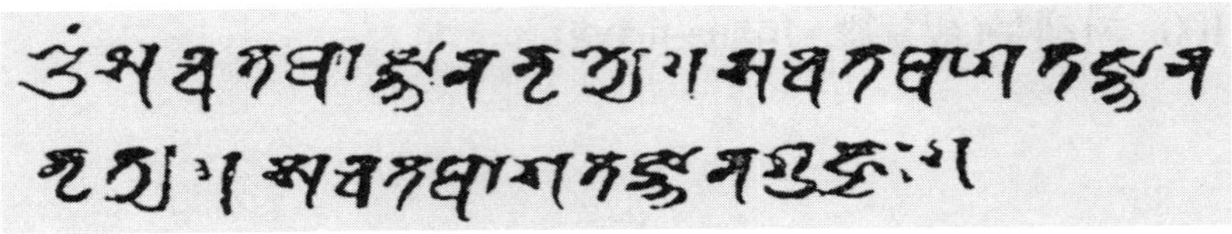

oṃ sarva-tathā(*gata)-jñāna-nṛtye 옴 살봐 따타가따 즈나나 니르뜨예

옴 일체 여래 지혜의 무용녀존(舞踊女尊)이여!

※ sarva-tathāgata-jñāna-nṛtyā

일체여래지혜무용(一切如來智慧舞踊)

sarva-tathāgata-jñāna-guhyaḥ

일체 여래의 지혜의 비밀함

권인(拳印)

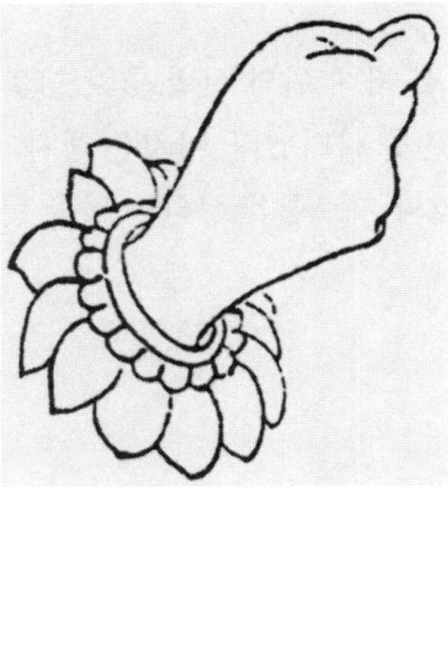

◎ 표치인(標幟印)

핀 연꽃 위에 설법인(說法印)이 있고, 그 위에 십자삼고저를 나타냈다. 이것은 일체의 행동이 모두 여래의 움직임이 됨을 나타내는 것이다.

◎ 삼매야지혜인(三昧耶智慧印)

101. **지혜향**(智慧香, Jñāna-dhūpā)

가슴 가운데 독고저 자루가 달린 향로를 왼손으로 잡은 것을 관상하고 있는 존을 나타냈다. 이것은 행자가 금강을 체득한 것에 의해 훈향(燻香)이 모든 곳에 충만해져 행자의 인격을 따라 금강의 세계로 화(化)하여 가는 것을 나타낸다.

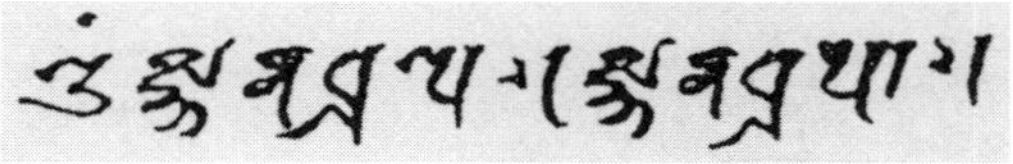

oṃ jñāna dhūpe 옴 즈나나 두뻬

옴 지혜의 향녀존이여!

※ jñāna-dhūpā 지혜분향녀존(智慧焚香女尊)

● 권인(拳印)

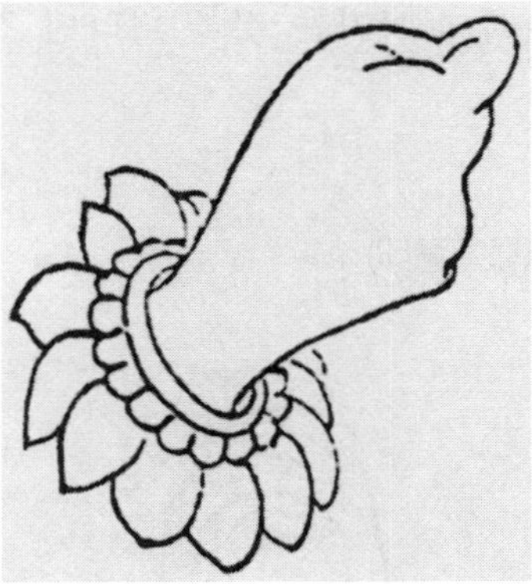

● 표치인(標幟印)

연꽃 좌대 위 왼손 주먹으로 독고저를 쥐고 그 위의 향로에서는 향연이 길게 뻗치고 있는 모양을 나타냈다. 왼손 주먹은 행자의 공양과 봉사의 움직임을, 독고저는 오로지 번뇌를 부수어 가는 지혜의 움

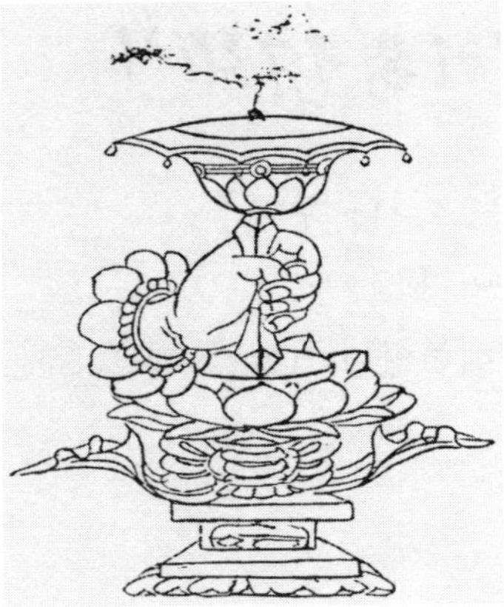

직임을, 향로는 방향(芳香)이 향기를 내는 데 비유해 진리의 세계에 착하게 훈화(薰化)하여 나아가는 것을 나타낸 것이다.

삼매야지혜인(三昧耶智慧印)

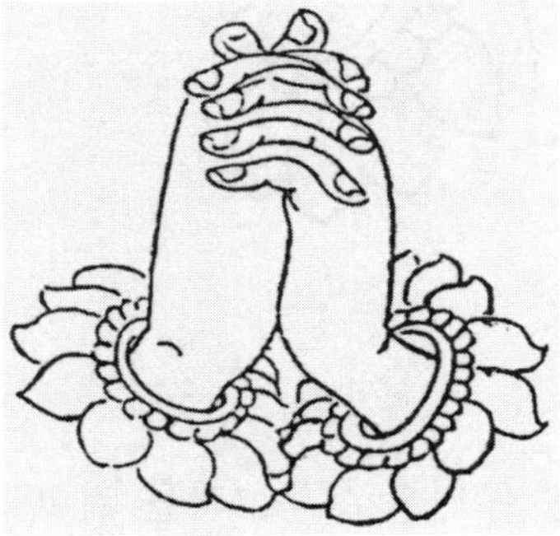

102. 지혜화(智慧華, Jñāna-puṣpā)

가슴 가운데 왼손으로 받든 화만(華鬘)을 관상하고 있는 존을 나타냈다. 이것은 행자가 금강보(내면의 청순한 마음)을 본체로 하는 것에 의하여, 화만이 사람을 예쁘게 장식하는 것과 같이 보성(寶性)이 나타남에 따라서 아름다운 인격이 형성되어 감을 나타낸 것이다.

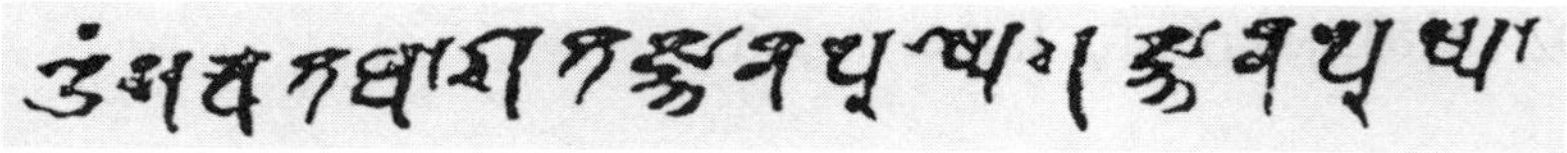

oṃ sarva-tathāgata-jñāna-puṣpe 옴 살바 따타가따 즈나나 뿌슈뻬
옴 일체 여래의 지혜(를 가지고 장엄하는)화존이여!
※ jñāna-puṣpā 지혜의 화녀존(華女尊)

◎ 권인(拳印)

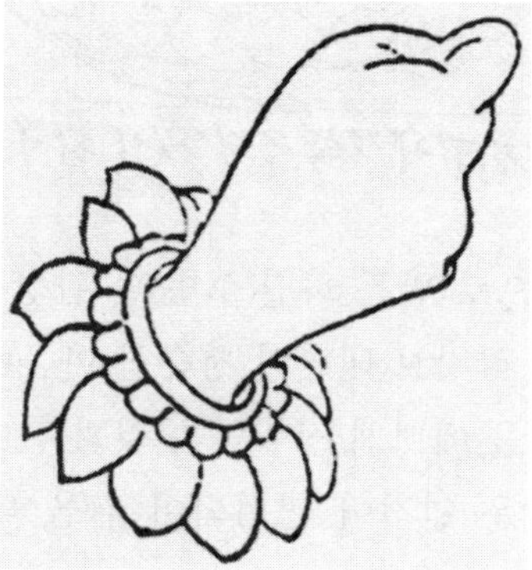

◎ 표치인(標幟印)

핀 연꽃 위에 왼손으로 권 화만(華鬘)을 나타냈다. 왼손은 행자의 공양의 움직임을 나타내고, 화만은 신체를 장엄하는 장식품이지만,

이것은 사람의 깊은 내면에 숨겨져 있는 보성(寶性)을 나타내어 인격의 형성을 장엄하는 공양구의 움직임을 나타낸다.

삼매야지혜인(三昧耶智慧印)

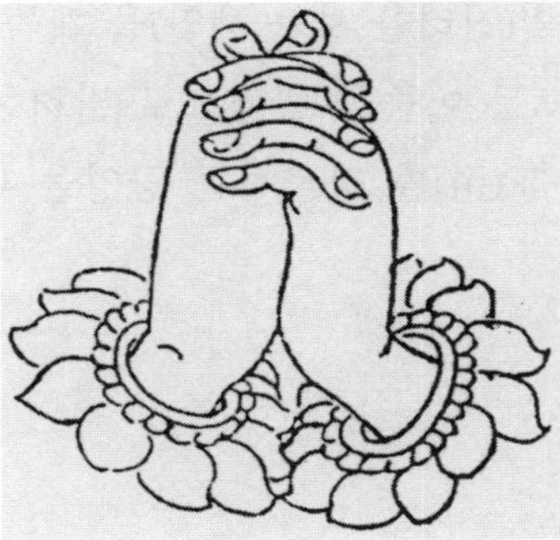

103. 지혜등(智慧燈, Jñāna-dīpā)

가슴 가운데 왼손으로 받든 밝은 등을 관상하고 있는 존을 나타냈다. 이것은 행자가 금강법(진리을 보는 혜안)을 체득하는 것에 의해 밝은 등이 암흑을 비춰 모든 어둠을 광명으로 밝히는 것에 비유해, 모든 사람들에게 진리의 도(道)를 가르치는 공양을 나타낸다.

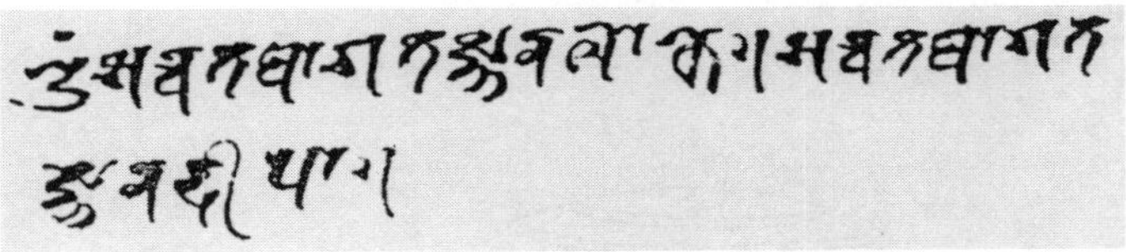

oṃ sarva-tathāgata-jñānāloke 옴 살봐 따타가떼 즈나나로께
옴 일체 여래의 지혜관찰여존(智慧觀察女尊)이여!
※ sarva-tathāgata-jñāna-dīpā 일체 여래의 지혜등녀존(智慧燈女尊)

● 권인(拳印)

◎ 표치인(標幟印)

핀 연꽃 위에 왼손으로 쥔 밝은 등을 나타냈다. 등의 밝음은 진리를 관조하는 지혜안(智慧眼)을 나타낸다.

◎ 삼매야지혜인(三昧耶智慧印)

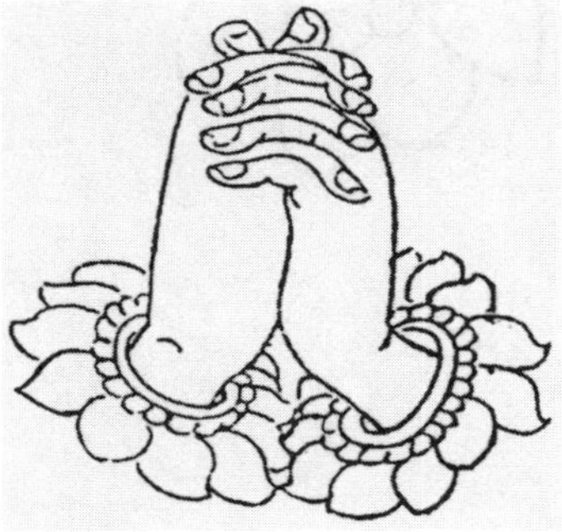

104. **지혜도향**(智慧塗香, Jñāna-gandhā)

가슴 가운데 오른손바닥 위의 도향기를 관상하고 있는 존을 나타냈다. 이것은 행자가 금강업(金剛業 - 진리의 세계를 완성해 가는 움직임)을 체득하는 것에 의해, 도향이 신체를 청정하게 하는 데 비유해서 항상 청정한 계율을 지님으로 행자의 몸과 마음이 청정해져 중생들도 그를 본받아 청정한 계를 지니게 되는 것을 나타낸다.

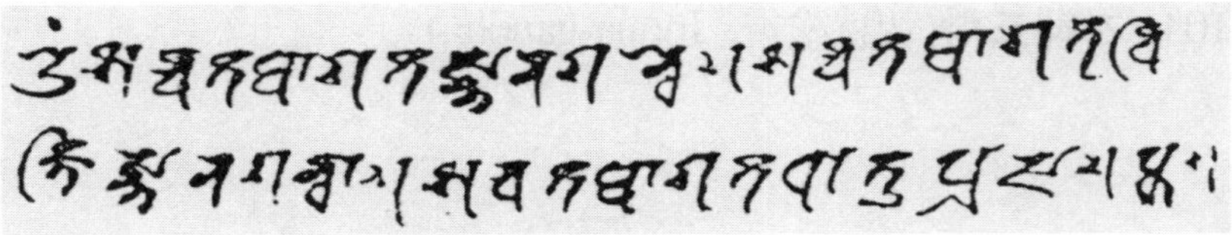

oṃ sarva-tathāgata-jñāna-gandhe 옴 살봐 따타가떼 즈나나 간데

옴 일체 여래의 지혜도향여존(智慧塗香女尊)이여!

※ sarva-tathāgata-vimukti-jñāna-gandhā

일체여래해탈지혜(一切如來解脫智慧)의 도향여존(塗香女尊)

※ sarva-tathāgata-dhātu-pūjā 일체 여래계(一切如來界)의 공양(供養)

권인(拳印)

◎ 표치인(標幟印)

핀 연꽃 좌대 위에 오른손바닥으로 받쳐든 도향기(塗香器)를 나타냈다. 이것은 금강의 사업(움직임)은 청정한 계율의 실천임을 나타낸다.

◎ 삼매야지혜인(三昧耶智慧印)

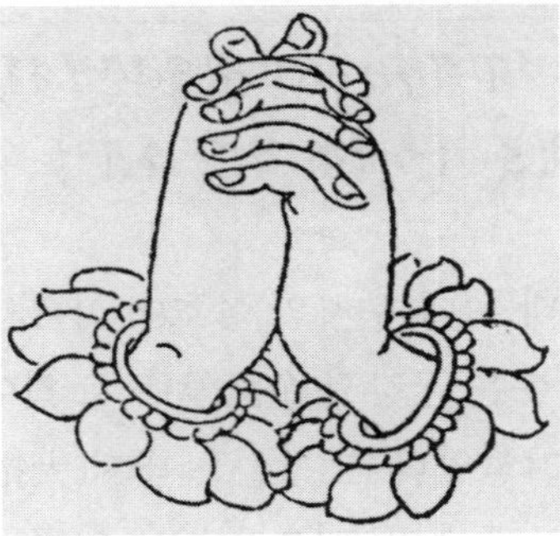

제4장
금강사업金剛事業 · 갈마만다라羯磨曼茶羅

105. 비로차나(毗盧遮那, Bhagavān)

존상은 핀 연꽃 좌대 위에 부처의 상호(相好)를 원만히 갖추고 결가부좌로 앉아 있다. 왼손은 금강권(金剛拳)으로 하여 가사(袈裟)의 끝을 잡아 허벅지 위에 올려놓았다. 오른손은 대지(大指) 끝으로 두지(頭指)를 구부려 누르는 모양의 수인(手印)을 짓고 있다. 존상 뒤로는 원광(圓

光)이 있고, 그 원광은 화염에 휩싸여 있다. 존상은 대월륜의 가운데에 있고, 존상 외에도 화초와 주옥(珠玉) 등이 그려져 있으며, 이것은 광대한 공양을 상징하는 것이다.

이 존상의 형태는 안으로는 불도정진(佛道精進)에 전념하고 밖으로는 교화설법(敎化說法)의 움직임을 나타낸 것이다.

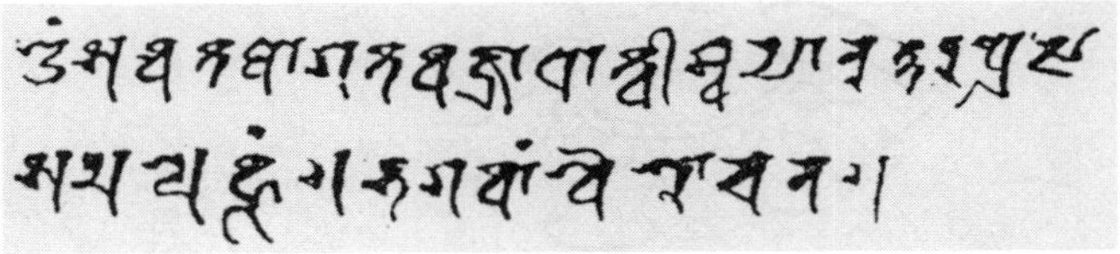

경전에는 다음과 같이 적혀 있다.

「구덕 금강수보살마하살은 일체 여래의 위없는 공양의 광대의궤(廣大儀軌)에서 펼쳐지는 갈마삼매금강의 가지라는 삼마지에 들어 이 최상의 자심명(自心明)을 송한다.

oṃ sarva-tathāgata-vajra-dhātviśvaryānuttara-pūjā-samaye hūṃ

옴 살바 따타가따 봐즈라 다뜨뷔슈봘야유뜨라 뿌자 삼마예 훔

옴 일체 여래의 금강계자재(金剛界自在)를 체득하는 최상공양(最上供養)의 본래 서원이여 훔!

※ bagavān vairocana 세존비로차나(世尊毘盧遮那)」

갈마인(羯磨印)

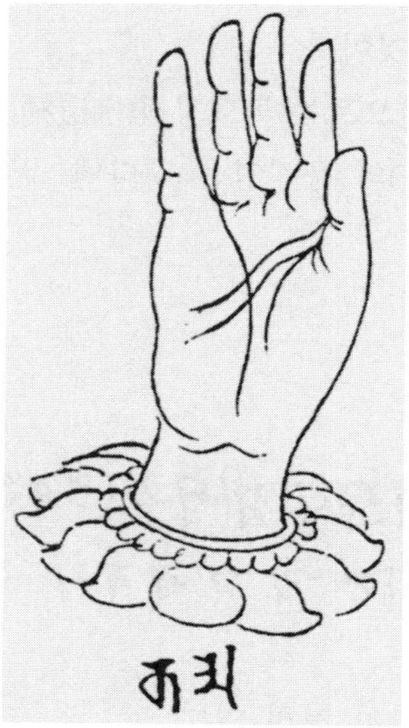

오른손 바닥을 편 모양의 수인을 나타낸다.

경전에는 '說羯磨印 所謂依法如其次第 應以二羽作羯摩 隨成諸印 karma-mudrāḥ samāsena karma-mudrā-dvidhī-kṛtā iti'이라 되어 있다. 여기에 의하면 karma-mudrā는 모든 공양사업(供養事業)의 근본이 됨을 말한다. 그 까닭은 제4장 금강사업갈마만다라(金剛事業羯磨曼茶羅)의 각 존에는 갈마인(羯磨印)이 모두 갈마권(羯磨拳)으로 나타나 있기 때문이다. 그러나 본 그림에만은 손바닥을 편 모양의 인(印)으로 되어 있다. 이것은 갈마권을 결하기 직전의 모습으로서 갈마권의 근본을 나타낸 것이라 할 수 있다.

◎ 표치인(標幟印)

성숙한 연화 위에 불정(佛頂)을 그려 넣고 머리카락이 없는 육계(肉髻)를 나타낸다. 이것은 경의 '授與羯磨本部標幟 viśva-chnaṃ pāṇibhyaṃ dadyāt'에 의한 것이라 생각되어 지지만 경의 작자는 갈마(羯磨)의 표시에 가장 어울리는 것으로서 불정육계(佛頂肉髻)를 표시하고 있다.

106. 아축(阿閦, Akṣobhya)

존상은 보살의 형태로 연꽃 위에 반가부좌를 하고 있다. 왼손으로는 작은 꽃을 두지(頭指)와 대지(大指)를 이용하여 쥐고, 오른손은 연꽃의 줄기를 잡고 있는데 연꽃 위에는 삼고금강저를 나타내고 있다. 보살의 주위에는 천상으로부터 날아 내려오는 듯한 활짝 핀 화초들이 그려져 있다. 이것은 금강의 지혜를 가지고 교화하여 사람들에게 보리심(菩提心)을 열게 하려는 아름다운 공양(供養)의 움직임을 나타내려고 한 것이다.

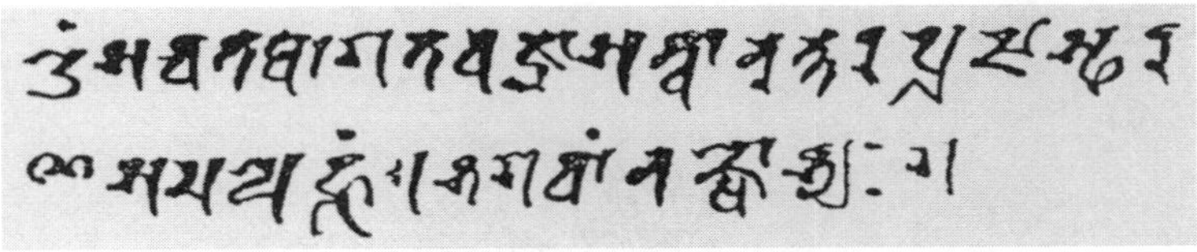

경전에는 다음과 같이 적혀 있다.

「세존 아축여래께서는 일체 여래와 금강살타(金剛薩埵)의 위없는 공양(供養)의 광대의궤에서 펼쳐지는 갈마삼매(羯磨三昧)의 금강가지(金剛加持)라는 삼마지에 드시어 이 최상의 자심명을 송하신다.

oṃ sarva-tathāgata-vajra-satvānuttara-pūjā-spharaṇa-samaye hūṃ

옴 살봐 따타가떼 봐즈라 사뜨봐누뜨라 뿌자 스파라나 삼마예 훔

옴 일체 여래의 마음에서 태어난 금강살타(金剛薩埵)의 최상의 공양(供養)이 두루 넓혀져 가는 서원이여 훔!

※ bhagavāṃ akṣobhyaḥ 세존아축(世尊阿閦)」

karma(갈마 羯磨) - 권인(拳印)을 나타낸다

● cihna(표치 標幟)

핀 연꽃 위에 삼고저가 그려져 있다.

● samaya(삼매야 三昧耶)

박인을 나타낸다. 『약역』에는 사마야인(娑摩耶印 samaya-mu drā) 이수작금강박(二手作金剛縛)이라고 되어 있다.

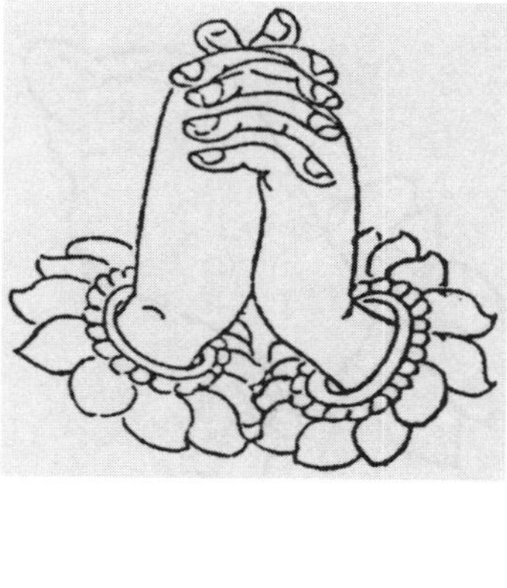

이것은 경의 '教授一切如來供養羯磨三昧耶印 所謂堅結金剛縛 是卽大印相應法 sarva-tathāgata-pūjā-karma-mudrā jñānaṃ śikṣayet vajra-bandhaṃ dṛḍhī-kṛtya mahā-mudrā-prayoga-taḥ'에 의한 것이다. 다만 경전의 기술은 이것 이외에는 아무것도 설명되어 있지 않기 때문에 이하 각 존의 인(印) 또한 금강박인(金剛縛印)으로 표현한 것이다.

107. **보생**(寶生, Ratna-saṃbhava)

존상은 핀 연꽃 위에 반가부좌로 앉아 왼손은 다섯 손가락을 밑으로 향해 펴고 손바닥을 밖으로 한 여원인(與願印)을 짓고 있다. 오른손은 주먹을 쥐어 연꽃의 줄기를 쥐고 있는데, 그 연꽃 줄기 끝에는 연꽃이 있고 그 위에는 보주(寶珠)가 놓여져 있다. 이것은 내면 깊숙이 숨겨져 있는 마음의 보옥(寶玉)이며, 이 금강보(金剛寶)를 드러냄으로 해서 사람들을 교화하는 것을 나타내고 있는 것이다.

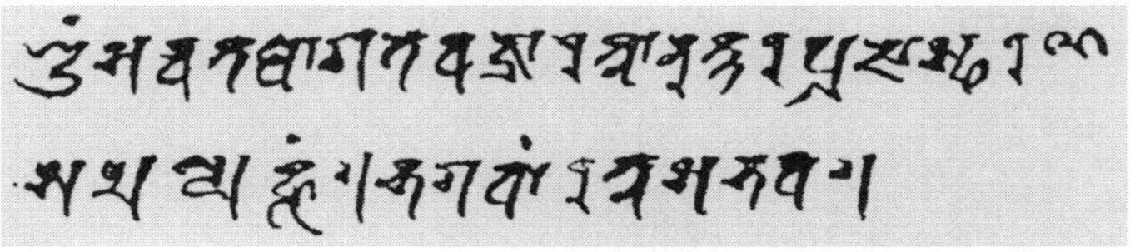

경전에는 다음과 같이 적혀 있다.

「세존 보생여래께서는 일체 여래의 금강보의 위없는 공양의 광대의 궤에서 펼쳐지는 갈마삼매의 금강가지라는 삼마지에 들어 이 최상의 자심명을 송한다.

oṃ sarva-tathāgata-vajra-ratnānuttara-pūjā-spharaṇa-samaye hūṃ

옴 살바 따타가따 봐즈라 라뜨나누뜨라 뿌자 스파라나 삼마예 훔

옴 일체 여래의 마음에서 태어난 금강보(金剛寶)의 최상의 공양(供養)을 넓게 펼쳐가는 서원을 지닌 여존이여 훔!

※ bhagavān ratna-saṃbhava 세존보생(世尊寶生)」

◎ 권(拳, 羯磨印)

◎ 보옥(寶玉, 標幟印)

◎ 금강박(金剛縛, 三昧耶印)

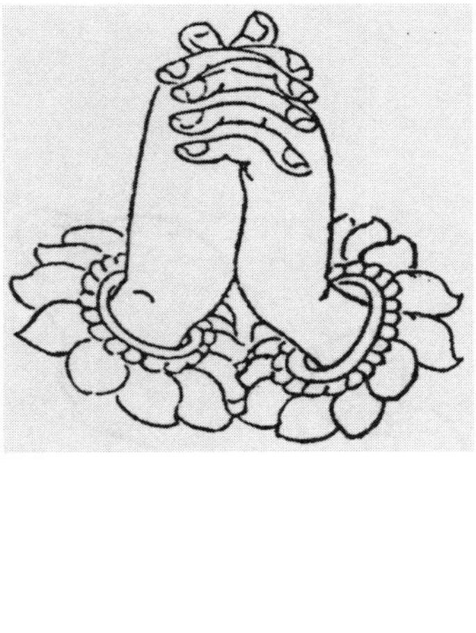

108. 아미타(阿彌陀, Amitāyus)

존상은 핀 연꽃 위에 반가부좌로 앉아 오른손으로 홍련화를 잡고 있고 왼손은 손바닥을 펴고 두지(頭指)와 대지(大指)를 합쳐 오른쪽의 연꽃이 성숙하는 것처럼 하고 있다.

이것은 금강법(金剛法 vajra-dharma)의 진리의 교설(教說)에 의해 청정한 마음의 연꽃을 열어 가는 공양의 일을 나타낸 것이다.

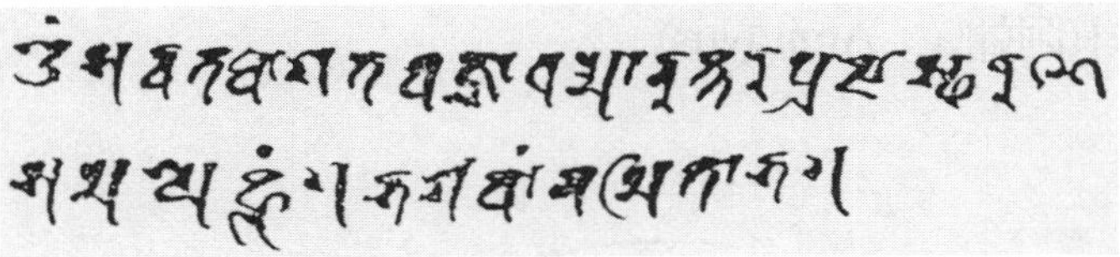

경전에는 다음과 같이 적혀 있다.

「세존 무량수여래께서는 일체 여래의 금강법(金剛法)의 위없는 공양의 광대의궤에서 펼쳐지는 갈마삼매의 금강가지(金剛加持)라는 삼마지에 드시어 이 최상의 자심명(自心明)을 송하신다.

oṃ sarva-tathāgata-vajra-dharmānuttara-pūjā-spharaṇa-samaye hūṃ

옴 살봐 따타가따 봐즈라 달마누따라 뿌자 스파라나 삼마예 훔

옴 일체 여래의 마음에서 태어난 금강법(金剛法)의 최상의 공양(供養)을 모든 곳에 넓혀가는 원(願)을 지닌 여존이여 훔!

※ bhagavān amitābha 세존아미타(世尊阿彌陀)」

권(拳, 羯磨印)

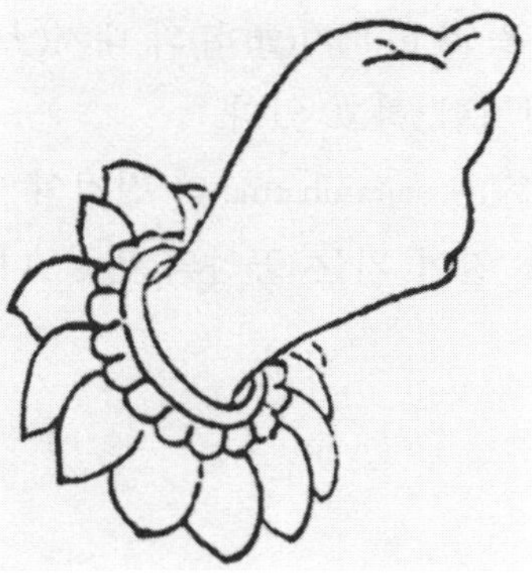

◎ 성숙한 연꽃(標幟印)

◎ 금강박(金剛縛, 三昧耶印)

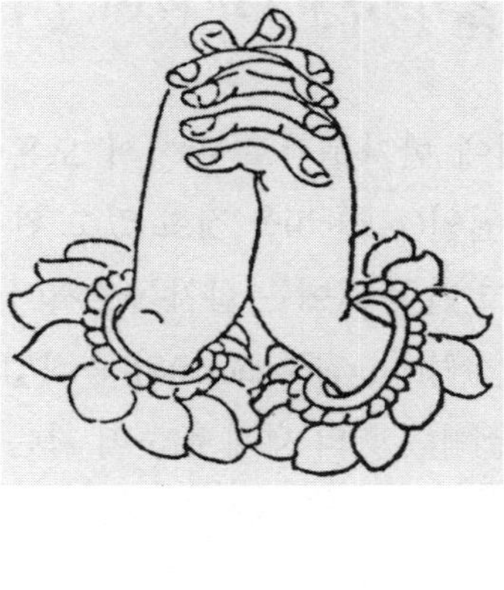

109. 불공성취(不空成就, Amogha-siddhi)

존상은 핀 연꽃 위에 반가부좌로 앉아서 오른손은 손바닥을 활짝 펴 밖으로 향하여 여원인(與願印)을 짓고 있고 왼손은 활짝 핀 연꽃의 줄기를 들고 있는데 그 연꽃 위에는 십자독고저(十字獨股杵)가 놓여져 있다. 이것은 금강업(金剛業, vajra-karma)의 움직임으로 모든 사람들을 교화하고 금강예지(金剛叡智)의 세계로 눈떠 가는 움직임을 나타낸다.

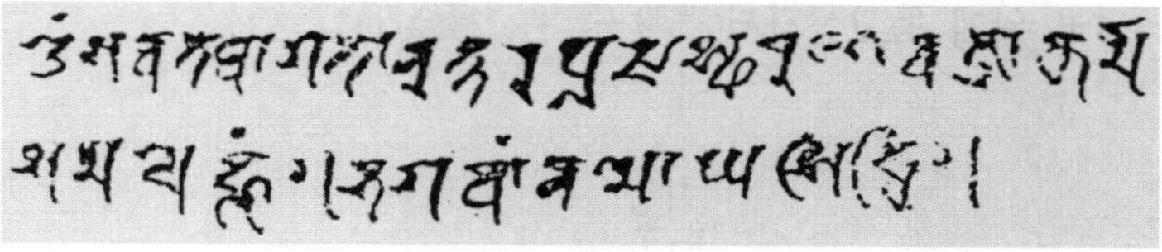

경전에는 다음과 같이 적혀 있다.

「세존 불공성취여래께서는 일체 여래의 금강갈마의 위없는 공양의 광대의궤에서 펼쳐지는 갈마삼매의 금강가지라는 삼마지에 드시어 이 최상의 자심명을 송하신다.

oṃ sarva-tathāgatānuttara-pūjā-spharaṇa-vajra-karma-samaye hūṃ

옴 살봐 따타가따누따라 뿌자 스파라나 봐즈라 깔마 삼마예 훔

옴 일체 여래의 최상의 공양(供養)을 넓게 펴가는 금강사업(金剛事業)의 서원으로부터 태어난 여존이여 훔!

※ 한역(漢譯)＝옴 일체 여래의 마음에서 태어난 금강사업(金剛事業)의 최상(最上)공양(供養)을 모든 곳으로 넓혀가는 서원(誓願)을 지닌 여존이여!」

※ bhagavān amogha-śiddhi 세존불공성취」

◎ 권(拳, 羯磨印)

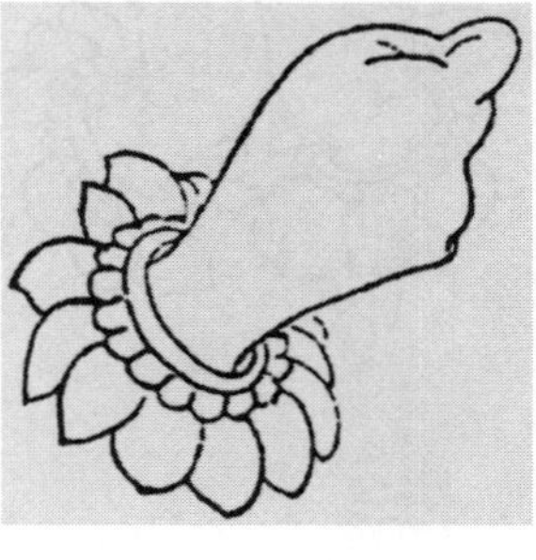

◎ 성숙한 연꽃 위에 독고십자저(獨股十字杵, 標幟印)

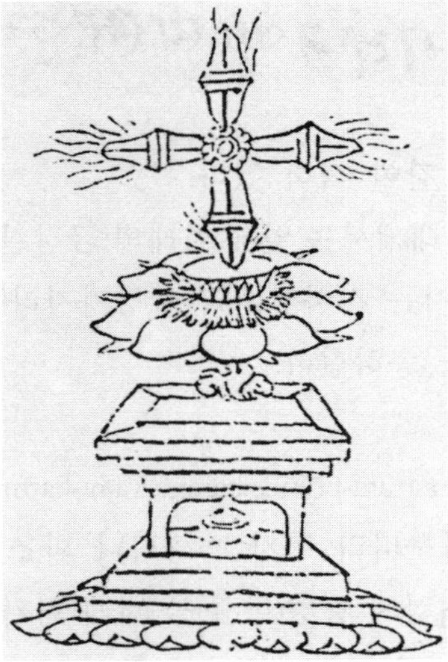

◎ 박(縛, 三昧耶印)

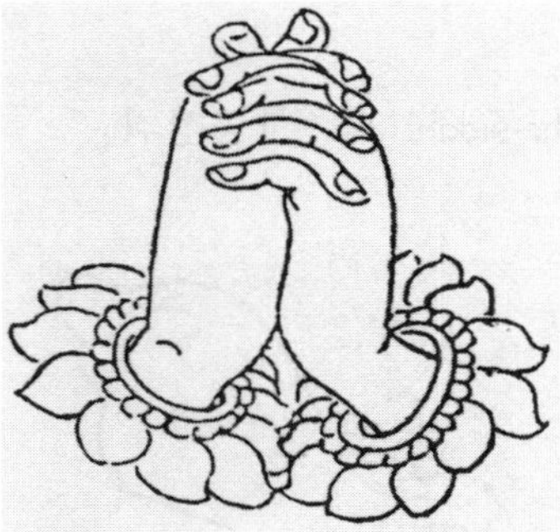

110. **극묘락**(極妙樂, Surata-sukhā)

존상은 왼손을 펴 왼쪽 허벅지 위에 올려놓고 오른손으로는 삼고금강저(三股金剛杵)를 쥐어 가슴 앞에다 두고 연꽃 좌대에 앉아 있다.

이것은 금강의 움직임을 나타내 보리심(菩提心)을 드러내려 한 것이다.

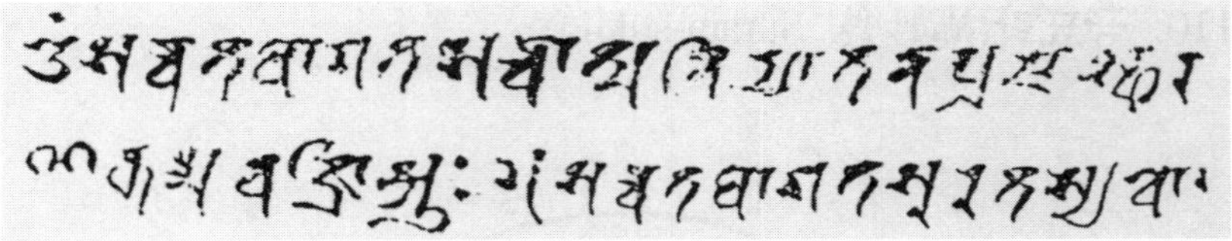

경전에는 다음과 같이 적혀 있다.

「세존 대비로차나여래(大毘盧遮那如來)께서는 다시 일체 여래의 공양의 광대의궤(廣大儀軌)에서 법계에 두루 다하여 펼쳐지는 갈마삼매의 금강삼마지에 들어가신다. 이 삼마지 중에서 일체 여래심으로부터 구덕 금강수보살마하살을 출현시켜서 널리 법계가 다하도록 일체 허공계(一切虛空界)에 펼쳐서 서로 섭입하기 위해 곧 일체의 온갖 묘한 공양으로 장엄된 광대의궤로부터 구름 바다처럼 흘러 펼쳐지는 일체 현성을 이룬다. 이 모든 현성(賢聖)은 일체 세계에 두루 흐르는 구름 바다처럼 모두 일체 여래의 큰 모임인 만다라 가운데에 모여 일체 여래의 무상의 대보리심으로부터 일체 여래부의 수애락지를 성취하는 보현의 최상승행을 출생한다. 대보리 도량에 와서 모든 마군을 항복시키고, 일체 여래의 평등성으로써 일체 여래의 대만다라에서 생한 바의 삼계에 보편한 최승을 현성정각(現成正覺)하고 정법륜을 굴린다. 두루 남김없이 모든 유정계에서 널리 일체의 이익 등의 사업을 행하며, 제불의 신통유희를 시현한다.

이때에 구름 바다 같은 공양의 일체 현성은 일체 여래의 의궤에서 설한 바에 따라 각각 본인(本印)을 결하고 공양을 하고 나서 금강계대만다라에 상응하는 월륜에 의지하며 머무르면서 이 게송을 읊는다.

위대하신 제불(諸佛)께 내가 공양 올리니
나는 모든 공양을 올리는 자이다.
모든 불성(佛性)이 광대함으로 말미암아
곧 일체의 부처는 성취를 베푸시느니라.

다시 금강수보살마하살은 일체 여래의 공양 등 갈마의 광대의궤(廣大儀軌)의 금강갈마만다라(金剛羯磨曼荼羅)[312]의 대명을 송한다.

oṃ sarva-tathāgata-sarv'ātma-niryātana-pūjā-spharaṇa-karma-vajrī āḥ
옴 살봐 따타가따 살봐뜨마 니르야따나 뿌자 스파라나 깔마 봐즈리 앟
옴 일체 여래의 마음이 되어서 자기 자신의 모든 것을 받들어가는 공양(供養)을 넓게 두루 펴는 금강여존(金剛女尊)이여!
이것이 바로 일체 여래의 극묘락이다.」
※ sarva-tathāgata-surata-syabo[313]

312) 갈마만다라는 제불(諸佛) 보살 등의 위의(威儀), 형상, 소작(所作)의 활동을 나타낸 만다라이다. 위의를 표현하는 만다라란, 즉 불보살이 인(印)을 결하고 다리를 결가부좌하며, 혹은 머리를 수그리고 몸을 움직이는 동작과 행위의 모습을 위의, 작법이라 하고, 그 활동 전체를 표현하며, 작용을 만다라화한 것을 갈마에 의한 만다라라 칭한다.
313) 『시호역(施護譯)』에는 일체여래극묘락(一切如來極妙樂)이라 되어 있다.

권(拳, 羯磨印)

삼고금강저(三股金剛杵, 標幟印)

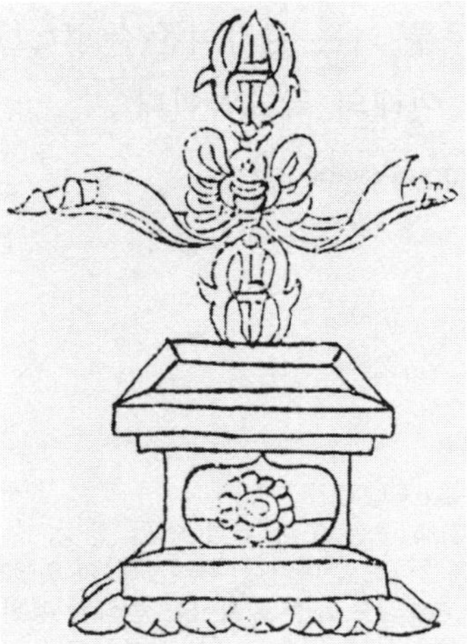

◎ 박(縛, 三昧耶印)

111. 구소(鉤召, Ākarṣaṇī)

존상은 핀 연꽃 좌대에 앉아 오른손은 자루 끝에 두 개의 줄이 늘어져 있는 금강구(金剛鉤)를 쥐고 왼손은 늘어져 있는 두 개의 끈을 쥐고 있다.

이것은 금강의 지혜에 의해 중생들을 끌어 모아 구제해 가는 공양의 움직임을 표현하려 한 것이다.

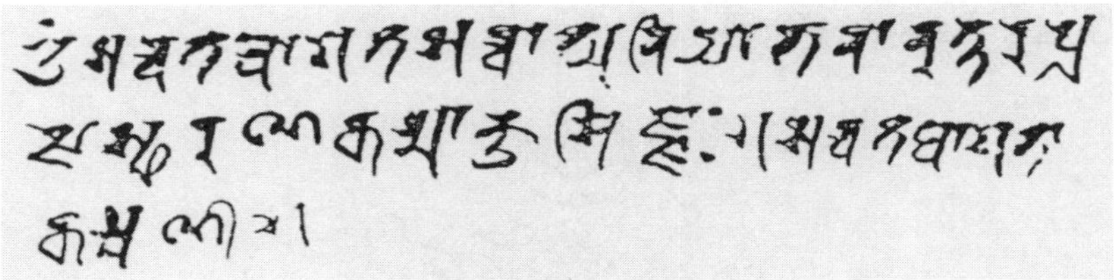

경전에는 다음과 같이 적혀 있다.

「oṃ sarva-tathāgata-sarv’ātma-niryātana-anuttara-pūjā-spharaṇa-karmāṅku śi jaḥ 옴 살봐 따타가따 살봐뜨마 니르야따나 아누뜨라 뿌자 스파라나 깔망꾸쉬

옴 일체 여래의[마음이 되어] 자기 스스로를 받들어가는 구소(鉤召)의 공양(供養)을 널리 펴는 구소여존(鉤召女尊)이여!

이것이 바로 일체 여래의 구소이다.

※ sarva-tathāgat’ākarṣaṇī 일체여래구소(一切如來鉤召)」

◎ 권(拳, 羯磨印)

◎ 금강구(金剛鉤, 標幟印)

◎ 권(縛, 三昧耶印)

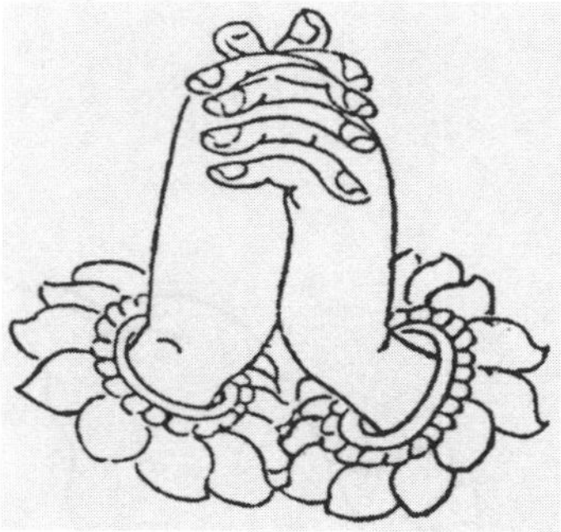

112. 수애락(隨愛樂, Anuttara-rāgiṇī)

존상은 반가부좌해서 연꽃 좌대에 앉아 왼손으로는 활을 잡고 오른 손으로는 화살을 잡고 있다. 이것은 금강의 애염교화(愛染敎化)의 공양을 나타낸다.

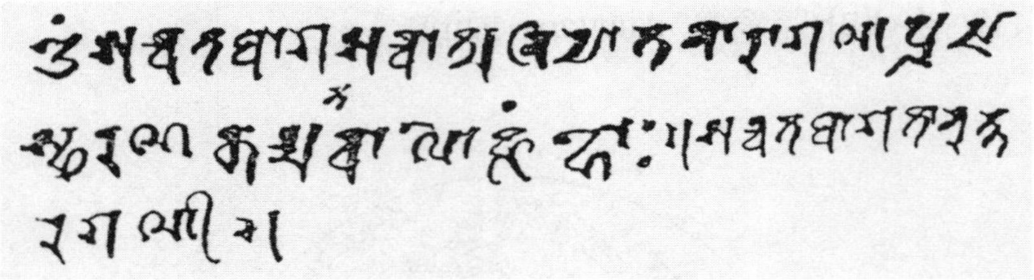

경전에는 다음과 같이 적혀 있다.

「oṃ sarva-tathāgata-sarv’ātma-niryātanānurāgaṇa-pūjā-spharaṇa-karma-vāṇ hūṃ hoḥ 옴 살봐 따타가따 살봐뜨마 니르야따나누라가나 뿌자 스파라나 깔마 봐네 훔 홓

옴 일체 여래의 마음이 되어 스스로를 받들고, 애착을 가져 공양(供養)을 널리 펴나가는 화살 여존이여 훔 홓!

이것이 바로 일체 여래의 수애락이다.」

※ sarva-tathāgatanuttara-rāgaṇi

일체여래최상애락(一切如來最上愛樂)[314]

◎ 권(拳, 羯磨印)

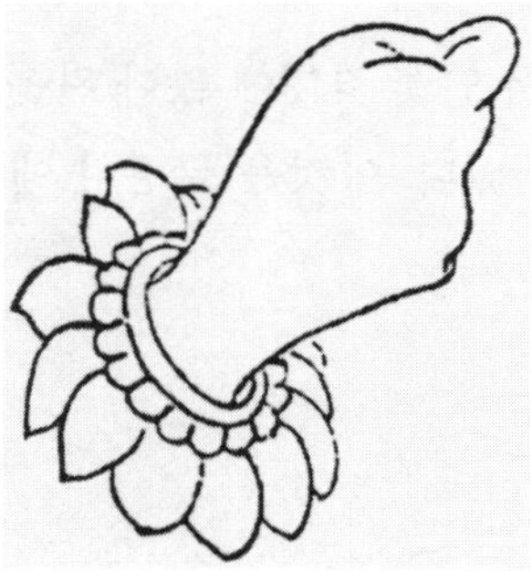

314) 『시호역(施護譯)』에는 일체여래수애락(一切如來隨愛樂)이라 되어 있다.

◎ 활과 화살(標幟印)

◎ 박(縛, 三昧耶印)

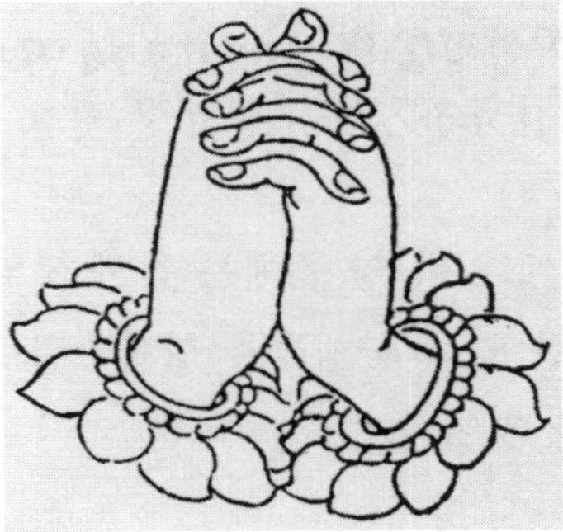

113. **편환희**(遍歡喜, Saṃtoṣaṇī)

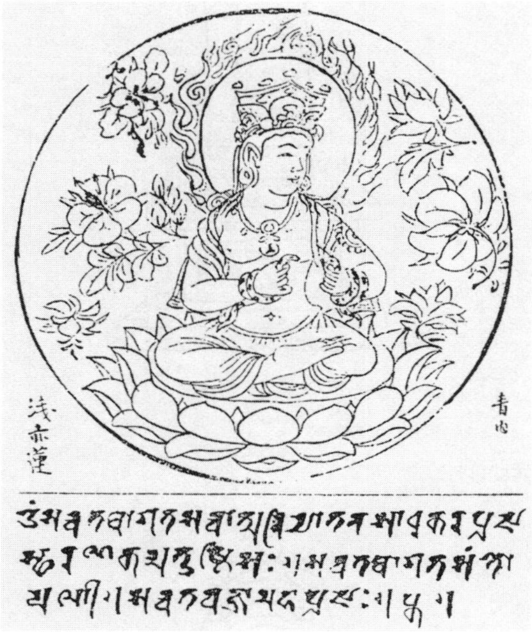

존상은 연꽃 좌대에 앉아 양 손에는 독사 모양의 끈을 쥐고 있다. 이것은 업(業)이 강한 억센 중생들을 항복받아 새로운 생명을 주는 공양(供養)을 표현한 것이다.

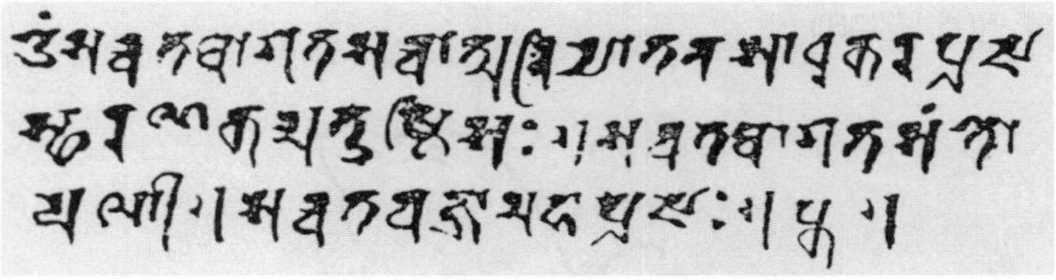

경전에는 다음과 같이 적혀 있다.

「oṃ sarva-tathāgata-sarv'ātana-niryātana-sādhu-kāra-pūjā-spharaṇa-karma tuṣṭi saḥ

옴 살바 따타가따 살봐따나 니르야따나 사두 까라 뿌자 스파라나 깔마 뚜스띠 삯

옴 일체 여래의 마음이 되어 스스로를 받들고 선법(善法)을 가지고 예찬하고 공양(供養)을 널리 펴가는 환희여존(歡喜女尊)이여 삯!

이것은 바로 일체 여래의 편환희이다.

이들을 일체 여래의 대공양이라 이름한다.

※ sarva-tathāgata-saṃtoṣaṇī

일체여래환희여존(一切如來歡喜女尊)[315)]」

※ sarva-ta[thāgata]-vajra-mahā-pūjāḥ

일체여래금강대공양(一切如來金剛大供養)[316)]

315) 『시호역』에는 일체여래대공양(一切如來大供養)이라 되어 있다.

316) 『시호역』에는 일체여래편환희(一切如來遍歡喜)라 되어 있다.

◎ 권(拳, 羯磨印)

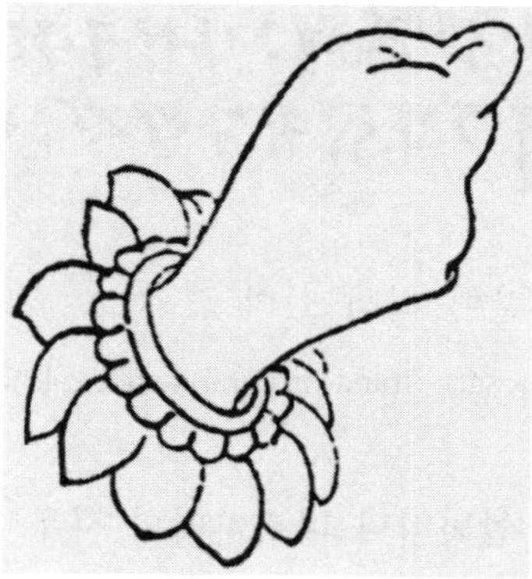

◎ 왼손으로 독고저(獨股杵)를 쥐고 있다(標幟印)

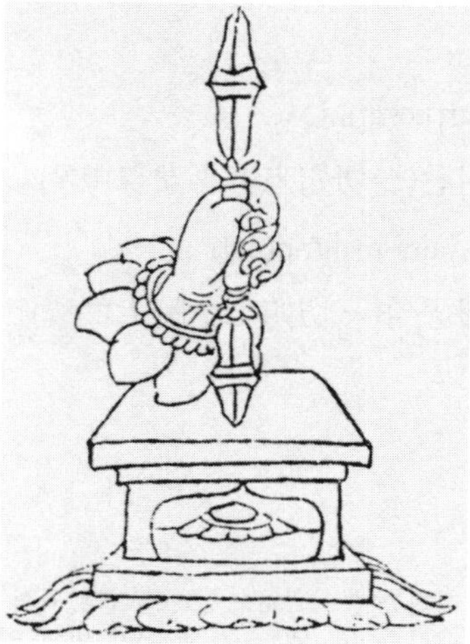

◎ 박(縛, 三昧耶印)

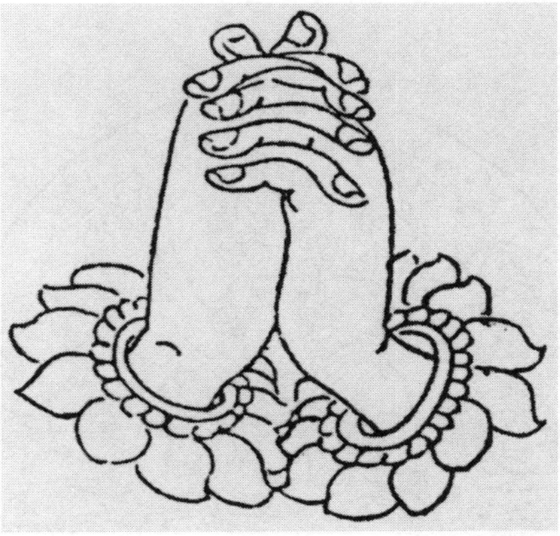

114. **대주재**(大主宰, Mahā’dhipatinī)

존상은 반가부좌로 연꽃 좌대에 앉아 왼손은 금강권(金剛拳)을 쥐어 허벅지 위에 올려놓고 오른손은 둥근 구슬이 올려져 있는 연꽃의 줄기를 쥐고 있다.

이것은 관정공양(灌頂供養)을 행해 여의보주(如意寶珠)를 드러내는 움직임을 나타낸다.

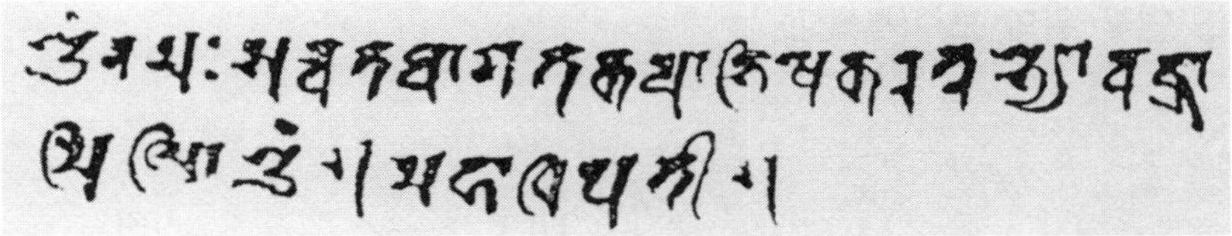

경전에는 다음과 같이 적혀 있다.

「oṃ namaḥ sarva-tathāgata-kāyābhiṣeka-ratnebhyo vajra-maṇi oṃ

옴 나맣 살봐 따타가따 가야비세까 라뜨네뵤 봐즈라 마니 옴

옴 귀명해 받든 일체 여래의 신체가 되게 하는 관정보(灌頂寶)의 모든 존이여, 금강보주여존(金剛寶珠女尊)이여 옴!

이것은 바로 대주재(大主宰)이다.

※ mahādhipatī(mahā'dhipatinī) 위대한 왕자(王者)317)」

권(拳, 羯磨印)

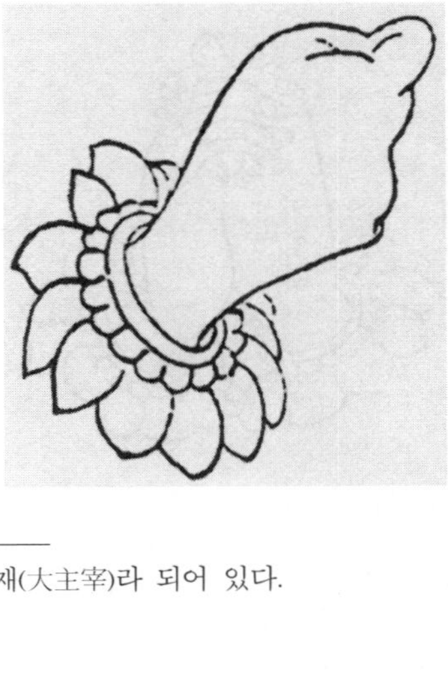

317) 『시호역』에는 대주재(大主宰)라 되어 있다.

◎ 연꽃 위의 보주(標幟印)

◎ 박(縛, 三昧耶印)

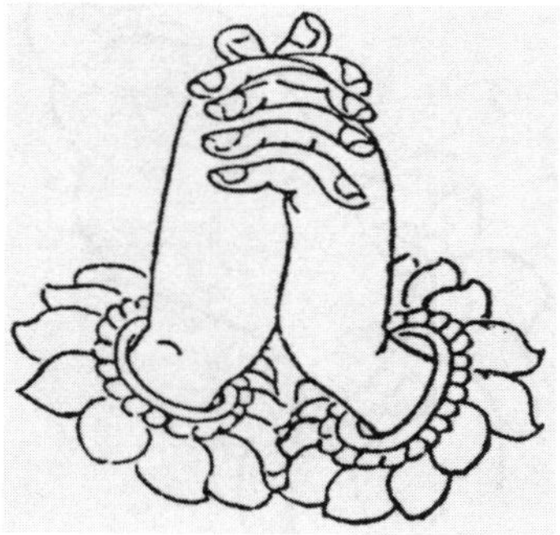

115. **대광명**(大光明, Mahoddyotā)

존상은 반가부좌로 연꽃 좌대에 앉아 오른손은 빛나는 구슬이 놓여져 있는 연꽃의 줄기를 잡고, 왼손은 금강권을 지어 허벅지 위에 올려놓았다.

이것은 태양의 빛이 어두움의 세계를 밝게 비추는 것에 비유해 금강광(金剛光)이라는 지혜의 빛이 빛나 본성(本性)에 잠긴 보주(寶珠)를 나타내 가는 움직임을 표시한 것이다.

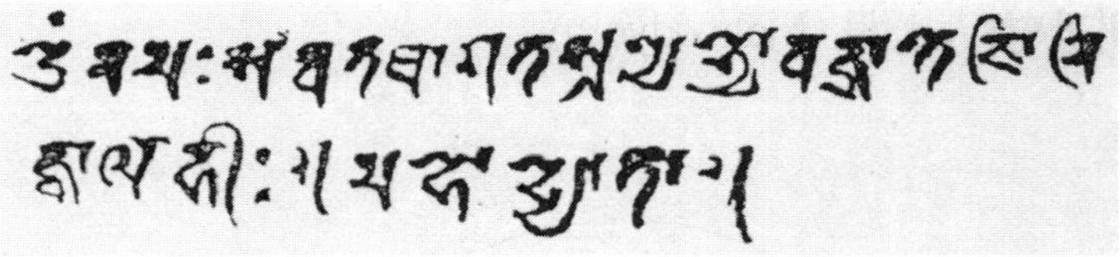

경전에는 다음과 같이 적혀 있다.

「oṃ namaḥ sarva-tathāgata-sūryebhyo vajra-tejini-jvala hīḥ

옴 나망 살봐 따타가따 술예뵤 봐즈라 떼지니 지봐라 힝

옴 귀명해서 받든 일체 여래의 모든 일광(日光)을 위해, 금강광명(金剛光明)이여 힝!

이것은 바로 대광명이다.」

※ mahoddyotā 대광면(大光明)

권(拳, 羯磨印)

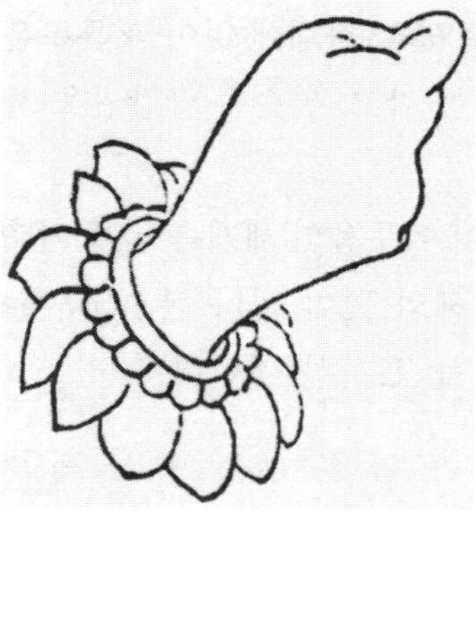

◎ 연꽃 위의 보주(標幟印)

◎ 박(縛, 三昧耶印)

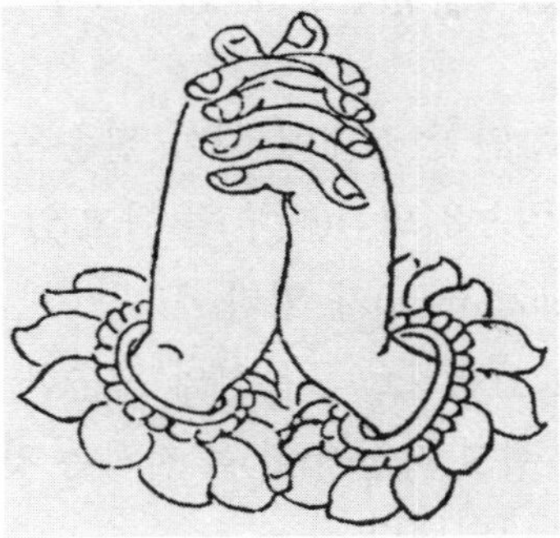

116. **대보우여존**(大寶雨女尊, Mahāratna-varṣā)

존상은 반가부좌로 연꽃 좌대에 앉아 왼손은 금강권으로 허벅지 조금 위쪽에 두고 오른손은 당간(幢竿)을 쥐고 있는데, 그 당간 끝에는 여의보주(如意寶珠 cintā-manī)가 있다.

이것은 여의보주(如意寶珠), 즉 본성의 청순한 마음을 표현하는 일은 마치 당번(幢幡)을 쥐고 지침(指針)을 전하는 것처럼 금강의 세계로 인도해 나가는 것을 나타낸다.

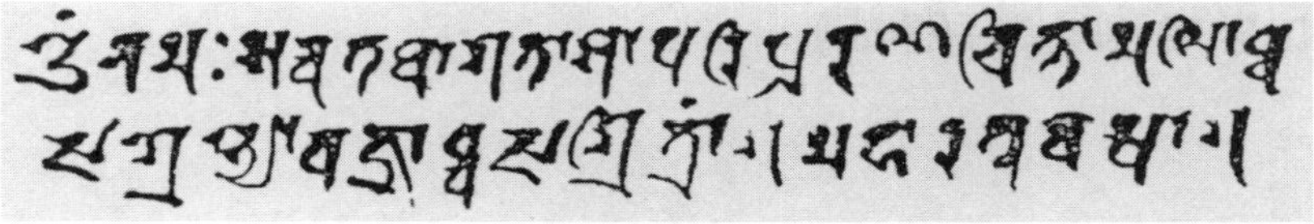

경전에는 다음과 같이 적혀 있다.

「oṃ namaḥ sarva-tathāgat'āśā-paripūraṇa-cintā-maṇi-dhvajāgre*dhyo vajra dhvajāgre trāṃ 옴 나망 살봐 따타가따샤 빠리뿌라나 찐따 마니 드봐자그레 됴 봐즈라 드봐자그레 뜨람

옴 귀명해 받든, 일체 여래의 소원을 만족한 여의보주(思惟의 寶珠)의 승당(勝幢)에, 금강승당여존(金剛勝幢女尊)이여 뜨람!) 이것은 바로 대보우이다.

※ mahā-ratna-varṣā대보우여존(大寶雨女尊)[318]」

권(拳, 羯磨印)

---

318) 『시호역』에는 대보우(大寶雨)라 되어 있다.

◎ 당(幢) 위의 보주(標幟印)

◎ 박(縛, 三昧耶印)

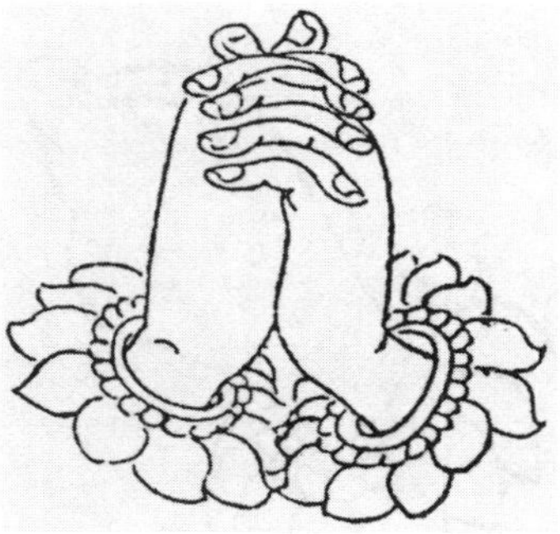

117. 대희열(大喜悅, Mahā-prīti-harṣā)

존상은 반가부좌로 연꽃 좌대에 앉아 왼손은 금강권(金剛拳)으로 허벅지 위에 올려놓고 오른손은 줄기가 짧은 연꽃을 쥐고 있는데, 그 위에는 웃는 모양의 입을 그려 놓았다.

이것은 아름다운 본래의 마음이 열려 희망에 찬 새로운 생명을 얻은 기쁨을 표현한 것이다. 새로운 생명의 체득은 여래의 관정(灌頂)에 의한 것으로 관정공양(灌頂供養)을 역설하고 있는 것이다.

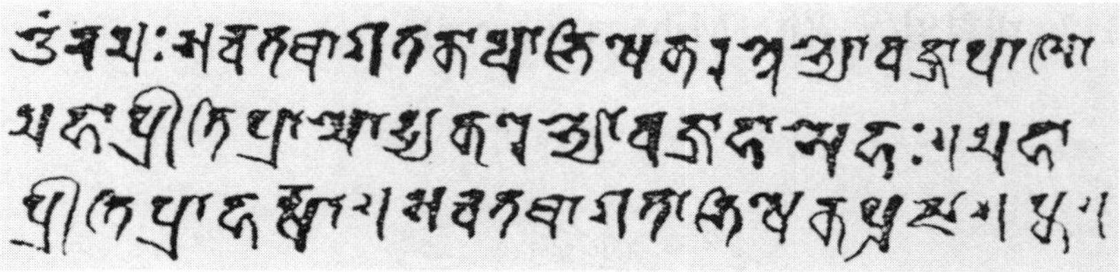

경전에는 다음과 같이 적혀 있다.

「oṃ namaḥ sarva-tathāgata-*kāyābhiṣeka-ratnebhyo vajra-pāṇi-mahā-prīti-pramodya-karebhyo vajra-hāse hoḥ

옴 나맣 살봐 따타가따 까야비세까 라뜨네뵤 봐즈라 빠니 마하 쁘리띠 쁘라모댜 까레뵤 봐즈라 하세 홓

옴 귀명해 받듭니다. 일체 여래의 몸이 되게 하는 관정제보(灌頂諸寶)를 위해, 금강수(金剛手)의 대애(大愛)와 환희를 이루게 하기 위해, 금강소여존(金剛笑女尊)이여 홓!

이것은 바로 대희열이다. 이들을 일체 여래의 관정공양이라 이름한다.

※ mahā-prīti. *prāharṣā 대환희애락(大歡喜愛樂)[319)]

※ sarva-tathāgatābhiṣeka-pūjā 일체여래관정공양(一切如來灌頂供養)」

---

319) 『시호역』에는 대희열(大喜悅)이라 되어 있다.

◎ 권(拳, 羯磨印)

◎ 독고저를 줄기로 한 연꽃 좌대 위에 웃는 모양의 이빨(標幟印)

박(縛, 三昧耶印)

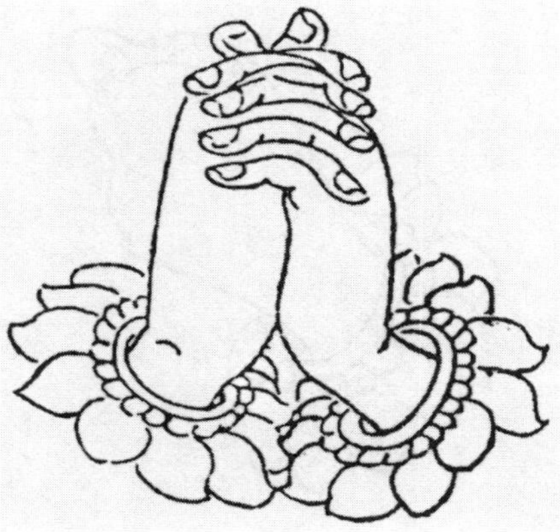

118. **대지가**(大智歌, Mahā-jñāna-gitā)

존상은 반가부좌로 연꽃 좌대에 앉아 왼손으로는 홍련화의 줄기를 잡고 있고, 오른손으로는 금강권을 하여 심장 앞에다 두고 있다.

이것은 일체 여래의 진리, 즉 금강의 법성(法性 vajra-dharmatā)을 체득하기 위해서는 선정(禪定)에 의지해야 하고, 이것에 의해 새로운 생명이 육성되어 나가게 되는 것을 나타낸다.

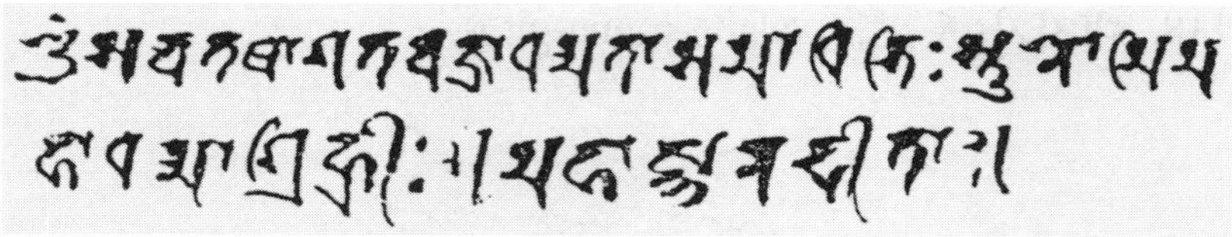

경전에는 다음과 같이 적혀 있다.

「oṃ sarva-tathāgata-vajra-dharmatā-samādhibhiḥ stunomi-mahā-dharmāgr hrīḥ 옴 살봐 따타가따 봐즈라 딸마따 삼마디빙 스뚜노미 마하 달마그리 흐릥

옴 일체 여래 구원의 진리의 세계, 그것은 금강의 법성(法性)을 표출시키는 모든 삼마지(三摩地)이다. 그것을 나는 찬탄한다. 승리해 얻은 대법여존(大法女尊)이여 흐릥!

이것이 바로 대지가이다.

※ mahā-jñāna-gītā 대지가(大智歌)」

권(拳, 羯磨印)

◎ 표치인(標幟印)

독고저 손잡이가 달린 연꽃 좌대 위에 활짝 핀 빛나는 연꽃을 나타낸다.

◎ 박(縛, 三昧耶印)

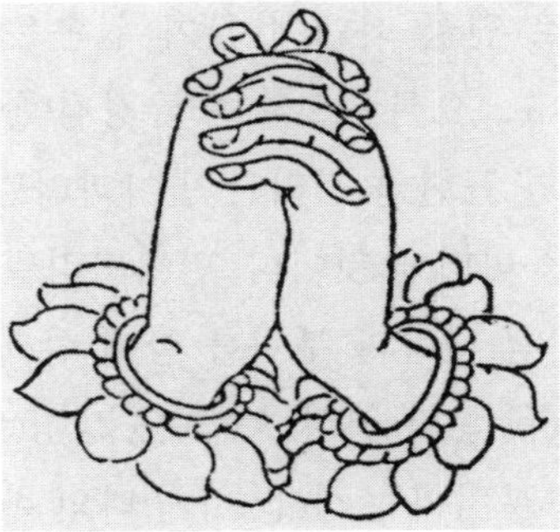

119. **대음성**(大音聲, Mahā-ghoṣānugā)

존상은 반가부좌로 연꽃 좌대에 앉아 왼손은 금강권(金剛拳)으로 허벅지 위에 올려놓고, 오른손으로는 금강검(金剛劍)을 쥐고 있다.

이것은 일체 여래가 표현한 진리는 반야파라밀(般若波羅蜜, prajñā-pāramitā)에 의한 것을 나타낸 것이다. 반야파라밀은 예리한 칼이 사물을 잘 절단하는 것처럼 사람과 부처를 함께 살해하여 가상적인 나로 인하여 생성된 아상(我想)과 인상(人想), 중생상(衆生想), 수자상(壽者想), 그리고 종국에는 부처라는 상(想)마저 나의 반연(攀緣)이라 여기어 이를 타파하고 진리의 세계를 조견(照見)시키는 움직임을 나타낸다.

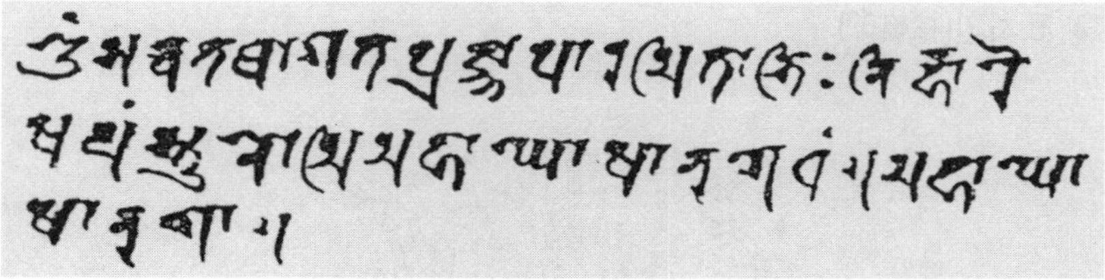

경전에는 다음과 같이 적혀 있다.

「oṃ sarva-tathāgata-prajñā-pāramit'abhiḥ nirhāraiṣayaṃ stunomi mah ghoṣānuge dhaṃ 옴 살봐 다타가따 쁘라즈나 쁘라미따빙 니르하라이샤 얌 스뚜노미 마하 고샤누게 담

옴 일체 여래의 진리의 세계 그것은 반야파라밀에 의하여 인도(引導)된다. 이 일을 나는 찬탄한다. 대음성(大音聲)에 순하게 따르는 여존이여 담!) 이것이 바로 대음성이다.

※ mahā-ghoṣānugā 대음성(大音聲)」

◎ 권(拳, 羯磨印)

◉ 표치인(標幟印)

독고저 자루가 있는 연꽃 좌대 위의 이검(利劍)을 나타낸다.

◉ 박(縛, 三昧耶印)

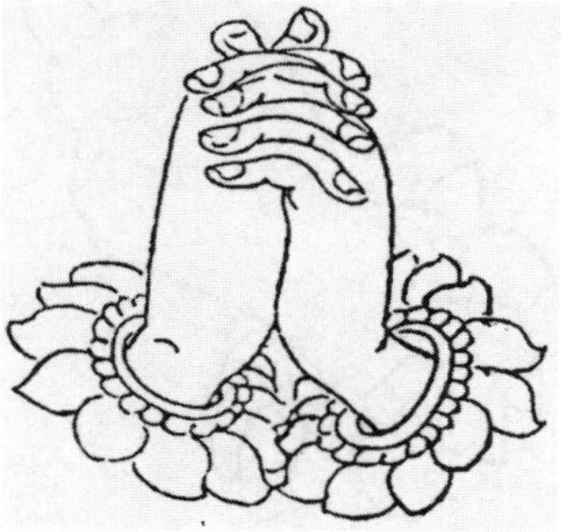

120. 편입일체만다라(編入一切曼茶羅, Sarva-maṇḍala-praveśā)

존상은 반가부좌로 연꽃 좌대에 앉아 왼손은 금강권(金剛拳)을 하고 있고, 오른손은 위에 팔각의 륜(輪)이 있는 연꽃을 들고 있다.

이것은 일체 여래가 보인 진리는 좁은 시야를 돌려 넓은 세계를 비춰나가는 것을 나타낸다.

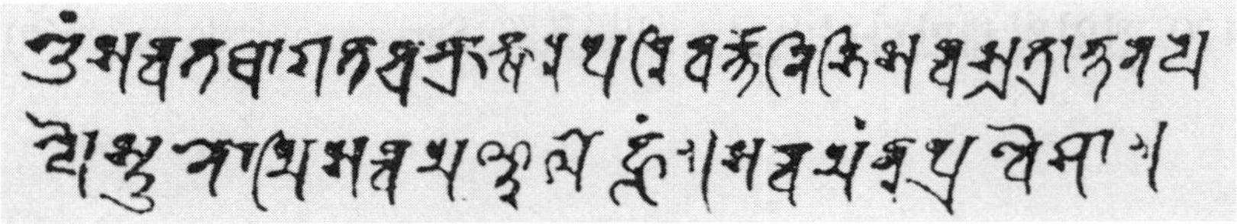

경전에는 다음과 같이 적혀 있다.

「oṃ sarva-tathāgata-cakrākṣara-parivart'ādi-sarva-sūtrānta-nayaiḥ stunom sarva-maṇḍala hūṃ 옴 살바 따타가따 짜끄라끄샤라 쁘리발따디 살바 수뜨란따 나야잉 스뚜노미 살바 만다라 훔

옴 일체 여래가 추구하는 진리의 세계의 체득은 문자전륜(文字轉輪)을 설명하고 있는 모든 경전의 이취(理趣)이고, 이것을 나는 찬탄한다. 그 일 속에 있는 일체륜여존(一切輪女尊)이여 훔!

이것은 바로 편입일체만다라이다.

※ sarva maṇḍala-praveśā(編入一切曼荼羅)」

권(拳, 羯磨印)

◎ 표치인(標幟印)

독고저의 자루가 있는 핀 연꽃 위의 팔각의 륜(輪)을 나타낸다.

◎ 박(縛, 三昧耶印)

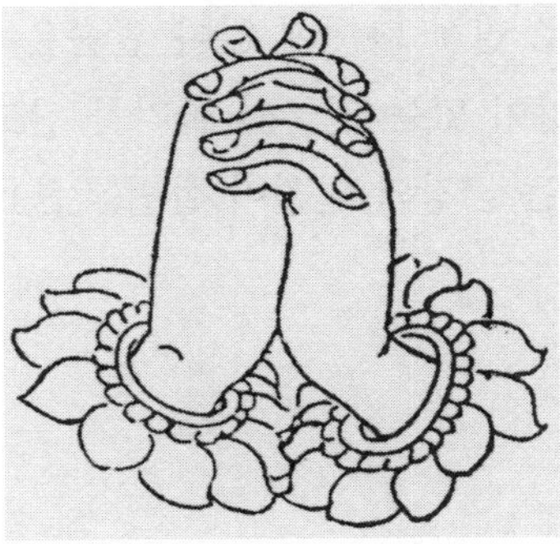

121. **밀구행**(密句行, Mantra-caryā)

존상은 반가부좌로 연꽃 좌대에 앉아 왼손은 금강권(金剛拳)을 하고, 오른손은 혀 모양이 있는 연꽃의 줄기를 잡고 있다. 이것은 일체여래가 나타낸 진리는 금강의 진실어 설법(說法)에 의해 열려지는 것을 나타낸다.

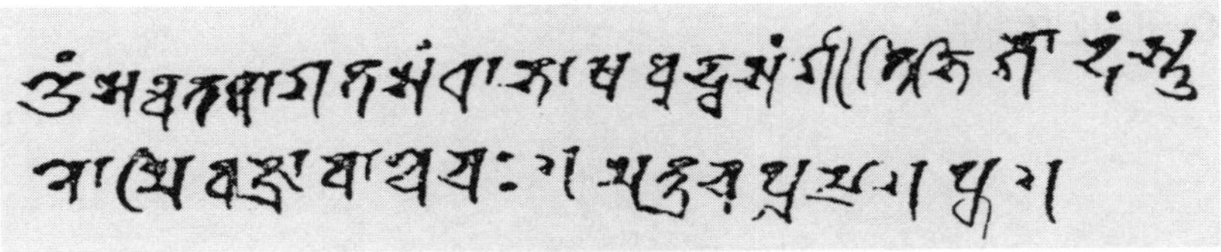

경전에는 다음과 같이 적혀 있다.

「oṃ sarva-tathāgata-saṃdhābhāṣa-buddha-saṃgītibhir *gadan stunomi vaj vāce vaṃ 옴 살봐 따타가따 삼다바샤 붇다 삼기띠빌 가단 스뚜노미 봐즈라 바짜 봠

옴 일체 여래가 구하는 진리는 비밀의(秘密義)를 설하고, 불타(佛陀)의 묘음구설(妙音口說)에 의한 가영(歌詠)이다. 그것을 나는 찬탄한다. 금강을 말하는 여존이여 밤!

이것은 바로 밀구행이다. 이들을 일체 여래의 법공양이라 이름한다.

※ sarva-tathāgata-dharma-pūjaḥ 일체여래법공양(一切如來法供養)」

권(拳, 羯磨印)

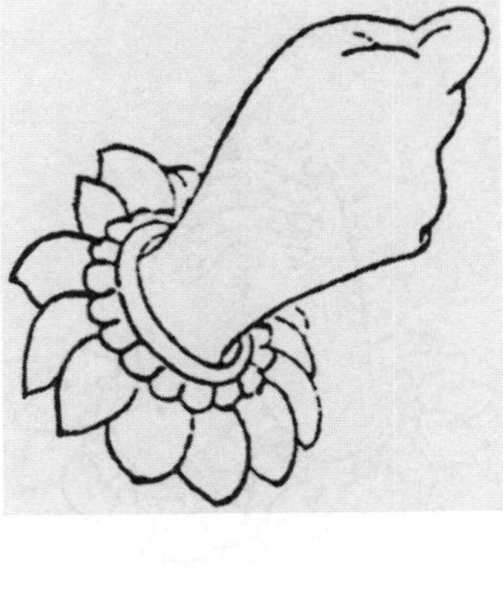

표치인(標幟印)

독고저(獨股杵) 자루가 달린 연꽃 위에 구름에서 솟아 나온 연꽃 위의 혀의 모양을 나타낸다.

박(縛, 三昧耶印)

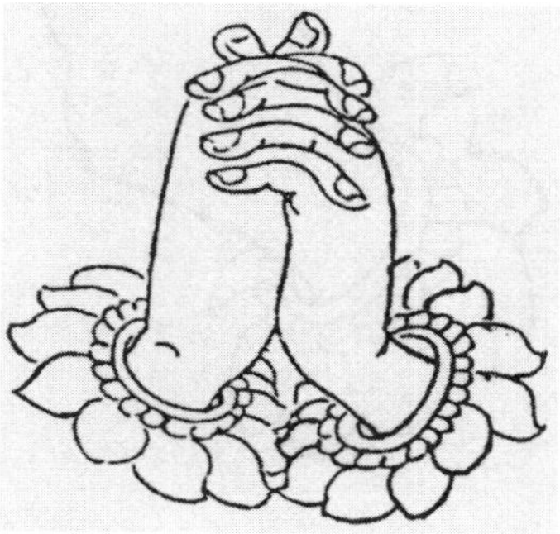

122. **대용맹**(大勇猛, Satya-vatī)

존상은 반가부좌로 연꽃 좌대에 앉아 왼손은 금강권을 하고, 오른손은 손바닥을 펴 그 위에 삼고십자저(三股十字杵)를 나타내고 있다.

이것은 일체 여래가 원하는 공양(供養)을 표시한 것으로, 모든 행동은 금강에서부터 비롯되고 그 행동을 통해 사람들을 금강계(金剛界)에 인도하는 것을 나타낸 것이다.

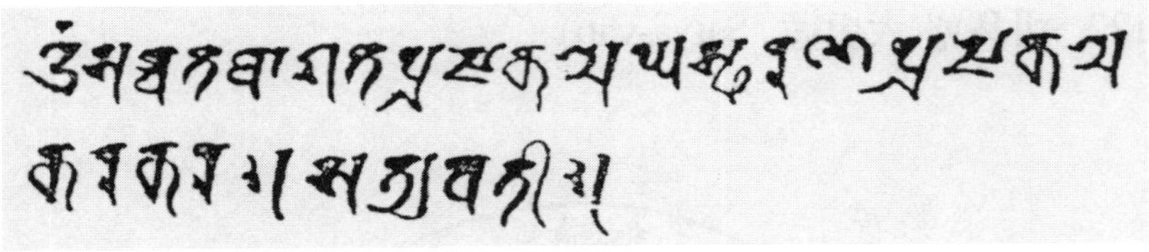

경전에는 다음과 같이 적혀 있다.

「oṃ sarva-tathāgata-*pūjāka-megha-spharaṇa-pūjā-karme kara kara

옴 살봐 따타가따 뿌자까 메가 스파라나 뿌자 깔메 까라 까라

옴 일체 여래가 바라는 공양(供養)은 향 연기를 구름 바다에 가득 채우듯 널리 중생을 교화하는 것에 있다. 그것을 실행하는 여존(女尊)이여 까라 까라!

이것은 바로 대용맹이다.

※ satya-vati 대용맹(大勇猛)[320]」

권(拳, 羯磨印)

320) satya-vati는 parāśara의 처(妻)이고, satyavatī는 진실을 나타내는 여존이라 풀이된다. 또 satva-vati라 한다면 '대사(大士)의 힘있는 것'이라 번역된다.

◎ 표치인(標幟印)

독고저의 자루가 달린 연꽃 좌대 위에 삼고십자저(三股十字杵)를 나타낸다.

◎ 박(縛, 三昧耶印)

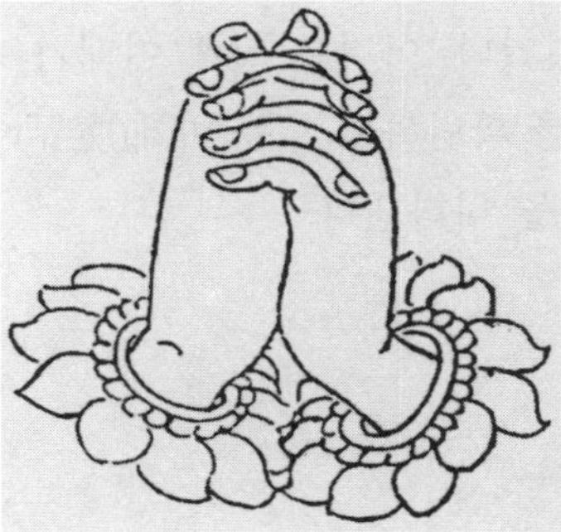

123. **대각분**(大覺分, Mahā-bodhyaṅgavatī)

존상은 연꽃 좌대 위에 결가부좌로 앉아, 왼손은 주먹을 쥐고 허벅지 위에 올려놓고, 오른손은 손바닥으로 가슴 앞에서 두 개의 반삼고저(半三鈷杵)를 들고 있다. 이것은 일체 여래가 원하는 공양(供養)은 금강의 견실한 지혜를 확립하고 모든 마계(魔界)에서 오는 힘을 방어하고 지키는 움직임을 나타낸다.

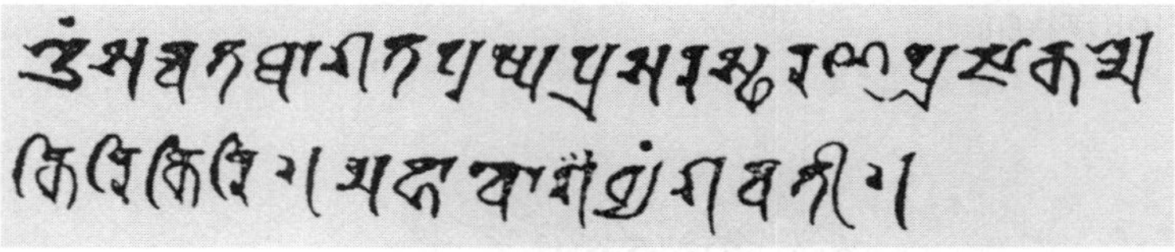

경전에는 다음과 같이 적혀 있다.

「oṃ sarva-tathāgata-puṣpa-prasara-spharaṇa-pūjā-karme kili kili

옴 살봐 따타가따 뿌슈빠 빠라사라 스파라나 뿌자 깔메 끼리 끼리

옴 일체 여래가 원하는 공양(供養)은 모든 세계를 꽃으로 채우고 모든 것을 장엄해 가는 공양에 있다. 그것을 행하는 여존이여 끼리 끼리!

이것은 바로 대각분이다.

※ mahā-bodhyaṅgavatī 큰 깨달음을 갖추고 있는 여존[321]」

권(拳, 羯磨印)

---

321) 『시호역』에는 대각분(大覺分)이라 되어 있다.

◎ 표치인(標幟印)

독고저(獨股杵)의 자루가 있는 연꽃 받침 위에 두 개의 반삼고저(半三鈷杵)를 나타낸다.

◎ 박(縛, 三昧耶印)

124. **대명조**(大明照, Cakṣuṣ-matī)

존상은 연꽃 좌대 위에 결가부좌로 앉아 왼손은 금강권(金剛拳)을 하여 허벅지 위에 올려놓고 오른손은 금강아저(金剛牙杵)를 잡고 가슴 앞에 두고 있다. 이것은 일체 여래가 원하는 공양(供養)은 모든 번뇌를 꺾어 깨뜨리는 것에 있음을 나타낸다.

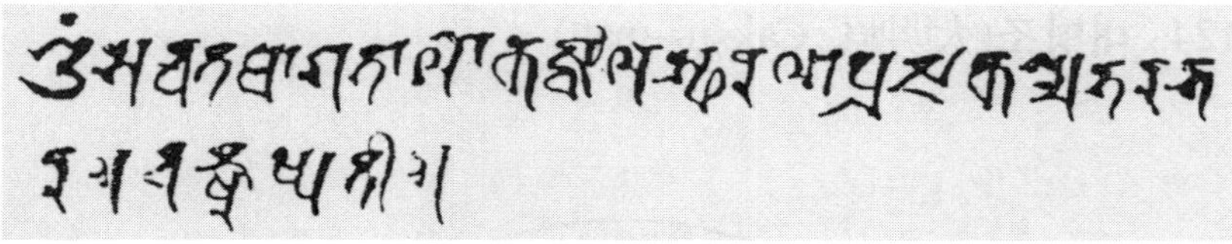

경전에는 다음과 같이 적혀 있다.

「oṃ sarva-tathāgatāloka-jvāla-spharaṇa-pūjā-karme bhara bhara

옴 살봐 따타가따로까 즈봐라 스파라나 뿌자 깔메 바라 바라

옴 일체 여래가 원하는 공양(供養)은 광염(光焰)을 휘날려 모든 어둠을 밝게 비춰 파괴해 나가는 공양이다. 그 움직임인 여존이여 바라 바라!

이것은 바로 대명조이다.

※ cakṣuṣ-matī 눈을 잡은 사람[322]」

권(拳, 羯磨印)

322) 『시호역』에는 대명조(大明照)라 되어 있다.

◎ 표치인(標幟印)

독고저(獨股杵)를 자루로 한, 핀 연꽃 위에 금강아(金剛牙)를 나타낸다.

◎ 박(縛, 三昧耶印)

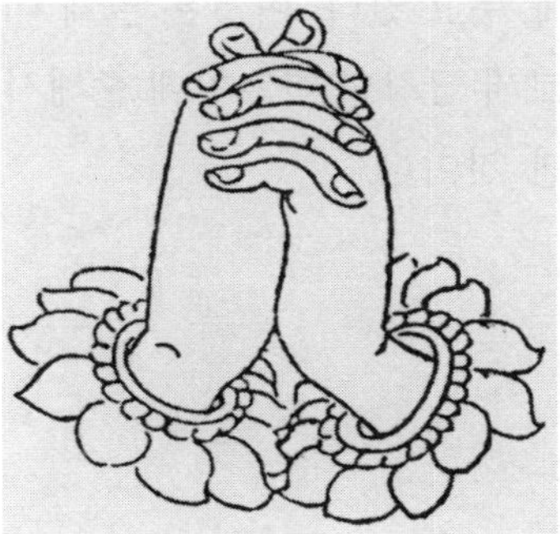

125. **대도향**(大塗香, Gandha-vatī)

존상은 연꽃 좌대 위에 결가부좌로 앉아 양 손에 각각 독고저(獨股杵)를 쥐고 가슴 앞에 두고 있다. 이것은 일체 여래가 바라는 공양은 항상 견고한 마음으로써 금강의 가르침에 준해서 자기의 소신을 관철해 가는 것을 나타낸 것이다.

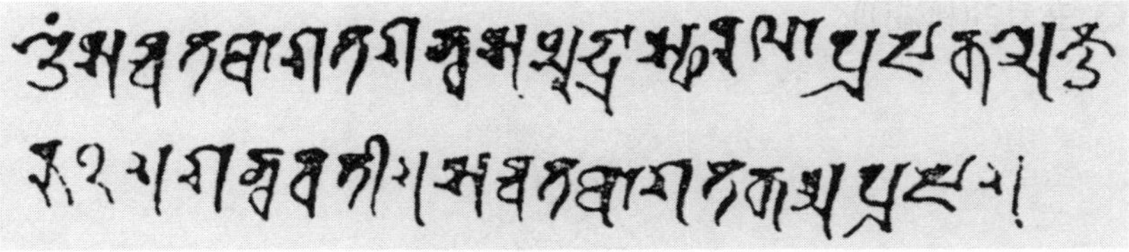

경전에는 다음과 같이 적혀 있다.

「oṃ sarva-tathāgata-gandha-samudra-spharaṇa-pūjā karme kuru kuru

옴 살봐 따타가따 간다 삼무드라 스파라나 뿌자 깔메 꾸루꾸루

옴 일체 여래가 원하는 공양, 그것은 도향(塗香)이 일체를 정화하고 그것을 대해(大海)와 같이 크게 넓혀 가는 것이다. 그 움직임인 여존이여 꾸루 꾸루!

이것은 곧 대도향이다. 이들을 일체 여래의 갈마공양이라 이름한다.」

※ gandhavatī 대도향(大塗香)

sarva-tathāgata-karma-pūjā 일체여래갈마공양(一切如來羯磨供養)

권(拳, 羯磨印)

◎ 표치인(標幟印)

독고저 자루가 달린 연꽃 받침 위에 각각 한 개씩 반독고저(半獨枯杵)를 쥐고 있는 두 손.

◎ 박(縛, 三昧耶印)

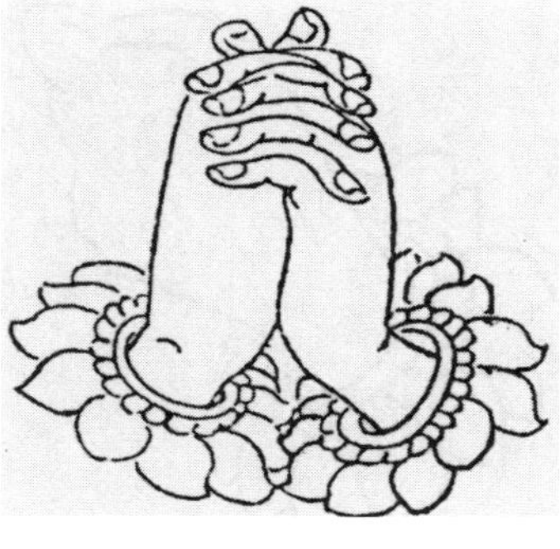

126. **애락환희녀**(愛樂歡喜女, Rati-ratā)

본 그림부터 영보살(鈴菩薩)에 이르는 12존은 『초회금강정경(初會金剛頂經)』에 설명되어져 있지 않다. 이들의 존은 제1장 금강계대만다라(金剛界大曼茶羅), 또는 제2장 금강계비밀만다라(金剛界秘密曼茶羅)의 기술에 준하여 그려진 것이다.

본 그림의 존상(尊像)은 핀 연꽃 위에 결가부좌하여 양 손에는 각각 독고저를 쥐고 팔을 밑으로 내리고 있다.

이것은 금강의 공양을 받은 기쁨을 나타내고 모든 것을 금강의 세계로 교화하여 인도하는 것을 나타내려 한 것이다.

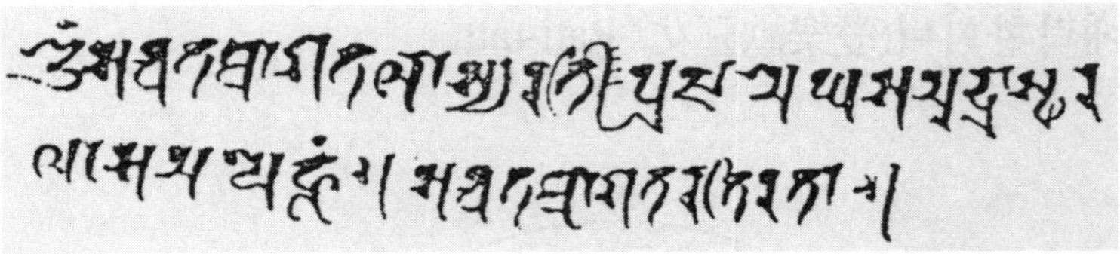

여기서부터 '139. 비밀공양인지(秘密供養印智)'까지는 경전과 『오부심관』의 기술이 일치하지 않는다. 그러므로 경전에 설하여진 부분은 생략하기로 한다.

「oṃ sarva-tathāgata-lāsya-rati-megha-samudra-spharaṇa-samaye hūṃ

옴 살봐 따타가따 라사야 라띠 메가 삼무드라 스파라나 삼마예 훔

옴 일체 여래가 바라는 공양(供養)은 환희애락(歡喜愛樂)의 무용(舞踊)의 공양을 구름 바다처럼 넓혀 가는 것이다. 그 서원인 여존이여 훔!

※ sarva-tathāgata-rati-ratā

일체 여래의 마음에서 나오는 애락환희녀(愛樂歡喜女)」

◉ 권(拳, 羯磨印)

◎ 표치인(標幟印)

독고저 자루가 있는 연꽃 받침 위에 각각 한 개의 독고저를 쥔 두개의 손.

◎ 박(縛, 三昧耶印)

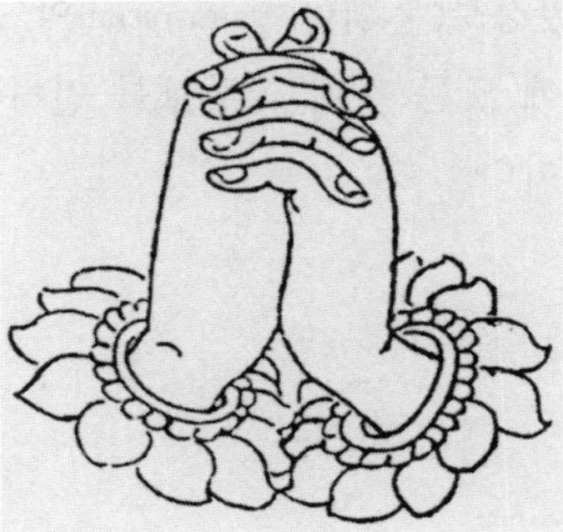

127. 각지분(覺支分, Bodhyaṅgavatī)

존상은 핀 연꽃 좌대 위에 결가부좌로 앉아 양 손으로 화만(花鬘)을 쥐고 있다. 이것은 금강보(金剛寶, vajra-ratna)의 공양을 받은 기쁨을 표시한다. 그것과 함께 모든 것에 금강보를 전하여 장엄하게 하려는 움직임을 나타낸 것이다.

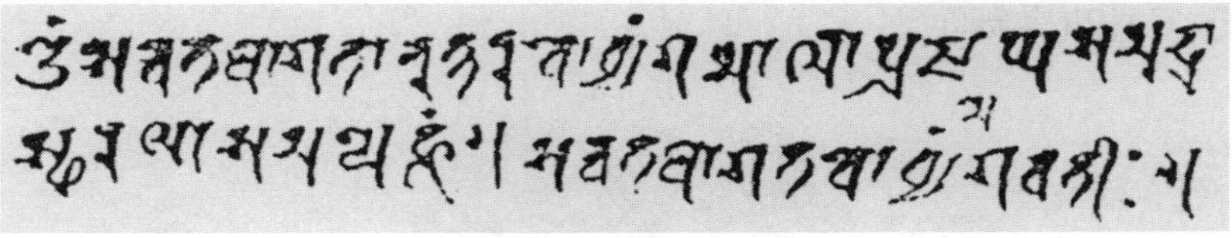

「oṃ sarva-tathāgatānuttara-bodhyaṇga-māla-pūjā-megha-samudrā-spharaṇa samaye hūṃ 옴 살봐 따타가따누따라 보댱가 마라 뿌자 메가 삼무드라 스파라나 삼마예 훔

옴 일체 여래가 원하는 공양은 만공양(鬘供養)을 가지고 구름 바다처럼 넓혀, 모든 사람에게 깨달음으로 마음을 묶어, 마치 화만(花鬘)으로 장식되어진 것 같은 아름다운 마음에 맺어주는 공양이다. 이 공양의 서원(誓願)에서 나온 여존이여 훔!

※ sarva-tathāgata-bodhyaṇgavatīḥ

일체 여래의 마음에 이끌린 각지분(覺支分)」

◎ 권(拳, 羯磨印)

◎ 표치인(標幟印)

독고저(獨股杵) 자루가 달린 연꽃 받침 위에 두 손으로 쥐고 있는 화만(花鬘)을 나타낸다.

◎ 박(縛, 三昧耶印)

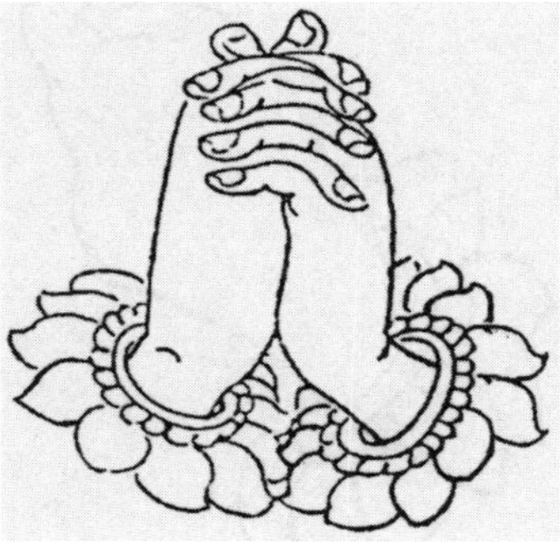

128. **가곡열락**(歌曲悅樂, Gītā-sukhā)

존상은 연꽃 좌대 위에 결가부좌로 앉아 왼손은 금강권(金剛拳)을 하여 허벅지 위에 올려놓고 오른손으로는 비파(琵琶)를 잡고 가슴 앞쪽에 두고 있다. 이것은 금강법(金剛法, vajra-dharma)의 공양을 받은 기쁨을 나타냄과 동시에 일체의 것에 금강법의 묘음(妙音)을 울리게 해 교화에 힘쓰게 하는 움직임을 나타낸다.

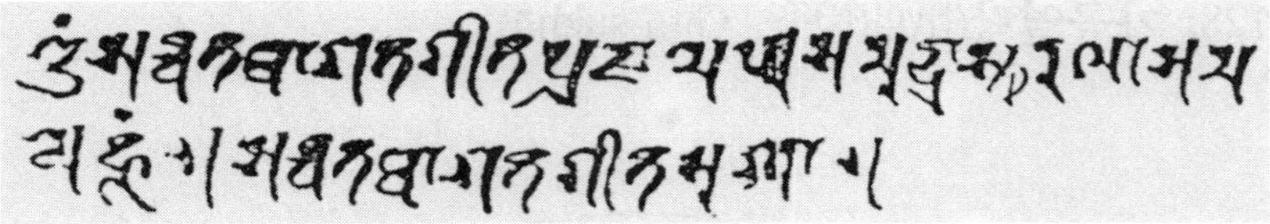

「oṃ sarva-tathāgata-gīta-pūjā-megha-samudrā-spharaṇa samaye hūṃ

옴 살바 따타가따 기따 뿌자 메가 삼무드라 스파라나 삼마예 훔

옴 일체 여래가 원하는 공양, 그것은 진리의 가영(歌詠)을 구름 바다 처럼 넓혀 가는 공양이다.

이 공양의 서원으로 난 여존이여 훔!

※ sarva-tathāgata-gīta-sukhā

일체 여래의 가곡열락녀존(歌曲悅樂女尊)」

◎ 권(拳, 羯磨印)

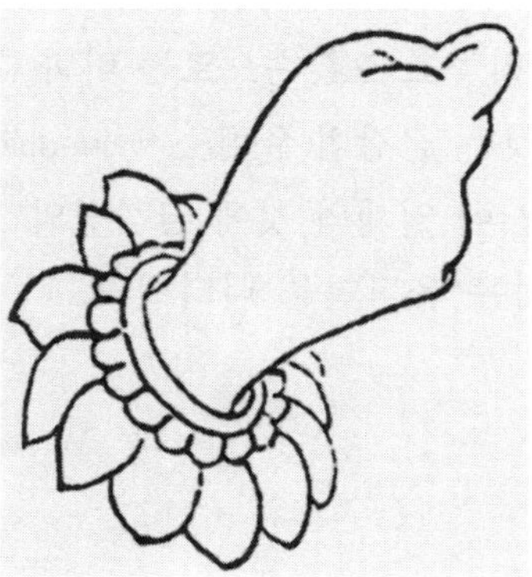

◎ 표치인(標幟印)

독고저 자루가 달린 연꽃 받침 위에 비파(琵琶)를 나타낸다.

◎ 박(縛, 三昧耶印)

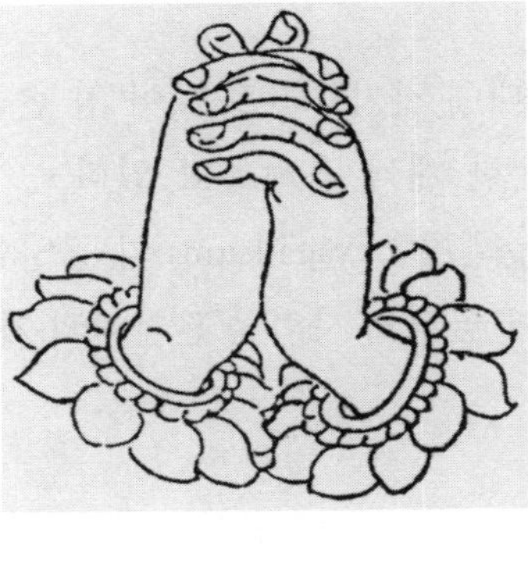

129. **무용열락**(舞踊悅樂, Nṛtyā-sukhā)

존상은 핀 연꽃 좌대에 결가부좌로 앉아 양 손을 옆으로 펴 손바닥 위에 독고저를 각각 한 개씩 올려놓고 있다.

이것은 금강갈마(金剛羯磨, vajra-karma)의 공양을 받은 기쁨을 나타냄과 동시에 모든 것에 금강의 사업을 관철시켜 가는 움직임을 나타낸다.

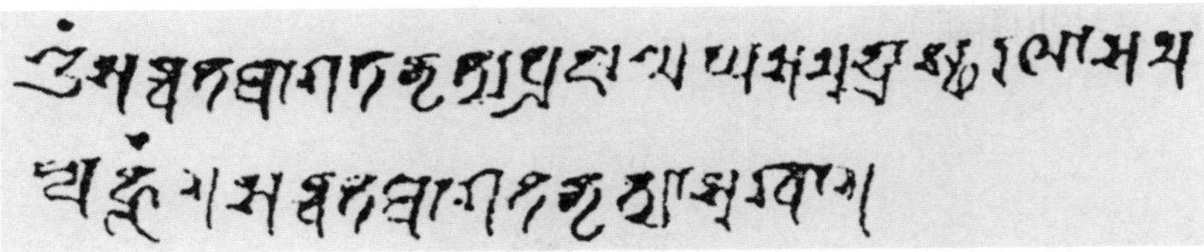

「oṃ sarva-tathāgata-nṛtya-pūjā-megha-samudra-spharaṇa-samaye hūṃ

옴 살봐 따타가따 느르뜨야 뿌자 메가 삼무드라 스파라나 삼마예 훔

일체 여래가 바라는 공양, 그것은 금강무용(金剛舞踊)의 공양을 구름 바다처럼 넓혀 가는 것이다. 이 서원으로 난 여존이여 훔!

※ sarva-tathāgata-nṛtyā-sukhā 일체 여래의 무용열락여존(舞踊悅樂女尊)」

권(拳, 羯磨印)

표치인(標幟印)

독고저 자루가 달린 연꽃 받침 위에 두 개의 독고저(獨股杵)를 나타낸다.

박(縛, 三昧耶印)

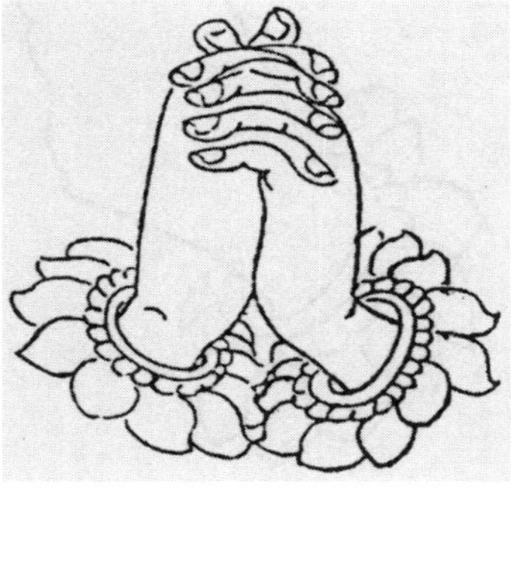

130. **분향공양**(焚香供養, Dhūpa-pūjā)

존상은 핀 연꽃 좌대에 결가부좌로 앉아 왼손은 금강권을 하여 허벅지 위에 올려놓고 오른손은 분향화로(焚香火爐)를 들고 있다. 이것은 향의 연기가 널리 퍼지는 것처럼 금강의 덕이 모든 사람들에게 넓게 퍼져 나가는 것을 나타낸다.

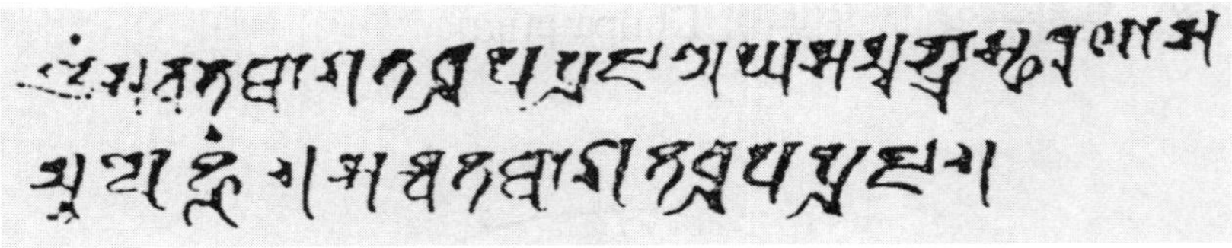

「oṃ sarva-tathāgata-dhūpa-pūjā-megha-samudrā-spharṇa-samaye hūṃ

옴 살봐 따타가따 두빠 뿌자 메가 삼무드라 스파라나 삼마예 훔

옴 일체 여래가 원하는 공양은 깨끗한 향기가 구름 바다처럼 무한한 곳으로 널리 퍼져나가는 것이다. 이 서원에서 난 여존이여 훔!

※ sarva-tathāgata-dhūpa-pūjā

일체 여래의 분향공양여존(焚香供養女尊)」

권(拳, 羯磨印)

◎ 표치인(標幟印)

독고저 자루가 달린 연꽃 받침대 위에 분향하는 화로가 있다.

◎ 박(縛, 三昧耶印)

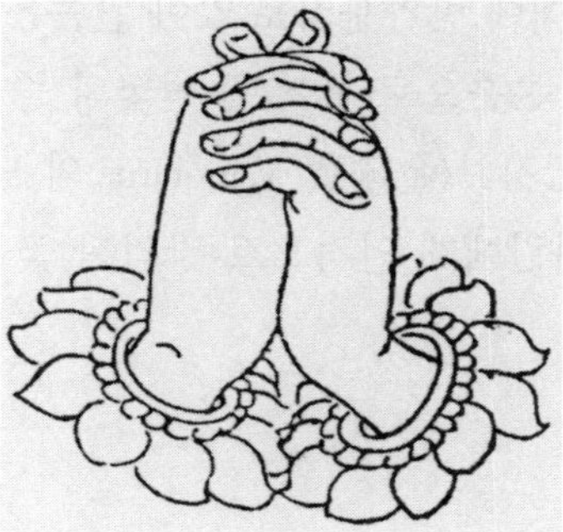

131. 화(華, Puṣpā)

존상은 핀 연꽃 좌대에 반가부좌로 앉아 왼손은 금강권을 하여 허벅지 위에 올려놓고, 오른손으로 활짝 핀 연꽃의 줄기를 잡고 가슴 앞에 두고 있다. 이것은 금강보(金剛寶, vajra-ratna)의 덕을 마치 꽃이 피는 것에 비유해, 모든 사람에게 인격으로 장엄된 꽃을 피게 하는 공양을 나타낸다.

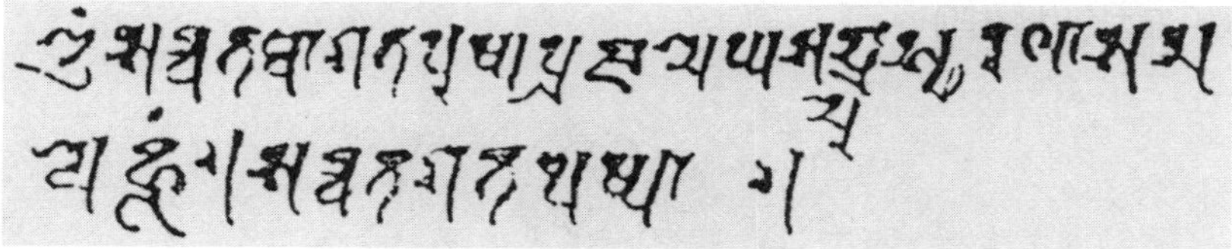

「oṃ sarva-tathāgata-puṣpā-pūjā-megha-samudrā-spharaṇa-samaye hūṃ

옴 살봐 따타가따 뿌슈빠 뿌자 메가 삼무드라 스파라나 삼마예 훔

옴 일체 여래가 원하는 공양은 화공양(華供養)을 구름 바다처럼 넓게 펼쳐 모든 인간의 마음에 꽃을 피게 하는 것이다. 이 서원(誓願)에서 난 여존이여 훔!

※ sarva-tathāgata-puṣpā

일체 여래의 마음에 인도하는 화녀존(華女尊)

◎ 권(拳, 羯磨印)

◎ 표치인(標幟印)

독고저(獨股杵)의 자루가 달린 핀 연꽃 받침에서 솟아난 활짝 핀 꽃을 나타낸다.

◎ 박(縛, 三昧耶印)

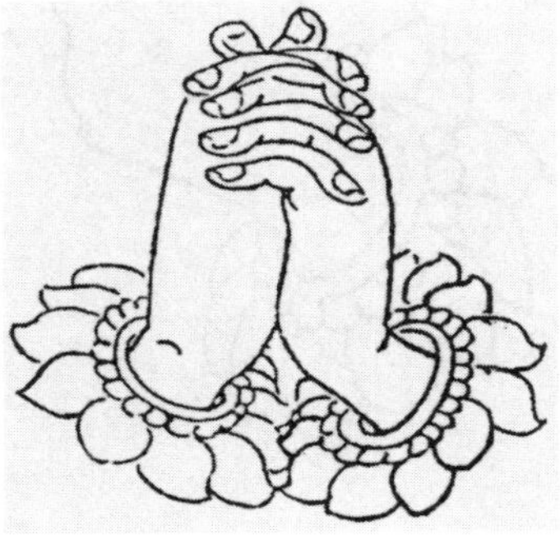

132. 등(燈, Dīpā)

존상은 핀 연꽃 좌대에 결가부좌로 앉아 왼손은 금강권으로 허벅지 위에 올려놓고 오른손으로는 등불을 쥐고 있다.

이것은 금강법(金剛法, vajra-dharma)의 덕을, 등불이 어둠을 제거해 가는 것처럼 모든 사람들에게 미혹의 세계를 깨고 진리의 세계를 열어 가는 공양으로 나타냈다.

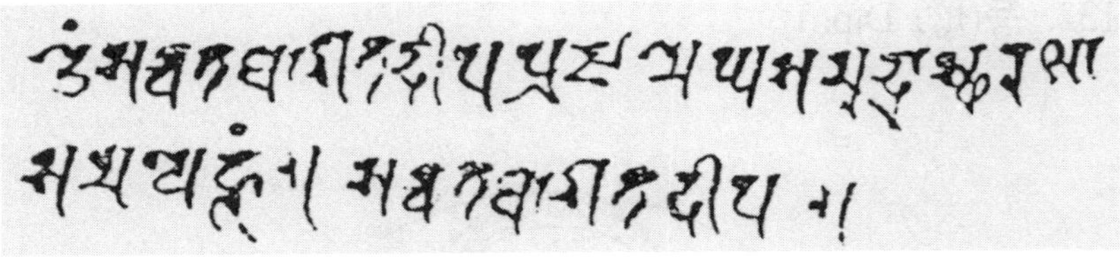

「oṃ sarva-tathāgata-dīpa-pūjā-meghā-samudrā-spharaṇa-samaye hūṃ

옴 살봐 따타가따 디빠 뿌자 메가 삼무드라 스파라나 삼마예 훔

옴 일체 여래가 원하는 공양은 밝은 등불 공양을 구름 바다처럼 넓게 펴 모든 사람들에게 지혜의 빛을 전하여 청정한 세계를 열어 보이는 것이다. 이 서원(誓願)에서 난 여존이여 훔!

※ sarva-tathāgata-dīpa 일체 여래의 마음에 이끌린 등여존(燈女尊)

권(拳, 羯磨印)

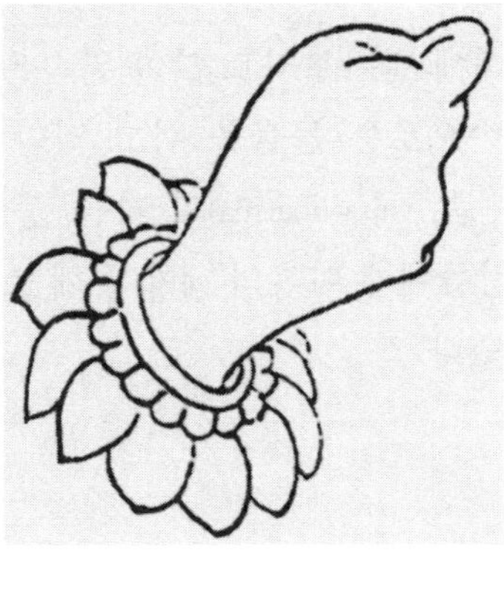

◎ 표치인(標幟印)

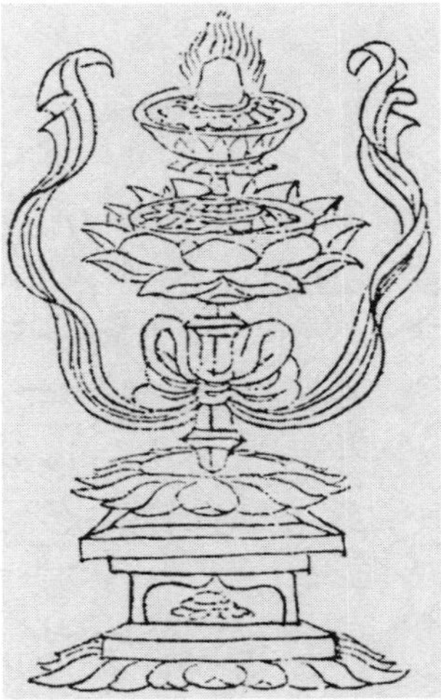

독고저 자루가 달린 연꽃 받침 위에 등불을 나타낸다.

◎ 박(縛, 三昧耶印)

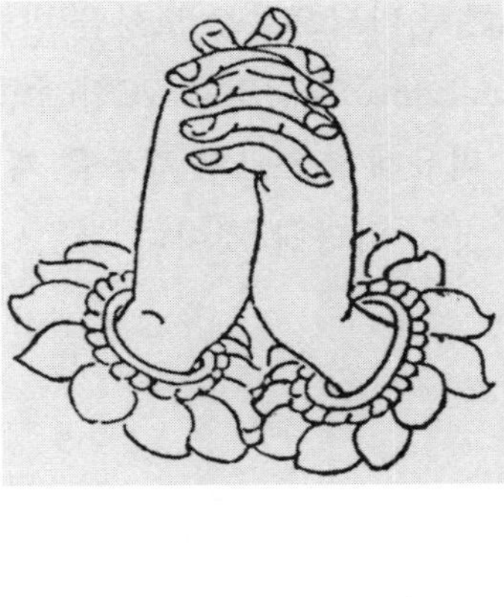

133. **도향**(塗香, Gandhā)

존상은 핀 연꽃 좌대에 결가부좌로 앉아 왼손은 금강권을 하여 허벅지 위에 올려놓고 오른 손바닥으로는 도향을 받들고 있다. 이것은 금강사업(金剛事業, vajra-karma)의 공양을, 도향(塗香)이 신체의 모든 곳을 정화해 가는 것에 비유해 스스로의 행동을 계율에 의한 청정업(淸淨業)으로 살아가는 것을 나타낸 것이다.

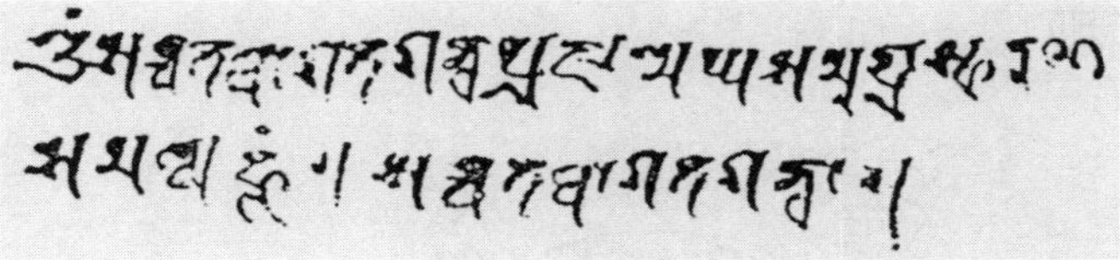

「oṃ sarva-tathāgata-gandha-pūjā-megha-samudra-spharaṇa-samaye hūṃ

옴 살봐 따타가따 간다 뿌자 메가 삼무드라 스파라나 삼마예 훔

옴 일체 여래가 원하는 공양은 도향공양(塗香供養)을 구름 바다처럼 넓게 펼쳐, 모든 사람들을 정화시켜 청정업(淸淨業)을 이루게 하는 데 있다. 이 서원에서 난 여존이여 훔!

※ sarva-tathāgata-gandhā

일체 여래의 마음에 이끌린 도향여존(塗香女尊)」

◎ 권(拳, 羯磨印)

● 표치인(標幟印)

독고저 자루가 달린 연꽃 받침 위에 도향(塗香)을 나타낸다.

● 박(縛, 三昧耶印)

134. **구소**(鉤召, Ākarṣā)

존상은 핀 연꽃 좌대에 결가부좌로 앉아, 양 손은 배꼽 앞에 금강박으로 하여 조금 열고 금강구(金剛鉤)를 나타내 관상하고 있다. 이것은 구소(鉤召)의 마음을 가슴에 간직하면서 공양을 행하는 것을 나타낸 것이다.

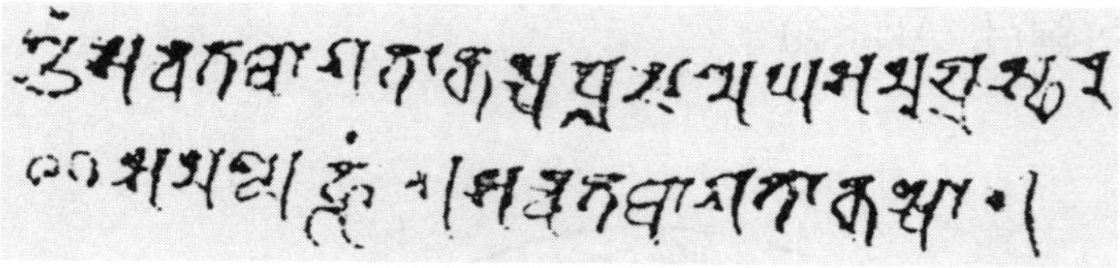

「oṃ sarva-tathāgatākarṣa-pūjā-megha-samudrā-spharaṇa-samaye hūṃ

옴 살바 따타가따깔샤 뿌자 메가 삼무드라 스파라나 삼마예 훔

옴 일체 여래가 원하는 공양은 구소공양(鉤召供養)을 구름 바다처럼 넓게 펼쳐 모든 사람들을 두루 구소(鉤召)하는 것이다. 이 서원에서 난 여존이여 훔!

※ sarva-tathāgatākarṣā

일체 여래의 마음에 인도된 구소여존(鉤召女尊)」

◎ 권(拳, 羯磨印)

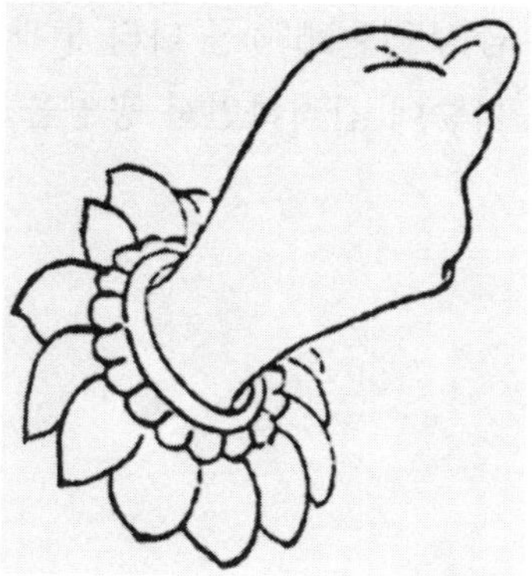

표치인(標幟印)

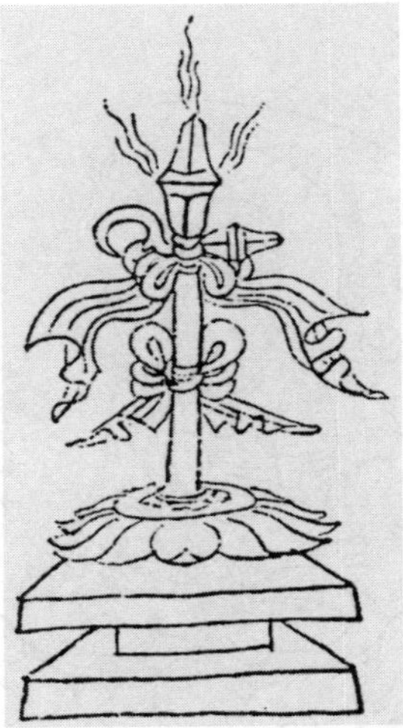

반독고저(半獨枯杵)의 구(鉤)를 나타낸다.

박(縛, 三昧耶印)

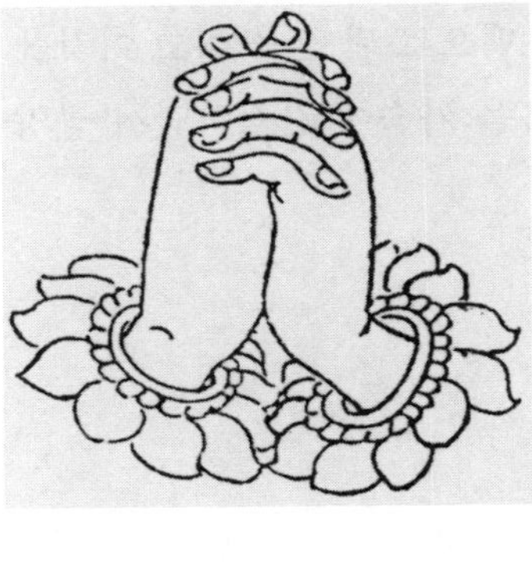

135. **섭입**(攝入, Praveśā)

존상은 핀 연꽃 위에 반가부좌로 앉아 양 손을 배꼽 앞에서 금강박으로 하여 조금 벌리고 뱀으로 된 끈을 쥐고 이것을 관상하고 있다. 이것은 섭입(攝入)의 마음을 가슴에 간직하면서 공양을 행하는 일을 나타낸다.

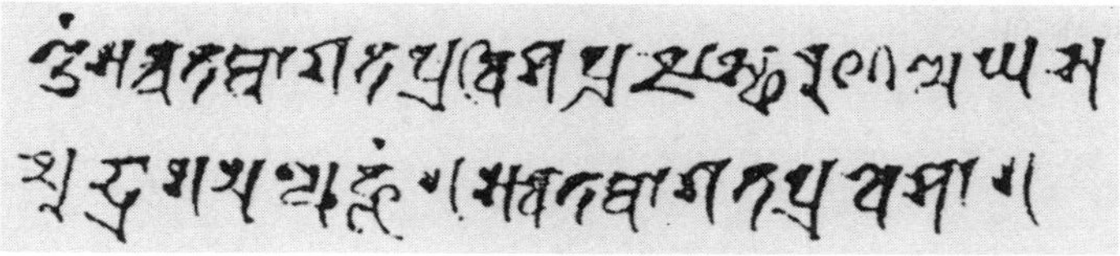

「oṃ sarva-tathāgata-praviṣa-pūjā-spharaṇa-megha-samudra-samaye hūṃ 옴 살봐 따타가따 쁘라뷔샤 뿌자 스파라나 메가 삼무드라 삼마예 훔

옴 일체 여래가 원하는 공양은 섭입공양(攝入供養)을 구름 바다처럼 넓게 펼쳐 모든 사람들을 섭입하는 것이다. 이 원(願)에서 난 여존이여 훔!

※ sarva-tathāgata-praveśā

일체 여래의 마음에 인도된 섭입여존(攝入女尊)」

권(拳, 羯磨印)

◎ 표치인(標幟印)

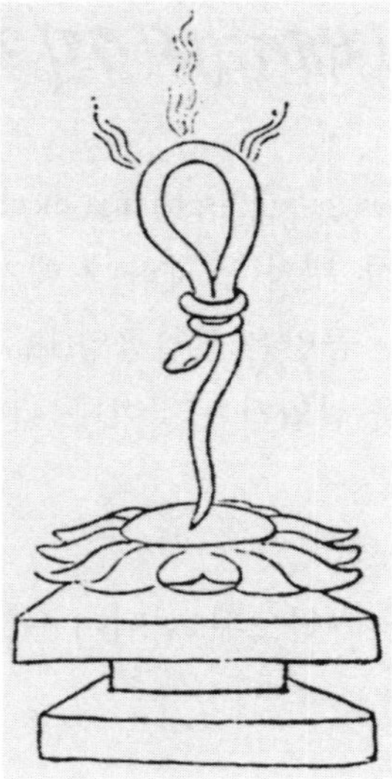

뱀으로 만든 끈을 나타낸다.

◎ 박(縛, 三昧耶印)

136. 쇄(鎖, Sphoṭa)

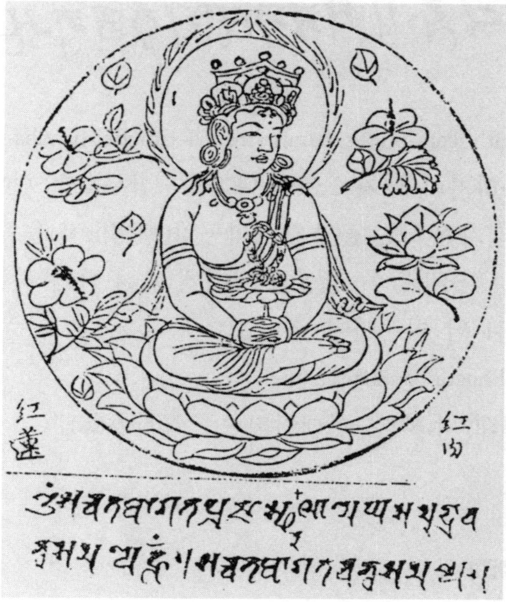

존상은 핀 연꽃 좌대 위에 반가부좌로 앉아 양 손을 배꼽 앞에다 금강박을 하여 조금 푼 상태로 두고 그 위에 쇠사슬을 관상하고 있다. 이것은 금강쇄(金剛鎖)의 마음을 가슴에 간직한 채 공양을 행하는 것을 나타낸 것이다.

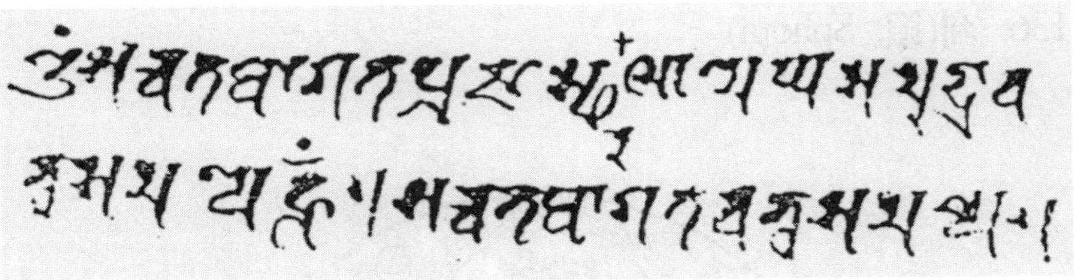

「oṃ sarva-tathāgata-pūjā-spharaṇa-megha-samudra-bandha-samaye hūṃ

옴 살봐 따타가따 뿌자 스파라나 메가 삼무드라 반다 삼마에 훔

옴 일체 여래가 원하는 공양은 계박공양(繫縛供養)을 구름 바다처럼 넓게 펼쳐 모든 사람들이 견실한 지혜에 묶여 들게 하는 것이다. 이 서원(誓願)에서 난 여존이여 훔!

※ sarva-tathāgata-bandha-samaye

일체 여래 박(縛)의 삼매야녀존(三昧耶女尊)」

◎ 권(拳, 羯磨印)

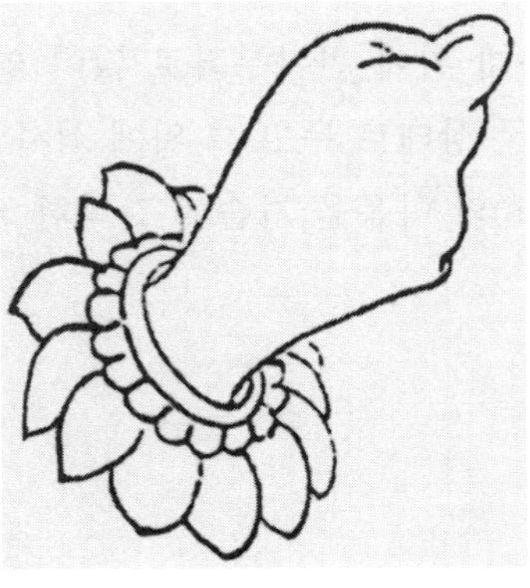

◎ 금강쇄(金剛鎖, 標幟印)

◎ 박(縛, 三昧耶印)

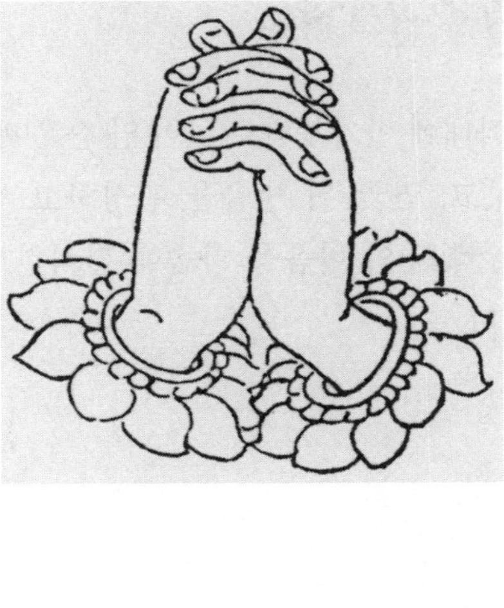

137. 령(鈴, Ghaṇṭā)

존상은 핀 연꽃 좌대에 반가부좌로 앉아 양 손은 배꼽 앞에 금강박을 하여 조금 풀어 두고, 연꽃 위 방울을 관상하고 있다.

이것은 금강령(金剛鈴)의 마음을 가슴에 간직한 채 공양을 행하는 것을 나타낸 것이다.

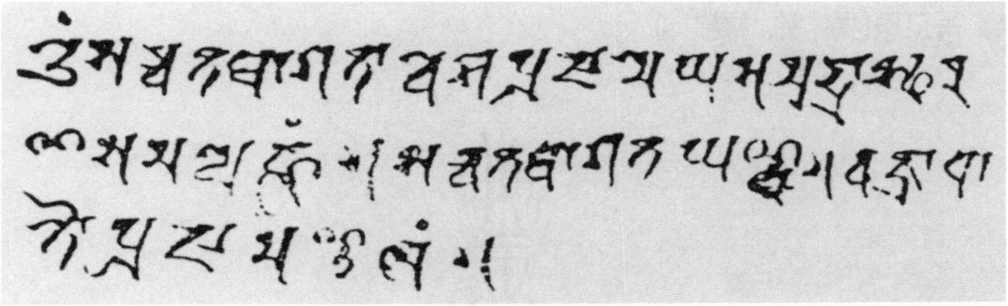

「oṃ sarva-tathāgata-ghaṇṭāveṣa-pūja-megha-samudra-spharaṇa-samaye hūṃ

옴 살봐 따타가따 간따붸샤 뿌자 메가 삼무드라 스파라나 삼마에 훔

옴 일체 여래가 원하는 공양은 방울의 편입공양(編入供養)을 구름 바다처럼 넓게 펼쳐 금강령(金剛鈴)의 묘음(妙音)을 모든 사람들에게 울려 퍼지게 하여 여래의 세계로 끌어들이는 것이다. 이 서원에서 난 여존이여 훔!

※ sarva-tathāgata-ghaṇṭā 일체 여래의 마음에 인도된 령여존(鈴女尊)
vajradhātau-pūjā-maṇḍalaṃ 금강계공양만다라(金剛界供養曼荼羅)

권(拳, 羯磨印)

독고령(獨鈷鈴, 標幟印)

박(縛, 三昧耶印)

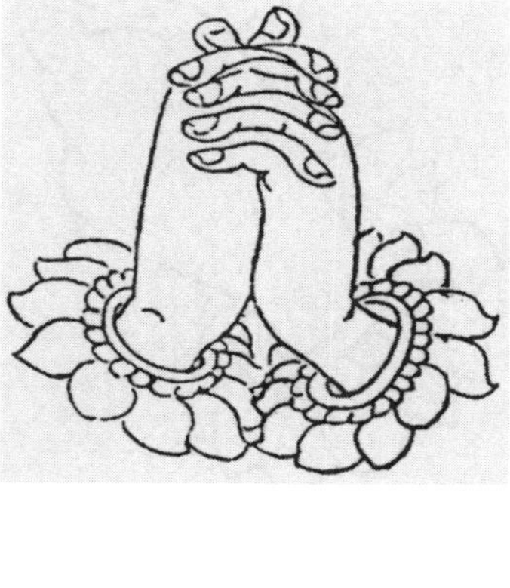

138. 삼마지공양인지
(三摩地供養印智, samādhi-pūjā-mudrā-jñānaṃ)

『시호역(施護譯)』 삼마지인지(三摩地印智).

『삼십권본』은 제4장 금강사업만다라(金剛事業曼茶羅)를 설명한 후에 '(1)대보리심성취공양인지(大菩提心成就供養印智)', '(2)일체불공양인지(一切佛供養印智)', '(3)법공양인지(法供養印智)', '(4)삼마지인지(三摩地印智)', '(5)비밀인지(秘密印智)'의 오종(五種)의 관상법(觀想法)과 인언(印言)을 설명하고 있다.

이 관법의 인언(印言) 가운데『오부심관(五部心觀)』에는 '(4)삼마지인지(三摩地印智)'가 '138. 삼마지공양인지(三摩地供養印智)'에, '(5)비밀인지(秘密印智)'가 '139. 비밀공양인지(秘密供養印智)'에 나타나 있다.

◎ vajra-kāya(금강신 金剛身) [위 그림 上]

한 명의 보살 형상을 나타낸다. 신체 각 부에서 금강저(金剛杵)가 나와 있고, 신체와 금강과 하나가 되는 관상(觀想)에 들어 있는 것을 나타낸다.

◎ dharma-kāya(법신 法身) [위 그림 左]

한 명의 보살 형상을 나타내고 있고, 방석 위에 정좌하고 있다.

◎ satva-kāya(살타신 薩埵身) [위 그림 右]

연꽃 좌대 위에 결가부좌로 앉아 있는 여래의 형을 하고 있다. 정수리 위에는 한 부처가 솟아 나와 앉아 있고, 그 다음 여래의 신체 양쪽으로 각각 다섯 여래가 솟아 나온 그림이다.

◎ buddha-kāya(불신 佛身) [위 그림 下]

한 명의 스님이 있고, 그 정수리 위에는 합장한 보살, 양쪽 귀의 측면에는 각각 보살이 한 분씩 있고, 좌측의 보살은 좌수에 삼고저(三鈷杵)를 우측의 보살은 우수에 삼고저를 쥐고, 어깨 옆의 두 보살은 각각 합장을 하고 있다. 팔꿈치 옆의 두 보살 중 좌측의 보살은 오른손에 채찍을 들고 허리춤에 두고, 왼손은 삼고저를 쥐고 있다. 오른쪽에 있는 보살은 왼손에 불자(拂子)를 쥐고 오른손에는 삼고저를 쥐고 있다. 이들 삼마지공양인지(三摩地供養印智)의 관법(觀法)은 경의 다음 설명에 기초한 것이다.

① 彼身語心金剛中 自身猶如微塵量
悉想金剛影像相 而能速得金剛身
② 彼身語心金剛中 自身猶如微塵量
觀想卽遍一切佛 而能速得妙法身
③ 彼身語心金剛中 自身猶如微塵量
觀想金剛薩埵身 金剛薩埵得無異
④ 彼身語心金剛中 自身猶如微塵量
觀想卽佛影像相 速得成佛眞實体

이상의 경에 설명된 취지는 다음과 같이 해석되어진다.

① 신구의(身口意) 모든 행동이 모두 금강의 움직임이 된다면, 자기의 신체는 극미(極微)가 된다[극미는 원자로서 원자는 극소의 구극(究極)인 것으로 그것은 깨끗하고 더러운 것을 초월한 청순무구(淸純無垢)의 실체이기 때문에 신체가 극미(極微)가 된다는 것은 불신이 됨을

의미하는 것이다]. 그런 고로 금강의 이미지를 상기시키면 빠르게 금강의 본질적인 몸이 얻어지리라.

② 신구의 모든 행동이 모두 금강의 움직임이 된다면, 자기의 모든 것은 극미가 된다. 그런 고로 두루 모든 부처의 마음을 관상하면 빠르게 묘법신(妙法身)이 얻어진다.

③ 신구의 모든 행동이 모두 금강의 움직임이 된다면, 자기의 모든 것은 극미가 된다. 그런 고로 그 입장에서 금강살타(金剛薩埵)의 세계를 관상한다면 속히 금강살타가 되는 것이 가능하다.

④신구의 모든 행동이 모두 금강의 움직임이 된다면, 자기의 모든 것은 극미가 된다. 그 입장에서 모든 부처의 영상(影像)을 관상한다면 불타(佛陀)가 되는 것이 가능하다고 설명한다. 그리고 그 취지를 요약한 진언 Vajra-kāya(金剛身), dharma-kāya(法身), satva-kāya(薩埵身), buddha-kāya(佛身)을 나타낸다. 행자(行者)의 신심(信心)에 불타의 여러 가지 덕을 갖추어 가는 것을 설명하고 있다.

139. **비밀공양인지**(秘密供養印智, Rahasya-pūjā-mudrā-jñāna)

『시호역(施護譯)』 비밀인지(秘密印智).

● rati-vajra(열락금강 悅樂金剛) [위 그림 上]

남녀의 두 존을 그렸다. 이하 다른 그림도 모두 남녀 두 존을 그렸다.

이것은 남녀 두 존으로써 대지(大智)와 대비(大悲), 이성(理性)과 애정(愛情), 여래(如來)와 행자(行者)의 일체융합(一切融合)을 나타낸 것이다.

- rāga-vajra(애염금강 愛染金剛) [위 그림 左]
- prīti-vajra(환희금강 歡喜金剛) [위 그림 右]
- kāmi-vajra(묘락금강 妙樂金剛) [위 그림 下]

이들 삼마지공양인지(三摩地供養印智)의 관법(觀法)은 경의 다음 설명에 기초한 것이다.

① 彼一切身悉和合 自然妙樂成供養
以此奉獻速能獲 金剛薩埵等無異
② 眞實妙樂相應故 隨應所向樂触生
以此奉獻於諸佛 得金剛寶等無異
③ 堅固喜樂相應續 隨触隨應勝樂生
以此奉獻於諸佛 得金剛法等無異
④ 金剛蓮華杵相合 相應妙樂遍一切
以此奉獻作供養 得金剛業等無異

이상의 경의 설명은 다음과 같이 해석되어진다.

① 비밀공양은 행자와 여래가 서로 포옹하는 데 있고, (공의 세계에 융합되는) 그 곳에서 기쁨과 평온함은 스스로 생기는 것이다. 이 포옹의 공양이 이루어지면 빠르게 금강살타(金剛薩埵)가 되는 것이 가능하다.

② 비밀공양은 견고한 사랑으로 맺는 것과 상응한다. 사랑하는 사람의 머리칼을 만져줌으로 마음이 통하고 기쁨이 생겨나는 것처럼, 여래의 마음을 스쳐 가면 금강보(金剛寶)는 자신의 것이 될 것이다.

③ 비밀공양은 행자와 여래가 변하지 않는 깊은 사랑을 가지고 교제해 열락(悅樂)을 깊이 해서 무상(無上)의 기쁨을 맛보아간다. 이 교제의 마음을 받들어간다면 금강법(金剛法 vajra-dharma)의 불멸(不滅)의 진리는 얻어질 것이다.

④ 비밀공양은 금강의 지혜(智慧)와 연화(蓮華)의 자비(慈悲)와의 깊은 교합(交合)이고, 그 둘이 융합하면 위대한 대생명이 생기고, 모든 것은 무한의 환희에 쌓인다. 이 성인이 되는 교합의 공양에서 모든 사람은 금강업(金剛業 vajra-karma)을 성취하게 된다.

이상의 위에서 밝힌 것과 같이 비밀공양지인(秘密供養印智)은 행자와 여래의 깊은 교제 속에(色卽空), 금강살타(金剛薩埵), 금강보(金剛寶), 금강법(金剛法), 금강업(金剛業)의 공양(供養)을 몸에 갖추어 법미(法味)를 느끼고, 여기에서 금강부(金剛部), 보부(寶部), 법부(法部), 갈마부(羯磨部)의 세계가 획득되어져서 금강계의 세계(如來部)에 편인(編入)되어 가는 일이 가능한 것이다.

이 오부(五部)의 세계로 이끌려 들어가는 것이 『오부심관』의 목적인 것이다.

제5장 사인, 일인 만다라四印, 一印曼荼羅

140. 사인만다라(四印曼荼羅)

◎ 큰 원의 안쪽 중앙 그림 설명

경전에는 다음과 같이 적혀 있다.

「세존 대비로차나여래께서는 일체 여래의 가지력(加持力)으로써 일체 여래부에서 생(生)하는 바의 일체 여래족(一切如來族)의 대의궤와 일체 성취의 사업을 포섭하는 광대한 법(法)의 작용을 선설(宣說)하시고, 일체 여래의 인(印)과 대명(大明)[323)]을 송하신다.

oṃ sarva-tathāgata-muṣṭi vaṃ
옴 살바 따타가따 무스띠 밤
옴 일체 여래(一切如來)의 권(拳)이여 밤!」

※ 연꽃 좌대 위에 결가부좌로 앉아 선정인(禪定印)을 맺고 있는 비로차나부처님(vairocanas tathāgataḥ)[324)]을 나타냈다.

◎ 큰 원의 안쪽 그림 하단(下) 설명

경전에는 다음과 같이 적혀 있다.

「세존 아축여래께서는 일체 여래의 가지력으로써 일체 여래부에서 생하는 바의 일체 여래족의 대의궤와 일체 성취의 사업을 포섭하는 광대한 법의 작용을 선설(宣說)하시고, 일체 여래의 인(印)과 대명(大明)을 송하신다.

---

323) 다라니를 일컫는 말.
324) 『약역(略譯)』에는 아미타(阿彌陀)라 되어 있다.

oṃ vajra-satva-muṣṭi aḥ옴 봐즈라 사뜨봐 무스띠 앟

옴 금강살타(金剛薩埵)의 권(拳)이여 앟!」

※ 연꽃 좌대 위에 반가부좌로 앉아 왼손은 금강권으로 허벅지 위에 올려놓고 오른손으로는 삼고저를 쥔 금강살타를 그렸다. 이 존은 아축여래(阿閦如來)의 이상을 실현한다.

◎ 큰 원의 안쪽 좌측(左) 그림 설명

경전에는 다음과 같이 적혀 있다.

「세존 보생여래(寶生如來)께서는 일체 여래의 가지력(加持力)으로써 일체 여래부(一切如來部)에서 생(生)하는 바의 일체 여래족(一切如來族)의 대의궤와 일체 성취의 사업을 포섭하는 광대한 법의 작용을 선설하시고, 일체 여래의 인(印)과 대명(大明)을 송하신다.

oṃ ratna-vajra-muṣṭi traṃ 옴 라뜨나 봐즈라 무스띠 드람

옴 금강보(金剛寶)의 권(拳)이여 뜨람!」

※ 연꽃 좌대 위에 반가부좌로 앉아 왼손은 금강권(金剛拳)으로 허벅지 위에 올려놓고 오른손으로는 가슴 앞에서 보주(寶珠)를 들고 있는 금강보보살(金剛寶菩薩)을 그렸다. 이 존은 보생여래(寶生如來)의 이상(理想)을 실현한다.

◎ 큰 원의 안쪽 상단(上) 그림 설명

경전에는 다음과 같이 적혀 있다.

「세존 무량수여래(無量壽如來)께서는 일체 여래의 가지력(加持力)으로써 일체 여래부(一切如來部)에서 생하는 바의 일체 여래족의 대의궤(大儀軌)와 일체 성취의 사업을 포섭하는 광대한 법의 작용을 선설하시고 일체 여래의 인(印)과 진언(眞言)을 송하신다.

oṃ dharma-muṣṭi khaṃ(*vajra-dharma-muṣṭi)
옴 달마 무스띠 캄(옴 금강법(金剛法)의 권(拳)이여 캄!」

※ 연꽃 좌대 위에 결가부좌로 앉아 왼손은 금강권(金剛拳)으로 핀 연꽃의 줄기를 잡고, 오른손으로는 손가락을 펴 대지(大指)와 두지(頭指)를 구부려 맞닿게 하여 연꽃에 밀착시킨 관자재보살(觀自在菩薩)을 그렸다.

◎ 큰 원의 안쪽 우측(右) 그림 설명

경전에는 다음과 같이 적혀 있다.

「세존 불공성취여래는 일체 여래의 가지력으로써 일체 여래부에서 생하는 바의 일체 여래족의 대의궤와 일체 성취의 사업을 포섭하는 광대한 법의 작용을 선설하시고, 일체 여래인의 진언을 송한다.

oṃ vajra-karma-muṣṭi haṃ 옴 봐즈라 깔마 무스띠 함
옴 금강업(金剛業)의 권(拳)이여 함!」

※ 핀 연꽃 위에 반가부좌로 앉아 왼손은 금강권(金剛拳)을 하여 허벅지 위에 올려놓고 오른손 손바닥으로는 갈마저(羯磨杵)를 떠받치고 있는 형상의 금강업보살(金剛業菩薩)을 그렸다. 이 존은 불공성취

여래(不空成就如來)의 이상(理想)을 실현한다.

◎ 큰 원의 안쪽 좌측 아래 그림 설명

vajra-muṣṭi-cihna-mudrā 금강권(金剛拳)「표치인(標幟印)」

연꽃 받침 위의 오고저(五股杵)를 나타낸다.

◎ 큰 원의 안쪽 좌측 위 그림 설명

ratna-muṣṭi-cihna-mudrā 보권(寶拳)[표치인(標幟印)]

연꽃 받침 위에 삼고금강저(三股金剛杵)가 있고, 그 위에 보주(寶珠)가 있다.

◎ 큰 원의 안쪽 우측 위 그림 설명

oṃ padma-muṣṭi-cihna-mudrā연화권(蓮華拳)[표치인(標幟印)]

연꽃 받침 위에 독고저(獨股杵)가 세워져 있고, 그 위에 연꽃이 피어 있다.

◎ 큰 원의 안쪽 우측 아래 그림 설명

karma-muṣṭi-cihna-mudrā갈마권(羯磨拳)[표치인(標幟印)]

연꽃 받침 위에 삼고십자저(三股十字杵)가 있다.

◎ 큰 원의 바깥쪽 중앙 하단의 범자(梵字) 설명

vajra-dhāto-catur-mudrā-maṇḍalaṃ

금강계사인만다라(金剛界四印曼荼羅)

대인[大印] (* 이하 큰 원의 바깥쪽 그림을 설명)

◎ 좌측 아래 그림 설명

vajra-satva-mahā-mudrā 금강살타대인(金剛薩埵大印)

두 손을 금강박(金剛縛)하고 두지(中指)를 세워 합하고 있다.

◎ 좌측 위 그림 설명

ratna-vajra-mahā-mudrā 보금강대인(寶金剛大印)

두 손을 금강박하고 두지(中指)를 세워 보주(寶珠)의 모양을 하고 있다.

◎ 우측 위 2번째 그림 설명

padma-satva-mahā-mudrā 연화살타대인(蓮華薩埵大印)

두 손을 금강박하고 두지(中指)를 세워 연꽃 고깔 같이 한다.

◎ 우측 위 3번째 그림 설명

viśva-satva-mahā-mudrā 종종살타대인(種種薩埵大印)

두 손을 금강박하고 두지(中指)를 세워 밀착시킨다.

◎ 우측 하단 그림 설명

vajra-muṣṭi-grahā 집지금강권(執持金剛拳)

금강박 위로 합장한 보살이 솟아 나와 있다.

◎ 우측 상단 그림 설명

일체만다라성취비밀인지(一切曼荼羅成就秘密印智)의 상징인(象徵印).

sarva-maṇḍala-sādhikā-rahasya-jñānaṃ stabdha-liṅga 견실미세신(堅實微細身 : 근원적인 불멸의 생명을 표시)

작은 월륜(月輪) 안에 보살이 정좌하고 있다. 정수리 위에는 보탑이 놓여져 있다.

사인만다라(四印曼荼羅)에 대해『시호역(施護譯)』에는 '현증삼매대의궤분제오(現証三昧大儀軌分第五)' 이하, 범본(梵本)의 설명에 기초해 그려져 있는 것이다. 경전은 먼저 비로차나(毗盧遮那), 아축(阿閦), 보생(寶生), 무량수(無量壽), 불공성취(不空成就)의 오불(五佛)이 바라는 세계를 나타냈다. 다만 오불이라지만 그것은 아축(阿閦)이하의 사불(四佛)의 세계를 결합한 것이 비로차나이고, 또 비로차나의 세계는 사불(四佛)의 세계를 열고 생성해 가는 것이기 때문에 오불, 혹은 사불이라 해도 그것은 열어 합치는 것에 지나지 않는다.

이 사불의 세계는 그대로 금강부(金剛部), 보부(寶部), 법부(法部), 갈마부(羯磨部)의 세계를 나타낸다. 본경(本經)의 목적은 행자(行者)가 사부(四部)의 세계를 체득해 사불의 이상(理想)을 실현하고, 행자가 비로차나가 되고 비로차나의 이상(理想)을 항상 실현해 가는 실천 주체가 되는 것, 즉 금강살타(金剛薩埵 vajra-satva)가 되게 하는 것이다.

지금 사불의 이상 세계를 실현하는 행동이 중시되기 때문에 아축, 보생, 무량수, 불공성취의 세계를 실현하는 주체는 금강살타, 금강보(金剛寶), 금강법(金剛法), 금강업(金剛業)의 사부에 인위(因位) 보살로 나타낸다. 또 실천의 원동력이 되는 것이 보리심의 움직임이기 때문에 이 보리심의 움직임을 나타낸 권(拳 muṣṭi)이 중시되는 것이다.

경전은 이상의 것들을 요약하여 '심명(心明 hṛdaya)'이라 설명하고 있다.

oṃ sarva-tathāgata-muṣṭi vaṃ(全體)(옴 一切 如來 拳)
oṃ vajra-satva-muṣṭi aḥ 阿閦(金剛部)(옴 金剛薩埵 拳)
oṃ vajra-ratna-muṣṭi traṃ 寶生(寶部)(옴 金剛寶 拳)
oṃ vajra-dharma-muṣṭi khaṃ 無量壽(法部)(옴 金剛法 拳)
oṃ vajra-karma-muṣṭi haṃ 不空成就(羯磨部)(옴 金剛業 拳)

『오부심관』은 경의 설명을 충실히 받아들여 사불의 위치에 네 보살을 그리고, 더불어 '심명'을 기록하고 있다. 그리고 이들 네 보살의 목적인 구극(究極)의 세계는 금강부, 보부, 법부, 갈마부의 사부 세계이기 때문에 네 보살의 본질을 나타내는 '표치인(標幟印)'은 보부의 세계를 나타낸 오고저(五股杵), 삼고금강보저(三股金剛寶杵), 독고연화저

(獨股蓮華杵), 삼고십자(三股十字)의 갈마저(羯磨杵)로써 표시하는 것이다.

다음 큰 원 밖에 있는 수인(手印)은 경의 '일체여래부인계삼매(一切如來部印契三昧 sarva-tathāgata-mudrā-samayaṃ)'의 설명에 의한 것으로 이것은 금강계 모든 만다라의 어느 것에도 통용되는 인(印)으로 상기 '표치인(標幟印)'을 손 모양으로 표현한 인이다. 그것들 각각은 사부의 세계를 관상(觀想)하고 있는 것을 나타낸 것이다.

오른쪽 제일 밑에 그려져 있는 박인(縛印)은 경의 '일체인비밀법(一切印秘密法 sarva-mudrā-rahasyaṃ)'에 설명된 글에 의한 것이다.

斂攝調伏自諸根 次應執持金剛拳
是印若有隨触者 刹那得彼生妙愛

이것을 범본(梵本) 등을 참조해 다음과 같이 해석한다.

'행자의 육근(六根)을 조복해 청정한 세계를 확립하고, 자신의 정보리심(淨菩提心)을 나타내 금강박인(金剛縛印)을 결하여, 자기 자신이 청정한 보리(菩提 Bodhi)의 세계 가운데 엄연히 있는 것을 관상한다. 행자가 만약 이 정보리심의 인과 상응한다면, 그 순간 모든 것을 지배하는 자유(無生法忍)가 얻어진다.'

『오부심관』은 금강박인(金剛縛印)의 위로 온 몸에서 화광이 빛나는 보살이 나와 있는 그림을 나타냈다. 이것은 영원의 자유를 얻은 행자의 모습을 나타낸 것이다.

오른쪽 제일 위에 있는 행자와 그 위의 탑을 나타낸 그림은 경전의 '일체만다라성취비밀인지(一切曼荼羅成就秘密印智, sarva-maṇdalasādhikā-rahasya-mudrā-jñānaṃ)'에 설명한 다음 문구에 의한 것이다.

先當安固於自身 居座凝然而寂住
狀同塔廟不傾搖 觀想成自金剛界

이것은 한역(漢譯)과 범본이 모두 상징적으로 표현되어 있어 문의를 잡는 것이 어렵지만, 梅尾 박사의 논문집을 참조하여 풀이하면 다음과 같다.

청정한 공(空)을 체득한 미세신(微細身 liṅga)[325]을 가지고 자신을 굳게 확립시켜 보리심을 얻은 적정(寂靜)에 머무르면, 공(空)에 머무르는 미세신은 그대로 비로차나(毗盧遮那)의 신심(身心)인 법계탑 모양이 되어 확고부동하게 되고, 행자는 금강계 대생명의 주체가 된다.

이상의 취지에 기초하여『오부심관』은 행자가 그대로 비로차나여래(毗盧遮那如來 - 大日如來)가 되는 것을 나타내기 위해 행자의 머리 위에 탑 모양을 그려 넣고 있는 것이다. 이 탑은 '비로차나의 몸'과 함께 금강계만다라의 진수가 체득되어진 것을 나타내고 있다.

여기에서 행자는 안으로는 금강계의 체득자임과 동시에 밖으로는 모든 것을 금강계로 인입시켜 교화실천의 행동 주체가 된다. 그것은 다음의 '일인회(一印會)'의 금강살타편에 보다 잘 밝혀져 있다.

---

325) 미세신(微細身, liṅga)은 영원한 창조적인 생명을 나타낸다.

제6장 일인회만다라一印會曼茶羅

141. **금강살타**(金剛薩埵, Vajra-satva)

월륜 속에서 연꽃 좌대에 반가부좌로 앉은 금강살타의 모습이다. 얼굴은 조금 우측을 향하고 있고, 왼손은 금강권으로 허벅지 위에 올려놓고 오른손은 삼고금강저(三股金剛杵)를 쥐어 가슴 앞쪽에 두고 있다. 이것은 마음이 금강의 정신에 충만하여 있고, 모든 움직임이 금강계의 움직임인 것을 나타낸다.

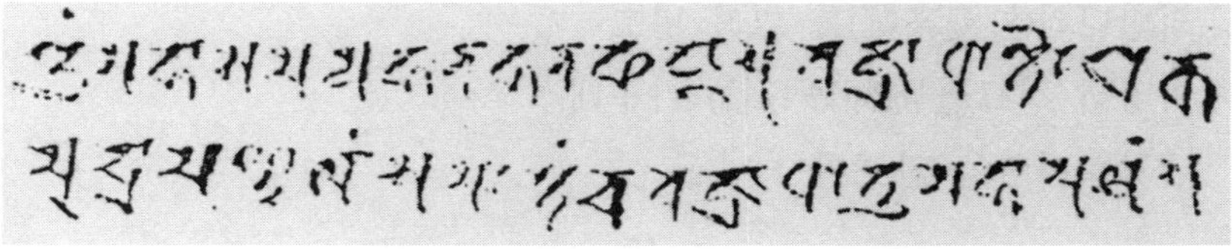

경전에는 다음과 같이 적혀 있다.

「세존 대비로차나여래(大毘盧遮那如來)께서는 일체 여래의 최상성취삼매의 금강삼마지에 들어가셔서 이 삼마지 가운데에서 일체 여래심을 자심으로부터 내어 이 일체여래대승현증삼매의 대명을 송한다.

vajra-satva 봐즈라 사뜨봐[326]

구덕금강수보살마하살은 널리 다하여 남김 없도록 모든 유정계를 구제하고 이롭고 즐겁게 하기 위하여, 그리고 일체 여래의 무상성취를 얻게 하기 위하여 이 대승현증삼매만다라(大乘現證三昧曼茶羅)를 설한다.

나는 지금 차례대로 마땅히
최상의 살타만다라(薩埵曼茶羅)를 연설하리라.
그 상은 마치 금강계(金剛界)와 같고
금강살타인 까닭에 이렇게 설한다.

대만다라(大曼茶羅) 법의 작용에 의하여

---

326) 『오부심관』에는 나와 있지 않으나 경전에는 나와 있다.

외만다라(外曼荼羅)를 그려 넣고
마땅히 정묘월륜(淨妙月輪) 가운데
금강살타상을 안포한다.

그 다음은 설한 바의 가르침과 같다. 이 가운데 구소(鉤召) 입(入) 등의 의궤는 모두 일체 여래지(一切如來智)에서 출생하였다. 법에 의하여 행하고 나서 제자에게 훈계하여 말한다.

"만약 삼매를 보지 못하고 이 모든 비밀법을 잘 알지 못하는 자에게는 절대로 설해서는 안 된다. 만약 설한다면 모두 파괴되고 그 목숨이 일찍 요절하며, 온갖 악취 가운데에 떨어지리라."

다시 금강살타의 최상실지성취(最上悉地成就)의 지인(智印)을 교수한다.

만월만다라(滿月曼荼羅)에 잘 두는 것은
모두 대인(大印) 가운데에 섭수(攝收)되는 바이다.
금강살타가 바로 자신이며
마땅히 속히 성취한다고 관상한다.

다음에 일체만다라비밀삼매(一切曼荼羅秘密三昧)의 인지를 교수한다.

마땅히 알라. 삼계(三界)는 차별이 없으므로
탐욕을 보고도 이것이 죄가 됨을 가히 여의리니,
이 까닭에 염(染)과 정(淨)의 성품은 언제나 참되네.

이것을 아는 자는 사업에서 남김이 없으리라.

이와 같은 대명을 송한다.

oṃ mahā-samaya *hana hana phaṭ[327)]

옴 마하 삼마야 하나하나 파뜨

옴 대삼매야(大三昧耶)여 금강살타와 동일한 마음에서 난 승리한 행자여 살해[328)]하는 이여!

그런 다음에 서심명(誓心明)과 일체 여래부의 만다라광대의궤의 삼매와 금계(禁戒)를 전수한다. 그런 다음 금강살타의 사대인(四大印) 등을 교수한다. 이와 같은 성취법과 이와 같은 그림족자 등의 일체 성상(星像)을 뜻하는 대로 법에 의하여 만들라.

곧 일체의 구하는 것을 성취하리라. 이와 같은 것은 모두 금강계대만다라광대의궤에 의한다.

이때에 일체 여래께서는 또다시 구름처럼 모여서 덕을 갖춘 일체열의 증상주재대보리심(增上主宰大菩提心)의 금강계 금강수보살마하살을 칭찬하여 말한다.

"훌륭하도다. 훌륭하도다."

곧 이와 같은 금강환희(金剛歡喜)의 대명을 송한다.

oṃ 옴[329)]

---

327) phaṭ는 살해의 종자를 뜻함.

328) 미혹함을 죽여 없앤다는 의미.

329) 이 부분도 『오부심관』에는 나와 있지 않다.

다시 게송을 읊는다.

훌륭하도다. 금강대용맹(金剛大勇猛)이여,
금강대보(金剛大寶)여 훌륭하도다.
금강묘법(金剛妙法)이여, 헤아리기 어려워라.
훌륭하도다, 금강중갈마(金剛衆羯磨)여,

바른 법이며 위없는
이 광대한 금강승(金剛乘)을 잘 설하시는도다.
여래께서 갖추신 비밀문은
대승현증법(大乘現證法) 가운데 포함된다.

만약 금강살타의 명칭을 듣기만 해도
일체의 뛰어난 성취를 얻을 수 있는데,
만약 깨끗한 마음으로써 작법할 때에는
곧 제불의 뛰어나게 오묘한 즐거움(勝妙樂)을 얻게 되리라.

금강법에 상응하는 것은
바로 온갖 욕락 가운데 묘락(妙樂)이다.
성취를 구하는 자는 현생에서
얻는 즐거움이 다하거나 멸하지 않으리라.

※ vajra-dhātu-eka-mudrā-maṇḍalaṃ samāptaṃ
금강계일인만다라(金剛界一印曼荼羅)의 설명을 마침.

※ vajra-dhātu-mahā-maṇḍalaṃ 금강계대만다라(金剛界大曼荼羅)

karma-mudrā(갈마인 羯磨印)

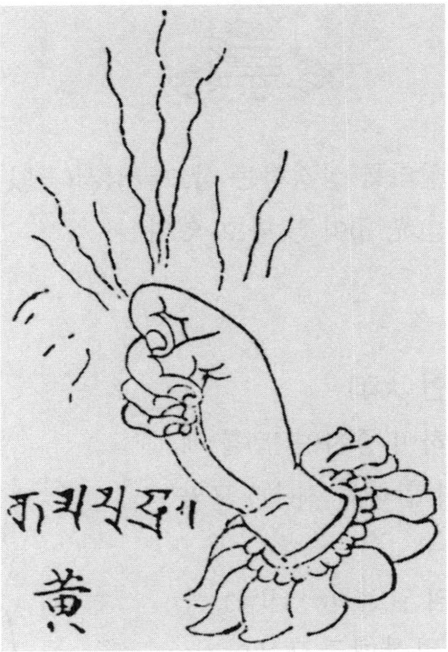

◎ mahā-vajra-cihna-mudrā(대금강 표치인 大金剛 標幟印)

연꽃 위에 금강살타를 상징하는 삼고금강저(三股金剛杵)가 세워져 있고 그 위로 광염(光焰)이 빛나고 있다.

◎ mahā-mudrā(대인 大印)

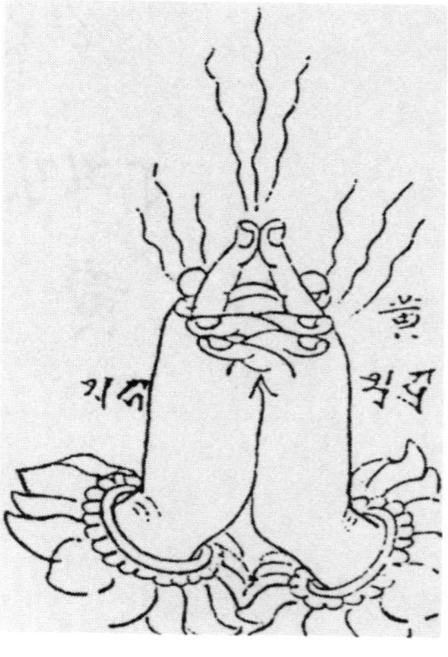

두 손을 금강박하여 중지(中指)를 세워 그 끝을 견고히 합하여 저(杵) 모양을 하고 있다.

이 그림은 경전의 일인회(一印會), 즉 '일체여래최상성취삼매금강삼마지(一切如來最上成就三昧金剛三摩地, sarva-tathāgatottama-siddhi-samaya-vajraṃ nāma samādhi)'에 나와 있는 모든 관법

(觀法)을 나타낸 것이다. 존상 금강살타는 항상 금강계의 세계를 실현시켜 가는 비로차나의 실천적인 면을 나타낸 것이며, 경전의 설명은 '일체여래대승현증삼매(一切如來大乘現証三昧, sarva-tathāgata-mahāyānābhi samayaṃ'이라 하고 이것을 그림으로 나타낸 것이다.

그리고 이 금강살타는 '금강살타최상실지성취지인(金剛薩埵最上悉地成就智印, vajra-satvaottama -siddhi-niṣpatti-jñāna)에는 자신이 그대로 금강살타가 된다고 설명되어 있다.

安處滿月曼荼羅 皆於大印中所攝
金剛薩埵卽自身 如應觀想速成就

이것은 '만월(滿月)에 의한 원만한 정보리심(淨菩提心)의 가운데 자신의 마음을 안주하면 모든 것은 이 신비한 대생명 가운데로 섭취(攝取)되고, 이제 이상의 세계 속에 있는 금강살타는 행자 자신으로 됨이 틀림이 없다. 행자는 속히 금강살타가 되는 것이 가능한 것이다'라는 취지이다.

'mahā-samaya hana phaṭ'의 진언은 경의 '일체만다라비밀삼매인지(一切曼荼羅秘密三昧印智, sarva-maṇḍala-guhya-samaya-jñāna)의 설명에 의한 것이다. 경은 다음과 같이 설명한다.

應知三界中無別 見貪可離斯爲罪
是故染淨性眞常 此中知者無余事

'바로 알면, 삼계(三界) 가운데에는 정예미오(淨穢迷悟)의 구별이 없다는 것을, 곧 탐욕을 멀리하고 부정(不淨)을 피하려 하는 것은 청정한 세계에 얽매인 망견(妄見)으로써 그것은 죄를 범하는 일에 지나지 않는다. 염착(染着)과 청정(淸淨)의 견해를 가지고 보는 세계의 본성은, 염정(染淨)을 초월한 진실불변(眞實不變) 바로 그것이다. 그러므로 진언행자(眞言行者)는 애염탐욕(愛染貪慾)의 마음을 버리면 안 된다'라고 설명한다.

진언의 'hana phaṭ(살해의 마음)' 말은 염오(染汚)와 청정(淸淨)을 분별하는 마음을 살해하는 것을 나타낸 것이다.

하단에 나와 있는 인(印)은 모두 금강살타의 마음을 나타내는 것이다. 금강권은 금강의 온갖 움직임의 근본을 나타내고, 연꽃 위의 삼고금강저는 금강계의 구극의 세계를 나타낸 것이고, 금강박은 정보리심(淨菩提心)에서 생긴 여러 가지 활동의 근본을 나타낸 것이다.

142. **선무외삼장**(善無畏三藏, Śubhakarasiṃha)

선무외삼장의 진영(眞影)을 그렸다. 오른손은 향로의 자루를 잡고, 왼손은 수주(數珠)를 쥐고 있다.

※ ācārya-śri-*śobhāsya-surataḥ
아사리(阿闍梨) 길상장엄(吉祥莊嚴)의 기쁨
※ do dharmoyaṃ ārya[330] śubhākarasiṃhasya

이 법은 아사리선무외삼장(阿闍梨善無畏三藏)의 것이다.

---

330) 『약역』은 ācārya라 되어 있다.

《참고》 이 책의 범어 발음은 아래 표기 원칙을 따랐다.

파열음과 비음						반모음	치찰음	기음
	무성 무기	무성 대기	유성 무기	유성 대기	비음			
ka행	ka 까	kha 카	ga 가	gha 그하	ṅa 응아			ha 하
ca행	ca 짜	cha 차	ja 자	jha 즈하	ña 냐	ya 야	śa 샤	
ṭa행	ṭa 따	ṭha 타	ḍa 다	ḍha 드하	ṇa 나	ṛa 라	ṣa 사	
ta행	ta 따	tha 타	da 다	dha 드하	na 나	ra 라	sa 사	
pa행	pa 빠	pha 파	ba 바	bha 브하	ma 마	va* 봐		

* va : 봐와 와의 중간음.

금강계만다라

지은이 | 비로영우 스님 엮음
펴낸이 | 배기순
펴낸곳 | 하남출판사

초판1쇄 발행 | 2017년 5월 1일
등록번호 | 제10-0221호

서울시 종로구 인사동7길 33, 남도B/D 302호
전화 (02)720-3211(代) | 팩스 (02)720-0312
홈페이지 http://www.hnp.co.kr
e-mail : hanamp@chollian.net, hanam@hnp.co.kr

ISBN 978-89-7534-236-3(93220)